KB068955

CONSUMER BEHAVIOR

소비자행동론

김규배·김동태·김문섭·김용철·김한구
김혜주·서준용·양수진·이경미·한웅희

박영사

머리말

본서는 기업의 마케팅활동의 대상인 소비자들의 구매와 관련된 행동, 즉 '소비자행동'을 다루고 있다. 기업이 고객을 위한 가치를 창출하고 강력한 고객관계를 구축하여 그에 대한 대가로 고객으로부터 가치를 획득하는 활동을 마케팅으로 본다면, 기업이 효과적이고 성공적으로 마케팅 활동을 수행하기 위해서는 고객, 즉 소비자와 소비자의 행동에 대해 정확하고 심층적으로 이해하는 것이 필수적이라고 할 수 있다. 이에 따라 기업은 소비자를 이해하고 소비자의 행동을 예측하기 위해 많은 노력을 기울이고 있으며, 이러한 노력을 통해 얻어진 소비자와 소비자의 행동에 대한 정보는 시장세분화와 표적시장의 선택, 포지셔닝, 마케팅믹스 전략의 수립 등에 유용하게 활용되고 있다.

소비자행동론은 기업의 다양한 마케팅활동에 대한 소비자들의 다양한 반응들이 어떤 원리에 따라 이떤 과정을 거쳐 나타나는지를 탐구하는 학문이다. 소비자행동의 연구를 통해 규명된 소비자 반응의 원리들은, 표적소비자에 대한 기업의 마케팅활동의 결과를 예측할 수 있게 하고, 소비자로부터 기대하는 반응을 얻기 위해서는 어떤 마케팅 자극과 활동을 펼쳐야 하는가와 같은 전략적 시사점을 발견하는 데 도움을 줄 수 있다.

기업의 마케팅 자극 및 활동에 대한 소비자의 반응을 설명하고 예측하기 위한 소비자행동론은 크게 다섯 가지 부분으로 구성된다. 즉, 소비자행동론은 첫째, 소비자가 제품구매의 필요성을 느껴 관련 제품의 정보를 찾아보며, 여러 대안상표들을 비교하고 구매하여 사용하고 만족 또는 불만족에 이르는 구매의사결정과정, 둘째, 소비자들이 기업의 마케팅 정보와 자극들에 접하여 관심을 기울이고 이해하여 기억하는 소비자정보처리과정, 셋째, 제품에 대한 소비자의 긍정적 또는 부정적 감정인 태도의 형성과 변화, 넷째, 구매의사결정과정과 정보처리과정 및 태도 등에 영향을 미치는 개별 소비자의 동기, 감정, 개성, 라이프스타일 등의 개인적 영향요인, 다섯째, 소비자를 둘러싼 문화, 사회계층, 준거집단, 가족 등의 환경적 영향요인 등으로 구성되어 있다. 이러한 소비자 행동론의 구성은 본서의 체계와 구조에도 적용되고 있는데, 소비자의 구매의사결정과정은 본서의 2장과 3장에서 설명하고 있고, 소비자정보처리과정은 4장과 5장에서, 태도는 6장에서 다루고 있다. 그리고 개인적 영향요인은 7장과 8장에서 설명하고 있으며, 환경적 영향요인에 대해서는 9장과 10장에서 서술하고 있다. 본서의 1장은 소비자행동에 대한 전반적인 개괄과 소개를 다루고 있고, 11장에서는 소비자행동의 분석 및 조사와 이를 통한 마케팅전략의 수립에 대해 서술하고 있다.

본서는 다음과 같은 특징을 가지고 있다.

첫째, 본서는 소비자행동의 주요 개념과 이론들을 빠짐없이 다루고 있으며, 본서의 구성에서 살펴본 바와 같이 소비자행동에 대한 전통적인 접근방식을 취하는 한편, 최근까지 이루어진 연구 성과와 최신 사례를 충실히 반영한 가장 새로운 소비자행동론 교재이다.

둘째, 본서의 집필진은 지금까지 수년간 국내외의 여러 대학에서 소비자행동론을 강의하며 연구해온 교수들로서, 저자들이 대학의 강의현장에서 소비자행동론을 가르치며 가장 중요하다고 느꼈던 부분과 꼭 필요하다고 생각했던 점들을 본서에 반영하기 위해 노력하였다. 그 결과, 본서는 소비자행동 이론 전반을 포괄하고 있으면서도 한 학기 강의에 적합한 구성과 분량, 난이도를 유지하고 있다. 또한 각 장의 주제를 생생하게 보여주는 실제 기업과 제품, 상황으로 구성된 도입사례를 각 장의 첫 부분에 배치하여 각 장에 대한 이해를 돕고 있다. 그리고 각 장의 마지막에 있는 토론사례를 통해 각 장에서 배운 내용들을 비판적으로 생각해보고 실제 문제의 해결에 적용해보는 기회를 제공하고 있다.

셋째, 소비자행동론은 소비자 즉, 마케팅과 소비상황에 놓여있는 인간의 심리와 행동을 다루는 분야인 만큼 관련 학문에 대한 폭넓은 지식과 인간 및 기업에 대한 깊이 있는 관점이 필수적으로 요구된다고 할 수 있다. 본서에서는 소비자행동론의 각 분야에 대해 다양한 관심을 갖고 있는 여러 저자들이 참여하여 자신의 역량을 가장 잘 발휘할 수 있는 각자의 전문영역에 대하여 심층적인 설명을 제공하고 있다.

본 『소비자행동론』은 서울대학교 경영대학에서 김재일 교수님으로부터 '소비자행동론'을 배우고 석사, 박사학위를 취득한 후, 현재 국내외 대학에서 '소비자행동론'을 연구하고 가르치는 제자들이 교수님의 정년을 맞아 교수님의 학문적 업적을 기리기 위해 한마음으로 준비한 책이다. 소비자행동론은 김재일 교수님께서 가장 깊은 열정과 관심을 쏟으셨던 분야로서, 교수님께서 쌓으신 학문적 성과와 베풀어주신 가르침을 기리고 보답하기 위해, 부족한 점이 많은 제자들이 용기를 내어 집필하고 사례를 모아 출간하게 되었다. 본서를 통하여 관련 연구자들과 학생들, 소비자에 대해 관심을 갖고 있는 일반 독자들이 '소비자'에 대해 새롭게 이해하고 관심의 폭을 넓힐 수 있는 계기가 되기를 기대해본다.

  본서의 준비과정에서 자료수집과 정리에 힘써준 안성숙 박사와 최민경 박사에게 감사의 뜻을
전하며, 원고정리와 편집에 수고해준 박영사의 진채린 과장님과 정성혁 대리님께도 감사드린다.

2019년 8월
저자 일동

CONTENTS

CHAPTER 01

소비자행동의 이해

CHAPTER 01 | 소비자행동의 이해

도입사례: 대학생A의 노트북 구매기

대학생A는 지하철 좌석에 앉아 B사의 노트북PC로 제네바 모터쇼에 선을 보인 자동차들에 관한 기사를 읽고 있었다. 자신이 좋아하는 자동차와 콘셉트 카(concept car)를 검색하고 댓글을 다느라 시간 가는 줄 몰랐다. 다소 시끄러운 소리에 정신을 차리고 보니 집 근처 지하철역이었다. 정신 없이 짐을 챙겨 가까스로 지하철에서 내렸다. 안도하며 돌아보니 지하철 문이 닫히고 스크린 도어가 닫혔다. 개찰구로 향하는 계단에 내려서려는데 벽면에 있는 C사의 노트북 광고가 눈에 들어왔고 A는 자신의 노트북을 두고 내렸다는 사실을 깨달았다. 자신이 내린 지하철 쪽을 돌아보니 지하철은 이미 출발하였고 스크린 도어에는 좀 전엔 눈에 들어오지 않았던 C사의 노트북 광고가 있었다.

A는 며칠 동안 분실물 센터를 찾아 다녔지만 자신의 노트북을 찾을 수 없었다. 쓰린 속을 달래며 노트북 찾기를 포기했다. 최신 스마트폰을 사려고 아르바이트로 힘들게 모은 돈으로 일단 노트북을 사기로 결정했다. 어떤 노트북을 살까 고민하며 자신이 알고 있는 노트북 브랜드들을 기억에서 떠올려봤다. 일단 자신이 사용하던 B사의 노트북을 비롯해 네 개의 브랜드가 환기브랜드군에 포함되었다. 각 노트북의 장단점이 어렴풋이 기억났지만 충분치 않았다. 스마트폰으로 인터넷을 통해 파워블로거나 전문가들의 글을 읽고 구매 후기나 댓글도 읽어 보았으며 친구들의 이야기도 들어보았다. B사의 노트북에 대해 엇갈리는 의견이 많았다. A는 자신의 노트북에 만족하고 있었고 B사의 노트북에 대해 긍정적인 태도를 형성하고 있었기 때문에 B사의 노트북에 대한 부정적인 의견들은 타사에서 의도적으로 지어낸 글이거나 노트북을 잘 모르는 사람들의 이야기일 거라고 폄하했다.

십여일 동안의 정보 탐색과 대안 평가 과정을 거쳐 다섯 개의 모델(B사의 노트북 2개 모델, C사의 노트북 2개 모델, D사의 노트북 1개 모델)을 고려브랜드군에 놓고 꼼꼼히 비교하기 시작했다. CPU 성능, 디스플레이, 디자인, 무게, 가격, 배터리 용량, 브랜드를 평가 기준으로 삼고 고민에 고민을 거듭한 끝에 B사의 노트북T를 구매하기로 결심했다. 노트북T는 디자인과 무게는 마음에 들지 않았지만 다른 평가 기준들에서 우수했기 때문에 전체적으로 가장 높은 평가를 받았다. 온라인에서 구매할까도 생각했지만 직접 물건을 보고 사고 싶기도 했고 새로 생긴 대형 전자제품 매장이 특별 판촉 행사를 한다는 소식도 있어서 매장에 직접 가서 구매하기로 결정했다.

매장에 가기 위해 집 근처 지하철역에서 지하철을 타려는데 지하철 스크린 도어에 걸린 C사의 노트북 광고가 눈에 들어왔다. 노트북을 잃어버리기 전만 해도 무심코 지나치던 노트북 광고가 주의를 끈 것이다. 지하철 안에도 C사의 노트북 광고가 가득한 것을 보고 짐짓 놀랐다. 새롭게 지하철 광고를 교체한 것인지 전부터 있었지만 자신이 그 광고들에 주의를 기울이지 않았던 것인지 알 수 없었다.

전자제품 매장에는 여러 브랜드의 노트북들이 전시되어 있었다. 고려브랜드군에 포함되었던 D사의 모델이 눈에 띄었다. 이 모델은 디자인과 무게는 가장 마음에 들었지만 가격이 비싸서 포기한 모델이었다. 그가 관심을 보이는 것을 눈치 챘는지 판매원이 친절하게 인사하며 제품에 대해 설명하기 시작했다. 여러 기능들에 대해 이야기하며 사용해 볼 것을 권해 사용해 보니 마음이 흔들렸다. 하지만 가격이 자신의 예산 한도를 훌쩍 넘어 포기하고 자신이 염두에 두었던 B사의 노트북T를 구매했다.

집으로 돌아오는 길에 새로 산 노트북으로 노트북에 대하여 검색했다. 노트북T에 대한 긍정적인 글뿐 아니라 부정적인 글도 다수 있었다. 부정적인 글에도 눈이 가려 했지만 애써 외면하고 긍정적인 글을 읽으며 자신의 구매에 대해 뿌듯해 하며 다음에도 B사의 노트북을 구매해야겠다고 생각했다. 노트북 구매를 고민하는 사람들의 글에는 노트북T를 추천하는 댓글도 작성했다.

집 근처 지하철역에 내려 집에 가는 길에 맥주를 사러 편의점에 들렀다. 새로운 맥주가 눈에 띄었다. 평소 즐겨 마시던 맥주기 있지만 새로운 맥주가 2+1 판촉 행사를 하고 있어서 집어 들었다. 어떤 맥주가 좋을지 인터넷을 검색하거나 친구들의 의견을 물어볼 필요는 없었다. 편의점 앞 의자에 앉아 한 모금 들이켰다. 그럭저럭 마실 만했다.

▌소비자행동의 이해

(1) 소비자행동의 정의

소비자행동(consumer behavior)이란 '소비자가 자신의 욕구를 충족시킬 것으로 기대하는 제품이나 서비스를 탐색, 평가, 구매, 사용, 처분하는 과정'이다.

마케터는 소비자들이 마케터에게 유리한 소비자행동(예: 긍정적 평가, 구매 등)을 하도록 하기 위해 다양한 마케팅 자극(예: 제품, 가격, 촉진, 유통 등 마케팅믹스)을 활용한다. 하지만 동일한 제품이나 광고에 대해 긍정적인 소비자 반응을 보이는 소비자가 있는 반면, 냉담한 반응을 보이는 소비자도 있다. 이것은 마케팅 자극이 소비자라고 하는 객체를 통과할 때 소비자마다 자극을 처리하는 방식이 다르기 때문이다. 소비자행동이라는 학문은 소비자라는 '블랙박스'를 파악하고 적절히 이용하려는 체계적 노력이라고 할 수 있다. <그림 1-1>에 표현된 바와 같이 소비자의 정보처리과정과 구매의사결정과정을 이해하고, 정보처리과정과 구매의사결정과정에 영향을 미치는 개인적 요인과 환경적 요인을 파악함으로써 마케팅 자극을 통해 마케터가 원하는 소비자 반응을 얻는 방법을 모색하는 것이 소비자행동이라는 학문이다.

그림 1-1	소비자행동의 체계

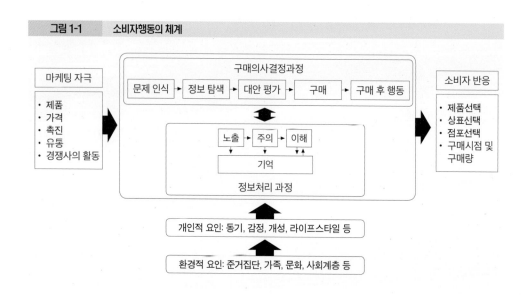

(2) 소비자행동과 마케팅전략

Baggozzi 교수는 '마케팅의 핵심은 교환이다'(the crux of marketing is exchange)라고 했다. 교환이 잘 이루어지도록 하려면 누구와 무엇을 어떻게 교환할지 알아야 한다. 즉, 우리의 고객이 누구이고 고객의 욕구와 필요가 무엇인지 파악하고, 고객의 욕구와 필요를 충족시킬 수 있는 가치 있는 제공물(예: 제품, 서비스, 아이디어 등)을 창출하고, 제공물을 고객에게 알리고 (communicate) 전달해야(deliver) 한다.

먼저 우리의 고객이 누구인지 파악하기 위해서는 소비자의 욕구와 필요가 어떠한 시장 세분화(segmentation) 변수(개인적 요인, 환경적 요인을 비롯한 소비자정보)에 따라 차이를 보이는지 파악하고 시장을 세분화해야 한다. 다양한 세분시장 가운데 자사에 적합한 표적시장을 선택 (targeting)하기 위해서는 자사 제품이 어떤 세분시장의 소비자에게 차별화된 가치를 제공할 수 있는지 알아야 한다.

표적시장 소비자에게 포지셔닝(positioning)하기 위해서는 소비자의 마음 속에 자사와 경쟁사 브랜드가 어떻게 지리잡고 있는지 포지셔닝 맵(positioning map)을 파악하고 자사 브랜드가 추구해야 하는 매력적인 포지셔닝 포인트(예: '순한' 샴푸, '빠른' 배송 등)를 정해야 한다.

마케팅믹스의 구성도 표적시장 소비자의 욕구에서 출발하여 표적 소비자의 구매의사결정과정 및 정보처리과정에 대한 이해에 기반해야 한다. 예를 들어 표적시장 소비자의 욕구를 충족시킬 수 있는 제품 성능, 대안 평가 방법, 지불 가능 가격, 주의를 끌 수 있는 광고 메시지, 주로 이용하는 소매점, 소매점에서의 제품 진열 등 소비자행동에 대한 이해에 기반하여 마케팅믹스 전략을 수립해야 한다. 마케팅 전략 수립에 필요한 소비자행동 정보를 예시하면 <그림 1−2>와 같다.

그림 1-2	마케팅 전략에 필요한 소비자행동 정보 예시

시장 세분화 및 표적시장 선택
- 시장 세분화에 사용할 변수(소비자 정보)
- 자사 제품과 소비자 가치의 관련성

포지셔닝
- 자사·경쟁 브랜드에 대한 소비자의 포지셔닝 맵
- 매력적인 포지셔닝 포인트

마케팅믹스 계획수립
- 중요 속성, 브랜드, 패키지
- 준거 가격, 지불 의향 가격
- 소매점 이용 행동
- 주 이용 정보 원천, 정보처리

▌소비자행동 개관

마케팅 자극에 대한 소비자 반응의 차이를 설명하기 위해서는 관여도(involvement)를 이해할 필요가 있다. [도입사례]에 소개된 대학생A가 노트북PC를 구매할 때는 오랜 고심 끝에 복잡한 구매의사결정과정(문제 인식, 정보 탐색, 대안 평가, 구매, 구매 후 행동)을 거쳤지만 맥주를 구매할 때는 큰 고민 없이 간단한 과정을 거친 것은 노트북 PC에 대한 관여도가 높은 반면 맥주에 대한 관여도가 낮기 때문이다.

본 절에서는 소비자의 구매의사결정과정과 정보처리과정에 영향을 미치는 관여도를 소개한 후 소비자의 구매의사결정과정과 소비자의 정보처리과정을 살펴보도록 하겠다.

고관여: 노트북   저관여: 맥주

(1) 관여도

1) 관여도의 개념

관여도(involvement)란 특정 대상(제품, 광고, 정보 등)을 개인적으로 중요하게 여기는 정도를 말한다. 관여도가 높은 제품을 구매하는 경우 소비자는 잘못된 구매가 가져올 피해가 크기 때문에 제품 구매를 통한 혜택은 최대화하고 위험은 최소화하기 위해 오랜 고심 끝에 복잡한 구매의사결정과정을 거치게 된다.

일반적으로 자동차나 노트북PC처럼 가격대가 높은 제품은 관여도가 높은 제품이라고 하고 맥주나 과자처럼 가격대가 낮은 제품은 관여도가 낮은 제품이라고 한다. 하지만 동일한 대상에 대한 관여도가 사람마다 다를 수 있고, 동일한 사람의 동일한 대상에 대한 관여도가 상황에 따라 다를 수 있다. <그림 1-3>에 제시된 바와 같이 관여도는 제품, 소비자, 상황에 따라 달라진다.

그림 1-3   소비자 관여도 모델

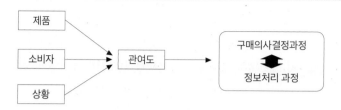

① 제품

　제품의 구매와 사용과 관련하여 소비자가 지각하는 위험이 높을수록 관여도가 높은 제품이다. 지각된 위험(perceived risk)에는 재무적 위험, 물리적 위험, 심리적 위험, 기능적 위험이 있다. 재무적 위험은 잘못된 구매가 금전적 손실을 가져올 위험을 의미하며 자동차처럼 비싼 제품일수록 재무적 위험이 높다. 물리적 위험은 제품의 사용이 신체에 손상을 입힐 위험을 의미하며 약처럼 건강이나 목숨과 관련될수록 물리적 위험이 높다. 심리적 위험은 제품이 소비자의 자아 이미지(self-image)를 손상시킬 수 있는 위험을 의미하며 신발과 스마트폰 케이스처럼 남들에게 자신을 표현하는 제품일수록 심리적 위험이 높다. 기능적 위험은 제품이 기능을 제대로 발휘하지 못할 위험으로 드론이나 스마트폰 방수 케이스처럼 제품의 오작동이 발생시킬 위험을 말한다.

② 소비자

　동일한 제품에 대한 관여도가 소비자마다 다를 수 있다. 소비자는 자신의 중요한 욕구, 자아, 가치 등과 관련된 제품에 대한 관여도가 높다. 예를 들어, 패션에 관심 있는 소비자라면 의류나 신발에 대한 관여도가 높지만 패션에 관심 없는 소비자라면 의류나 신발에 대한 관여도가 낮을 것이다. '환경 보호'라는 가치를 중요시하는 소비자는 텀블러에 대한 관여도가 높을 것이고 알러지가 심한 사람은 음료수 한 병에도 관여도가 높아 신중을 기해 구매할 것이다.

③ 상황

　동일한 제품에 대한 동일한 소비자의 관여도가 상황에 따라 달라질 수 있다. 상황에 따라 소비자에게 중요한 욕구나 가치가 변할 수 있기 때문에 관여도 역시 변한다. 배가 고프면 음식에 대한 관여도가 상승한다. 특히, 자신을 위해 구매할 때보다 다른 사람을 위해 구매할 때 관여도가 상승한다. 자신이 마시기 위해 음료수를 살 때는 음료수에 대한 관여도가 낮지만 호감을 느끼는 이성에게 주기 위해 음료수를 살 때는 음료수에 대한 관여도가 높아진다.

2) 관여도와 구매의사결정과정

관여도에 따라 소비자의 구매의사결정과정이 달라진다. 고관여 제품을 구매할 때는 [도입사례]의 대학생A처럼 본격적 의사결정(extensive decision making)을 한다. 본격적 의사결정이란 구매의사결정과정 다섯 단계(문제 인식, 정보 탐색, 대안 평가, 구매, 구매 후 행동)를 모두 거치고 정보 탐색과 대안 평가에 많은 시간과 노력을 들이는 구매의사결정 유형이다. 물론, 고관여 제품의 경우에도 특정 브랜드에 대한 충성도(loyalty)가 매우 높은 경우 다른 대안에 대한 정보 탐색이나 대안 평가 과정을 거의 하지 않고 바로 특정 브랜드를 구매하기도 한다.

저관여 제품을 구매할 때는 일상적 의사결정(routinized decision making)을 하는 경우가 많다. 일상적 의사결정이란 문제 해결을 위한 최선의 대안을 알고 있어서 문제 인식 후 내적 탐색에 기반해 관성적으로는 해당 대안을 구매하는 구매의사결정 유형이다. 과거 경험을 통해 특정 이온음료에 대한 선호가 확실한 소비자는 갈증을 느낄 때마다 해당 제품을 구매한다. [도입사례]의 대학생A처럼 선호하는 맥주 브랜드가 있더라도 다른 브랜드 중 관심 가는 브랜드를 잠깐 훑어보고 추가적인 정보 탐색이나 대안 평가 없이 제품을 구매하기도 한다.

제한적 의사결정(limited decision making)은 구매의사결정과정 다섯 단계를 모두 거치지만 정보 탐색과 대안 평가에 들이는 시간과 노력이 본격적 의사결정보다는 적다. 관여도가 중간 정도일 때 제한적 의사결정을 하는 경우가 많다.

3) 관여도와 정보처리과정

관여도에 따라 소비자의 정보처리과정이 달라진다. 관여도는 소비자가 어떤 마케팅 자극에 의도적으로 노출될지를 결정할 뿐 아니라 의도적으로 노출된 자극 가운데 어떤 자극에 주의를 기울일지를 결정한다. [도입사례]의 대학생A는 노트북 분실로 노트북에 대한 관여도가 급상승하자 노트북에 관한 정보를 적극적으로 탐색했다. 즉, 노트북과 관련된 마케팅 자극에 의도적으로 본인을 노출시켰다. 또한, 노트북 분실 전에는 노트북 관련 마케팅 자극(예: 광고)에 우연히 노출되었을 때 주의를 기울이지 않았고, 주의를 끌지 못한 자극은 감각기억에 저장되었다가 소멸되었다. 반면, 노트북 분실로 노트북에 대한 욕구가 생긴 후에는 노트북 관련 마케팅 자극에 우연히 노출되있을 때 주의를 기울였고, 대학생A의 주의를 끌게 된 자극은 이해 과정을 거쳐 장기기억에 저장되고 대학생A의 구매의사결정과정에 영향을 미쳤다.

(2) 소비자 구매의사결정과정(Decision Making Process)

소비자의 구매의사결정과정은 문제 인식, 정보 탐색, 대안 평가, 구매, 구매 후 행동의 다섯 단계로 구성되어 있다. 음료수와 연필처럼 관여도가 낮은 제품을 반복적으로 구매하는 일상적 구매의사결정의 경우 이러한 다섯 단계를 모두 거치지 않을 수도 있지만 구매의사결정과정의 포괄적인 설명을 위해 모든 단계를 포함하여 설명하도록 하겠다.

소비자 구매의사결정과정의 출발점은 문제 인식이다. 문제 인식이란 배고픔과 같은 소비자의 욕구가 활성화되고 이 욕구를 구매를 통해 해결하고자 하는 구매 동기가 형성되는 것을 의미한다. 배고픔이라는 문제를 인식한 소비자는 이 문제를 해결하기 위해 다양한 해결책을 찾게 되는데 문제의 해결책을 찾는 과정이 바로 정보 탐색에서 대안 평가를 거쳐 구매에 이르는 과정이다. 소비자는 다양한 정보 원천으로부터 구매와 관련된 정보를 탐색하고 탐색한 정보를 바탕으로 여러 대안들을 평가하고 자신의 문제를 해결하기에 적합한 대안을 선택한다. 선택한 대안을 구매 및 사용한 후 자신의 구매에 대해 평가를 내리게 된다. 본격적 의사결정과 제한적 의사결정은 이러한 모든 단계를 다 거치는 반면 일상적 의사결정은 이 다섯 단계의 일부가 생략되거나 순서가 바뀔 수 있다.

| 그림 1-4 | 구매의사결정과정 |

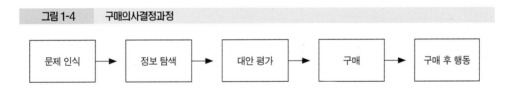

① 문제 인식

문제 인식(problem recognition)이란 소비자가 자신의 욕구(needs)를 자각하고 이를 구매를 통해 해결하고자 하는 구매 동기(motivation)가 형성된 것을 의미한다. [도입사례]에서 대학생A는 노트북 분실로 인해 노트북에 대한 욕구가 생기고 이 욕구를 노트북 구매를 통해 해결하고자 하는 구매 동기가 형성되었다.

소비자에게 문제 인식을 불러일으키는 요인은 크게 내적 요인과 외적 요인으로 나눌 수 있다. 갈증이나 배고픔을 비롯한 욕구는 소비자의 생리작용이라는 내적 요인에 의해 유발되는 측면이 크지만 마케팅 자극을 비롯한 외적 요인도 욕구를 불러일으킬 수 있다. 예를 들어, 치킨가게를 지나던 소비자는 치킨 냄새를 맡은 후 심한 배고픔을 느낄 수 있고, 의류 매장을 지나던 소비자는 매장 거울에 비친 자신의 모습을 보고 자신의 옷이 낡았다는 생각을 하면서 새 옷에 대한 욕구를 느낄 수 있다.

문제 인식이 언제나 정보 탐색을 비롯한 문제해결 과정으로 연결되는 것은 아니다. 자신의 문제를 해결할 시간이 없는 경우 소비자는 정보 탐색을 포기할 수 있고, 돈이 없는 경우 정보 탐색과 대안 평가만 하고 구매를 미루기도 한다.

② 정보 탐색

정보 탐색(information search)이란 소비자가 자신의 문제를 해결하기 위하여 제품이나 구매에 관한 정보를 얻고자 하는 활동을 의미한다. 정보 탐색의 유형은 탐색의 원천, 탐색의 시점에 따라 나눌 수 있다. 탐색의 원천에 따른 유형에는 내부 탐색(internal search)과 외부 탐색(external search)이 있다. 내부 탐색이란 소비자가 자신의 장기기억(long-term memory)에서 구매와 관련된 정보(예: 과거 경험, 주변사람들의 이야기, 광고, 기사 등)를 인출하는 것이다. 내부 탐색만으로 구매의사결정에 필요한 정보를 충분히 확보하면 더 이상의 정보 탐색은 필요하지 않다. 하지만 [도입사례]의 대학생A처럼 내부 탐색만으로 정보가 충분하지 않을 때는 기억 이외의 원천(예: 인터넷 검색, 친구의 조언, 매장 직원에게 문의 하는 것 등)을 통해 추가적으로 정보를 탐색하는데 이것을 외부 탐색이라고 한다. 외부 탐색의 정보 원천(information source)에는 크게 개인적 원천(예: 친구, 가족, 이웃, 직장 동료 등), 상업적 원천(예: 광고, 제품 홈페이지, 판매원 등), 공공적 원천(예: 신문이나 잡지의 기사, 관련 공공 단체의 정보, 정부 기관의 자료 등)이 있다.

탐색의 시점에 따른 정보 탐색의 유형에는 구매 전 탐색(pre-purchase search)과 지속적 탐색(ongoing search)이 있다. [도입사례]에서 대학생A가 노트북을 구매하기 위해 노트북과 관련된 정보를 탐색하는 것이 구매 전 탐색이라면 대학생A가 자신이 좋아하는 자동차와 콘셉트 카에 대한 정보를 탐색하는 것은 당장의 구매와는 상관 없이 즐거움을 충족하기 위해 상시적으로 하는 지속적 탐색에 해당한다. 구매 전 탐색은 구매 과업의 질을 높이는 것이 목적인 반면, 지속적 탐색은 미래 구매의사결정을 위한 정보 축적이 목적이거나 구매와 무관한 즐거움을 목적으로 한다.

소비자들이 내부 탐색만으로 회상한 브랜드들을 환기브랜드군(evoked set)이라고 한다. 환기브랜드군과 외부 탐색을 통해 알게 된 브랜드들 가운데 구매를 고려하는 브랜드들의 집합을 고려브랜드군(consideration set)이라고 한다. 소비자는 고려브랜드군에 포함된 대안들을 평가하여 자신의 문제를 해결할 수 있는 대안을 선택한다.

③ 대안 평가

소비자는 고려브랜드군에 포함된 대안들을 평가하고, 자신의 욕구나 가치에 부합되는 특정 대안을 선택하는데 이 과정을 대안 평가(evaluation of alternatives)라고 한다. 소비자는 대안 평가를 통해 대안들에 대한 태도를 형성하고 대안들에 대한 상대적 태도 차이인 선호도를 갖게 된다. 그리고 자신이 가장 선호하는 대안을 구매한다.

마케터는 자신의 제품이나 브랜드가 소비자로부터 좋은 평가를 받도록 하기 위해 소비자가 대안을 평가하는 평가 기준(evaluative criteria)과 평가 방식을 파악하고자 한다. 먼저 평가 기준이란 소비자들이 대안을 비교하고 평가하는 데 사용하는 제품의 속성을 지칭한다. 예를 들어 노트북 PC를 구매하려는 소비자는 CPU 성능, 디스플레이, 무게, 디자인, 가격, 배터리 용량, 브랜드 등의 속성들을 기준으로 대안을 평가한다.

평가 방식은 크게 보상적 전략과 비보상적 전략으로 구분할 수 있다. 보상적 전략이란 한 평가 기준의 약점이 다른 평가 기준의 강점으로 만회될 수 있는 방식을 의미한다. [도입사례]의 대학생A가 디자인과 무게의 약점에도 불구하고 노트북T를 선택한 것은 디자인과 무게의 약점을 만회할 정노도 나른 평기 기준들에서 우수해서 노트북T가 전체적으로 가장 높은 평가를 받았기 때문이다. 반면 비보상적 전략은 특정 평가 기준에서의 낮은 평가를 다른 기준에서의 높은 평가로 만회할 수 없는 방식이다. [도입사례]의 대학생A는 돈이 부족했기 때문에 '가격'이 비싼 D사의 노트북 모델은 다른 속성이 뛰어났음에도 선택할 수 없었다.

④ 구매

소비자는 대안 평가를 토대로 형성한 태도와 선호도에 따라 자신의 문제를 해결할 수 있는 최적의 대안을 구매한다. 하지만 실제 구매행동이 항상 태도와 선호도에 따라 이루어지는 것은 아니다. 구매 환경(예: 쇼핑 경험, 구매 시점의 자극, 판매원과의 상호작용 등)이 소비자의 실제 구매행동에 영향을 미칠 수 있다. 예를 들어, 마트에서 A맥주를 구매하려던 소비자가 B맥주 시음 행사에 참여한 뒤 B맥주를 구매하기도 하고, B노트북을 구매하려던 소비자가 매장에서 C노트북 판매원의 친절한 설명을 들은 뒤 C노트북을 구매하기도 한다.

⑤ 구매 후 행동

소비자는 구매한 제품을 사용한 후 만족이나 불만족을 경험하고 구매 후 부조화를 겪기도 한다. 만족 혹은 불만족은 소비자의 기억에 저장되었다가 이후의 구매의사결정과정에 영향을 미치게 된다. [도입사례]에서 대학생A는 자신이 사용했던 노트북에 만족했기 때문에 이 노트북에 대한 긍정적 정보와 긍정적 태도가 기억에 저장되었다가 구매의사결정과정에 긍정적 영향을 미쳤다. 즉 정보 탐색을 할 때도 우선적으로 이 노트북 브랜드를 검색했고, 대안 평가를 할 때에도 이 브랜드를 높게 평가했으며, 구매를 할 때도 다른 브랜드 판매원의 친절한 설명에 마음이 흔들리다가도 이 브랜드를 구매하였다.

만족 혹은 불만족은 각각 만족행동과 불평행동으로 연결된다. 만족한 소비자는 해당 제품이나 브랜드를 재구매하고, 주변 사람들에게 긍정적인 구전이나 추천을 한다. 반면 불만족한 소비자는 사적 불평행동(예: 구매 중지, 부정적 구전 등)과 공적 불평행동(예: 교환, 환불, 소송 등)을 하기도 한다.

구매 후 부조화란 소비자가 제품을 구매한 후 자신의 선택이 과연 옳았는지에 대해 심리적 불편함을 겪는 것을 말한다. 소비자는 이러한 심리적 불편함을 감소시키고자 '구매 후' 정보 탐색을 한다. 이때 자신의 구매를 지지하는 정보는 받아들이고 그렇지 않은 정보는 외면한다. 구매 후 부조화가 감소되면 만족으로 이어지고 그렇지 못한 경우에는 불만족으로 이어질 수 있다.

(3) 소비자 정보처리과정(Information Processing)

소비자 정보처리과정이란 소비자가 마케팅 자극(marketing stimuli)에 노출되었을 때, 이를 감지(sensing)하고, 그 자극에 주의를 기울이고 이해하며, 기억 속에 저장하고, 필요할 때 기억 속에서 끄집어 내어 새로운 정보와 연결시키는 과정이다. 정보처리과정에서 기억을 제외한 노출, 주의, 이해의 세 단계를 지각과정(perception process)이라고 한다. 여기서 마케팅 자극이란 마케터의 마케팅 활동(예: 제품, 가격, 촉진, 유통, 경쟁사의 활동 등)이나 다른 정보원(예: 구전, 소셜미디어, 뉴스 등)을 통해 소비자에게 전달되는 제품, 기업, 브랜드와 관련된 모든 정보를 포함한다.

감각기관이 감지한 자극은 감각기억(sensory memory)에 저장되는데, 소비자가 주의를 기울인 자극은 단기기억으로 이전되어 본격적인 이해 과정을 거친다. 소비자는 장기기억에 보관된 기존 지식을 사용하여 단기기억에 저장된 자극을 이해하며, 여기서 처리된 자극을 장기기억에 저장한다. 반면 소비자가 주의를 기울이지 않은 자극은 감각기억에서 난기기억으로 이전되지 못하고 사라진다. [도입사례]에서 대학생A가 노트북PC를 분실하기 전에는 노트북에 대한 욕구가 없었기 때문에 지하철 스크린 도어에 있는 노트북 광고에 우연히 노출되었을 때 주의를 기울이지 않았다. 그 결과 이 광고는 대학생A의 감각기억에 잠시 머물다 소멸되었다.

반면 노트북에 대한 욕구가 생긴 후로는 노트북 광고에 의도적으로 노출될 뿐 아니라 우연히 노출되었을 때도 주의를 기울이고 이해하여 장기기억에 저장하고 정보 탐색과 대안 평가에 사용하게 된다.

1) 노출

노출(exposure)은 감각기관이 자극에 의해 활성화된 상태를 말하며 감각기관이 자극에 노출되면 자극을 감지하게 된다. 노출은 의도적 노출(intentional exposure)과 우연적 노출(accidental exposure)로 나눌 수 있다. 의도적 노출은 소비자가 특정 자극에 자신을 일부러 노출시키는 경우이고 우연적 노출은 소비자가 의도하지 않은 채 어떤 자극에 노출되는 것을 말한다. 소비자가 구매의사결정과정 중 정보 탐색 단계에서 내부 탐색만으로는 문제를 해결할 수 없어 외부 탐색을 하는 것은 의도적 노출에 해당한다. 반면 소비자의 의도와 상관없이 많은 광고, 뉴스, 판매원, 제품진열, 구전 등의 자극에 노출되는 것은 우연적 노출에 해당한다.

광고를 비롯한 무수한 마케팅 자극에 우연적 노출되었을 때 소비자의 주의를 끌지 못한 자극은 감각기억에 저장되었다가 소멸되지만 소비사의 주의를 끌게 된 자극은 단기기억을 거쳐 이해 과정을 통해 장기기억에 저장된다.

2) 주의

주의(attention)는 특정 자극에 정보처리능력을 집중하는 것을 의미한다. 사람들은 수많은 광고에 노출되지만 인지 용량의 한계 때문에 일부에만 주의를 기울인다. 그래서 특정 자극의 중요성에 따라 정보처리용량을 다르게 할당하고 중요한 소수 자극만을 처리한다.

3) 이해(comprehension)

노출된 자극에 주의를 기울이면 소비자는 자신의 경험, 지식, 기대 등에 비추어 그 자극의 의미를 이해한다. 이해 단계에서 소비자는 주어진 자극에 포함된 여러 정보 조각들을 지각적 조직화(perceptual organization)한 다음 그 의미를 지각적 해석(perceptual interpretation)한다.

지각적 조직화란 소비자가 주어진 자극으로부터 하나의 의미를 도출하기 위해, 자극 내에 포함된 여러 요소들을 머릿속에서 통합하는 과정이다. 예를 들어 광고 자극에 주의를 기울인 소비자는 광고 메시지, 모델, 음악, 배경 등을 통합적으로 지각하게 된다.

지각적 해석이란 조직화된 자극에 대해 소비자가 자신의 기억 속에 있는 기존 지식과 관련시켜 자신의 방식으로 의미를 부여하는 과정이다. 예를 들어 마이크로소프트의 서피스(Surface)가 출시되었을 때 소비자는 자신의 기존 지식에 기반해서 이 제품을 테블릿, 노트북, 혹은 또 다른 제품군으로 범주화한다.

마이크로소프트 서피스

4) 기억

소비자는 지각 과정을 거친 자극(정보)을 기억 속에 부호화하여 저장하였다가 필요할 때 인출하여 사용한다. 다중기억구조모델(multiple store model of memory)에 의하면 기억은 감각기억(sensory memory), 단기기억(short-term memory)과 장기기억(long-term memory)으로 구성된다. 감각 기관이 정보에 노출되면 그 정보는 감각기억에 유입되고 주의를 끈 일부 정보만 단기기억으로 이전되고 단기기억에 유입된 정보 가운데 시연을 거친 정보는 장기기억에 저장된다. 수많은 광고 가운데 소비자가 주의를 기울이지 않은 광고는 감각기억에 잠시 머물다 소멸되고 단기기억에서 시연되지 않은 정보 역시 망각된다. 장기기억에 저장된 정보는 차후 필요한 상황에서 단기기억으로 인출된 후 사용된다.

마케터는 자신의 제품에 대한 긍정적인 정보를 소비자가 장기기억에 잘 저장하고 장기기억에서 잘 인출될 수 있도록 하는 방안을 고민한다. 즉, 마케팅 자극이 소비자의 주의를 끌어 단기기억으로 이전되고 단기기억의 정보가 리허설을 통해 장기기억 속에 잘 저장되고 추후 장기기억에서 잘 인출될 수 있는 방법을 고민한다.

(4) 소비자 정보처리과정과 구매의사결정과정

마케팅 자극에 대한 정보처리과정에서 형성된 지식과 태도가 구매의사결정과정에 직접 영향을 미치기도 하고, (장기)기억에 저장되었다가 이후의 구매의사결정에 영향을 미치기도 한다. 구매의사결정과정의 각 단계에서 소비자는 마케팅 자극에 노출되고 자극을 정보처리하며 정보처리 결과는 구매의사결정과정의 각 단계에 영향을 미친다.

마케팅 자극은 문제 인식을 불러일으켜 구매의사결정과정을 촉발시키기도 한다. 문제 인식은 소비자가 자신의 욕구(needs)를 자각하는 것에서 시작하는데, 심야 시간 라면 광고에 노출되어 지각과정을 거치는 것은 소비자의 식욕(욕구)을 자극하여 이후의 구매의사결정과정을 불러 일으킨다. 산타클로스 사진을 보면 기억 속에서 코카콜라가 연상되어서 코카콜라를 마시고 싶다는 욕구가 생겨 구매의사결정과정을 불러일으킬 수 있다.

구매의사결정과정 중 내부 탐색은 장기기억에 저장된 정보를 단기기억으로 인출하여 대안 평가에 사용하는 것이다. 내부 탐색만으로 부족할 때 실시하는 외부 탐색은 소비자가 마케팅 자극에 의도적으로 노출되는 것이다. 소비자는 의도적 노출로 접하는 마케팅 자극에 주의를 기울여 이해하고 이때 형성한 지식과 태도 및 장기기억에서 인출한 지식과 태도를 토대로 대안을 평가하고 최적의 대안을 구매한다.

구매 후 행동에서도 구매 후 부조화 발생시 소비자는 부조화를 해소하고자 자신의 구매를 지지하는 자극(정보)에 의도적으로 노출되고 이 정보를 자신의 구매를 지지하는 방향으로 해석하고자 한다.

(5) 개인적 요인과 환경적 요인

마케팅 자극에 대한 반응이 소비자마다 다른 것은 소비자마다 정보처리와 구매의사결정이 다르기 때문이다. 개인적 요인(동기, 감정, 개성, 라이프스타일 등)과 환경적 요인(준거집단, 가족, 문화, 사회계층 등)이 이러한 차이를 야기한다. 축구를 좋아하는 소비자는 축구에 대한 관여도가 높아서 축구와 관련된 마케팅 자극에 노출되었을 때 더 주의를 기울인다. 문화나 사회계층에 따라 관심사가 다르기 때문에 주의를 기울이는 마케팅 자극이 다르다. 외로운 소비자는 외로움을 해소하고자 하는 동기 때문에 외롭지 않은 소비자보다 충동구매를 더 많이 한다. 자신의 준거집단에 속하고자 하는 욕구 때문에 준거집단이 선호하는 브랜드를 선호하고 준거집단이 구매하는 브랜드를 따라서 구매한다.

개인적 요인인 동기와 감정은 7장에서 개성과 라이프스타일은 8장에서 살펴볼 것이다. 환경적 요인인 문화와 사회계층은 9장에서 준거집단과 가족은 10장에서 다룰 것이다.

💬 토론사례: 아이유의 속삭임, ASMR

광고 속 아이유가 화면을 정면으로 바라보며 입김을 분다. 햇살이 가득 차 따스한 느낌의 거실, 포근한 러그 위에 앉은 그녀가 한 손을 입 가까이 대고 속삭인다.

"아프지 마세요. 호~"

광고를 보는 소비자의 입가에 절로 미소가 인다.

이 광고에 대해 소비자들은 "굉장히 작은 소리인데도 귀에 더 잘 들리는 것 같다," "귀가 간지러운 듯한 느낌이 든다. 아이유가 직접 귀에 대고 말해 주는 것 같다," "(마음이) 편안하고 행복해졌다"고 답했다.

'ASMR(Autonomous Sensory Meridian Response: 자율감각 쾌락반응)' 광고가 대세다. 바람 부는 소리, '사각사각' 연필로 글씨 쓰는 소리, 차 따르는 소리, 바스락거리는 소리 등 아주 작은 크기의 자극으로 사람의 기분을 편안하고 행복하게 만들 수 있어서 광고, 영화, 유튜브에서 인기다. 우리나라에서 ASMR을 상업적으로 처음 사용한 것은 서태지의 뮤직비디오 'MOAI'에서다. 물방울 소리, 영사기 소리, 바람소리, 파도소리를 사용하였다.

ASMR 광고는 모델의 작은 움직임과 조용한 속삭임에 소비자의 주의가 온전히 쏠리도록 하기 위해 배경이 단순하고 조용하다. 즉, 소비자의 주의가 분산되지 않도록 배경은 부드러운 색감에 정적이며 배경의 소리와 움직임을 최소화하였다.

ASMR의 효과를 알아보기 위해 피험자에게 뇌파검사(EEG)를 실시하였다. ASMR 영상을 보여주자 숙면할 때나 명상할 때 나오는 뇌파인 델타파가 증가했다. 이러한 결과는 ASMR 영상이 숙면이나 명상을 할 때처럼 심신을 안정시키고 편안함을 느끼게 함을 보여준다. 하지만, ASMR 광고에 대한 호불호가 갈릴 수 있다. ASMR을 느끼게 해 주는 자극이 사람마다 차이가 날 뿐 아니라 ASMR은 개인의 경험에 따라 복합적으로 작용하기 때문이다. '아이유 광고'도 여성보다 남성에게 더 큰 호응을 얻고 있는 것도 이런 연유다.

자료원: 동아사이언스 2018.5.6; 경동제약 홈페이지

💬 토론문제

당신의 마음이 '편안하고 행복'해지는 ASMR 광고와 그렇지 않은 ASMR 광고를 하나씩 찾아보자.

① 두 광고에 대한 당신의 반응이 달라지는 이유를 소비자의 '정보처리 과정', '개인적 요인과 환경적 요인'을 가지고 설명하시오.

② 두 광고는 당신의 구매의사결정과정의 각 단계에 어떻게 영향을 미치는가?

구매의사결정과정 1

CHAPTER 02 | 구매의사결정과정 1 ●────────

🐎 도입사례 : 혁신적인 기술의 등장과 소비자 구매의사결정의 변화

'대신 고르고 결정해 드립니다' 비즈니스가 뜨고 있다. 포털 사이트 검색 한 번으로도 셀 수 없이 많은 정보가 쏟아지는 세상. 정보의 양이 많아진 만큼 그 안에서 나에게 필요한 진짜 정보를 찾는 게 일이 됐다. 고객 입장에서는 비용을 치르더라도 제품과 서비스에 대한 정보를 대신 찾아 추리거나 심지어 누군가 대신 결정해 줬으면 하고, 기업은 고객이 필요로 하는 정보를 적재적소에 제공할 수 있느냐가 경쟁력을 좌우하게 됐다.

무엇보다 소비자들이 접하는 상품 관련 정보가 빠르게 늘고 있다. 정보 습득 경로가 다양해지고, 결제 배송 등 지원 서비스도 빠르게 발달하면서 정보의 양이 감당할 수 없을 정도로 많아지고 있다. 이를 통해 소비자들은 보다 합리적 가격에 더 마음에 드는 제품을 선택할 기회를 얻었지만 그 부작용도 만만치 않았다. 전해영 현대경제연구원 연구위원은 "시장에서 팔리는 품목이 다양해지고 상품 정보가 지나치게 많이 제공되면서 소비자 입장에서는 무엇을 살지 결정이 갈수록 어려워지고 있다"며 "유통기업의 대형화, 온라인 쇼핑몰의 확산 등에 따라 선택 가능한 상품 종류와 수가 급증하기 때문에 원하는 상품을 찾기 위한 소비자의 노력 투입도 늘 수밖에 없다"고 진단했다.

특히 제품 구매에서 남들과 다른 자기만의 취향과 개성을 반영하려는 개인화 양상이 강해지면서 기업들은 더 많은 정보를 제공하려 하고 소비자들은 그 정보를 감당하느라 스트레스에 시달려야 하는 상황이다. 양도 양이지만 정보에 대한 신뢰도가 떨어지면서 스트레스는 더 강해지고 있다. 박용석 아이코닉브랜드 대표는 "광고성 정보도 너무 많고 가짜뉴스 논란이 끊이지 않는 등 기업과 제품에 대한 정보를 쉽사리 믿을 수 없다는 불신이 깔려 있다"며 "화려하지 않은 포장이나 브랜드 없는 제품 등 담백한 접근이 소비자에 어필하는 것도 이런 상황의 방증이다"고 평가했다.

기업들은 이런 분위기를 감안해 소비자가 정보 홍수 속에서 제품과 서비스를 결정하는 데 드는 시간과 에너지를 줄일 수 있도록 다양한 시도들을 하고 있다. 최근 빅데이터, 인공지능(AI) 등 갖가지 첨단 기술을 활용, 필요한 정보를 골라 제공함으로써 정보의 양을 줄이는 데 사활을 걸고 있다. '맞춤 추천' 서비스인 '큐레이션(Curation) 커머스'가 대표적이다. 이는 믿을 만한 사람이나 전문가가 '당신에게 딱 맞는 제품은 이런 것'이라며 추천해 주는 것이다. 큐레이션은 '돌보다', '보살피다'라는 뜻의 라틴어(curare)에서 나온 말로 흔히 미술관, 박물관에서 기존에 알려진 작품에 새로운 의미를 부여하거나 우수한 작품을 찾아내 여러 작품으로 하나의 주제를 형상화하는 것을 가리킨다.

020   **소비자행동론**

신세계백화점은 인공지능 고객 분석 시스템 'S 마인드'를 통해 매장을 자주 찾는 고객 500만 명의 온·오프라인 구매 기록과 요일별 구매 패턴 등 100여 개 변수를 분석한 뒤 개인 맞춤형 쇼핑 정보를 제공하고 있다. 빅데이터와 인공지능 기술이 접목되면서 이용자의 행동패턴 안에 숨어있는 니즈까지 반영된 더욱 고도화된 맞춤서비스가 가능해진 것. 제주항공은 지난해 말 고객의 예산과 취향 등 원하는 조건을 고려해 여행지를 추천해 주는 '여행 큐레이션' 서비스를 도입했다. 고객은 자신이 원하는 금액대를 체크하고 휴양여행, 음식여행, 쇼핑여행, 체험여행, 배낭여행 등 원하는 타입을 설정하면 예산과 원하는 유형에 맞는 제주항공의 모든 노선과 모든 시간 내 항공권을 알려준다.

단순 추천보다 한 단계 더 나아간 것이 '큐레이션 정기 구독 서비스'다. 나만을 위한 선별된 제품들이 담긴 상자를 정기적으로 집 또는 사무실까지 가져다주는 방식으로 전문가의 큐레이션과 개인별 맞춤화가 결합됐다. 정기 구독료를 지불하고 제품을 주기적으로 배송받는 이 서비스는 기존의 우유·신문 배달과 같은 고전적 구독 서비스로부터 한층 업그레이드된 셈이다. 최신 트렌드니 제품 정보를 찾기 위해 매체를 뒤적거리는 수고도 대신해 주고, 소모적 생필품의 제품 구입 타이밍을 신경 쓰지 않아도 되게끔 제때 물건을 보내주기 때문에 정보 수집이나 제품 구입 절차에 많은 시간을 쓸 수 없는 사람들을 상대로 이들이 구미에 맞는 제품을 손쉽게 획득할 수 있도록 돕는 일종의 '퍼스널 쇼퍼(Personal Shopper)' 역할을 한다.

강현지 전 LG경제연구원 선임연구원은 "단순히 소비자가 좋아할 가능성이 있는 제품을 나열하면서 선택하라고 숙제를 안겨주기보다는 실제 구입 의사가 있는 품목에 한해 제품을 선별해 손쉽게 구매까지 연결해줌으로써 제품 구입 과정에 더 깊게 파고든다"며 "소비자 입장에서도 분석 시스템에 의한 추천보다는 지속적인 상호관계를 통해 내 취향을 잘 알만 한 사람이 추천해 준 제품에 더욱 신뢰와 애착을 느낀다는 점에서 단순 추천 모델과 다르다"고 설명했다.

추천 방식도 진화하고 있다. 원하는 제품과 서비스를 인터넷에서 검색하지 않고 문자 메시지를 통해 질문하면 제품 등을 추천 받는 '대화형 커머스'가 인기를 끌고 있다. 특히 최근에는 AI를 기반으로 한 '챗봇(Chatbot)' 도입이 활발하다. 미 유통업 전문 조사기관인 BRP에 따르면, 미국 내 기업 10개 중 4개 이상이 챗봇이나 인공지능 기술을 도입했거나 3년 내로 도입할 계획이다. 마크 주커버그 페이스북 최고경영자(CEO)는 10년 뒤 모습에 대해 "페이스북의 미래는 메신저에 있다"고 했고, 미국에서는 페북 메신저로 주소를 보내면 우버와 연결돼 택시 호출은 물론 결제도 가능하다. 하얏트 호텔은 메신저로 예약은 물론이고 룸서비스까지 주문할 수 있도록 했는데 서비스 개시 후 한 달 만에 고객 문의가 20배 늘었다.

자료원 : 유명 크리에이터 추천하자, 8시간 만에 화장품박스 3,000개 동나 '대신 고르고 결정해 드립니다' 비즈니스 급부상, 한국일보 2018년 3월 31일자 기사 발췌 및 수정 인용

소비자 구매의사결정 개관

　　소비자들은 제품을 구매하는 의사결정을 위해 일련의 과정을 거친다. 그런데 구매의사
결정을 수행하는 과정은 제품의 특성, 소비자의 특성, 구매상황의 특성 등에 따라 매우 다양
한 형태를 보인다. 어떤 의사결정은 여러 단계의 과정을 복잡하고 심각하게 거치기도 하지만,
어떤 의사결정은 아주 단순하게 순식간에 이루어지기도 한다. 예를 들어 노트북 컴퓨터를 구
매하는 경우에는 오랜 시간에 걸쳐 요모조모 따져보는 의사결정 과정을 거치지만, 과자를 구
매할 때에는 아주 짧은 시간에 간단한 과정을 거치게 된다. 소비자 구매의사결정과정을 논의
하기에 앞서 구매의사결정의 유형에는 어떠한 것들이 있는지 살펴보도록 하겠다.

(1) 소비자 구매의사결정의 유형

　　소비자 구매의사결정은 어떤 소비자가 어떤 제품을 어떤 상황에서 구매하는지에 따라
다양한 형태로 이루어진다. 소비자가 어떠한 가치를 추구하고 무엇에 관심을 갖고 있는지에
따라 동일한 제품일지라도 구매의사결정의 모습은 달라질 수 있다. 그리고 제품이 얼마나 오
래 사용하는 제품인지, 어떠한 사회적 의미를 갖는지 등에 따라 구매의사결정은 복잡하게 이
루어질 수도, 간략하게 수행될 수도 있다. 또한 동일 소비자가 동일한 제품군을 구매하더라도
본인이 쓰려고 구매할 때와 선물을 하려고 구매할 때 간 의사결정의 양상은 크게 달라질 수
있다. 이렇듯 다양한 구매의사결정의 유형을 분류하는 기준에는 관여도, 구매빈도, 구매 신
규성 등이 있다.

　　먼저, 앞 장에서 살펴본 관여도에 따라 유형을 나누어 볼 수 있다. 즉 구매의 중요성이나
잘못된 결정에 따른 위험을 어떻게 인식하는가에 따라 구매의사결정과정은 큰 차이를 보인
다. 고관여 의사결정일 경우에는 소비자가 다양한 경로를 통해 보다 적극적으로 정보를 수집하
고, 다양한 평가기준을 고려한 다각적인 평가를 통해 대안을 선택한다. 그러나 저관여 의사결정
의 경우 소비자들은 기억을 더듬는 수준으로 수집한 간단한 정보를 바탕으로 익숙한 상표 중
하나를 선택하는 과정을 거친다. 결국 고관여 구매의사결정일 경우에는 다음 절에서 설명하게
될 구매의사결정과정의 전 단계를 거치지만, 저관여일 경우에는 일부 단계를 건너뛰거나 거치
더라도 매우 간단하게 수행하는 양상을 보인다.

　　한편 구매의 빈도나 신규성에 따라 구매의사결정의 유형을 나누어 볼 수 있다. 즉 얼마

나 빈번하게 구매하는 제품인지에 따라, 과거 구매해 본 경험이 있는지에 따라 구매의사결정을 나누어 볼 수 있다. 이러한 분류 기준을 활용하면 구매의사결정은 일상적 의사결정, 제한적 의사결정, 본격적 의사결정으로 나누어진다.

1) 일상적 의사결정(routinized decision making)

일상적 의사결정이란 소비자들이 흔히 구매하는 제품, 과거 여러 번 구매해 본 경험이 있는 제품을 구매할 때 거치게 되는 문제해결과정을 의미한다. 일반적으로 관여도가 낮은 상황에서 이루어지는 의사결정이라고 할 수 있다. 이러한 경우 굳이 다양한 정보를 탐색하려고 하지도 않고 복잡한 평가의 과정을 거치지도 않는다. 즉 의사결정이 비교적 빠른 속도로 간단하게 이루어지는 것이다. 예를 들어 어떤 사람이 갈증을 느껴 음료수를 구매하는 경우를 상상해보자. 대개의 경우 과거 풍부한 구매 경험으로 브랜드에 대한 선호가 이미 존재하기 때문에 매우 단순한 형태로 의사결정을 하게 된다. 혹시 새로운 제품 중에 괜찮은 제품은 없는지 삼깐 훑어보고 심각한 비교 과정 없이 제품을 선택하게 된다. 이렇듯 일상적으로 이루어지는 빈번한 구매에 많은 노력을 기울이는 경우는 흔치 않을 것이다. 특히 구매 후의 평가가 만족스러운 경우에는 이를 기억에 저장하였다가 다음 구매상황에서 정보 탐색이나 대안 평가를 거치지 않고 과거 구매한 대안을 반복적으로 구매하는 모습을 보이기도 한다. 이를 종합해보면 일상적 의사결정의 경우 구매의사결정과정이 매우 단순한 형태로 이루어지고 심지어 특정 단계를 생략하는 형태로 이루어진다고 할 수 있다.

2) 제한적 의사결정(limited decision making)

제한적 의사결정이란 일상적 의사결정보다는 복잡하지만 다음에 설명할 본격적 의사결정보다는 단순한 형태로 이루어지는 문제해결과정을 의미한다. 제한적 의사결정을 수행하는 소비자는 일반적으로 제품군에 대한 지식은 어느 정도 있지만 브랜드, 스타일, 가격대 등과 같은 구체적인 지식은 부족하다. 과거 해당 제품군을 구매해 본 경험은 있지만 시간이 경과하여 최근 어떠한 제품들이 출시되었는지, 제품들의 품질과 가격은 어떻게 변화하였는지 파악해 볼 필요가 있다. 이러한 유형의 의사결정이 이루어지는 대표적인 예로 의류 구매를 들 수 있다. 대부분의 소비자들은 옷을 구매한 경험을 갖고 있기 때문에 의류 구매와 관련된 일반적 지식은 갖고 있다. 그렇지만 최근 어떠한 옷들이 출시되었는지, 각 브랜드의 가격대와 품질 특성은 어떠한지에 대해서는 많은 정보를 갖고 있지는 못하다. 따라서 인터넷을 검색해

보거나 매장을 방문하여 여러 대안을 꼼꼼히 따져 볼 필요가 있다. 결국 일상적 의사결정에 비해 다소 복잡한 의사결정과정을 거치게 된다. 그러나 정보 탐색의 정도나 대안 평가 및 구매 후 평가의 과정이 본격적 의사결정보다는 단순한 형태로, 상대적으로 짧은 시간 동안 이루어진다.

3) 본격적 의사결정(extensive decision making)

소비자들은 자신에게 중요한 제품으로 과거 한 번도 구매해 본 적이 없는 제품이거나 빈번하게 구매하지 않는 제품을 구매할 때 본격적 의사결정이라는 유형의 과정을 거친다. 그리고 이러한 제품은 한 번 구매하면 오랜 기간 사용하게 되는 내구재(durable goods)의 성격을 갖는 경우가 많다. 또한 잘못된 구매의사결정으로 인한 위험이나 치러야 할 비용을 높게 인식하는 경우, 제품 구매에 관한 관여도가 높은 경우 이러한 유형의 의사결정을 수행한다.

본격적 의사결정을 하는 소비자는 구매의사결정과정의 전 단계를 거치는 의사결정을 한다. 그리고 의사결정에 상당한 시간과 노력을 투입하며, 수집한 정보를 근거로 여러 대안들을 신중하게 평가하여 최종선택을 하게 된다. 예컨대 어떤 소비자가 집이나 자동차를 생애 최초로 구매하는 상황을 생각해보자. 이러한 제품들은 매우 고가이고 한 번 구매를 하면 아주 오랜 기간 사용하는 것이 일반적이다. 따라서 이 의사결정은 모든 과정을 다 고려할 뿐만 아니라 각 단계를 수행하는 데 오랜 시간 많은 노력을 기울일 것이다.

4) 의사결정 유형 관련 마케팅 시사점

소비자들이 어떠한 유형의 구매의사결정을 수행하는지에 따라 의사결정과정의 양상은 상당한 차이를 보인다. 마케팅 활동은 이러한 의사결정유형을 고려하여 적절하게 수행되어야 한다. 의사결정유형과 관련된 마케팅 시사점을 정리해보면 다음과 같다.

첫째, 마케터는 먼저 목표 세분시장 소비자들이 주로 어떠한 유형의 구매의사결정을 하는지 파악해야 한다. 전술한 바와 같이 어떤 소비자가 일상적 의사결정을 하는지, 본격적 의사결정을 하는지에 따라 과정에 있어 상당한 차이를 보인다. 따라서 마케터는 주요 의사결정유형을 파악하고 이를 마케팅 전략의 기초 자료로 활용해야 한다.

둘째, 마케터는 의사결정 유형의 특징을 고려하여 이에 적합한 전략을 추진해야 한다. 표적시장 소비자들이 본격적 의사결정을 수행한다면 기업들은 소비자들이 원하는 광범위한 정보를 충분하게 제공해줄 수 있도록 해야 한다. 자사 브랜드를 선호할 수 있도록 구체적인 속성 정보를 많이 제공해주어야 한다. 그리고 본격적 의사결정을 하는 소비자는 주변 사람에게 정보를 얻으려 할 가능성이 높기 때문에 준거집단을 활용한 구전전략을 적극적으로 모색해야 한다. 한편 제한적 의사결정을 주로 한다면 점포 내 의사결정의 가능성이 높기 때문에 구매시점 광고, 점포 내 진열에 노력을 기울일 필요가 있다. 또한 자사의 브랜드가 선택 후보군에 포함되도록 브랜드 인지도 제고를 모색해야 한다. 그리고 일상적 의사결정이 주로 이루어진다면 순식간에 이루어지는 구매상황에서 해당 브랜드를 떠올릴 수 있도록 환기의 정도를 더욱 높여야 한다. 시장에서 주도적인 위치를 점하고 있는 브랜드라고 한다면 습관적 구매를 강화하려는 메시지를, 열위에 있는 브랜드라면 소비자의 관성적 구매를 끊으려는 문제 환기 메시지를 제시해야 할 것이다.

(2) 소비자 구매의사결정과정

소비자 구매의사결정과정은 문제 인식, 정보 탐색, 대안 평가, 구매, 구매 후 행동의 다섯 단계로 구성되어 있다. 소비자 구매의사결정과정의 출발점은 소비자의 욕구가 활성화되고 구매하고자 하는 동기를 갖는 것인데, 이를 문제 인식이라고 한다. 구매와 관련된 문제가 발생하고 이를 해결해야 할 필요성을 구체적으로 인식하는 것이다. 이에 따라 소비자는 다양한 정보원천으로부터 구매와 관련된 정보를 탐색하는 과정을 거치게 된다. 수집된 정보를 바탕으로 여러 대안들을 평가하는 과정을 수행하여 적합한 대안을 선택한다. 이후 구매를 실제로 수행하는 단계를 거치고 구매 및 소비 후 해당 구매에 대한 평가를 내리고 반응을 보이는 단계를 수행한다. 구매 및 소비 후 평가의 결과는 기억에 저장되어 미래 구매의사결정과정에 영향을 미치게 된다. 이러한 과정을 도식화해 보면 <그림 2-1>과 같다.

앞서 설명한 바와 같이 본격적 의사결정의 경우에는 이러한 모든 단계를 거친다. 그렇지만 일상적 의사결정이나 제한적 의사결정은 이 다섯 단계의 일부가 생략되거나 순서가 바뀌어 이루어질 수 있다. 또한 이 경우에는 정보 탐색이나 대안 평가와 같은 일부 과정이 수행되

그림 2-1　　소비자 구매의사결정과정의 구성

는 정도도 달라진다. 예를 들어 가게에서 두부를 사는 것과 같은 일상적 의사결정에서는 정보 탐색이나 대안 평가의 과정이 통째로 생략되고 그냥 써 오던 브랜드를 구매할 수 있다. 그리고 피자를 구매하는 경우에는 본인의 기억을 탐색하는 수준의 간단한 정보 탐색과 단순한 의사결정 규칙을 활용한 대안 평가가 이루어지기도 한다. 그렇지만 구매의사결정과정을 포괄적으로 설명하기 위해 지금부터 모든 단계를 포함하는 본격적 의사결정의 관점으로 설명하도록 하겠다.

문제 인식

(1) 문제 인식의 의의

소비자 구매의사결정과정은 문제 인식(problem recognition)으로 시작한다. 여기에서 문제(problem)란 소비자들이 무언가 해결책(solution)의 필요성을 느끼는 것을 의미한다. 인간의 삶은 다양한 문제에 봉착하고 이를 해결해나가는 과정이라고 할 수 있다. 이러한 문제에는 의식주와 같이 인간의 생명유지에 관련된 근본적인 문제에서부터 어떻게 하면 스스로 자부심을 느끼며 살 것인지와 같은 추상적인 문제까지 모두 포함된다.

문제라는 상황에 직면한 사람들은 이러한 문제를 본인이 직접 해결하기도 하지만, 대부분의 경우에는 제품의 구매와 소비를 통해 문제에 대한 해결을 모색한다. 사람들은 갈증을 느끼면 이러한 갈증이라는 문제를 해결해 줄 수 있는 제품을 구매할 욕구를 느낀다. 그리고 다른 사람들에게 본인의 지위를 뽐내고 싶다는 문제를 인식한 소비자는 이를 효과적으로 구현할 수 있는 제품을 구매하고 남들에게 과시하듯 소비하고 싶은 욕구를 갖게 된다. 결국 소비자행동에서 주목하고 있는 문제라는 것은 사람들이 소비자로서 수행하는 구매와 소비에 관련된 것이라고 할 수 있다.

문제 인식이란 '소비자가 어떠한 욕구를 지각하고 이를 구매를 통해 해결하고자 하는 것'이라고 정의할 수 있다. 즉 사람들이 무엇인가 구매할 필요를 느끼는 것, 사람들이 당면한 문제 해결을 위해 구매 동기를 갖는 것을 문제 인식이라고 한다. 소비자들이 구매의 필요성을 느껴 구매 동기를 갖는다는 것은 마케팅에서 매우 중요한 의미를 갖는다. 소비자들이 문제 인식을 하도록 만드는 것은 마케터가 우선적으로 관심을 가져야 할 사안이라고 할 수 있다.

(2) 문제 인식의 유발

그렇다면 소비자들은 어떻게 문제를 인식하게 될까? 일반적으로 사람들이 무엇인가 결핍을 느끼게 되면 욕구가 활성화되어 구매의 필요성을 느끼게 된다. 이러한 과정은 매우 자연스럽게, 때로는 무의식적으로 이루어지기 때문에 특별한 메커니즘이 작동한다고 느끼지 못할 수 있다. 그런데 문제 인식의 메커니즘을 분석하여 충분하게 규명해내지 못한다면 '어떻게 문제 인식을 유발할 것인가'에 대한 답을 찾기 어려워진다. 특히 소비자들이 구매의사결정과정을 시작하게 하고 싶은 마케터들은 문제 인식의 메커니즘을 더욱 구체적으로 분석해 볼 필요가 있다.

일반적으로 사람들은 시간이 흐름에 따라 의식주와 관련하여 무언가 필요해지는 상황에 직면하게 된다. 별다른 생리적 욕구를 느끼지 않다가도 시간이 흐르면 이내 배고프고 목마르는 현상을 겪게 된다. 살다보면 옷이 헤지거나 더 이상 몸에 맞지 않아 곤란해지기도 하고, 거주 공간이 협소하여 생활하기 불편해지는 경험을 하게 된다. 즉 생리적인 활동이나 상황의 변화로 인해 별 문제가 없던 자신의 실제 상태가 낮아짐에 따라 결핍의 문제가 발생하게 된다. 한편 자신의 실제 상태는 그게 변화하지 않았음에도 욕구가 활성화되기도 된다. 이웃에 사는 가족이 새 차를 구입한 것을 보고 차를 바꾸고 싶다는 생각이 들 수도 있고, 근사한 휴양지로 휴가를 다녀왔다는 이야기를 들으면 우리 가족도 떠나고 싶다는 생각이 들기도 한다. 그리고 디지털 카메라를 구입해 주변의 아름다운 장면들을 담아내다 보면, 보다 성능 좋은 카메라를 구입해 더 좋은 사진들을 찍어볼 수 있었으면 하는 바람이 생기기도 한다. 즉 보다 바람직한 상태를 떠올려 봄으로써 구매와 관련된 욕구가 활성화되기도 한다.

이를 종합해보면 사람들은 자신들의 실제 상태가 낮아지거나 자신들이 희망하는 바람직한 상태가 높아짐에 따라 욕구가 활성화된다고 할 수 있다. 즉 소비자들은 자신의 실제 상태와 바람직한 상태 간 괴리를 느끼면 '무엇인가 해결책이 필요하다'는 생각을 하게 된다는 것이다. 이러한 괴리는 실제 상태가 낮아지면서 발생하기도 하고, 바람직한 상태가 높아지면서 발생하기도 한다. 물론 실제 상태가 낮아지는 것과 바람직한 상태가 높아지는 것이 동시에 이루어지기도 한다. 예를 들어 의류 구매와 관련된 욕구는 자신이 갖고 있는 옷들이 더 이상 충분하지 않다는 현실 인식에 기인하기도 하고, 잘 차려입어 남들에게 보다 멋있게 보이고 싶다는 바람에 기인하기도 한다. 이렇듯 어떤 사람이 의류와 관련된 실제 상태와 바람직한 상태의 괴리를 경험하면 뭔가 대책을 강구해야겠다는 생각을 하게 된다. 즉 실제 상태와 바람직한 상태 간 괴리가 어느 정도 이상이 되면 욕구가 활성화되고, 이로 인한 긴장(tension)이 발생하여 이를 완화하거나 해소하고자 하는 추진력(driving force)을 갖게 되는 것이다.

그렇지만 이러한 긴장 해소 동인이 항상 구매의사결정의 출발점인 문제 인식으로 연결되지는 않는다. 예를 들어 소비자들이 의류 구매 관련 욕구를 느낀다고 해서 언제나 의류 구매를 위한 구체적인 단계를 시작하지는 않는다. 왜냐하면 옷을 사려면 돈도 필요하고 옷을 사러갈 시간도 내야 하며, 적당한 옷을 고르기 위한 수고도 해야 하기 때문이다. 결국 바람직한 상태에 훨씬 미치지 못하는 실제 상태로 인해 긴장이 발생하더라도, 이러한 긴장을 해소하는 것이 주는 혜택과 긴장 해소에 소요되는 비용을 비교하는 과정을 거치게 된다. 만약 의류 구매에 관한 욕구는 활성화되었지만 이러한 욕구를 충족시키는 데 소요되는 비용이 지나치게 높다고 판단된다면 당장 구매 활동을 시작하지는 않는다. 그렇지만 의류 구매에 필요한 다양한 비용을 치르더라도 구매할 필요가 있다고 판단될 만큼 의류 구매에 관한 욕구가 충분히 크고 중요하다면 구매의사결정은 시작된다.

종합해보면 소비자는 자신의 실제 상태와 바람직한 상태 간 괴리를 통해 발생된 긴장의 해소 동인이 이를 해결하기 위해 필요한 문제 해결 비용보다 크게 인식될 때 문제 인식을 하게 된다. 문제 인식을 하게 된다는 것은 구매를 통한 문제 해결을 결심하는 것을 의미한다. 여기에서 실제 상태와 바람직한 상태 간 괴리에 따른 긴장의 해소 동인은 해당 욕구가 중요할수록, 괴리가 클수록 커진다. 그리고 문제 해결 비용에는 구매에 소요되는 금전적 비용과 시간, 노력, 심리적 부담감 등과 같은 비금전적 비용이 모두 포함된다.

(3) 욕구와 동기

전술한 바와 같이 문제 인식을 유발하는 것은 소비자의 욕구와 동기이다. 사람들은 욕구를 충족하고자 동기를 갖게 되고 이러한 동기가 행동을 촉발하게 된다. 따라서 욕구, 동기, 행동 간에는 밀접한 관계가 존재한다. 이들 개념들은 소비자 행동 분야뿐만 아니라 마케팅에 있어서도 핵심적인 기초 개념이라고 할 수 있다. 욕구, 동기, 요구, 행동 등의 관계는 <그림 2-2>와 같이 요약할 수 있다.

욕구는 소비자 행동을 시작하게끔 하는 동기에 직접적인 원인을 제공한다. 사람들은 어떠한 욕구가 생겨나거나 욕구가 제대로 충족되지 않았다고 느껴질 때 내부적 긴장을 경험한다. 그러면 이러한 긴장을 해소하고자 하는 추진력, 즉 동기가 유발된다. 욕구가 개인의 내부에 존재하는 육체적, 정신적 상태라고 한다면, 동기는 이러한 조건을 통해 체득된 추진력 또

그림 2-2   욕구, 동기, 요구, 행동의 관계

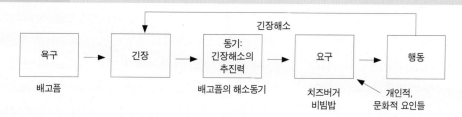

는 마음의 상태라고 할 수 있다. 동기라고 하는 강한 추진력을 바탕으로 욕구가 구체화된 형태를 요구(want)라고 한다. 욕구가 요구로 구체화되는 과정에는 개인적 취향, 문화적 배경 등이 영향을 미친다. 그리고 구체화된 요구를 충족시키는 행동이 뒤따르고 이를 통해 긴장이 해소되는 결과를 가져온다.

예를 들어 어떤 사람이 '배고픔'이라는 생리적 욕구가 지각되면, 즉 생리적 결핍 상태를 겪게 되면, 이 결핍으로 인한 긴장을 경험하게 된다. 그리고 배고픔으로 인해 발생된 긴장에서 벗어나기 위해 '배고픔 해소 동기'를 갖게 된다. 이러한 동기를 추진력 삼아 욕구를 구체화한 요구를 갖게 되는데, '치즈버거를 먹고 싶다', '비빔밥을 먹고 싶다' 등의 요구가 발생한다. '배고픔'이라는 욕구가 미국 사람에게는 '치즈버거', 한국 사람에게는 '비빔밥'이라는 요구로 구체화될 수 있다. 결국 '치즈버거'나 '비빔밥'을 구매하고 소비하는 행동을 통해 긴장을 해소하게 된다.

욕구(need)는 기초적인 충족의 결핍 상태라고 정의할 수 있다. 예를 들어 배고픔, 목마름 등과 같은 생리적 결핍 상태일 수도 있고, 다른 사람들에게 본인의 가치를 표현하고 싶은데 아직 미흡하다는 심리적 결핍 상태일 수도 있다. 욕구는 기본적으로 생리적 욕구(biological needs)와 심리적 욕구(psychological needs)로 나누어 볼 수 있다. 생리적 욕구는 신체적 기능에 기초한 요소로 배고픔, 목마름, 휴식 등을 포함하고, 주로 의식주와 같은 인간의 기초적 욕구를 의미한다. 심리적 욕구는 인간의 마음에 존재하는 것으로 안전, 사랑, 자아실현, 성취, 친화 등이 포함된다. Maslow는 인간의 욕구를 생리적 욕구(physiological needs), 안전 욕구(safety needs), 사회적 욕구(social needs), 존경 욕구(esteem needs), 자아실현 욕구(self-actualization needs)의 5가지 계층으로 구분하였다.

동기(motivation)란 인간의 내부적 긴장을 줄이기 위한 적극적이고 강력한 추진력이라고 정의할 수 있다. 즉 동기는 인간의 행동을 이끄는 원동력이라고 할 수 있다. 예를 들어 멋진 근육을 갖고 싶다는 동기는 근처 피트니스 센터에 등록하는 행동, 운동 장비를 구매하는 행동, 시간을 내어 열심히 운동을 하는 행동 등을 이끌어내는 강력한 추진력이라고 할 수 있다. 동기가 유발되는 과정을 다룬 이론으로는 동인 이론(drive theory)과 기대 이론(expectancy theory)이 있다. 동인 이론에서는 동기가 유쾌하지 않은 상태를 유발하는 생리적 욕구에 의해 유발된다고 주장한다. 즉 욕구가 만들어내는 긴장이라는 유쾌하지 않은 상태를 해소하려는 각성이 동기를 유발한다는 것이다. 예를 들어 배고픔이라는 불편한 상태가 무언가 사먹으려는 동기 유발의 핵심이라는 것이다. 기대 이론에서는 동기가 바람직한 결과 달성에 대한 기대에 의해 유발된다고 주장한다. 생리적 요인보다 기대라는 심리적 요인에 보다 초점을 맞추고 있다. 즉 바람직한 상태를 가져올 것이라는 기대가 동기 유발에 있어 핵심적인 요인이라는 것이다.

(4) 문제 인식 관련 마케팅 시사점

　문제 인식은 구매의사결정과정의 출발점이라는 점에서 중요한 과정이다. 즉 소비자들이 문제 인식을 하지 않는다면 구매를 위한 과정이 시작되지도 않는다. 따라서 마케터는 소비자들이 문제 인식을 할 수 있도록 노력해야 한다. 그렇다면 마케터는 어떻게 소비자의 문제 인식 유발에 영향을 미칠 수 있을까? 앞서 설명한 문제 인식의 유발 메커니즘에서 그 해답을 찾아볼 수 있다. 소비자들의 문제 인식을 활성화하기 위해 기업은 다음과 같은 마케팅 활동을 고려할 수 있다.

　첫째, 바람직한 상태에 대해 다시 한 번 생각하게 하여 이를 높일 수 있도록 해야 한다. 예를 들어 멋진 옷을 구매하여 주변 사람들의 시선을 한 몸에 받는 광경을 보여 주는 것이다. 대부분의 화장품 광고에서는 매력적인 모습이라는 이상적인 상황을 보여주는 방식을 활용한다. 만약 어떤 가장이 온 가족이 캠핑을 가서 자연을 만끽하며 행복하게 지내는 모습을 보면 무슨 생각이 들까? 아마 이상적인 상황에 대해 다시 생각해보게 되어 바람직한 상태가 높아질 것이다.

페브리즈 광고

　둘째, 소비자의 실제 상태를 재인식하게 해서 이를 낮추는 방법을 활용할 수도 있다. '이 정도면 괜찮지!'라고 생각하는 사람에게 '과연 괜찮을까?'라는 질문을 제기하는 것이다. 페브리즈는 옷에서 풍기는 음식 냄새로 인해 엘리베이터 안에서 발생하는 유쾌하지 않은 상황을 묘사하는 방식을 광고에서 활용한다. 이를 통해 실제 상태에 대한 인식을 낮추는 방식으로 문제인식을 자극하는 것이다.

셋째, 문제 해결 비용을 실제로 줄여주거나 낮게 인식하도록 하는 방법을 활용할 수 있다. 예를 들어 실제로 가격, 시간, 수고 등의 비용을 낮춰 주거나, '외식을 한번 줄이면 구매할 수 있다'와 같은 표현을 통해 비용에 대한 인식에 영향을 미치는 방식을 활용할 수 있다. 또는 '클릭 한번 하시면 해결됩니다'라는 표현을 활용해 생각했던 것보다 간단하게 해결할 수 있다는 것을 제시하는 방식을 쓸 수 있다.

한편 소비자의 문제 인식 활성화를 위해서는 소비자의 욕구와 동기에 대한 이해를 바탕으로 한 마케팅 전략 수립이 요청된다. 많은 소비자들이 문제 인식을 하게 된다는 것은 해당 산업의 본원적 수요(primary demand)가 활성화됨을 의미한다. 본원적 수요의 창출은 마케터가 우선적으로 고려할 수밖에 없는 핵심 목표라고 할 수 있다. 이를 위해서는 소비자들의 어떠한 동기에 주목할 것인지, 해당 동기의 강도를 어떻게 높일 것인지 등을 고민해야 한다. 일반적으로 소비자들의 동기는 기능적 동기(functional motives), 정서적 동기(emotional motives), 사회적 동기(social motives), 상황적 동기(situational motives), 호기심 동기(curiosity motives) 등으로 나누어 볼 수 있다. 목표 시장의 소비자들이 어떠한 동기를 중요하게 고려하는지 파악하고 이러한 동기를 부각시키기 위한 마케팅 자극을 개발해야 할 것이다.

🔬 사례 : 결핍으로 인한 문제를 부각시키는 마케팅 ●───────────

최근 총기 앞부분에 권총을 붙여 좌우로 꺾을 수 있는 굴절형 소총(코너샷)이 개발되었다. 총신이 꺾여 있어 사수가 벽이나 모퉁이 뒤에 숨어 적에게 노출되지 않은 채 총을 쏠 수 있다. 시야에서 벗어난 적들을 저격하는 데도 안성맞춤이다. 어떻게 이런 제품이 만들어졌을까. 이는 생명과 관련한 '절대결핍'과 관련이 있다. 전장에서 다른 사람은 모두 죽더라도 나는 살아야 한다는 욕구가 수천 년간 무시됐다. 그래서 이런 제품이 필요했고 오랜 연구 끝에 굴절형 소총이 만들어졌다. 전장에서 생명에 대한 절대결핍이 작용하는 것처럼 일반 소비생활에서도 절대결핍이 끼치는 영향력은 막대하다. 성공한 제품은 대부분 절대결핍을 건드렸다. 절대결핍을 건드리지 못하면 잠깐은 뜰 수 있어도 지속적으로 생존하기는 힘들다.

소비자가 특정 순간에 절대결핍을 느끼면 이유를 막론하고 지갑을 연다. 장기적인 성공을 원한다면 반드시 절대결핍으로 인한 문제를 해결해 줘야 한다. 시장을 관통하는 대표적인 절대결핍의 예로는 '불확실성 회피', '소중한 사랑', '자기 고양 욕구' 등이 있다.

최근 유기농 과자 제품들이 인기를 끌고 있다. 특정 브랜드는 시장에 나오자마자 500억 원이 넘는 매출을 기록했다. 성공 이유는 대한민국 엄마들의 절대결핍을 건드렸기 때문이다. 아기를 둔 엄마들은 과자 때문에 진퇴양난에 빠진다. 건강에 좋지 않은 식품첨가물로 인해 과자의 안전을 확신하지 못하는 불확실성이 존재한다. 그래서 아이들은 과자를 좋아하지만 엄마는 먹이고 싶어 하지 않는다.

이걸 해결해 준 게 유기농 과자 시리즈다. 유기농 과자를 출시한 업체들은 안전한 원료로 제대로 만들었다는 점을 마케팅 포인트로 삼았고 엄마들은 불확실성을 제거해 준 이런 제품에 가격이 비싸더라도 기꺼이 지갑을 열었다. 사람들은 불확실성을 매우 싫어한다. 어떤 선택의 기로에 놓였을 때 이익이 많더라도 미래가 불확실하다면 그것을 고를 확률은 뚝 떨어진다. 따라서 신제품을 기획하거나 마케팅 프로그램을 준비할 때 소비자가 느끼는 불확실성을 파악하고 이를 해결하는 데 힘을 쏟아야 한다.

마스터카드는 '소중한 사랑'을 주제로 한 광고로 도약의 계기를 마련했다. 약 10년간 지속되고 있는 '프라이스리스(Priceless·돈으로 살 수 없는 감동의 순간)' 마케팅 캠페인이 그 예다. 프라이스리스 캠페인 가운데 대표적인 광고에는 갓난아이의 발바닥을 클로즈업해 놓고 '당신의 딸아이가 첫 걸음을 떼는 걸 보는 순간의 즐거움이란…. 그것은 값으로 따질 수 없습니다'라는 문구가 나온다. 마스터카드가 전달하고자 했던 메시지는 소중한 대상에 대한 사랑이다. 현대인의 삶은 힘겹다. 이런 상황에서 필요한 것은 바로 소중한 사랑이다.

당신의 제품이 어느 영역에 있든지 감동이 느껴지는 소중한 사람과의 사랑을 접목해 보라. 그러면 소비자는 반응할 것이다. 과거 오리온 초코파이의 '정(情)'이 그랬고 경동보일러가 그랬다. 남은 문제는 나의 제품과 소중한 사랑을 어떻게 접목해야 하는가이다.

사람은 언제 자살충동을 느낄까. 자신이 더는 멋진 사람이 아니라는 사실을 스스로 인정했을 때다. 스스로 생각해도 내세울 게 없다면 존재 이유가 없어진다. 이 말을 뒤집으면 사람은 언제나 잘난 척하고 싶어 한다는 뜻이다. 이를 '자기 고양 욕구'라고 한다. 사람을 움직이는 주요한 원동력이다. 어리면 어린 대로, 늙으면 늙은 대로 잘난 맛에 살아간다. 늦은 밤 술집에서 같은 얘기를 하고 또 하는 사람들의 가슴 밑바닥에는 무슨 결핍이 숨어 있을까. "나 멋진 사람이야. 이건 네가 인정해야 해." 이 말을 하고 싶은 거다.

소비자들은 실제 필요보다 기능이 더 많고 비싼 제품을 구매하는 경향이 있다. 소비자들에게 "어떤 제품이 필요한가"라고 질문하면 불필요한 기능은 빼고, 싸고 실용적인 제품이 필요하다고 답한다. 하지만 실제 구매 순간에는 비싼 제품을 산다. 사람은 스스로 멋져 보이는 곳에 돈을 지불하기 때문이다. 따라서 마케터들이 해야 할 일은 어떻게 소비자의 '잘난 맛'을 살려줄 수 있는가이다. 구매 전, 구매 중, 구매 후, 사용 후, 이 모든 순간에서 소비자의 자기 고양 욕구를 충족시켜 줘야 한다.

자료원 : "'절대결핍' 3가지가 시장을 움직인다' 동아일보 2010년 10월 30일자 기사 수정 인용

▌정보 탐색

(1) 정보 탐색의 의의

소비자가 문제를 인식하게 되면 구매의사결정을 위해 정보를 탐색하는 과정을 진행하게 된다. 정보 탐색(information search)이란 소비자가 점포, 제품, 구매 등에 관한 정보를 얻고자 하는 의도적 노력을 의미한다. 어떠한 의사결정이든 보다 나은 결정을 내리기 위해서는 충분한 정보가 필요하다. 특히 관여도가 높은 상황에서 소비자는 보다 광범위한 정보 탐색이 필요하다는 판단을 하게 된다.

정보 탐색의 내용에는 선택 대안, 평가 기준, 기준별 성과 등이 포함된다. 소비자는 자신이 인식한 문제를 해결해 줄 수 있는 대안으로 어떠한 것들이 있는지 정보를 수집하게 된다. 그리고 이러한 선택 대안들을 제대로 평가하기 위해서는 어떠한 기준들을 활용해야 하는지에 대해서도 정보를 수집한다. 또한 선택 대안들이 평가 기준 각각에 대해서 어떠한 성과가 예상되는지에 대한 정보도 수집한다. 예를 들어 노트북 컴퓨터를 구매해야겠다는 문제 인식을 한 소비자는 먼저 어떠한 제품들이 시장에 출시되어 있는지 파악한다. 그리고 노트북 컴퓨터를 선택할 때 CPU 속도, 배터리 성능, 무게 등 다양한 속성 중 어떠한 기준들을 활용해 평가하는 것이 좋은지 알아보는 과정을 거친다. 그리고 각 브랜드가 CPU 속도, 배터리 성능, 무게 등의 평가기준별로 어떠한 성과를 보인다고 평가되고 있는지 정보를 수집하는 것이다.

(2) 정보 탐색의 유형 및 과정

정보 탐색의 유형은 탐색의 원천, 탐색의 시점에 따라 나누어 볼 수 있다. 먼저 정보 탐색의 원천을 크게 나누어 보면 소비자의 기억 속 정보를 탐색하는 내부 탐색과 소비자의 기억 이외의 원천으로부터 정보를 탐색하는 외부 탐색으로 나눌 수 있다. 그리고 탐색의 시점에 따른 유형은 당면한 구매의사결정을 위해 수행되는 구매 전 탐색과 당면한 구매와 상관없이 개인적 관심이나 즐거움을 추구하기 위해 지속적으로 수행되는 지속적 탐색으로 구분해 볼 수 있다. 구매 전 탐색과 지속적 탐색은 일반적으로 외부 탐색의 세부적인 유형이라고 볼 수 있다. 결국 정보 탐색의 유형은 내부 탐색, 구매 전 탐색과 지속적 탐색으로 구성된 외부 탐색으로 크게 나누어 볼 수 있다.

소비자들은 일반적으로 먼저 내부 탐색을 수행하고 내부 탐색으로 부족하다는 판단을 하게 되면 외부 탐색을 수행하는 과정을 거친다. 물론 외부 탐색 중 지속적 탐색은 평소 관심을 두고 있는 제품군에 대해 지속적으로 이루어지기 때문에 내부 탐색 이전에 수행되는 경우도 있다. 그렇지만 전반적으로 보면 외부 탐색은 내부 탐색 이후에 수행된다고 할 수 있다.

1) 내부 탐색

소비자들은 정보의 필요를 느끼게 되면 우선 본인의 기억 속에 어떠한 정보들이 있는지 떠올려 보는 과정을 거친다. 이를 내부 탐색(internal search)이라고 한다. 소비자는 자신의 장기 기억(long-term memory)에서 구매라는 문제 해결을 위해 필요한 관련 정보들을 회상하는 과정을 수행한다. 이러한 관련 정보에는 기억 속에 저장되어 있던 본인의 과거 경험, 주변사람들의 이야기, 관련된 광고 내용, 관련된 기사 내용 등이 포함된다.

내부 탐색의 결과 구매의사결정에 필요한 정보를 충분히 확보할 수 있다면 더 이상의 정보 탐색은 필요하지 않게 된다. 그렇지만 만약 내부 탐색으로 회상된 정보로 충분하지 못할 경우에는 추가적인 정보 수집을 위해 외부 탐색을 수행하게 된다. 결국 내부 탐색만으로 그칠 것인지, 외부 탐색까지도 수행할 것인지를 결정하는 것은 소비자의 기억 속에 있는 정보가 얼마나 풍부한지, 그리고 해당 상황에 적합한 정보인지, 또한 이를 얼마나 잘 회상할 수 있는지에 달려있다고 할 수 있다. 일반적으로 제품을 구매해 본 경험이 적거나 과거 구매경험으로부터 시간이 많이 경과한 경우에는 내부 탐색만으로는 정보가 충분하지 않게 된다. 특히 처음으로 구매하거나 기존에 시장에 존재하지 않았던 혁신적인 신제품의 경우에는 내부 탐색을 통한 정보는 매우 미흡한 수준일 것이다. 반면 이전에 구매한 브랜드에 대한 만족도가 높은 습관적 의사결정(habitual decision making)의 경우에는 내부 탐색만으로도 충분하다는 판난을 할 수 있다.

2) 외부 탐색

외부 탐색(external search)이란 내부 탐색만으로 의사결정을 위한 정보가 충분하지 않다고 판단될 때 수행하는 추가저인 탐색 노력을 의미한다. 예를 들어 주변 사람들에게 물어보는 것, 인터넷을 검색해보는 것, 관련 광고를 열심히 보는 것 등이 외부 탐색에 해당된다. 외부 탐색이라고 하는 추가적인 탐색 노력은 의사결정의 유형, 지각된 위험의 정도 등에 따라 달라진다. 일상적 의사결정의 경우에는 내부 탐색으로 충분해서 굳이 외부 탐색을 할 필요가 없지만, 제한적 의사결정에서는 어느 정도 외부 탐색이 요구되고 본격적 의사결정에 있어서는 외부 탐색이 매우 높은 비중을 차지할 만큼 중요해진다. 이를 도식화하면 <그림 2-3>과 같다. 그림에서 본격적 의사결정의 경우 내부 탐색 대비 외부 탐색의 비중이 높아진다는 것을 의미하는 것이지, 내부 탐색의 절대적인 양이 줄어든다는 의미는 아니라는 것을 유의해야 한다. 한편 저관여 의사결정의 경우에는 주로 내부 탐색에 의존하기 때문에 외부 탐색의 정도는 낮겠지만 고관여 의사결정의 경우에는 내부 탐색 뿐만 아니라 보다 광범위한 외부탐색이 이루어진다. 또한 구매와 관련하여 소비자의 지각된 위험의 정도가 높을수록 외부 탐색을 위한 추가적인 노력은 증가한다.

외부 탐색은 주로 소비자가 당면한 구매의사결정을 잘 수행하기 위해 추진하게 되는데, 이를 구매 전 탐색(pre-purchase search)이라고 한다. 반면 특정한 구매 상황이나 당면한 의사결정에 도움을 얻기 위해 추진하는 것이 아니라, 특징 제품군에 대한 관심이나 즐거움을 충족하기 위해 상시적으로 이루어지는 탐색을 지속적 탐색(ongoing search)이라고 한다. 예를 들이 자동차에 대한 관심이 많은 사람은 당장 자동차를 구매할 일이 없더라도 자동차 관련 정보에 대해 지속적 탐색을 수행한다. 즉 구매 전 탐색은 구매 과업의 질을 높이는 데 목적이 있는 반면, 지속적 탐색은 미래 구매의사결정을 위한 정보 비축이나 구매와는 무관한 단순한 즐거움을 목적으로 하고 있다. 특히 지속적 탐색을 수행하는 소비자는 해당 제품군에 대한 관여도가 높은 소비자들이고, 주변 사람들에게 관련 정보를 제공하는 의견선도자의 역할을 수행할 가능성이 높다. 즉 지속적 탐색을 수행하는 소비자들은 구매 전 탐색을 수행하는 소비자들의 외부 탐색 원천으로 활용될 가능성이 높다.

그림 2-3   의사결정 유형과 정보 탐색 유형

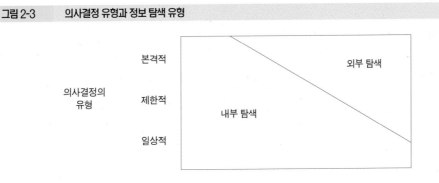

① 외부 탐색의 정보 원천

외부 탐색과 관련하여 마케터는 목표로 하고 있는 시장의 소비자들이 주로 어디로 부터 정보를 얻는지, 즉 외부 탐색의 원천을 파악할 필요가 있다. 외부 탐색의 정보 원천(information source)의 유형은 크게 개인적 원천, 상업적 원천, 공공적 원천 등으로 나누어 볼 수 있다. 개인적 원천이란 친구, 가족, 이웃, 직장 동료 등과 같이 주변 사람들로부터 정보를 얻는 것을 의미한다. 최근 인터넷을 통해 익명의 사람들로부터 정보를 얻는 것도 개인적 원천 이라고 할 수 있다. 상업적 원천이란 매장을 방문하여 판매원으로부터 정보를 얻는 것, 다양 한 광고를 통해 정보를 얻는 것, 기업 사이트를 통해 정보를 얻는 것 등을 의미한다. 공공적 원천이란 신문이나 잡지의 기사, 관련 공공 단체의 정보, 정부 기관의 자료 등을 통해 정보를 얻는 것을 의미한다.

② 외부 탐색의 정도를 결정하는 요인

소비자들은 외부 탐색을 아주 간단하게 수행하기도 하고 매우 광범위하고 깊이 있게 수 행하기도 한다. 외부 탐색의 정도를 결정하는 요인은 크게 시장 특성, 제품 특성, 소비자 특 성, 상황 특성으로 구분해 볼 수 있다.

시장 특성에는 대안의 수, 경쟁 정도, 정보입수의 용이성 등이 포함된다. 시장에서 선택 가능한 브랜드, 매장 등의 대안이 많을수록 외부 탐색의 정도는 증가한다. 그리고 시장에서 브랜드 간 경쟁이 치열할수록 더욱 바람직한 선택을 위해 보다 많은 양의 정보 탐색을 수행하 게 된다. 또한 정보에의 접근과 입수가 용이할수록 외부 정보의 탐색량은 증가하게 된다.

제품 특성에는 가격 수준, 제품 차별화 정도, 제품 범주의 안정성 등이 포함된다. 제품의 가격대가 구매자의 경제적 능력 대비 부담 없는 수준이라고 하면 외부 탐색을 많이 하지 않 겠지만, 가격대가 부담이 되는 수준일수록 외부 탐색의 정도는 증가한다. 그리고 제품의 차 별화 정도가 클수록 선택 대안 간 성과 차이가 커질 수 있기 때문에 외부 탐색량은 증가하게 된다. 또한 제품의 혁신 속도가 빠르고 신제품의 출시가 빈번하면 제품 범주가 안정적이지 않 을 수 있기 때문에 소비자의 추가적인 외부 탐색 노력은 증가한다.

소비자 특성에는 소비자의 사전 지식, 관여도, 교육수준 등이 포함된다. 소비자의 사진 지식이 매우 적거나 매우 많은 경우 외부 탐색의 정도는 낮아진다. 왜냐하면 너무 관련 지식 수준이 떨어져도 외부 탐색을 많이 하지 못하지만, 너무 많이 알고 있는 경우에도 군이 외부 탐색을 많이 해야 할 필요성을 느끼지 못하기 때문이다. 따라서 일정 수준까지는 사전 지식 이 증가함에 따라 외부 탐색량이 증가하지만, 일정 수준을 초과하면 이미 제품 관련 정보가 충분하여 외부 탐색이 감소하게 된다. 그리고 제품이나 구매에 관한 관여도가 높은 소비자일수록 보다 많은 외부 탐색을 하게 된다. 또한 교육수준이 높을수록 정보처리에 대한 자신감으로 보다 활발한 외부 탐색을 수행한다고 한다.

상황 특성에는 시간적 여유, 소비 상황 등이 포함된다. 소비자에게 구매에 할애할 시간적 여유가 많을수록 외부 탐색 정도는 증가한다. 그리고 소비 상황에 있어 본인이 소비할 제품을 구매하는 상황에 비해 선물을 위해 구매하는 상황에서 보다 활발한 외부 탐색을 수행하게 된다.

마케터가 외부 탐색의 정도에 영향을 미치는 여러 가지 결정요인들을 이해하는 것은 목표 세분시장의 외부 탐색 정도에 대한 예측을 도와줄 수 있다. 즉 마케터는 목표로 삼고 있는 시장의 특성, 제품의 성격, 표적 소비자의 성향, 고려해야 할 상황 요인 등을 검토하면 소비자들의 외부 탐색의 정도를 어느 정도 예측해 볼 수 있을 것이다.

(3) 환기상표군과 고려상표군

선택에 있어 소비자의 기억에서 어떤 브랜드가 회상된다는 것은 큰 의미를 갖는다. 예를 들어 피자를 전화로 주문하려는 소비자의 기억 속에서 어떠한 브랜드가 떠오른다는 것은 해당 브랜드 입장에서 매우 의미 있는 일이다. 특히 기억에 의존하는 내부 탐색만으로 정보 탐색을 마치는 경우라면 구매의사결정의 순간에 떠오르지 않는다는 것은 심각한 문제라고 할 수 있다. 이렇듯 구매 과정에서 소비자들이 내부 탐색만으로 떠오르는 상표들을 환기상표군(evoked set)이라고 한다.

그런데 환기상표군 내에 구매를 결정할 정도로 만족할만한 브랜드가 없다면 추가적인 외부 탐색을 하게 된다. 또한 구매 관련 관여도가 높은 상황이라면 보다 신중한 의사결정을 해야 하기 때문에 추가적으로 더 많은 브랜드에 대한 정보를 수집하게 된다. 이렇듯 외부 탐색을 통해 알게 된 상표들과 환기상표군을 합쳐 놓은 것을 고려상표군(consideration set)이라고 한다. 이는 정보 탐색 과정에서 소비자에게 포착되어 구매를 고려하는 상표들이라는 의미를 담고 있다. 이를 그림으로 나타내면 <그림 2-4>와 같다.

기업들은 자사의 브랜드가 소비자들의 환기상표군에 포함될 수 있도록 노력해야 한다. 환기상표군에 포함된다는 것은 선택될 가능성을 높이는 것이기도 하고 최종 후보군에 포함된다는 의미이기 때문이다. 한 걸음 더 나아가 '특정 브랜드가 구매 시점에서 소비자의 기억 속

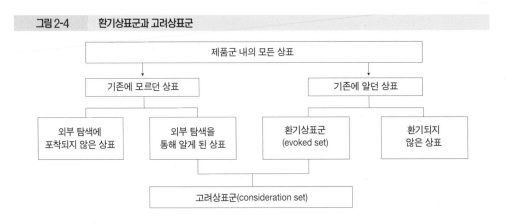

그림 2-4   환기상표군과 고려상표군

에서 활성화될 잠재력'을 나타내는 Top-of-mind Awareness(TOMA)를 제고할 필요가 있다. 즉 단순히 환기상표군에 포함되는 수준을 넘어, 환기상표군 중에서도 가장 먼저 떠오르는 상표가 된다면 매우 유리한 상황이 될 수 있다. 이에 따라 많은 기업들이 TOMA 제고를 위해 지속적으로 노력하고 있다. 어떤 사람이 휴대폰을 들고 국제전화를 걸려고 하는 상황을 상상해보자. 전화를 하려는 소비자가 전화를 꺼내 '어떤 번호를 먼저 누르지?' 하는 찰나의 순간에 선택이 결정될 수 있다. 이러한 상황에서는 기억 속에서 떠오르는 번호 중 하나라는 것은 그다지 큰 의미가 없고 어떤 번호가 가장 먼저 떠오르는지가 중요해진다.

만약 자사의 브랜드가 소비자들의 환기상표군에 포함되어 있지 못하다면 적어도 고려상표군에는 포함되도록 노력해야 한다. 고려상표군에도 포함되지 못한다면 후보군에서 빠져서 소비자들에게 최종적으로 선택될 가능성은 거의 없어지기 때문이다. 고려싱표군에 포함되기 위해서는 소비자들의 외적 탐색 과정에서 해당 브랜드가 포착될 수 있도록 노력해야 할 것이다. 이를 위해 외부 탐색의 정보 원천을 파악하고 해당 원천에 정보를 노출시키는 활동을 활발히 해야 한다.

SK국제전화 00700

(4) 정보 탐색 관련 마케팅 시사점

지금까지 정보 탐색 과정에 대한 다양한 내용을 살펴보았다. 이러한 내용들을 종합해

볼 때 다음과 같은 마케팅 시사점을 도출해 볼 수 있다.

첫째, 마케터는 목표로 하고 있는 시장의 소비자들이 주로 어떤 정보 원천을 활용하는 지, 해당 정보 원천으로부터 얻은 정보를 얼마나 신뢰하는지를 파악해야 한다. 이를 토대로 소비자들과 커뮤니케이션할 때 어떠한 매체와 어떠한 경로를 활용할 것이 적절할지 판단해볼 수 있다. 간혹 사진을 찍으러 스튜디오를 방문하면 종업원이 '어떻게 알고 오셨는지'를 묻는 경우가 있다. 간단한 방법이지만 향후 잠재고객들에게 해당 스튜디오를 노출시킬 수 있는 경로를 파악하는 데 큰 도움이 될 수 있을 것이다.

둘째, 소비자들이 정보 탐색을 얼마나 하는지를 파악하고, 이를 시장세분화 변수로 고려할 필요가 있다. 일반적으로 정보 탐색의 양은 해당 제품이 소비자에게 얼마나 중요한지에 따라 달라진다고 한다. 만약 소비자들이 외부 정보 탐색을 그다지 많이 하지 않는데 다양한 경로를 통해 정보를 제공하려고 많은 투자를 하는 것은 효율적인 의사결정이라고 할 수 없다. 또한 정보 탐색에 보다 적극적인 소비자들은 의견 선도자(opinion leader)의 성향을 갖는 경우가 많다고 한다. 즉 정보 탐색을 많이 하는 소비자들은 수집된 정보를 바탕으로 주변 사람들에게 해당 정보를 전파해 줄 가능성이 높다고 할 수 있다. 따라서 이러한 소비자들에게 정보를 제공해줄 수 있는 경로를 파악하고 의견 선도성(opinion leadership)을 발휘할 수 있는 양질의 정보를 제공해야 한다.

셋째, 자사의 브랜드가 환기상표군에 포함되도록 관리해야 하고, 적어도 고려상표군에는 포함될 수 있도록 노력해야 한다. 기업들이 브랜드 관리에 지속적인 투자를 하는 것, 특히 브랜드 인지도를 제고하기 위해 노력하는 것은 이러한 맥락에서 정당성을 찾아볼 수 있다. 이에 대한 구체적인 내용은 앞에서 서술하였기 때문에 앞의 내용을 참고하기 바란다.

넷째, 소비자들이 정보과부화에 빠지지 않도록 효과적인 정보 탐색 환경을 제공할 필요가 있다. 소비자들이 많은 정보를 비교적 용이하게 수집할 수 있다고 해서 반드시 좋은 의사결정을 할 수 있는 것은 아니다. 최근 온라인 환경의 보편화로 인해 소비자들이 접하는 정보의 양은 엄청나게 증가했다. 그런데 정보가 지나치게 많을 경우 오히려 제대로 의사결정을 하지 못하는 정보 과부화(information overload) 현상에 빠질 수도 있다. 따라서 소비자들이 수많은 정보들 중에서 적절한 정보를 선별하고 효과적으로 이용할 수 있도록 해 주어야 한다. 즉 정보제공의 양적 차원에서 한 걸음 더 나아가 질적 차원에 대한 배려를 고민해야 할 것이다. 예를 들어 사용 후기와 같은 정보를 제공할 때에도 소비자들의 필요나 상황에 맞게 필터링해서 정보를 볼 수 있게 해주려는 노력이 필요하다.

🔬 사례 : 정보 탐색을 단순하게 해 주는 마케팅의 필요성

하루에도 수차례씩 쏟아지는 스팸 메일과 광고성 전화, 각종 전단은 숨을 막히게 한다. 기술 발달로 더 많은 메시지를 한꺼번에 보낼 수 있게 되면서 기업의 무차별적 마케팅은 날로 증가하는 추세다. 하지만 이런 마케팅은 소비자를 모으기보다는 오히려 쫓아낼 뿐이다. 소비자를 불러 모으고 물건을 구입하게 하고 충성고객으로 자리 잡게 하려면 소비자가 더 쉽게 제품을 인식하고 구매에 확신을 가질 수 있도록 도와야 한다. 하버드비즈니스리뷰 2012년 5월호에 실린 '간단히 해라, 고객이 따라온다'는 글에 소개된 소비자 의사결정 단순화 방법은 다음과 같다. 이 기사의 전문은 DBR(동아비즈니스리뷰) 123호(2013년 2월 15일자)에서 볼 수 있다.

첫째, 물건을 구입할 때 거치는 정보 탐색 과정을 단순화한다. 소비자가 구매 과정 중 어디쯤 위치해 있는지 파악해 그 단계에서 가장 필요한 정보를 제공하는 일이다. 예를 들어 '럭셔리 세단'처럼 광범위한 용어를 검색하는 사람은 'BMW vs 아우디'처럼 구체적인 검색을 하는 사람보다 구매 과정의 초기 단계에 있다고 볼 수 있다. 전자에 해당하는 소비자는 최근 출시된 세단을 소개하는 사이트로 이동하게 하고 후자는 이용자들의 사용 후기를 볼 수 있는 사이트로 안내하면 구매 확률이 높아진다. 만약 구매 과정의 마지막 단계에 있는 것으로 추정되는 소비자가 모바일 검색을 하고 있다면 이는 그가 바깥을 돌아다니고 있다는 뜻이므로 자동차 딜러와 직접 연결되도록 하면 판매 성공률을 높일 수 있다.

둘째, 믿을 만한 조언자를 제시해야 한다. 디즈니는 디즈니월드를 자주 방문한 고객들이 소비자들의 질문에 답하는 사이트를 운영하고 있다. 한 소비자는 1시간 이상 서 있을 수 없는 아이 둘을 데리고 퍼레이드를 제대로 보려면 어떤 위치가 좋은지를 문의했다. 디즈니월드를 25번이나 방문한 경험이 있는 재키가 이 질문에 대답을 해줬다. 질문한 소비자는 디즈니 홈페이지에서 재키의 가족과 고향, 심지어 남편을 어떻게 만났는지 등 구체적인 프로필을 볼 수 있다. 이런 세부사항은 소비자가 재키의 조언을 더욱 신뢰하게 만든다.

셋째, 여러 가지 선택 사항을 비교하기 쉽게 해야 한다. 예를 들어 허벌에센스는 인터넷을 통해 소비자가 자신에게 꼭 맞는 샴푸를 고를 수 있도록 안내한다. 모발 타입, 길이, 질감(직모, 단모) 및 기타 사항(컬러 트리트먼트, 볼륨감) 등 여러 질문에 답을 클릭하다 보면 수십 개의 제품 중에서 적합한 하나를 찾을 수 있다.

자료원 : 무차별 마케팅? 간단히 하라, 그래야 고객이 따라온다, 동아일보 2013년 3월 20일자 기사 수정 인용

▎대안 평가

(1) 대안 평가의 의의

소비자들은 정보 탐색의 과정 이 후에 수집된 정보들을 활용하여 바람직한 선택을 위한 대안 평가 과정을 거치게 된다. 앞서 살펴본 바와 같이 정보 탐색의 결과로 확보된 고려상표군이 형성되면 이들 대안들을 평가하는 과정을 거치는 것이다. 대안 평가(evaluation of alternatives)는 소비자들이 최종적으로 고려상표군에 포함된 대안들을 평가하고, 소비자의 욕구나 가치에 부합되는 특정 대안을 선택하는 단계라고 정의할 수 있다. 소비자는 어떤 대안을 선택하면 어떤 결과를 얻을 것인지를 판단하여 결과에 있어 우위를 점하는 대안을 선택하는 과정을 수행한다. 이러한 평가 과정에서 선택의 기준이 되는 것을 평가 기준이라고 하고, 이러한 기준들을 활용한 의사결정 규칙을 평가 방식이라고 한다.

기업들이 소비자의 대안 평가를 이해하고 평가에 있어 우위를 점하기 위해서는 소비자들이 어떠한 평가 기준을 활용하는지, 어떠한 방식으로 평가를 진행하는지 파악해야 한다. 즉 평가 기준과 평가 방식을 파악해야 한다. 피평가자가 평가자의 평가 기준과 방식을 모르는 상태에서 좋은 평가를 받기 어렵듯이, 기업이 소비자의 평가 기준과 방식을 모르면 선택받을 수 있는 가능성은 현저히 낮아질 것이기 때문이다.

(2) 평가 기준

평가기준(evaluative criteria)이란 소비자들이 여러 대안을 비교하고 평가하는 데 사용하는 제품의 속성들을 의미한다. 예를 들어 스마트폰을 구매하려는 소비자가 대안들을 평가할 때 고려하는 가격, 기능, 무게, 디자인, 배터리 용량, 애프터서비스 이용용이성 등의 속성들이 평가 기준이라고 할 수 있다. 소비자들이 고려하는 대안 평가기준의 수는 제품이나 개인의 특성에 따라 달라질 수 있다. 소비자들은 관여도가 높은 제품이나 내구재를 구매할 때 고려하는 평가기준은 그렇지 않은 경우에 비해 많아질 것이다. 이러한 평가 기준은 다음과 같은 몇 가지 특성을 갖는다.

첫째, 평가기준의 유형은 다양하다. 제품의 기능과 같이 구체적인 수준일 수도 있지만 제품이 주는 사회적 가치, 자부심, 즐거움 등과 같이 추상적인 수준일 수도 있다. 예를 들어

TV를 구매하려는 소비자는 TV의 가격, 화질, 기능 등의 구체적인 속성들을 주요 평가기준으로 고려할 수 있다. 또한 TV 소유가 갖는 자부심, TV 디자인의 미적 즐거움 등과 같은 추상적인 속성들을 평가기준으로 고려하기도 한다. 소비자가 주로 고려하는 평가기준은 각자가 제품 소비를 통해 얻고자 하는 혜택(benefit), 추구하는 가치(value), 구매 상황(situation) 등에 따라 달라질 수 있다. 예를 들어 사회적 기업의 제품을 우선적으로 고려하는 소비자는 '제품 구매를 통해 좋은 일도 함께 할 수 있다는 가치'와 같은 추상적 속성이 핵심적인 평가 기준에 포함되어 있었다고 추측해 볼 수 있다.

둘째, 평가기준은 상황에 따라 변화하기도 한다. 동일한 제품이라고 하더라도 그 제품을 본인이 직접 사용하기 위해 구매할 때와 누군가에게 선물하기 위해 구매할 때 상이한 기준이 활용된다. 예를 들어 와인을 본인이 마시기 위해 구매하려는 소비자는 가격, 맛 관련 취향 등이 주요 평가기준이 되겠지만, 와인 선물을 구매하려는 소비자는 받는 사람에게 전달되는 의미를 고려하여 브랜드, 원산지 등이 주요 평가기준이 될 수 있다. 어떠한 식당을 선택할 것인지를 평가할 때 본인이 평상시 이용할 식당을 평가할 때와 특별한 손님과 함께 이용할 식당을 평가할 때의 기준은 달라질 수 있다.

셋째, 평가 대상이 되는 고려상표군에 어떤 브랜드들이 포함되어 있는가에 따라 사용되는 기준들의 비중이 달라질 수 있다. 일반적으로 평가기준들은 동등한 수준으로 고려되는 것이 아니라 상대적으로 중요한 평가기준이 선택에 보다 큰 영향을 미치게 된다. 그런데 고려상표군에 포함된 브랜드들이 중요한 평가기준에 있어 매우 유사한 평가를 받을 수 있는 상황이라면 중요한 평가기준이 결정적 평가기준이 되지 않을 수도 있다. 예를 들어 어떤 소비자가 휴대폰의 '화면 크기'를 가장 중요하게 생각하더라도 대안에 포함된 휴대폰들이 '화면 크기'에 있어 큰 차이가 없다면 '화면 크기'는 평가 결과를 좌우하지는 못할 것이다. 오히려 다음으로 중요하게 생각하지만 대안들 간 차이를 보이는 '배터리 용량'이라는 속성이 평가에 결정적인 역할을 하게 된다. 이를 결정적 속성(determinant attribute)이라고 한다.

(3) 대안 평가의 방식

소비자는 대안들을 평가하여 바람직한 것을 선택하기 위해 다양한 의사결정 규칙을 사용한다. 소비자들이 사용하는 의사결정 규칙, 즉 평가 방식은 크게 보상적 방식(compensatory rule)과 비보상적 방식(non-compensatory rule)으로 구분해 볼 수 있다. 보상적 방식이란 특정 평가기준에서 낮은 점수를 받았다 하더라도 다른 평가기준에서 높은 점수로 이를 메꿀 수 있는 방식을 의미한다. 즉 한 평가 기준에서의 약점이 다른 평가 기준에서의 강점으로 보상되어 전체적 평가를 형성하는 것이다. 예를 들어 자동차의 '연비'가 좋지 않아서 낮은 평가를 받았지만 자동차의 '편의성'에서 받은 높은 평가로 인해 전체적으로는 높은 평가를 받을 수 있다. 반면 비보상적 방식이란 특정 평가기준에서 받은 낮은 점수를 다른 평가기준에서 받은 높은 점수로 메꿀 수 없는 방식을 의미한다. 예를 들어 '가격'이 지나치게 비싼 휴대폰은 아무리 다른 속성에 있어 뛰어나더라도 아예 탈락되어 버릴 수 있다.

1) 보상적 방식

보상적 방식의 가장 대표적인 유형은 다속성 모델의 형태를 취하는 선형모델(linear model)이라고 할 수 있다. 선형모델이란 평가기준의 중요성을 나타내는 가중치를 반영하고 평가기준별 평가 점수를 합산하여 종합 점수를 구하는 방식으로 평가하는 것을 의미한다. 즉 각 평가기준의 중요성과 평가기준별 평가를 곱하여 평가기준별 평가 점수를 구하고, 이를 모두 합하는 방식으로 종합 점수를 구하고 가상 높은 점수를 받은 대안을 선택하는 것이다.

구체적으로 어떻게 평가가 이루어지는지를 단순한 예를 통해 살펴보자. 어떤 소비자라면을 구매하려고 하는데 '맛'과 '가격'이라는 평가기준만을 고려한다고 가정해보자. 만약 이 소비자가 '맛'을 가장 중요하게 생각하여 0.7점의 중요성을 부여하고, '가격'을 0.3점의 중요성을 부여한다면, '맛'은 5점, '가격'은 3점을 줄 수 있는 A라면의 종합 점수는 $(0.7 \times 5) + (0.3 \times 3) = 4.4$ 점이라는 종합 점수를 받게 된다. 이러한 점수가 고려상표군에 포함된 라면들 중 가장 높다면 A라면을 선택하게 된다.

물론 소비자들이 대안을 평가하는 상황에서 구체적으로 점수를 부여하고 이를 곱하고 더하는 계산을 실제로 한다고 보기는 힘들다. 보상적 방식을 사용한다는 것은 소비자들이 마음속으로 평가기준별 평가를 종합하여 총점을 매기는 것과 같은 메커니즘으로 평가를 수행한다는 의미로 해석해야 할 것이다. 즉 한 평가기준의 평가가 많이 낮더라도 다른 평가기준들의 평가가 높으면 낮은 점수는 보완될 수 있다. 따라서 특정 평가기준에서의 낮은 점수가 전체 평가에서 불리하게 작용될 수는 있으나 이것 때문에 평가에서 탈락될 만큼 결정적으로 작용하지는 않는다고 볼 수 있다.

2) 비보상적 방식

비보상적 방식은 총점을 매기는 방식이 아니라 상대적으로 간단한 평가기준 통합 방식이라고 할 수 있다. 여기에는 사전편찬식(lexicographic rule), 부문별 제거식(elimination by aspects), 결합식(conjunctive rule), 분리식(disjunctive rule) 등이 포함된다.

① 사전편찬식

사전편찬식을 사용하는 소비자는 모든 선택 대안들을 가장 중요한 평가기준부터 비교한다. 가장 중요한 평가기준에서 가장 높은 평가를 받은 대안을 선택한다. 만약 복수의 대안이 가장 중요한 기준에서 동등한 평가를 받게 되면 그 다음으로 중요한 평가 기준을 비교하여 평가하게 된다. 최종적으로 하나의 대안이 선택될 때까지 이러한 과정을 계속한다. 사전을 편찬할 때 가장 앞에 있는 문자로 순서를 정하고 같을 경우 다음 문자로 순서를 정하는 것처럼 평가가 이루어진다는 의미를 담고 있다.

② 부문별 제거식

부문별 제거식이란 사전편찬식과 마찬가지로 가장 중요한 평가기준부터 중요한 순서대로 기준을 적용하여 수용 가능한 최소 수준 미만 상표들을 제거하는 것을 의미한다. 사전편찬식과 공통점은 가장 중요한 평가기준부터 차례대로 평가기준을 활용한다는 점이다. 그런데 사전편찬식은 최상의 대안을 선택하는 방식인 반면, 부문별 제거식은 기준별로 수용 가능한 최소 수준에 미달하는 대안을 제거하는 방식이다. 소비자는 가장 중요한 평가기준부터 기준을 순차적으로 적용하여 최소 수준에 미달되는 대안을 제거하고 끝까지 살아남은 대안을 선택하게 된다.

③ 결합식

소비자가 선택 대안들 중 부적격한 대안을 신속하게 제외시키고자 할 때는 결합식이라는 방식을 사용한다. 중요하게 생각하는 몇 가지 평가기준들에 대해 최소한의 수용수준을 설정하고 해당 대안이 어떤 한 평가기준이라도 이러한 수준을 충족시키지 못하면 탈락시킨다. 즉 모든 평가기준에 있어 최소한의 수용수준을 충족하는 대안을 선택하는 것이다. 만약 복수의 선택 대안들이 최종적으로 남게 된다면 다른 평가방식을 활용하여 최종 선택의 과정을 거친다. 결국 결합식이라는 평가방식을 적용했을 때 살아남는 대안은 어느 한 부분도 심각하게 열등하지 않은 대안들이라고 할 수 있다.

④ 분리식

소비자가 중요하다고 여기는 몇 가지 평가기준들에 대해 최소한의 수용수준을 설정하고 해당 대안이 어떤 한 평가기준이라도 이를 충족하면 합격점을 주는 것을 분리식이라고 한다. 결합식과 마찬가지로 평가기준별 최소한의 수용수준을 설정하는 방식이다. 그렇지만 결합식이 모든 기준을 충족하는 대안을 선택하는 반면, 분리식은 어떤 한 기준이라도 충족하는 대안을 선택하게 된다. 분리식의 경우에도 복수의 대안들이 남게 되면 다른 평가방식의 적용이 필요하게 된다.

이상과 같은 평가방식의 특성을 정리해보면 <그림 2-5>와 같다.

그림 2-5   평가방식의 특성 관련 판정도

3) 단계별 평가방식

일반적으로 보상적 평가방식은 고관여 의사결정의 경우에 많이 활용된다고 할 수 있다. 특히 활용하는 평가기준과 대안의 수가 적은 고관여 의사결정일 경우, 모든 정보를 종합적으로 사용하는 보완적 방식을 취하려는 경향을 보인다. 그런데 고관여 의사결정이라고 하더라도 고려상표군의 대안들이 매우 많을 경우에는 보상적 평가방식만으로 대안 평가를 하는 것은 매우 어렵다. 따라서 대안들이 매우 많을 경우 비보완적 방식으로 고려 대안을 축소하고 남은 대안들에 대해 보완적 방식을 활용한 평가를 할 수 있다. 이렇듯 단계적으로 복수의 평가방식을 혼합해서 사용하는 것을 단계별 평가방식(phased rule)이라고 한다. 예를 들어 의류를 구매하는 데 있어 가격이라는 중요한 평가기준을 고려한 비보완적 방식으로 열등한 대안들을 우선적으로 제거하고, 남은 대안들에 대해 보완적 방식의 종합적인 평가를 실시하여 선택할 수 있다.

(4) 대안 평가 관련 추가 이슈

1) 휴리스틱

소비자들은 대안 평가를 휴리스틱이라고 하는 비교적 단순화된 방식으로 수행하기도 한다. 대개의 경우 소비자들은 자신들의 인지 용량에 있어 한계가 있다는 점을 인식하고 있기 때문에 인지 노력을 최소화하고 싶은 욕구를 갖는다. 휴리스틱(heuristic)에 의한 대안 평가란 '경험, 직관, 논리적 사고를 활용하여 문제해결 과정을 단순화시킬 수 있는 간단한 규칙이나 지침을 사용하는 것'을 의미한다. 즉 대안 선택과정에서 고려해야 할 수많은 요인들을 모두 고려하지 않고 간단한 규칙에 의존한 의사결정을 하는 것이다. 예를 들어 '특별한 문제가 없으면 지난 번에 샀던 것을 고른다'라든지, '여행지에서 식당을 고를 때는 손님이 많은 곳을 고른다'라든지, '선물을 고를 때는 가장 유명한 브랜드를 고른다'라든지 하는 자신만의 단순화된 지름길을 활용할 수 있다.

즉 '~이면 ~이다(If ~, then ~)'의 형식을 취하는 매우 단순한 규칙을 사용함으로써 비교적 간단하게 대안 평가를 하는 것이다. 물론 이렇듯 단순한 대안 평가가 최상의 결과를 보장해주지는 못한다. 그렇지만 경험, 직관, 논리적 사고에 기초한 판단을 잘 설정해놓으면 최소한의 노력으로 어느 정도 만족할 만한 결과를 기져올 것이라는 믿음이 존재한다고 볼 수 있다. 또한 휴리스틱이라는 것이 소비자 자신의 경험과 직관을 집대성한 삶의 노하우라고 볼 수도 있다.

일반적으로 많이 활용되는 소비자 휴리스틱이 에에는 다음과 같은 것들이 있다. 첫째, 높은 가격의 제품이 낮은 가격의 제품보다 품질이 더 좋을 것이다. 이러한 휴리스틱은 지불한 만큼 얻었던 경험들을 통해 점차 강한 신념으로 자리 잡을 수 있다. 둘째, 많은 사람들이 구매한 유명 제품은 비교적 우수한 제품일 것이다. 유명 브랜드 선택의 긍정적 경험, 다수의 판단이라면 대체적으로 옳다는 논리적 사고 등에 기인한 휴리스틱이라고 할 수 있다. 셋째, 제품을 평가하는 데 있어 원산지(country-of-origin), 브랜드 등을 핵심 기준으로 활용할 수 있다. 예를 들어 이탈리아 가구, 프랑스 와인, 스위스 시계 등은 원산지만 보고도 믿음이 간다는 평가를 할 수 있다. 마찬가지로 선호하는 브랜드가 붙은 제품은 양호한 품질을 보일 것이라는 휴리스틱을 가질 수 있다.

2) 정신적 준거기준

Kahneman과 Tversky는 프로스펙트 이론(prospect theory)을 통해 소비자의 정신적 준거기준(frame of reference)이 대안 평가에 영향을 미칠 수 있다는 점을 지적하고 있다. 소비자들은 문제가 제시되는 방식에 따라, 즉 문제가 어떻게 프레이밍(framing)되었는가에 따라 평가가 달라질 수 있다. 동일한 문제라고 할지라도 그 문제가 어떻게 제시되었는지에 따라 대안 평가는 상이한 결과로 나타날 수 있다. 즉 어떠한 문제가 긍정적으로 표현되었는지, 부정적으로 표현되었는지, 즉 이득으로 표현되었느냐 손실로 표현되었느냐에 따라 다른 평가와 선택을 하게 된다는 것이다.

프로스펙트 이론에 따르면 사람들은 같은 절대값의 이득보다 손실에 더욱 민감한 반응을 보인다고 한다. 즉 10만원의 이득보다 10만원의 손실을 더욱 크게 인식한다는 것이다. 예를 들어 현금으로 지불하면 신용카드 지불 시 가격보다 5천원 할인해주겠다는 경우와 신용카드로 지불하면 현금 지불 시 가격보다 5천원 할증 요금이 붙는다는 경우를 비교해보자. 실제 현금 지불 가격과 신용카드 지불 가격은 두 경우 모두 동일하다. 그렇지만 '신용카드 지불 시 5천원 할증'이라는 표현은 손실의 형태로 프레이밍되었기 때문에 소비자들에게 더욱 심각한 효용의 감소로 인식된다. 따라서 신용카드 지불을 억제하고 가급적 현금 지불로 유도하고자 하는 업체라면 '신용카드 지불 시 5천원 할증'이라는 표현이 더 효과적인 방식이라고 할 수 있다.

3) 맥락효과

소비자의 특정 대안에 대한 평가는 고려상표군에 어떠한 대안들이 포함되어 있는지에 따라 달라질 수 있다. 즉 특정 대안이 어떠한 맥락 하에서 제시되었는지에 따라 상이한 평가 결과를 가져올 수 있다. 이를 맥락효과(context effect)라고 하고, 이러한 효과의 대표적인 유형으로는 유인효과와 타협효과를 들 수 있다.

유인효과(attraction effect)는 상대적으로 보다 열등한 대안을 추가함에 따라 기존 대안의 매력도가 증가하여 선택확률이 높아지는 현상을 의미한다. 예를 들어 특정 PC 모니터 제품에 비해 상대적으로 화질이 떨어지는 보급형 제품이 시장에 등장함에 따라 해당 PC 모니터의 매력도가 증가하여 소비자들의 선택이 증가할 수 있다. 기존 제품에 비해 열등한 미끼 제품을 출시하여 소비자의 선택을 촉진할 수 있다.

타협효과(compromise effect)란 소비자들이 특정 평가기준에 있어 극단적인 값을 갖는 대안이 고려상표군에 추가됨으로써 상대적으로 덜 극단적인 값을 갖는 대안의 선택확률이 증가하는 현상을 의미한다. 소비자들이 극단을 부담스러워 하는 경향을 반영한다고 볼 수 있다. 예를 들어 초고가/초고품질 노트북 컴퓨터가 시장에 출시되면 이에 비해 상대적으로 덜한 고가/고품질 노트북 컴퓨터에 대한 평가가 더 호의적으로 변화할 수 있다. 실제로 컴퓨터 업체에서 프리미엄 제품보다도 훨씬 고가인 고기능 노트북을 출시하는 이유에는 이러한 측면에 대한 고려도 반영되어 있다고 볼 수 있다.

(5) 대안 평가 관련 마케팅 시사점

대안 평가와 관련하여 기업들이 주목해야 할 키워드는 평가기준과 평가방식이다. 즉 기업들은 소비자들이 어떠한 평가기준을 활용하는지, 구체적으로 어떠한 방식으로 평가하는지 파악하고 이에 대한 대응 방안을 모색해야 한다. 지금까지 살펴본 대안 평가 과정의 내용을 토대로 대안 평가와 관련된 마케팅 시사점을 제시해보면 다음과 같다.

첫째, 마케터는 표적시장의 소비자들이 어떠한 평가 기준을 주로 고려하는지 파악하고 이를 반영한 마케팅 전략을 수립해야 한다. 소비자의 선택을 바라는 기업이 어떠한 기준을 고려하여 소비자 평가가 이루어지는지 제대로 이해하지 못한다는 것은 매우 치명적인 결과를 가져올 수 있다. 예를 들어 소비자들이 스마트폰을 평가할 때 가격, 무게, 배터리 용량, 화질, 카메라 성능 등을 핵심적인 평가기준으로 고려한다면 이에 맞춘 제품 기획, 홍보가 이루어져야 할 것이다. 따라서 목표 세분시장 소비자의 주요 평가기준, 평가기준별 중요성 등을 파악해서 이를 반영한 전략 수립이 이루어져야 한다. 또한 자사가 갖고 있는 차별적인 강점을 새로운 평가기준으로 제시하고 이러한 기준의 중요성을 부각시키는 것도 고려해볼 수 있다. 예를 들어 클라우드 맥주는 '물 타지 않은 맥주'라는 새로운 평가기준을 부각시켜 소비자들의 호의적인 반응을 이끌어낸 바 있다. 그리고 서울우유는 신선함을 나타내는 '제조일자'라

서울우유

는 평가기준을 새롭게 제시하는 전략으로 성공을 거두기도 했다.

둘째, 마케터는 소비자들이 주로 어떤 방식을 활용해 대안을 평가하는지 파악해야 한다. 평가를 통해 선택을 받아야 하는 입장에서 평가방식을 이해하는 것은 필수적인 사항이다. 예컨대 정부에서 주관하는 입찰에서 입찰방식을 제대로 이해하지 못한 기업이 최종 선택될 가능성은 거의 없다고 볼 수 있다. 만약 소비자들이 중요한 속성에서 적정 수준을 만족하지 못하면 탈락시키는 비보상적 전략을 평가하는데, 종합적인 점수를 매기는 보상적 전략을 가정하고 준비를 한 마케터는 낭패를 볼 수밖에 없다. 예를 들어 휴대폰의 화면이 너무 작아서 소비자의 선택과정 초기에 아예 배제될 수 있다면 기업은 우선적으로 이 부분에 초점을 맞추는 것이 현명할 것이다.

셋째, 소비자들이 의사결정을 단순화하기 위해 어떠한 휴리스틱을 사용하고 있는지 파악하고 이에 대응하는 방안을 모색해야 한다. 최근 선택 대안의 수가 급격히 증가하고 선택과 관련된 피로도가 증가하는 상황이 전개되고 있어 휴리스틱과 단순화된 규칙을 사용하는 상황이 오히려 증가하고 있다. 따라서 소비자들의 인식에 자리잡고 있는 시장 신념(market beliefs)을 파악하고 이를 반영한 대응전략이 필요하다.

넷째, 소비자들의 프레이밍을 고려한 마케팅 전략을 모색해 볼 필요가 있다. 소비자들이 어떠한 준거점(reference point)을 갖고 있는지에 따라 동일한 내용에 대한 평가 결과는 달라질 수 있다. 예를 들어 특정 가격에 대한 소비자 평가는 그 소비자가 어떠한 준거가격을 갖고 있는지에 따라 달라진다. 따라서 소비자의 준거점 설정이 기업에 유리한 방향으로 이루어질 수 있게 하는 것에도 관심을 가질 필요가 있다.

💬 토론사례: 부각되는 휴리스틱 키워드, 진정성과 집단 동조현상

IT기술의 발전으로 인해 열람 가능한 정보량이 기하급수적으로 증가하고, 과거보다 훨씬 많은 사람들과 시간과 장소에 구애 받지 않는 실시간 커뮤니케이션이 가능해지는 등 소비자들을 둘러싼 환경에도 큰 변화가 발생하였다.

이러한 변화에 따라 소비자의 대안적 구매 휴리스틱이 부상하고 있다. 소비자들은 그 어느 때보다도 구매하고자 하는 제품의 정보를 손쉽게 확인할 수 있다. 그러나 한편으로는 어떤 정보를 어디까지 열람하고 제품을 구매하는 것이 적절한지, 다양한 정보의 소스들 중에서 어떤 소스를 우선적으로 고려해야 할지 등과 관련하여 과거에 경험한 적이 없는 새로운 혼란에 노출되어 있다. 여러 옵션들의 세부 정보들을 모두 확인하는 것이 불가능하다면, 소비자들은 어떠한 변수들에 자신의 구매의사결정을 의존하고 있는 것일까? 이와 관련하여 최근 '진정성'과 '집단 동조현상'이라는 키워드가 부각되고 있다.

제임스 길모어와 조셉 파인은 〈진정성의 힘(Authenticity)〉에서 '사람들은 더 이상 그럴듯하게 포장된 가식적인 산출물들을 받아들이지 않으며, 투명한 출처에서 제공되는 진실한 산출물을 원한다. 경영자들이 성공을 거두기 위해서는 기존의 경영기법에 더해서 소비자들이 진실과 가식으로 인식하는 부분이 무엇인지, 그리고 어떠한 요소가 이러한 인식에 영향을 주는지 이해해야 한다'고 주장하였다.

정보량의 증가와 구매 가능한 제품 종류의 증가로 인해 제품 및 서비스에 대한 합리적인 선택이 과거에 비해 어려워짐에 따라 소비자들은 제품들이 은연중 드러내는 '진실의 증거들'을 제품구매 변수로 고려하는 추세를 보이고 있다. 이러한 경향에 대응하여 최근 상업광고의 추세는 제품을 소유했을 때 보여지는 이미지보다는 객관성이 담보되는 정보를 강조하고 있다. 또한 가치 판단이 들어간 문구나 슬로건 등을 제시하기보다는 제품의 역사나 제품의 성분, 제품의 탄생 지역, 가격, 효용 등 소비자가 속을 염려가 없다고 판단하는 증거들을 객관적으로 제시하면서 소비자들에게 최종 판단을 넘기려는 경향들이 나타나고 있다. 오늘날 넘쳐나는 정보 속에 이러한 '진실'에 대한 요소늘이 중요한 이유는 소비자들이 판단하기 쉽기 때문이다. '품질이 좋다'라는 것은 소비자 입장에서 '정도'라는 판단이 들어가고 '디자인이 예쁘다'라는 것은 사람의 관점마다 다를 수 있다. 그러나 예를 들어 100년 된 기업이다, 유럽에서

탄생했다, 알프스 빙하수를 원료로 사용했다 등의 요소들은 '그렇다', '아니다'로 간단하게 이분법적으로 판단하는 것이 가능하다.

애플과 유니클로는 이러한 추세를 반영하여 광고 커뮤니케이션을 진행하고 있는 대표적인 업체들이다. 이들의 TV광고는 드라마화된 설정이나 광고 카피 대신 실제 제품의 활용 장면(애플)이나 착용 장면, 가격(유니클로)만 제시한다. 소비자들에게 객관화된 정보만 제공하고 선택은 강요하지 않는다는 인상을 주고 있다.

미국 화장품 업체 키엘(Kiehl's) 또한 진정성의 요소를 종합적으로 잘 활용하고 있는 브랜드 중 하나이다. 세계 최대 화장품 그룹인 로레알은 키엘을 2000년에 인수한 후 키엘의 역사와 진실성을 마케팅의 포인트로 삼고 세계적인 브랜드로 육성하는데 성공하였다. 키엘의 마케팅 전략은 브랜드의 진실성을 소비자에게 과장하지 않고 전달하는 데 초점이 맞추어져 있으며, 이를 위해 유명 모델을 활용한 광고 대신 자발적인 입소문에 의존하고 있다. 또한 1851년에 뉴욕에서 시작한 약국이라는 탄생배경을 의식적으로 강조한다. 화려한 용기 디자인을 차별화 요소로 강조하는 업계의 전통적 관행과는 달리 수수한 용기에 천연 원료를 강조하였으며, 화장품 용기 표면에는 제품의 재료와 성능을 상세하게 기술하고 있다. 진정성을 강조한 키엘의 마케팅 전략은 큰 성공을 거두어 인수 10년 만에 전세계 매출이 5배 이상 성장하였으며, 국내에서도 2011년 상반기 기준 전년 대비 60%에 육박하는 매출 성장을 기록하였다.

한편 마크 얼스는 그의 저서 〈허드(Herd)〉에서 '인간은 기존에 알려졌던 것과 달리 스스로 판단해서 주체적으로 의사결정하기보다 무의식적으로 타인을 의식하고 다른 사람들로부터 끊임없이 영향을 받는 존재'라고 강조한다. 또한 세스 고딘은 그의 저서 〈트라이브(Tribes)〉에서 '트라이브, 즉 집단이란 규모에 상관없이 서로 연결된 사람들의 모임을 지칭하며 사람들은 굉장히 오랫동안 이러한 집단에 속하길 추구한다. SNS를 비롯한 온라인 플랫폼의 확산은 이러한 집단을 다양한 규모로 쉽게 형성하는 것이 가능해졌다'고 말했다. 따라서 과거에 비해 소비자들의 구매의사결정 상에서 타인의 추천이 영향을 더 크게 미칠 수 있는 환경이 조성되었으며 집단 동조현상의 경향을 보이고 있다.

청바지로 유명한 의류 브랜드 디젤(Diesel)은 스페인 마드리드와 바르셀로나 매장에서 디젤 캠(Diesel Cam)이라는 흥미로운 서비스를 제공했다. 피팅룸 앞에 페이스북과 연동된 카메라를 설치해 놓았다. 소비자들은 새로운 옷을 입어보고 사진을 찍어 지인들에게 지금 입어본 옷이 어울리는지, 유행하는 스타일인지 등 다양한 피드백을 얻을 수 있도록 했다. 디젤 캠을 활용하는 고객은 판매만을 목적으로 하는 매장 직원들의 평가에 의존하지 않고 지인들의 추천과 평가에 의해 구매의사결정을 하게 된다. 하루 평균 50여 장의 사진이 찍혔고 이와 관련한 포스팅만 15,000여 개에 달하는 등 소비자들로부터 좋은 반응을 이끌어냈다.

우리의 의사결정은 사실 타인으로부터 엄청난 영향을 받는다. 특히 인터넷의 발달은 타인의 영향력을 극대화했는데 그 결과 탄생한 것이 '인플루언서(Influencer)'다. 인플루언서는 인터넷 세상에서 영향력 있는 개인이나 단체를 의미한다. 유튜브의 크리에이터들, 파워 블로거, 저널리스트, 일정 규모 이상의 팔로워를 보유한 인스타그램이나 페이스북 사용자 등이 대표적이다. 인플루언서들의 영향력은 날로 커져가고 있다. 컨설팅 기관인 브라이트 로컬의 조사에 따르면 온라인 소비자의 88%가 친한 친구의 리뷰만큼이나 개인 인플루언서들의 리뷰를 신뢰한다고 대답했다.

사람들이 자신이 잘 알지 못하는 카테고리의 제품을 선택할 때 타인의 선택을 따라가는 경향을 보인다. 즉, 스스로 제품에 대한 정보를 탐색하기보다는 주변의 선택을 사회적인 '디폴트 옵션'(특별한 요건이 없다면 자동으로 선택되는 옵션)으로 받아들이고 무의식중에 따라서 결정을 내린다는 얘기다. 만약 어떤 상황에서 사람들이 타인의 선택과 의견에 영향을 받는지 더 잘 이해한다면, 기업들은 디지털 세상에서 더 효과적으로 인플루언서들과의 협업을 이끌어낼 수 있을 것이다.

자료원: 소비자 구매결정의 잣대가 바뀌고 있다, LG Business Insight 2011년 11월 30일자 기사, 타인의 선택에 휘둘리는 소비자들, 동아일보 2017년 7월 5일자 기사를 일부 발췌 및 종합 재구성

🗨️ 토론문제

① 소비자 구매의사결정과정에서 휴리스틱을 사용하는 경우가 증가한 이유는 무엇인가?

② 사례에서 제시한 키워드, 즉 '진정성', '집단 동조현상'에 대한 기업들의 바람직한 대응방안은 무엇인가?

구매의사결정과정 2

■ 구매
■ 구매 후 행동

CHAPTER 03 | 구매의사결정과정 2

🐾 도입사례: 주식시장 불신에서 안심으로

구매 단계의 미스터리 쇼핑, 구매 후 단계의 해피콜

직장인 김석현(32) 씨는 5년 전 가입한 원유펀드 때문에 괴롭다. 당시 A증권사 직원은 "유가가 더 오를 것"이라고 자신하며 원유펀드를 추천했다. 직원의 말대로 유가는 100달러, 110달러까지 올랐지만 얼마 안 가 내리막길을 타면서 현재 이 펀드의 5년 수익률은 -49%로 반토막 났다. 증권사 직원은 김씨에게 셰일가스나 원유 사이클에 대해서는 일언반구도 없었다. 김씨는 "공부도 않고 덜컥 가입한 내 탓"이라고 자책하지만 증권사를 원망하는 마음이 더 크다. 금융소비자들은 김씨와 비슷한 이유로 여전히 금융투자 업계를 불신하고 있다. 최근 수익률이 좋았다는 이유만으로 금융상품을 추천하거나 목표수익률에 다다른 펀드 가입자에게 수수료가 높은 상품으로 교체를 권하는 사례도 적지 않다. 금융상품이나 주식 매매는 애프터서비스(AS)가 없다는 증권사 직원들의 태도는 결국 금융투자 업계에 불신이라는 부메랑으로 돌아왔다. 가뜩이나 보수적인 국내 금융소비자들이 금융상품에 투자를 꺼리는 이유가 된 것이다. 불신의 벽을 허물기 위해 금융투자 업계는 각고의 노력을 이어가고 있다. 개인투자자들이 단기투자에만 머물고 펀드도 잦은 환매로 증시의 버팀목이 되지 못하는 원인을 금융투자 업계 스스로가 제공했다는 반성이 나온다. 권용원 금융투자협회 회장은 "뼈를 깎는 자정노력이 고객의 신뢰를 회복할 수 있는 유일한 길"이라고 강조했다. 금융투자 업계의 자정노력은 유통 업체에서나 보이던 '미스터리 쇼핑'과 '해피콜' 등을 도입하고 고령자에게 투자위험도가 높은 상품을 판매할 경우 녹취를 의무화하는 등의 구체적인 실천방안으로 나타나고 있다.

미스터리 쇼핑과 해피콜은 유통 업계의 시스템을 본뜬 것이다. NH투자증권은 각 지점에 한 해 6회씩 미스터리 쇼핑을 실시한다. 금융소비자를 가장한 직원을 보내 투자성향 조사와 상품 설명이 제대로 이뤄지고 있는지, 고위험상품에 대한 주의사항을 충분히 전달하는지를 점검한다. NH투자증권뿐만 아니라 대부분의 대형 증권사에서 미스터리 쇼핑을 시행하고 있다. 미래에셋대우의 한 관계자는 "설명 의무를 준수했는지, 투자자의 성향에 맞는 상품을 권유했는지 등 5가지 위험도 지표를 활용하고 있다"고 설명했다.

상품을 판매한 후에도 재차 확인하는 절차가 해피콜이다. 금융당국 차원에서 업계 전체에 적용하도록 한 제도지만 증권사별로 더 강화된 제도를 운영하기도 한다. 한국투자증권 측은 "펀드 등 일반적인 금융상품뿐만 아니라 해외거래, 선물·옵션, 신용거래, 투자자문업자와의 자문계약 등도 포함해 광범위하게 해피콜을 활용하고 있다"며 "가입자와의 통화를 거쳐 판매가 규정대로 이뤄졌는지 확인하고 다른 요청사항이나 불편사항도 함께 접수해 업무에 반영하고 있다"고 밝혔다.

금융투자업계 소비자 보호 제도	
미스터리 쇼핑	불시에 소비자로 가장해 지점 방문, 불완전 판매 여부 감독
해피콜	상품 판매 후 규정 준수 확인
고령 소비자 보호	ELS 등 고위험 상품 판매 과정 녹취
각 사별 민원 관리	VOC 시스템, 상시감시반 운영(NH투자증권), 민원예방 컨설팅교육 실시 · 민원 조기 경보 발령 제도 운영(미래에셋)

(자료: 업체)

금융투자업계 민원접수건수 추이

(자료: 한국거래소)

　　이런 노력에도 소비자의 불만은 있기 마련이다. 관건은 어떻게 대응하느냐다. 미래에셋대우는 매월 발생한 주요 민원을 사내에 공개하는 '민원발생내역 공개' 제도, 부사사의 권익을 저해하는 문제가 생겼을 때 전 사원이 주의를 기울일 수 있도록 하는 '민원 조기경보발령' 제도를 운영하고 있다. NH투자증권은 '소비자의 소리(VOC)' 시스템을 갖추고 있다. 단순히 민원을 접수하는 데 그치지 않고 빅데이터 기술로 이를 분석해 선제적으로 응대할 수 있는 시스템이다. 이 밖에 상품에 가입한 고객의 '변심'으로 환매 · 상환 요구가 있을 경우 투자금과 함께 판매 수수료까지 돌려주는 수수료 환불 서비스도 다수의 증권사가 운영하고 있다.

　　금융투자 업계의 노력은 실제로 효과를 발휘하고 있다. 한국거래소에 따르면 지난해 접수된 금융투자 업계 민원은 1,542건으로 전년보다 2.8% 감소했다. 지난 2014년(5,503건)보다는 72%나 줄어든 수치다. 특히 불완전판매가 의심되는 부당권유는 450건에서 128건으로 급감했다. 금융당국은 이에 그치지 않고 '종합검사' 제도를 3년여 만에 부활시키기로 하는 등 관리감독에 박차를 가하고 있다. 금융상품의 불완전판매, 증권사 · 자산운용사의 위법사항이나 건전성 등을 종합적으로 감시, 개선하겠다는 의지다.

자료원: 2018년 4월 27일 서울경제.

문제 인식, 정보 탐색, 대안 평가의 과정을 거친 소비자는 문제 해결의 대안이 되는 여러 제품이나 브랜드에 대한 태도를 형성하고 이들에 대한 상대적 태도 차이인 선호도를 보유하게 된다. 많은 경우 소비자들은 이러한 태도와 선호도를 바탕으로 이후의 구매의사결정과정인 실제의 구매행동을 하게 된다. 그러나, 실제의 구매행동이 항상 태도와 선호도에 따라 이루어지는 것은 아니며, 다양한 구매상황 요인들이 제품을 평가하고 선택하는 데 영향을 미쳐 최종적인 구매에 영향을 주기도 한다. 따라서 구매상황 요인들을 중심으로 한 구매 단계의 소비자 행동을 별도로 이해하는 것이 매우 중요하다.

한편, 소비자는 구매 단계에서 특정 제품이나 브랜드를 구매하여 사용한 이후에 만족이나 불만족을 느끼거나 구매 후 인지부조화 상태를 겪기도 한다. 구매 후에 만족을 느낀 경우에는 재구매의도를 가지게 되고, 불만족을 느낀 경우에는 다양한 불평행동을 보이게 된다. 따라서, 구매 이후에 소비자가 겪는 소비자의 심리상태와 행동적 반응들을 이해하고 대응하는 것이 필요하다.

본 장에서는 소비자의 구매와 관련하여 실제의 구매행동에 영향을 미치는 여러 가지 상황 변수를 살펴보고, 구매 후 행동과 관련하여 만족/불만족, 구매 후 인지부조화, 불평행동, 처분행동과 같은 주제를 다루기로 한다.

▌구매

구매 단계에서는 이전의 구매의사결정과정(문제 인식, 정보 탐색, 대안 평가)을 거쳐 형성된 태도와 선호도 외에도 제품이나 브랜드를 선택하는데 영향을 미치는 여러 가지 상황 요인이 있다. 특히 구매와 관련된 다양한 상황 요인들은 소비자가 제품을 평가하고 선택하는 데 영향을 주며, 이전 단계에서 계획한 구매를 연기하게 하거나, 계획하지 않은 구매를 하도록 하기도 한다.

여기서는 먼저 구매 단계의 주요 영향요인들을 살펴보고, 구매 단계에서 소비자 의사결정에 영향을 미치는 상황적 요인들의 유형과 특성을 살펴볼 것이다.

(1) 구매 단계의 주요 영향요인

구매 단계에서의 소비자 행동은 선행 상태(antecedent status)와 구매 환경(purchase

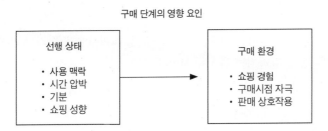

| 그림 3-1 | 구매 단계의 주요 영향요인 |

구매 단계의 영향 요인

선행 상태
• 사용 맥락
• 시간 압박
• 기분
• 쇼핑 성향

구매 환경
• 쇼핑 경험
• 구매시점 자극
• 판매 상호작용

environment)의 영향을 받는다. <그림 3-1>에는 선행 상태와 구매 환경의 주요 영향요인이 제시되어 있다.

1) 구매 이전의 선행 상태

선행 상태는 소비자의 구매 단계에 영향을 미치는 요인 중, 구매 이전에 발생하여 구매행동에 영향을 미치는 다양한 요인들이다. 여기서는 구매 이전의 선행 상태를 <그림 3-1>에 제시된 4가지로 나누어 살펴본다.

사용 맥락(usage contexts)이란 소비자가 제품을 사용하는 맥락을 의미하는 것으로 뒤에서 살펴볼 소비 상황(consumption situation)의 개념과 유사하다. 선탠 로션의 경우 해변이나 보트에서의 일광욕 상황에서 사용될 수도 있고 스키장에서의 햇빛 반사 상황에서도 사용될 수 있다. 오토바이 경우에도 출퇴근용, 오프로드용, 고속도로 여행용 등 다양한 용도로 사용될 수 있다. 동일한 제품이라 하더라도 소비자들의 사용 맥락이 달라지면 소비자들이 중시하는 제품 속성이 달라질 수 있다.

시간 압박(time pressure)도 소비자의 구매행동에 영향을 준다. 시간압박을 느끼는 소비자는 그렇지 않은 경우에 비해 구매의사결정과정이 달라진다. 예를 들어, 정보 탐색의 단계에서는 시간의 제약 때문에 외부 탐색을 생략하고 기억에 의존하려고 하며, 대안 평가의 단계에서는 평가 기준이나 대안의 수를 줄일 수 있는 것이다.

소비자의 기분(mood) 상태는 구매의사결정과정에서 정보처리와 문제해결 능력에 영향을 준다. 단순히 기분이 좋거나 나쁜 상태이냐에 따라서 판매원이 제공하는 제품정보에 주의를 기울이는 정도가 달라지거나, 기분이 좋은 상태에서는 긍정적 제품 정보를 더 지각하고 구매의도를 가지기도 한다.

소비자의 쇼핑 성향(shopping orientation)은 쇼핑에 대한 일반적 태도이다. 어떤 사람들은 쇼핑을 즐거워하지만 어떤 사람들은 억지로 끌고가야만 쇼핑을 한다. 어떤 사람들은 기능적 문제해결을 중심을 둔 실용적인 동기를 가지고 쇼핑을 하지만 어떤 사람들은 감정적 즐거움에 중점을 둔 쾌락적인 동기를 가지고 쇼핑을 한다. 소비자들은 다양한 쇼핑 성향에 따라 점포에서의 구매행동이 달라지는 특성을 보인다. 예를 들어, 실용적 동기를 가진 소비자들은 매장의 화려함이나 시끄러운 음악을 싫어할 수 있지만, 쾌락적 동기를 가진 소비자들은 그러한 매장 분위기를 좋아할 수 있다.

2) 구매 시점의 구매 환경

선행 상태가 소비자의 구매 이전에 존재하는 영향요인이라면, 구매 환경은 소비자가 구매시점에 경험하여 구매 의사결정과 선택 행동에 영향을 미치는 다양한 요인들이다. 여기서는 <그림 3-1>에 제시된 세 가지 영향 요인을 살펴본다.

쇼핑 경험(shopping experience)은 소비자가 매장의 환경이나 판매원의 전문성 같은 요인들에 의해 영향을 받아 형성되는 구매 시점의 구매 환경 요인이다. 쇼핑 경험은 구매 결정에서 아주 중요한 부분인데, 긍정적인 쇼핑 경험은 매장에서의 즉각적인 구매를 유도할 뿐 아니라, 온라인과 오프라인을 아우르는 치열한 경쟁 환경에서 소비자들의 향후 쇼핑 선택 행동에도 영향을 주기 때문이다. 매장의 이미지, 매장의 분위기, 매장의 환경 등은 소비자의 긍정적 쇼핑 경험, 구매여부, 구매량 등에 영향을 준다.

많은 소비자들의 구매의사결정은 점포에 가기 전까지 이루어지지 않는 경우도 많다. 이러한 점에서 구매 시점의 자극(Point-of-Purchase Stimuli)은 매우 중요한 구매 영향 요인이디. 구매 시점의 자극은 여러 가지가 있으나 매장 내 정교한 제품 진열, 제품 샘플과 시연, 매장 내 판촉물 제공 등이 대표적이며, 최근에는 제품의 포장도 구매 시점의 자극 용도로 중요성이 높아지고 있다. 구매 시점의 자극은 특히 비계획 구매와 충동 구매를 촉진하는 데 유용하게 사용되고 있다.

판매 상호작용(sales Interactions)은 구매 시점에서 판매원과 소비자들 사이에 의사소통과정이다. 판매원들은 제품에 관심을 가진 소비자들을 구매로 연결시키는 결정적인 고리 역할을 수행한다. 판매원들은 전문가적인 제언을 통해 소비자들의 선택을 도와주는 기능을 하며, 유능한 판매원들은 이 과정에서 소비자들의 특성을 파악하여 이들의 요구를 충족시키기 위한 다양한 상호작용을 시도한다. 소비자들은 판매원과 자신의 유사성, 판매원에 대한 신뢰 등을 지각하여 구매결정에 참고한다.

(2) 상황적 요인과 소비자 구매행동

상황적 요인(situational factors)은 소비자 행동 전반에 영향을 미치는 환경적 요인 중 하나이다. 일반적으로 상황적 요인을 소비(혹은 사용) 상황, 커뮤니케이션 상황, 구매 상황, 처분 상황으로 구분할 수 있는데, 여기서는 구매 단계에서의 소비자 행동과 관련이 큰 소비 상황과 구매 상황을 중점적으로 살펴보기로 한다.

한편, 소비자 행동에 영향을 미치는 상황 변수는 물리적 환경, 사회적 환경, 시간, 과업, 선행상태의 다섯 가지 요인들로 구성된다고 한다. 여기서는 다섯 가지 요인들 중 다른 부분에서 언급되지 않는 물리적 환경과 사회적 환경을 주로 살펴보고자 한다.

1) 소비 상황과 구매 상황

① 소비 상황

소비 상황(consumption situation)은 사용 상황(usage situation)이라고도 하며, 소비자가 제품을 사용하는 목적과 과정에 관련된 것이다. 예를 들어, 소비자들은 손님 접대를 위해서는 고급 원두커피를 구매하고, 자신이 간단하게 먹기 위해서 저렴한 인스턴트 커피를 구해할 수 있다. 와인을 구매하는 경우에도 가족 및 친척과 편안한 자리에 사용할 용도인지, 은혜를 입은 귀한 사람에게 선물을 위한 용도인지에 따라 소비자의 구매의사결정과정과 구매행동은 달라질 것이다. 소비 상황은 앞서 살펴본 구매 단계의 영향 요인 중 구매 이전의 선행 상태 요소인 사용 맥락과 비슷한 개념이라고 할 수 있다.

소비자들은 같은 제품이라고 하더라도 소비 상황이 어떠한가에 따라 중요시하는 제품 속성이 달라진다. 따라서, 마케터는 제품에 대한 소비 상황을 기준으로 시장을 세분화하고, 표적 고객들의 소비 상황에 맞는 제품 개발과 마케팅 커뮤니케이션을 도모해야 할 것이다. 또한, 소비자의 구매 단계에서도 활용이 가능한데, 매장 내에 다양한 소비 상황을 알리는 광고를 노출시키거나, 판매원들이 소비자와 상호작용하는 과정에서 적절한 의사소통 주제로 소비 상황을 활용할 수 있을 것이다.

② 구매 상황

구매 상황(purchase situation)은 소비자가 제품을 구매하는 과정에서 영향을 미치는 환경 요인들을 말한다. 구매 상황은 앞서 살펴본 구매 단계의 영향 요인 중 구매 시점의 구매 환경 요인들과 관련된다고 할 수 있으며, 소비자 구매의사결정과정에서 구매 단계에 가장 큰 영향을 미치는 상황적 요인으로 작용하는 것이라고 하겠다.

구매 상황 요인들 중 점포의 매장 환경은 소비자의 쇼핑 경험이나 구매결정에 많은 영향을 미친다. 매장의 레이아웃, 제품의 진열, 매장 내 혼잡도, 색상, 음악, 냄새 등은 모두 매장 환경을 구성하는 것으로, 소비자의 긍정적 감정을 유발하거나 소비자 정보처리에 영향을 줌으로써 구매행동에 영향을 주는 것이다. 특히, 제품 진열의 경우에는 비계획 구매나 충동 구매를 유발하는 직접적인 매장 환경 요인으로 작용한다.

구매 상황 요인은 환경적인 요인뿐 아니라 소비자 개인의 요인들도 있다. 구매 상황에서 쇼핑 시간이 없는 경우, 소비자의 기분 상태가 좋지 않은 경우, 특정 제품을 선물 목적으로 구매하는 경우 등은 소비자 개인적 측면에서의 구매 상황 요인이 된다. 시간 압박, 기분 상태, 사용 맥락이 구매행동에 미치는 영향은 앞서 살펴본 구매 이전의 선행 상태 요인에서 기술한 바 있다.

마지막으로, 구매 상황의 요인들 중 예기치 않은 사태가 발생하는 다양한 경우가 존재한다. 찾는 제품의 재고가 없거나, 불량품이 발생하거나, 계산대에 줄이 너무 길거나 하는 상황이 그것이다. 이러한 구매 상황 요인들도 소비자들의 구매의사결정과정에 영향을 미치거나 이미 계획한 구매행동을 변화시킬 수 있다.

2) 물리적 환경과 사회적 환경

① 물리적 환경

물리적 환경이란 소비자의 구매행동에 영향을 미치는 비인적 주변 환경을 말하며, 시설과 설비, 음악, 조명, 냄새, 색상 등 소비자의 감각체계를 통해 지각되고 소비자 행동에 영향을 준다. 특히, 점포와 관련해서는 매장의 레이아웃과 인테리어, 제품 구색과 제품 진열, 판매원의 용모와 전문성, 쇼핑 공간과 음악 등의 다양한 물리적 환경 요인들이 소비자들의 쇼핑경험과 구매결정에 큰 영향을 주고, 향후의 구매의도에도 영향을 미친다.

백화점, 레스토랑, 편의점, 은행 등의 많은 소매 점포들은 소비자들에게 최고의 물리적인 쇼핑환경을 제공하기 위해 노력하고 있다. 물리적인 쇼핑환경이 긍정적으로 작용하면 계획된 구매를 촉진시키거나 계획하지 않은 구매도 유도할 수 있기 때문이다.

소매점의 물리적 환경들은 독자적으로 혹은 판매원의 전문성과 결합하여 매장의 분위기와 이미지를 형성하게 된다. 이러한 매장의 분위기와 이미지는 해당 점포에 대한 품질 평가와 연관되기 때문에 점포 재방문 의도 및 실제 구매행동에 많은 영향을 준다.

② 사회적 환경

사회적 환경은 소비자의 구매행동에 영향을 미치는 인적 주변 환경을 말하며, 구매나 소비 상황에서 타인의 존재 여부, 그들의 특성이나 역할, 그들과의 상호작용 등이 해당된다.

소비자들은 가족, 준거집단, 손님, 판매원 등 다른 사람이 존재하는 상황에서는 구매나 소비 행동이 달라지게 된다. 예를 들어, 친구와 함께 쇼핑하는 소비자들은 판매원들의 정보 제공 효과가 떨어지고, 더 많은 점포를 탐색하며, 계획보다 더 많이 지출하는 경향이 있는 것으로 밝혀지고 있다. 또한, 평소에 혼자 등산하기 위해 등산장비를 구매하는 경우와는 달리, 동호회에 가입한 이후의 등산장비 구매의사결정은 큰 차이를 보일 수 있다. 등산복, 등산도구 등에 대한 정보 탐색 과정에서 동호회원들의 의견을 듣거나, 자신의 구매결정을 동호회원들이 어떻게 볼 것인가를 의식하게 되는 등 타인의 영향을 받는 것이다.

사회적 환경은 구매 과정에서 직접적인 상호작용과 간접적인 상호작용 형태로 모두 존재할 수 있다. 직접적인 상호작용은 친구와 판매원에게 질문을 하면서 구매를 하는 경우와 같은 것이고, 간접적인 상호작용은 친구가 구매하는 과정을 지켜보거나 다른 사람들을 관찰하는 등의 경우에 해당되는 것이다. 소비자들은 타인과의 직접석 혹은 간접적 상호작용 과정에서 구매의사결정에 영향을 받는 것이다.

🔎 사례: 롯데쇼핑 롭스 100호점, 체험형 매장으로 오픈

구매 시점의 체험과 소통, 편의성 강화

롯데쇼핑이 올해 롭스 매장을 50개 이상 출점해 H&B스토어 시장을 집중 공략한다. 100호점인 이태원 매장으로 포문을 연다. 롭스 100호점은 이태원역 부근 방문객들이 약속 장소로 많이 잡는 해밀턴 쇼핑센터 1층에 들어선다. 20~30대 소비자와 외국인 관광객을 공략하기 위해 입지를 물색했다고 회사 측은 설명했다. 이태원은 젊은 층 유동인구가 많은 데 비해 신세계 시코르와 CJ 올리브영이 치열하게 경쟁하는 강남 상권보다 경쟁이 덜한 지역이기도 하다.

이 매장에 입점하는 브랜드는 기존 매장의 두 배인 300개가량 된다. 그중엔 프리미엄 브랜드도 여럿 있다. 롭스는 100호점에 국내 H&B스토어 중 처음으로 영국 화장품 브랜드인 '더바디샵'을 유치했다. 이외에도 달팡, 랩시리즈, 오리진스 등 백화점에 가야 살 수 있었던 브랜드도 들어간다. 20~30대 소비자를 겨냥해선 메이크업 코너를 대폭 강화했다. 화장대를 모아놓은 '메이크업 스튜디오'를 따로 꾸렸고, 소비자들은 이곳에서 자유롭게 화장을 고치고, 제품을 발라볼 수 있다. 이 '메이크업 스튜디오'는 편리하게 제품을 시연할 수 있도록 화장대 형태로 구성했을 뿐 아니라, 화장솜, 리무버 등 각종 뷰티 도구도 구비했다.

롭스 100호점 매장에는 H&B 업계 최초로 '뷰티랩' 매장을 도입한다. '뷰티랩'의 면적은 80㎡(24평)으로 전체 매장 면적의 약 10%를 차지한다. 매장에서는 수시로 뷰티 관련 강연을 진행하는 등 고객과의 소통을 위한 다양한 용도로 활용할 예정이다.

한편, 매장을 구경하다가 직원의 도움이 필요하면 '도와종'이라는 호출벨을 누르면 된다. 매장 곳곳에 비치돼 있어 벨을 누르면 해당 위치로 직원이 찾아와 안내해준다.

롭스 연도별 매장 수
(단위: 개)

2015년	2016	2017	2018(예정)
53	87	96	150

자료: 롯데쇼핑

롭스 100호점 개요

위치	서울 이태원 해밀톤 쇼핑센터 1층
개점일	2018년 3월 24일
면적	859㎡(약 260평)
입점 브랜드 수	300여 개
대표 브랜드	더바디샵, 달팡, 랩시리즈, 스틸라, 아바마트, 네슬레 퓨리나 등

자료: 롯데쇼핑

자료원: 2018년 3월 20일 한국경제, 2018년 3월 22일 이데일리

(3) 상황 변수와 소비자 행동

본 장에서는 구매 단계에서의 소비자 행동에 영향을 미치는 상황 변수들을 선행 상태와 구매 환경, 소비 상황과 구매 상황, 물리적 환경과 사회적 환경 등의 세 가지 관점으로 구분하여 살펴보았다. 상황 변수를 바라보는 첫 번째 관점은 구매 이전의 선행 상태와 구매 시점의 구매 환경으로 영향 요인들을 구분해 보는 것이며, 선행 상태에 해당하는 요인들로 사용·맥락, 시간 압박, 기분, 쇼핑 성향이, 구매 환경에 해당하는 요인들로 쇼핑 경험, 구매시점 자극, 판매 상호작용이 있었다. 두 번째 관점은 상황 요인들을 소비 상황과 구매 상황으로 구분하여 소비자가 제품을 사용하는 상황과 제품을 구매하는 상황으로 나누어 상황 요인들을 이해하는 것이다. 세 번째 관점은 소비자 행동에 영향을 미치는 요인들을 비인적 환경 요인인 물리적 환경과 인적 환경 요인인 사회적 환경으로 구분하는 것이다.

일반적인 소비자 행동 모형은 기업의 마케팅 자극에 대한 소비자의 정보처리과정과 의

그림 3-2 　　　상황 변수와 소비자 행동 관계

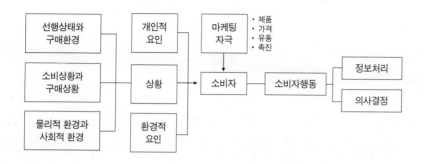

사결정과정을 다룬다. 그리고 이러한 소비자 행동에 영향을 미치는 요인들을 크게 개인적 요인과 환경적 요인으로 구분할 수 있는 바, 본장에서는 구매 단계의 다양한 상황 요인들이 소비자 행동에 영향을 미치고 있음을 살펴보았다.

　　<그림 3-2>에는 상황 변수와 소비자 행동의 관계를 도식화하여 나타내고 있다. 소비자의 소비자 행동에 영향을 미치는 요인들이 개인적 요인, 상황, 환경적 요인으로 구분되어 있고, 상황 변수는 본 장에서 살펴본 선행 상태와 구매 환경, 소비상황과 구매상황, 물리적 환경과 사회적 환경 등으로 구성되어 있음을 보여주고 있다. 기업의 마케팅 자극을 받은 소비자들은 개인적 요인, 상황, 환경적 요인의 영향을 받아서 자신의 정보처리과정과 의사결정과정을 거치게 된다.

　　구매 이전과 구매 시점에 존재하는 수많은 상황 요인들이 소비자 행동에 영향을 준다는 것을 살펴보았다. 특히, 소비자의 브랜드 충성도가 낮거나, 지속적 관여도가 없는 상황에서는 상황 요인들이 구매의사결정에 미치는 영향력이 더 크게 나타난다. 마케터는 제품의 구매이전과 구매시점에 영향을 미치는 다양한 상황 요인들의 특성과 영향력을 이해하고, 시장 세분화 및 마케팅 믹스 프로그램 운영에 활용해야 할 것이다.

▌구매 후 행동

　　소비자는 어떤 브랜드나 제품을 선택하여 구매를 한 이후에도 다양한 심리적 과정과 행동적 반응을 보이게 된다. 자신의 구매결정을 평가하여 만족과 불만족을 느끼게 되고, 자신

그림 3-3 구매 후 행동 단계의 전체 과정

의 구매의사결정에 대해 일종의 불안감을 가지는 구매 후 부조화를 겪기도 한다. 이러한 구매 후 부조화가 감소되면 만족으로 이어질 수 있고 그렇지 못한 경우에는 불만족으로 이어질 수 있을 것이다. 만족과 불만족을 느낀 소비자들은 자신의 만족과 불만족에 대한 원인과 책임을 생각하고 추론하는 귀인과정을 거치게 되는데, 귀인의 결과에 따라 이후의 행동적 반응이 달라질 수 있다.

위에서 살펴본 구매결정 평가, 구매 후 부조화, 만족과 불만족, 귀인과정 등이 구매 이후에 발생하는 심리적 과정이라면, 이러한 심리적 과정으로 인해 다양한 행동적 반응이 나타난다. 구매 후 부조화를 감소시키기 위해 유리한 정보를 탐색하기도 하고, 만족으로 긍정적 감정이 형성되면 긍정적 구전행동을 하기도 하며, 불만족으로 부정적 감정이 생기면 다양한 불평행동을 보이기도 한다.

<그림 3-3>에는 구매 후 행동 단계의 전체 과정이 도식화되어 있다. 본 장에서는 구매 후 행동 단계에서 발생하는 심리적 과정과 행동적 반응을 구매결정의 평가와 만족/불만족, 구매 후 부조화, 만족행동과 불평행동으로 구분하여 살펴볼 것이며, 추가적으로 구매한 제품의 처분 과정을 다루고자 한다.

(1) 구매결정의 평가와 만족/불만족

소비자들은 자신의 구매결정을 한 이후에 자신의 결정내용에 대한 결과를 평가하게 된다. 자신의 구매에 대한 평가 결과가 긍정적으로 나타나면 만족을 느끼게 되고, 구매가 부정적으로 평가되면 불만족을 느낄 수도 있다. 소비자의 만족은 행복감이나 위안과 같은 긍정적 감정을 유발하고, 불만족은 후회와 분노와 같은 부정적 감정을 유발할 수 있다.

소비자의 만족은 재구매 의도, 긍정적 구전, 반복적 구매 등을 발생시킨다는 점에서 매우 중요하다. 특정 제품이나 브랜드에 만족한 소비자는 해당 제품을 계속 구매할 것이며, 자신의 긍정적 경험을 주변에 이야기할 가능성이 높다. 반면에 불만족한 소비자들은 재구매도

하지 않고 주변에도 부정적인 구전을 하게 될 것이다.

소비자 만족의 중요성이 매우 높기 때문에 이에 대한 체계적인 이해가 필요하며, 여기서는 대표적인 선행연구인 기대불일치이론, 공정성이론, 귀인이론을 살펴보고자 한다.

1) 기대불일치이론

기대불일치론은 소비자의 만족과 불만족을 제품에 대한 기대와 실제 성과 간의 불일치 정도로 설명하는 이론이다. Oliver에 의해 제시된 기대불일치모형(expectancy disconfirmation model)은 만족과 불만족을 기대(expectation), 지각된 성과(perceived performance), 일치/불일치(confirmation/disconfirmation)의 세 가지 요인으로 설명하고 있다. <그림 3-4>에는 기대불일치모형이 도식화되어 있다.

① 기대, 시각된 성과, 일치/불일치

그림 3-4   기대불일치모형

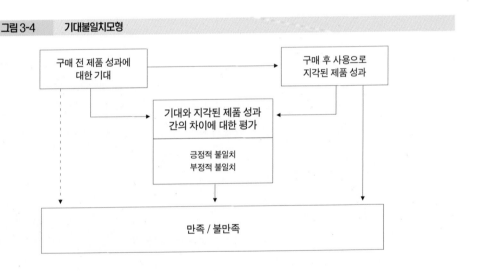

기대는 소비자가 제품을 구매하기 전에 예상하는 제품 성과의 수준을 말한다. 소비자의 이러한 기대는 소비자의 과거 경험, 기업의 마케팅 커뮤니케이션, 소비자 주변의 정보원 등을 통해 형성될 수 있다. 소비자가 구매한 제품의 과거 경험이 만족스럽다면 기대가 높아질 것이고, 기업의 마케팅 커뮤니케이션에 많이 노출되고 설득될수록 기대가 높아질 것이며, 주변의 긍정적 구전을 통해서도 기대가 높아질 수 있다. 기대는 <그림 3-4>에 나타난 바와 같이 지각된 성과와의 비교를 통한 일치/불일치를 통해 만족과 불만족에 영향을 주며, 기대 자체가 직접적으로 만족과 불만족에 영향을 주지는 않는 것으로 보고 있다(점선으로 표시). Oliver는 기대불일치모형을 제안하면서 기대 자체도 만족에 직접적으로 정(+)의 영향을 주는 것으로 제안했지만, 후속 연구에서는 기대가 일치/불일치의 매개를 통해서만 만족과 불만족에 영향을 미치는 것으로 나타났다.

지각된 성과는 소비자가 제품을 구매해서 사용한 후에 느끼는 주관적인 성과를 말한다. 한 제품의 객관적 성과는 유일할 수 있지만, 소비자마다 주관적으로 느끼는 지각된 성과는 동일한 제품이라 하더라도 소비자에 따라 다르게 나타난다. 지각된 성과는 <그림 3-4>에 나타난 바와 같이 기대와의 비교를 통한 일치/불일치를 통해 만족과 불만족에 영향을 주며, 지각된 성과 자체도 직접적으로 만족과 불만족에 영향을 미치게 된다. 기대와 지각된 성과가 모두 낮은 경우와 기대와 지각된 성과가 모두 높은 경우, 두 경우의 일치/불일치 정도는 동일하게 나타나지만 소비자의 만족도는 기대와 지각된 성과가 모두 높은 후자의 경우에 더 크게 나타난다. 후자의 경우는 지각된 성과 자체가 만족에 직접 영향을 주는 효과도 있기 때문이다.

일치/불일치는 구매 이전의 사전 기대와 구매 및 사용 이후의 지각된 성과 사이의 차이를 말한다. 기대보다 지각된 성과가 높은 경우를 긍정적 불일치(positive disconfirmation)라고 하며, 기대보다 지각된 성과가 낮은 경우를 부정적 불일치(negative disconfirmaton)라고 한다. 긍정적 불일치의 경우에는 소비자가 만족을 하게 되고, 부정적 불일치의 경우에는 불만족이 발생한다. 또한, 불일치의 정도가 클수록 만족과 불만족의 크기도 커지게 된다.

② 기대불일치이론의 관련 연구

만족과 불만족을 설명하는 기대불일치이론의 후속 연구를 통해 기대가 지각된 성과에 영향을 미치는 것으로 나타났다. 보다 구체적으로는 동화효과(assimilation effect), 대조효과(contrast effect), 동화-대조효과(assimilation-contrast effect)를 통해 기대가 지각된 성과에 영향을 주게 된다.

동화효과는 기대와 지각된 성과 간에 불일치가 생기면 소비자가 지각된 성과를 기대에 가깝게 인식하려고 지각하는 것이다. 이것은 기대와 지각된 성과 사이의 불일치에서 오는 심리적 불안정성을 줄이려는 것으로, 불일치 방향에 따른 만족과 불만족의 크기 모두를 상대적으로 적게 느끼게 하는 것이다.

대조효과는 동화효과와 반대되는 개념으로 기대와 지각된 성과 간에 불일치가 생기는 경우 그 차이를 실제보다 크게 느끼게 지각하는 것이다. 이 경우에는 만족과 불만족의 크기 모두를 상대적으로 크게 느끼게 된다.

동화—대조효과는 대조효과와 동화효과를 통합한 개념이다. 동화—대조효과에서는 기대와 지각된 성과 사이의 불일치 정도에 허용범위를 설정하며, 불일치 정도가 상대적으로 작아서 허용범위 내에 있으면 동화효과가 작용하여 만족과 불만족의 크기를 작게 인식하고, 불일치 정도가 상대적으로 커서 허용범위를 넘어서면 대조효과가 발생하여 만족과 불만족의 크기를 크게 인식한다는 것이다.

기대불일치이론의 후속 연구들은 만족과 불만족을 설명하기 위해 계속 진행되었다. 기대불일치모형의 변형모형 중 하나는 만족과 불만족의 결정 변수로 기대, 지각된 성과, 일치/불일치 외에 바람(desire), 바람일치성(desire congruency)을 제안하기도 하였다. 이에 대한 상세한 설명은 생략하기로 한다.

2) 공정성이론

공정성이론(equity theory)은 만족과 불만족을 설명하기 위해 투입(inputs) 대비 산출(outcomes)의 개념을 사용한다. 소비자는 자신의 투입 대비 산출 비율을 비교대상의 투입 대비 산출과 비교하여 자신의 비율이 높을수록 더 만족한다고 한다. 이때의 비교대상은 거래의 상대방(판매자)이나 동일한 제품을 구매한 다른 소비자를 말한다.

투입 요소는 교환과정에 소요되는 돈, 시간, 노력, 정보 등이 있으며, 산출 요소는 교환을 통한 혜택인 제품과 서비스의 성과, 시간 절약, 보상 등이 있다. 공정성 이론에 따르면 소비자 자신의 투입 대비 산출 비율이 비교 대상의 비율과 같다고 느끼면 공정한 상태로 인식하여 비교적 만족을 느낀다. 소비자 자신의 비율이 더 높다고 느끼면 만족의 크기는 더 커지며, 더 낮다고 느끼면 불만족을 느끼는 것이다.

공정성 이론은 소비자와 거래상대방(판매자) 간의 관계, 소비자와 다른 소비자 간의 관계 모두에서 실험이 이루어졌다. 실험 결과는 대체로 공정성 이론이 예측하는 대로 나타났으며 최근에도 관련 연구가 계속 진행되고 있다.

3) 이론 정리 및 마케팅 시사점

소비자가 구매결정에 대한 평가를 통해 만족과 불만족을 느끼는 과정을 설명하는 기대불일치이론과 공정성이론은 두 가지 측면에서 차이가 있다. 하나는 공정성이론이 투입과 산출이라는 두 가지를 고려하는 데 비해, 기대불일치이론은 지각된 성과라는 산출 요소만을 고려한다는 것이다. 다른 하나는 공정성이론이 자신의 투입 대비 산출 비율을 거래의 상대방(판매원)과 다른 소비자와 비교하는 데 비해, 기대불일치이론은 자신의 기대와 지각된 성과간의 차이만을 고려한다는 것이다.

소비자들이 구매 후 느끼는 심리적인 만족과 불만족은 구체적인 행동적 반응을 유발한다. 만족한 소비자들은 재구매의도를 가지게 되고, 주변에 긍정적인 구전활동을 행할 것이며, 본인도 해당 제품이나 브랜드를 반복구매할 것이다. 반면에, 불만족을 느낀 소비자들은 본인의 다양한 불평행동은 물론 주변 사람들에게도 부정적인 구전을 확산시킬 수 있다. 특히, 인터넷을 포함한 정보기술의 발달에 따라 온라인 구전이 활성화된 현 시점에서 긍정적이거나 부정적인 구전이 기업에 미치는 영향력은 매우 크다고 할 것이다. 따라서, 기업들은 소비자들의 만족을 위해 최선을 다해야 함은 물론 소비자들의 불만이 발생하는 경우 이것을 해결하기 위한 적극적인 노력도 병행해야 할 것이다.

(2) 구매 후 부조화

1) 구매 후 부조화의 개념

소비자는 구매 단계에서 구매결정을 한 이후에 자신의 선택이 옳았는지에 대한 의심과 걱정을 하게 된다. 이러한 불안감은 정보 탐색 과정과 대안 평가 과정을 아무리 꼼꼼하게 거쳤다 하더라도 피할 수 없는 경우가 많다. 이렇게 소비자가 구매 이후에 가질 수 있는 심리적인 불편함을 구매 후 부조화(postpurchase dissonance)라고 한다.

구매 후 부조화의 개념은 Festinger가 제시한 인지 부조화(cognitive dissonance)의 한 유형이 소비자 행동 연구에 적용된 것이다. 인지 부조화는 중요한 의사결정을 한 이후, 태도와 불일치되는 행동을 한 경우, 태도와 불일치되는 정보에 노출되는 경우에 발생할 수 있는데, 이 중에서 중요한 의사결정을 한 이후에 발생하는 인지 부조화를 의사결정 후 부조화라고 말할 수 있다. 구매 후 부조화는 의사결정 후 부조화에 해당되는 것이다. 인지 부조화 전반에 대한 내용은 본서의 태도 부분에서 상세히 다루기로 한다.

소비자의 구매결정은 여러 대안들에 대한 평가 후 한 가지를 선택하는 경우가 많은데, 이러한 선택을 하고 나면 선택하지 않은 대안들의 장점이 상대적으로 더 커 보이거나, 선택한 대안의 단점들이 상대적으로 더 작아보일 수 있다. 구매 후 부조화는 이렇게 여러 가지의 선택 대안들이 가지는 상대적인 장점과 단점이 상충하는 과정에서 심리적인 불편함을 가지게 되는 것이다.

소비자의 구매 후 부조화는 관여도가 높을 때, 마음에 드는 대안들이 여러 가지 있을 때, 한 번 구매결정을 하면 취소할 수 없을 때, 선택한 대안이 가지지 않은 장점을 선택하지 않은 대안(들)이 가지고 있을 때, 소비자 자신이 전적으로 자기의사에 따라 의사결정을 하였을 때 발생할 가능성이 높고, 발생한 부조화의 강도도 크게 나타난다.

소비자가 구매 후 부조화를 느끼면 심리적으로 불편한 상태에서 구매한 제품을 사용해야 한다. 따라서, 소비자는 구매 후 부조화를 해소하기 위해서 적극적으로 노력하게 되며 구체적으로 네 가지 방법을 사용할 수 있다. 첫째, 자신이 선택한 대안의 강점을 의식적으로 강화시키고 단점을 의식적으로 약화시킨다. 둘째, 자신이 선택하지 않은 대안(들)의 장점을 의식적으로 약화시키고, 단점을 의식적으로 강화시킨다. 셋째, 자신의 선택을 지지하는 정보를 적극적으로 탐색하고, 반박하는 정보는 회피한다. 넷째, 구매의사결정 자체를 그리 중요치 않은 것으로 생각한다. 이상의 방법들은 소비자 자신이 대안 평가에 사용했던 평가기준과 기준별 중요도, 기준별 평가결과 등을 의식적으로 조절함으로써 심리적으로 안정감을 느끼려는 노력이라고 할 수 있다.

2) 구매 후 부조화의 마케팅 시사점

구매 후 부조화를 느낀 소비자들은 이를 해소하기 위해 자체적인 노력을 기울인다고 하였다. 그러나 구매 후 부조화를 감소시키기 위한 기업의 노력도 필요하다.

먼저, 소비자들의 구매결정에 대한 불안감을 해소시키고 확신을 심어줄 수 있는 마케팅 커뮤니케이션이 이루어져야 한다. 예를 들어, 구매결정을 한 소비자들에게 자사 제품의 장점을 강조함으로써 구매결정이 현명한 선택이었다는 신념을 제공해주는 광고를 제공할 수 있는데, 이러한 광고 커뮤니케이션을 강화광고(reinforcement advertising)라고 한다.

소비자의 구매 이후에 체계적인 고객관리 활동을 수행하는 것도 이들의 구매 후 부조화 감소에 도움이 된다. 예를 들어, 전화통화, 우편발송 등을 이용하여 구매에 대한 감사의 표시와 함께 해당 제품의 장점을 다시 한 번 언급하여 소비자들에게 선택의 올바름을 확인시켜주고, 제품의 보증 및 서비스 정책을 소개함으로써 소비자들이 가질 수 있는 불안함도 해소시켜줄 수 있을 것이다.

(3) 귀인이론

1) 귀인이론과 귀인과정

귀인이론(attribution theory)은 소비자가 만족과 불만족을 느낀 이후의 심리적 과정을 이해하는 데 유용하다. 귀인이론은 소비자가 구매 후 자신의 행동을 정당화시킬 수 있는 이유를 탐색하고, 그 이유에 따라 자신의 태도를 형성하거나 변화시킨다는 과정을 설명해 주고 있으며, 귀인이론과 관련된 연구들도 다양하다.

소비자들은 제품의 구매 및 사용 이후에 부정적 불일치를 경험하게 되면 불만족과 함께 심리적으로 불편함을 느끼게 된다. 이러한 심리적 불편함은 소비자들로 하여금 귀인과정(attribution process)을 거치게 하며, 이것은 만족과 불만족의 원인을 추론하는 과정으로 나타난다. 예를 들어, 소비자의 불만족이 발생했을 때 제품을 잘못 구매한 행동의 원인이 자신에게 있다고 생각할 수도 있고, 타인에게 있다고 생각할 수도 있는 것이다. 중요한 것은 이러한 귀인과정의 결과 즉, 구매한 행동의 원인과 책임을 어디에 부여하느냐에 따라 불만족의 크기와 행동이 달라질 수 있다. 잘못된 구매행동 원인을 소비자 자신으로 생각하게 되면 상대적으로 불만족의 크기가 작아지는 반면에, 원인과 책임을 제조기업이나 판매원과 같이 외부 환경 탓으로 돌리게 되면 불만족의 크기가 더 커질 수 있다.

2) 귀인이론의 내용과 시사점

귀인이론과 관련된 연구들은 매우 방대하며 소비자 행동에서도 다양한 연구가 진행되었다. 귀인이론과 관련된 한 연구에 따르면 사건 원인의 안정성(stability), 사건 발생의 원천(focus), 사건의 통제가능성(controllability)이라는 세 가지 요인이 어떤 사건(결과)의 원인을 찾는 데 영향을 미친다고 한다. 여기서 사건 원인의 안정성은 특정 사건의 원인이 일시적인가 또는 지속적인가를 살펴보는 것이고, 사건 발생의 원천은 해당 사건이 소비자 자신에 의해 유발된 것인가 기업 때문에 발생한 것인가를 찾아보는 것이며, 사건의 통제가능성이란 발생된 사건이 통제 가능한 것인가 불가능한 것인가를 판단하는 것이다. 이러한 내용을 바탕으로 만족/불만족의 귀인과정을 살펴보자. 예를 들어, 어떤 소비자가 구매한 제품의 성과가 낮다고 지각하고 불만족을 느끼게 되었다고 하자. 그 소비자는 지각된 제품 성과가 낮은 원인이 지속적이라 생각하고, 기업의 잘못 때문에 발생한 것이며, 통제 가능한 것이었다고 생각할수록 불만족을 더욱 느끼게 된다. 이러한 귀인과정은 기업들이 소비자 불만족의 원인을 적극적으로 파악하고 필요한 조치를 취해야 할 필요성을 말해주고 있다. 즉, 기업들은 불만족의 원인이 실제로 지속적이고, 기업 때문에 발생했으며, 통제 가능한 것이라면 원인을 해결하는 적극적인 대응과 소비자 보상을 실시해야 할 것이다.

한편, 귀인이론과 귀인과정은 불만족을 유발하는 잘못된 구매행동의 원인을 어디에서 찾느냐와 관련된 것이며, 소비자가 추론한 원인이 무엇인가에 따라 만족/불만족의 크기뿐 아니라 재구매의도에도 영향을 준다. 귀인과정의 대표적인 유형으로 내적 귀인(internal attribution)과 외적 귀인(external attribution)이 있다. Heider는 인간의 행위가 개인적 요인과 환경적 요인으로 영향을 받는다고 하면서, 행위 결과의 원인을 개인적 요인으로 돌리는 경우를 내적 귀인, 환경적 요인으로 돌리는 경우를 외적 귀인이라고 하였다. 내적 귀인은 소비자가 잘못된 구매행위의 원인을 자신의 탓으로 생각하는 것인데, 자신이 정보 탐색을 충분히 하지 못했다거나 대안 평가를 잘못했다거나 하는 이유로 잘못된 구매행동을 했다고 생각하는 것이다. 반면에, 외적 귀인은 잘못된 구매행위의 원인을 환경이나 상황적인 조건으로 돌리는 것인데, 사신의 잘못된 구매와 불만족은 판매원이 거짓된 정보를 제공하였기 때문이라거나 기업이 광고대로 제품을 만들지 못했기 때문이라고 생각하는 경우 등이 그것이다. 만약, 제품의 지각된 성과가 낮거나 이로 인해 불만족이 발생했을 때 외적 귀인이 발생하면 불만속의 크기가 더욱 커지게 된다. 기업들은 소비자들을 대상으로 한 다양한 마케팅 커뮤니케이션을 통해 소비자들이 충분한 정보와 올바른 판단을 기반으로 구매행동을 할 수 있도록 지원해야 할 것이며, 체계적인 고객관리를 통해 신뢰를 구축해야 할 것이다.

(4) 만족행동과 불평행동

1) 소비자 만족행동

소비자가 만족을 느끼게 되면 해당 제품이나 브랜드에 재구매의도를 가지게 되고, 주변 사람들에게 긍정적인 구전이나 추천을 할 수 있으며, 소비자의 반복구매를 유발하는 고객 충성도를 형성할 수 있다. 소비자가 느끼는 만족과 불만족은 재구매의도를 통해 본인의 차기 구매의사결정에 영향을 주거나 긍정적인 구전과 추천을 통해 타인의 구매의사결정에 영향을 주는 것이다.

먼저, 만족한 소비자들 자신들은 해당 제품이나 브랜드에 대한 재구매의도를 가지고 단기적 혹은 장기적 관점에서 반복구매 활동을 하게 된다. 마케팅의 중요한 목표 중 하나가 고객의 유지 및 이들을 통한 재구매라는 점에서 만족한 고객들의 반복구매 활동은 매우 중요한 의의를 가진다. 한편, 반복구매가 발생하는 상황을 두 가지로 나누어볼 수 있는데, 하나는 소비자 만족을 통해 긍정적 태도가 형성되어 반복구매가 발생하는 경우이고, 다른 하나는 저관여 상황에서 소비자 만족 여부에 상관 없이 습관적으로 반복구매가 일어나는 것이다. 전자의 상황을 브랜드 충성도(brand loyalty)로 설명할 수 있고, 후자의 상황은 의사(가식적) 충성도(spurious loyalty) 혹은 관성적 구매(inertia)로 말할 수 있다. 소비자 만족행동과 관련된 반복구매 행동은 브랜드 충성도에 의한 반복구매와 관련이 깊다.

한편, 소비자의 구체적인 만족행동 중 하나인 긍정적 구전활동은 만족한 소비자들이 자사의 제품이나 브랜드를 적극적으로 홍보하고 옹호하는 것이다. 만족한 소비자들의 긍정적 구전활동은 두 가지 측면에서 의의가 크다. 첫째는 소비자들이 기업의 광고와 같은 기업제공 정보원천(marketer controlled sources)에 비해 소비자 주변인들의 입소문이나 의견과 같은 개인적 원천(personal sources)을 더 신뢰하는 경향이 있다는 점이다. 둘째는 인터넷과 정보기술의 발달에 따라 긍정적 혹은 부정적 구전이 다른 소비자들에게 확장되어 영향을 미치는 범위가 매우 넓어지고 있다는 점이다.

위에서 살펴본 만족한 소비자들의 재구매의도와 반복구매 행동, 긍정적 구전 행동 등은 고객 충성도 혹은 브랜드 충성도의 개념과 관련되어 있다. 충성도의 개념은 다양하게 정의할 수 있지만, 일정 기간 동안에 특정 제품이나 브랜드를 지속적이고 반복적으로 구매할 가능성이나 성향으로 개념화할 수 있다. 그리고, 소비자들을 대상으로 사전적인 충성도를 측정하기 위해서는 현재의 만족도, 향후의 재구매의도, 다른 사람에게의 추천의도 등을 종합하여 평가하고, 사후적인 충성도를 측정하기 위해서는 특정 기간 동안의 실제 반복구매 횟수 등을 기준으로 평가한다는 점에서 소비자 만족행동들 모두가 충성도의 관점으로 설명 가능하다. 마케팅과 소비자 행동의 기존 연구들은 신규고객의 창출보다 기존 고객의 유지가 더 중요하다고 하며, 고객들의 충성도가 시장점유율보다 기업 이익과 더 밀접하다는 것을 보여주기도 하였다. 따라서, 마케팅 전략의 핵심은 소비자 만족과 고객 충성도를 높임으로써 기존 고객들을 유지하고 이들에 의한 반복구매를 증가시키는 것으로 정의할 수 있을 것이다.

2) 소비자 불평행동

① 소비자 불평행동의 유형과 결정요인

소비자의 만족은 재구매의도, 반복구매, 긍정적 구전과 같은 만족행동을 유발한다고 하

그림 3-5   불평행동의 유형

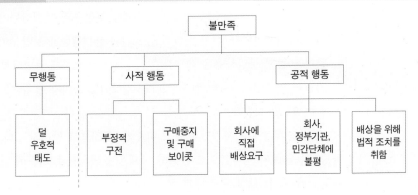

였다. 그러나, 소비자가 불만족을 느낄 경우에는 부정적인 재구매의도와 구전으로 연결될 뿐 아니라 다양한 형태의 불평행동을 나타낼 수 있다.

소비자의 다양한 불평행동들은 <그림 3-5>와 같이 무행동, 사적 행동, 공적 행동으로 구분할 수 있다. 먼저, 불평행동 중 무행동은 불만족을 경험한 이후에도 불평행동을 보이지 않는 경우이다. 그러나, 이 경우에도 소비자 개인은 대상 제품이나 브랜드에 덜 우호적인 태도를 가지게 될 것이다. 불평행동 중 사적인 행동은 주변 사람들에게 부정적 구전을 하거나, 관련된 제품 및 브랜드, 점포 등에 대한 구매자 이용을 거부하는 것이다. 마지막으로 불평행동 중 공적 행동은 판매업체나 제조업체에 해당 제품의 교환이나 환불 등의 배상을 요구하거나, 회사, 정부기관, 민간단체에 호소하거나, 법적 조치를 통해 공식적인 배상을 청구하는 것이다. 일반적으로는 사적 불평 행동이 공적 불평 행동보다 훨씬 많은 것으로 밝혀지고 있다.

소비자의 불평행동은 다양한 요인들의 영향을 받는다. 먼저, 불만의 정도가 클수록 무행동이 아닌 구체적 불평행동을 보이고, 제품의 중요성이 높을수록 강한 불평행동을 보인다. 개인적 특성도 불평행동에 영향을 미치는데, 학력이 높을수록 불평행동의 유형이 강해질 수 있고, 불만족의 귀인과정이 외적 귀인(판매업자, 제조업체)이 되는 소비자는 보다 강한 불평행동을 나타낸다. 마지막으로, 소비자들은 자신의 불평행동 유형을 선택할 때, 기대되는 이익과 예상되는 비용을 고려한다. 불평행동을 적극적으로 하기 위해 아주 멀리 있는 점포를 찾아가야 한다면, 시간과 노력 등의 비용을 더 크게 인식하여 불평행동을 포기할 수 있는 것이다.

② 불평행동과 마케팅 시사점

기업의 입장에서는 소비자들의 불만족으로 인한 불평행동이 기업을 향해 의사소통 될 수 있도록 관리하는 것이 중요하다. 소비자들의 불만사항을 1차적으로 접수하고 대응하는 것은 이들의 문제를 해결해주는 조치를 조기에 수행하고, 이들의 부정적 구전을 최소화할 수 있을 뿐 아니라, 불만사항이 회사 전체의 시스템 문제인 경우에는 불만족과 불평행동의 확산을 막을 수 있다는 장점이 있다. 더 나아가, 비록 불만족으로 인해 불평행동을 보인 소비자들이라 하더라도, 적절한 조치를 통해 불만사항을 해결해주는 경우에는 애초에 불만사항을 겪지 않은 소비자들보다도 더 큰 만족을 느끼게 할 수 있다는 점에서도 소비자 불평행동에 대한 의사소통과 대응이 매우 중요할 것이다.

소비자 불평행동은 공적인 행동보다 사적인 행동의 비중이 큰 것으로 알려져 있다. 따라서 기업들은 사적인 불평행동을 보다 적극적으로 관리하는 체계가 필요하다. 최근에 많은 기업들이 VOC(Voice of Customer) 시스템을 구축하여 운영하고 있는데, 이를 통해 소비자들의 불만사항 접수, 처리, 고객에의 피드백으로 이어지는 전체 과정을 체계적으로 관리할 수 있다. 이러한 VOC 시스템은 소비자들의 불평 불만 사항들을 효과적으로 의사소통하고 대응할 뿐 아니라, 소비자들이 말하는 기업의 문제를 보다 적극적으로 개선하는 목적으로도 사용할 수 있을 것이다.

🌀 사례: 한국의 우수콜센터(홈쇼핑부문) ●━━━━━━

상담사의 전문성 강화 및 맞춤 서비스, 불만 고객 전원을 대상으로 한 해피콜 서비스

홈앤쇼핑 콜센터가 한국능률협회컨설팅(KMAC) 주관 '2018 한국산업의 서비스품질지수(KSQI) 콜센터 부문' 조사 결과 4년 연속 우수 콜센터로 선정됐다. 고객의 기대와 요구에 부응하기 위한 차별화된 서비스 제공에 꾸준히 노력해온 결과란 평가다. 홈앤쇼핑 콜센터는 단순한 고객 상담 및 불만 처리 업무에 머무르지 않고 고객의 요구를 실현하기 위해 능동적으로 대처하는 데 주안점을 둔다. 나아가 고객에게 필요한 부분에 대한 다양한 마케팅 활동을 수행하며 고객에겐 더 나은 혜택을 주고 기업에는 성장의 원동력이 되는 콜센터가 되도록 전력을 다하고 있다. 이를 위해 우선 상담사 역량 강화에 만전을 기하고 있다. 상담사의 전문성 강화를 위해 일대일 코칭 프로그램을 자체 개발, 운영하고 있으며 다채로운 CS(Customer Satisfaction, 고객 만족) 교육 프로그램 등을 제공한다. 또 업무 난이도와 상담 경력을 고려해 직무별로 인력을 배치하고 신입 상담사의 조기 업무 정착을 위해 멘토링 제도 운영 등 서비스 품질 향상을 위한 여러 지원을 아끼지 않고 있다.

상담 서비스의 신뢰성을 높이기 위해서도 다양한 방안을 시행하고 있다. 각 영역별로 전문 상담 인력을 육성하고 배치해 고객에게 최적화된 맞춤형 상담 서비스를 제공한다는 평가다. 특히 불만 내용이 담긴 상품 평가를 홈페이지에 등록한 고객 모두에게 전화를 걸어 고객의 의견을 상세하게 듣고 문제 해결에 힘쓴다. 동시에 추

가로 발생할 수 있는 문제까지 예방할 수 있도록 선제적인 서비스를 개선하는 데 노력한다. 홈앤쇼핑 콜센터 관계자는 "불만 고객 전원을 대상으로 한 '해피콜 서비스'는 서비스 개선에 큰 효과를 얻고 있다"며 "획일화된 서비스에서 탈피해 고객 만족 극대화를 위해 새로운 시도와 다각적인 방안을 강구하고 있다"고 했다. 콜센터와 홈앤쇼핑 본사와의 유기적인 업무 공유를 위한 노력에도 힘쓴다. 해마다 정기적으로 홈앤쇼핑 임

직원이 콜센터를 찾아 상담 업무를 직접 체험하며 고객의 입장은 물론이고 상담사의 업무 고충도 헤아려본다. 나아가 고객의 목소리를 경영 전략 수립에 적극 반영하고 있으며 이 같은 현장 중심 경영은 다양한 성과로 이어지고 있다는 게 회사 측의 설명이다.

자료원: 2018년 5월 3일 조선일보

(5) 제품의 처분

1) 제품처분의 개념과 대안

소비자는 구매한 제품을 여러 가지 이유로 처분하게 된다. 제품 처분의 이유는 제품의 수명이 끝난 경우, 제품이 소비자의 기대를 충족시키지 못한 경우, 제품이 망실되거나 진부화된 경우 등 여러 가지로 나타날 수 있다. 소비자에게 더 이상 유용하지 않은 제품들은 다양한 방법으로 처분될 수 있는 바, <그림 3-6>에는 제품처분의 선택대안이 도식화되어 있다.

우선은 해당 제품을 유지보관할 것인지, 영구적으로 처분할 것인지, 일시적으로 처분할 것인지 중 하나를 선택할 수 있다. 유지보관을 선택한 경우에는 다시 본래 목적으로 계속 사용할 것인지, 새로운 목적으로 사용할 것인지, 사용하지 않고 보관할 것인지 중 하나를 선택할 수 있다. 완전 처분을 선택한 경우에는 제품 폐기, 타인 주기, 물물교환, 판매 중 하나를 선택할 수 있으며, 이 중에서 판매를 선택한 경우에는 다시 소비자에게 직접 판매, 중간상에게 판매, 중간상을 통해 판매 중 하나를 선택할 수 있다. 마지막으로 일시적 처분을 선택한 경우에는 임대를 주거나 대여를 해줄 수 있다.

그림 3-6   제품처분의 선택 대안

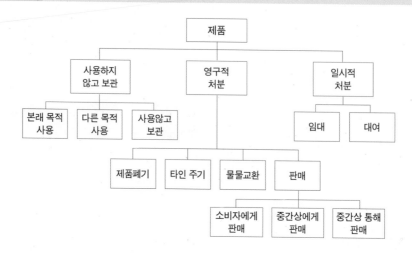

2) 제품처분의 마케팅 시사점

소비자의 제품 처분은 기업의 마케팅 전략뿐 아니라 공공정책의 수립 관점에서도 시사점이 있다. 또한, 제품처분 대안 중 물물교환과 판매는 공식적인 제품 시장의 대안이 되는 또 다른 시장이 된다는 점도 주목해야 할 것이다.

먼저, 기업은 소비자가 이미 사용한 제품을 처분하기 용이하도록 지원함으로써 제품 및 서비스 차별화를 도모할 수 있다. 예를 들어, 신차를 구매하는 고객들에게 기존 차에 대한 중고차 매매나 폐차 지원 서비스를 제공할 수 있을 것이다. 또한, 새로운 제품을 출시할 때 신제품에 대한 판매 예측에 현새 시장에서 사용 중인 제품의 처분 및 재활용 가능성을 고려해야 한다. 예를 들어, 새로운 자동차 모델을 출시할 때의 판매 예측은 기존 모델이 중고차 시장에 처분되는 규모를 예측하여 제외해야 할 것이다. 마지막으로 촉진 프로그램을 설계할 때 제품의 처분과 관련된 정보를 유용하게 제안할 수 있다. 예를 들어, 자동차 시장에서는 현재 판매하는 자동차를 몇 년 후에 보장된 가격으로 되사주는 촉진 프로그램을 제공함으로써 구매유도를 할 수 있을 것이다.

한편, 제품의 처분은 자원의 재활용, 환경오염방지, 제품 재활용, 공해방지 등과 같은 다양한 환경정책을 수립하는 것과 관련되어 있다. 정부는 제품의 처분과 관련되어 있는 환경정책의 내용들을 기업과 공유하고 발전시켜 나가도록 노력해야 하고, 기업들도 정부의 환경정책에 부응하는 친환경제품 개발과 관련 캠페인 등을 노력해야 할 것이다. 패션회사인 H&M의 경우 헌옷수거 캠페인을 실시하고 있는데, 소비자가 헌옷을 가져오면 할인쿠폰을 제공하고, 수거된 헌옷들은 원료나 에너지원으로 사용하거나 재판매하고 있다.

💬 토론사례: 유통가에 등장한 AI·챗봇·VR…
"언택트 마케팅이 뜬다"

유통업계에 언택트 마케팅이 뜨고 있다. 15일 유통업계에 따르면 현재 롯데백화점과 신세계백화점, 스타필드, 세븐일레븐이 적극적인 언택트 마케팅을 펼치고 있다. 언택트(Untact) 마케팅은 접촉(contact)을 뜻하는 콘택트에 언(un)이 붙어 '접촉하지 않는다'는 뜻으로 사람과의 접촉을 최소화해 정보를 제공하는 비대면 소통 방식을 뜻한다. 즉 키오스크, 인공지능 챗봇, VR(가상현실) 쇼핑 등 첨단 기술을 활용해 판매 직원이 소비자와 직접적으로 대면하지 않고 상품이나 서비스를 제공한다. 언택트는 소비트렌드분석센터가 꼽은 올해 10대 소비 트렌드 키워드 중 하나일 정도로 대세로 떠올랐다. 이 같이 언택트 마케팅이 유통업계에 확산되는 것은 기존 매장 직원이 적극 물건을 추천하고 안내하는 등의 대면 마케팅 방식이 소비자에게 부담과 피로를 준다는 이유로 비대면 방식이 소비자들에게 각광받고 있기 때문이다. 언택트마케팅의 확산은 향후 불필요한 인력을 감축시킬 수 있어 최저임금 인상으로 가장 타격을 많이 입은 유통업계에 새로운 대안이 될 수 있을 것으로 전망된다. 이에 유통업계는 매장 직원의 도움 없이 쇼핑하길 원하는 소비자를 위해 직원대신 키오스크를 설치하거나 인공지능 챗봇을 도입하고, 아예 사람이 없는 무인점포를 여는 등 다양한 방식의 언택트 마케팅을 펼친다.

롯데백화점은 인공지능 개인 맞춤형 챗봇 '로사'를 이용해 고객이 매장 직원의 도움 없이 쇼핑 가능한 서비스를 선보이고 있다. 로사는 고객과 음성 대화 및 채팅으로 자체적으로 데이터를 축적하고 분석해 엘롯데 앱과

롯데백화점

신세계백화점

사이트를 통해 개인 맞춤형 서비스를 제공한다. 로사는 오프라인의 응대 서비스와 온라인에서의 실시간 구매를 합친 형식으로, 고객은 비대면 방식으로 시간과 공간의 제약 없이 서비스 받을 수 있다. 또 롯데백화점은 고객이 식품 매장에서 카트나 바구니 없이 단말기를 사용해 쇼핑할 수 잇는 '스마트 쇼퍼' 서비스를 도입했다. 매장 출구에 위치한 무인 계산대에서 바코드로 찍은 상품 중 최종 구매할 상품을 선택하고 결제하면 집으로 배송받을 수 있다. 또 대형 터치스크린을 통해 쇼핑 정보를 검색할 수 있는 스마트 테이블과 라커 내부 온도 조절이 가능한 스마트 라커도 동시에 도입했다. 직원의 도움 없이 물건 구입부터 배송까지 가능해진 깃이나.

신세계백화점은 지난해 8월 스타필드 고양에 차세대 오프 프라이스 스토어 '팩토리 스토어'를 새롭게 선보였다. 신세계 팩토리 스토어는 대면 서비스가 아닌 셀프서비스 방식을 도입해 매장 상주 직원들은 재고 확인 요청 시에만 고객 응대를 하고, 상품 정리와 재고 관리 업무,

계산 서비스만 제공한다. 때문에 고객은 H&M, 자라 등 대형 SPA 브랜드와 유사하게 한 공간에서 다양한 상품들을 자유롭게 착용해보고 한꺼번에 구매할 수 있어 부담 없이 쇼핑 가능하다.

복합쇼핑몰 신세계 스타필드 고양점에 위치한 남성 라이프스타일 편집숍 '하우디'에서는 직원과의 접촉 없이 상품을 구매할 수 있는 벤딩머신을 선보이고 있다. 매장 안에 설치된 대형 벤딩머신은 고객이 터치스크린을 통해 상품을 주문하면 기계가 해당 상품을 집어 전달한다. 직원과 대화를 나눌 일이 없어 혼자만의 쇼핑을 즐길 수 있다. 스타필드 하남에 위치한 '슈퍼샵'은 온라인 기반의 SSG닷컴을 오프라인으로 구현한 O2O 전문매장이다. 매장 내에는 간단한 소품부터 미용기기까지 다양한 제품이 구비돼 있어 원하는 상품의 정보를 무선인식 스마트태그로 확인해 매장에서 바로 온라인 주문이 가능하다. 매장 내 점원이 있지만 고객이 먼저 문의하기 전까지는 전혀 간섭 없이 쇼핑을 즐길 수 있다. 스타필드 하남과 고양의 푸드코트 '잇토피아'에 설치된 키오스크는 직원과의 대면 없이 음식 주문이 가능하도록 돕는다. 신속한 주문과 결제가 가능해 젊은 층에게 인기를 끌고 있다.

편의점 세븐일레븐은 최첨단 IT 기술이 집약된 스마트 편의점 '세븐일레븐 시그니처점'을 운영 중이다. 특히 무인계산대를 도입해 비대면 결제 방식을 택한 점이 특징이다. 무인 계산대는 360도 자동스캔 기능이 가장 큰 특징이다. 상품을 컨베이어 벨트에 올려놓기만 하면 상품 바코드 위치와 상관없이 360도 전 방향 스캔을 통해 인식한다. 또한 객체 인식 솔루션을 탑재해 스스로 개별 상품의 부피를 인식하고 상품이 겹쳐져 있을 시 오류를 자동으로 인지하는 능 인공시능(AI) 기술도 일부 적용됐다. 무인 계산대는 기존 편의점의 대면 결제 방식으로 여성용품이나 소액 결제 시 손님이 느낄 수 있었던 불편함을 개선할 새로운 답이 될 것으로 보인다. 무인 계산대로 인해 매장 직원은 매장 청결, 상품의 발주·진열 등 전반적인 매장 관리에 집중할 수 있어 근무 환경 개선 효과도 나타나고 있다.

자료원: 2018년 3월 16일 아시아타임즈.

💬 토론문제

① 최근 유통업계에서 도입되고 있는 언택트 마케팅이 가지고 있는 강점을 소비자 측면과 기업 측면으로 나누어 본다면 각각 무엇이 있는가?

② 언택트 마케팅이 소비자의 구매 상황 요인 측면에서 가지는 약점은 무엇인가? 그리고 이러한 약점을 해결할 수 있는 방법은 무엇이 있는가?

CHAPTER 04

소비자 정보처리과정

CHAPTER 04 | 소비자 정보처리과정

♟ 도입사례: 자동차 업계를 선도하는 감각 마케팅 (sensory marketing)

후각, 촉각, 미각 등 소비자의 감각을 통해서 브랜드를 경험하도록 하는 감각 마케팅은 소비자의 오감(五感)을 자극한다고 하여 오감마케팅이라고도 불린다. 국내외 자동차 업체들은 소비자의 마음을 사로잡기 위해 다양한 감각 마케팅 기법을 선보이고 있다. 후각을 자극하는 향기 마케팅은 국내 자동차업계에 이미 몇 년 전부터 자리를 잡았다. 현대자동차는 구찌, 아르마니 등 명품브랜드의 향수를 제조하는 이탈리아의 피미니시(Firmenich)사와 공동으로 챠밍블루(Charming Blue)라는 전용향수를 개발하여 자동차 전시장에 사용한다. 자동차 전시장을 자동차 판매만을 위한 공간이 아니라 고객의 감성을 자극하고 긍정적인 경험을 형성하기 위한 공간으로 탈바꿈하기 위한 시도이다. 르노삼성자동차는 쾌적한 차내 환경을 제공하기 위해 SM5 차량 내부에 향기를 은은하게 퍼지게 하는 방향장치(perfume diffuser)를 국내 자동차 최초로 적용하였다. 기아자동차 역시 조르지오 아르마니의 유명 향수를 개발한 세계적인 조향사 앙투안 리와 손잡고 세련되고 우아한 가죽느낌의 기아향(KIA Fragrance)을 개발하여 전시장과 서비스센터 등 각종 고객접점 공간에 선보였다. 기아자동차는 더 나아가 감각마케팅의 일환으로 브랜드 아이덴티티 송(brand identity song)인 Advent of the Kians라는 노래를 제작하여 전시장뿐만 아니라 고객들이 기아차를 접하는 각종 행사에서 활용했다. 기아의 고급 모델 K9의 운전대는 최고의 촉감을 만들어내기 위해 가죽을 쓰다듬을 때의 감각과 가죽 주름의 패턴까지 고려해서 제작되었다고 한다.

BMW는 사운드 디자이너와 음향 엔지니어들을 고용하여 엔진소리, 문소리, 지시 및 경고안내음, 심지어 와이퍼가 창문 닦는 소리까지 차가 만들어 내는 모든 종류의 소리를 디자인한다. 이들은 차에서 나는 모든 소리들을 세밀하게 분석하고 수정하면서, 소리가 그 차의 성격을 잘 드러낼 수 있도록 세심하게 디자인한다. 대형 플래그십 세단인 BMW 7시리즈의 경우 차문이 부드럽고 깊은 소리를 내도록 하는 반면, 스포츠 쿠페인 BMW 4시리즈는 스포티한 성격을 반영하여 차문소리가 정교하면서도 무겁지 않도록 디자인되었다. 국내외에 여러 브랜드 커뮤니티와 마니아를 확보하고 있는 미니쿠퍼에 열광하는 소비자들은 미니쿠퍼의 작고 독특한 외씬과 성능뿐만 아니라, 차를 운전할 때 온 몸으로 느껴지는 독특한 촉감, 그리고 엔진과 차의 여러 부분들이 만들어 내는 신나고 경쾌한 소리들에 매료된다고 한다. 즉, 미니쿠퍼는 시각 자극만이 아니라 촉각과 청각을 통해서도 소비자가 브랜드를 '느끼도록' 해준다는 것이다. BMW는 최근들어 모든 TV와 라디오광고의 끝부분에 베이스 톤의 고유한 음향을 삽입하였는데, 이 음향은 운전의 즐거움을 상징하는 소리이며 BMW라는 브랜드를 소리로 옮긴다면 어떻게 들릴지를 고심하여 제작했다고 한다.

자동차 업계의 여러 예들에서 살펴볼 수 있듯이 이처럼 감각 마케팅이 점점 인기를 얻고 있는 이유는 무엇일까? 소비자는 일반적으로 제품을 보기만 하는 것보다는 직접 만지고 냄새도 맡아보는 것을 더 좋아하기 때문에, 더 많은 감각을 사용하여 브랜드를 경험하는 것은 소비자의 브랜드 태도와 기억을 향상시킬 수 있다. 긍정적인 태도와 연상은 소비자 구매의사결정에 영향을 미치게 되고, 결과적으로 브랜드 가치도 증가하게 된다. 더군다나 최근 많은 소비자들의 구매결정 기준이 제품성능 중심에서 감성 중심으로 옮겨감에 따라, 감성에 호소할 수 있는 감각마케팅의 중요성이 더 커지고 있다. 또한 브랜드를 독특한 감각경험과 연결시켜서 형성한 브랜드 정체성(brand identity)은 경쟁사들이 쉽게 모방하기 힘든 중요한 자산이 된다.

최적의 촉감을 위해 제작된 기아 K9 운전대와 르노삼성 SM5의 향기를 뿜어내는 장치

자료원: 현대자동차 보도자료 2011년 11월 8일 수정인용(지점 내 전시장 전용 향수 차밍블루 비치); 중앙일보 2012년 6월 29일 수정인용(운전대 '명품 촉감' 찾아낸 기아 K9, 향수가 나오는 르노삼성 SM5); 김병규(2016), 감각을 디자인하라: 소비자를 움직이는 감각경험 디자인의 힘, 미래의 창; Buss, Dale(2013), "Audio Branding: BMW Uses New Sound Signature to Help Redefine the Brand," Brand Channel, 2013년 3월 20일

소비자 정보처리과정(Information Processing)의 개요

(1) 정보처리과정의 의의

광고, 제품, 소셜미디어 등 마케터의 다양한 커뮤니케이션 노력이 성공하기 위해서는 우선 소비자들이 마케팅 정보에 노출되어 주어진 정보에 주의를 기울이고 이해하는 과정이 필요하다. 정보는 인간의 감각(시각, 청각, 미각, 후각, 촉각)으로 감지될 수 있는 자극(stimulus)으로 이루어져 있다. 마케팅 자극(marketing stimuli)이라 함은 마케터의 마케팅 활동(제품, 가격, 광고, 포장, 점포, 판매원, 제품 웹사이트 등)이나 다른 정보원(구전, 소셜미디어, 뉴스 등)을 통해 소비자에게 전달되는 제품, 기업 등과 관련된 모든 정보를 포함하는 포괄적 개념이다. 소비자 정보처리과정(Information Processing)은 소비자가 자극에 노출되면 그 자극에 주의를 기울이고 이해하며, 기억속에 저장하고, 또 필요할 때 기억 속에서 끄집어 내어 새로운 정보와 연결시키는 과정이다. 자극에 대한 정보처리의 결과는 해당 자극물에 대한 지식으로 저장되어 현재나 미래의 구매의사결정에 영향을 미친다. 소비자는 앞장에서 살펴본 구매의사결정과정의 어떤 단계에서도 마케팅 자극에 노출될 수 있다. 이번 장에서는 노출, 주의, 이해로 구성되는 지각과정(perception process)을 주로 다룬다.

(2) 소비자 지각과정(Perception Process)의 개념 및 중요성

지각과정(Perception Process)은 자극에 노출되면, 감각기관을 통해 주의를 기울이고, 그 의미를 해석하는 과정을 의미한다. 지각은 노출, 주의, 이해의 세 단계로 이루어진다. 어떤 자극에 대한 감각기관의 초기반응은 감각기억(sensory memory)에 보관되는데, 소비자가 자극에 주의를 기울이게 되면 그 자극은 단기기억으로 이전되어 본격적인 지각과정이 시작된다. 단기기억에 저장된 자극을 이해하기 위해서 소비자는 장기기억에 보관된 기존 지식을 사용하여 해석하며, 여기서 처리된 자극은 다시 장기기억에 저장된다. 반면에 감각기관이 감지한 자극에 소비자가 더 이상의 주의를 기울이지 않을 경우, 감각기관에 저장된 자극은 처리되지 못하고 곧 사라지고 만다. 소비자 정보처리과정을 도식화하면 <그림 4-1>과 같다. 기억에 대한 자세한 내용은 학습과 더불어 다음 장에서 다룬다. 학습(learning)은 소비자가 자극에 반응함으로써 생기는 행동의 변화를 의미한다. 그런 면에서 이번 장에서 다룰 지각과정은 기억과

그림 4-1   소비자 정보처리과정

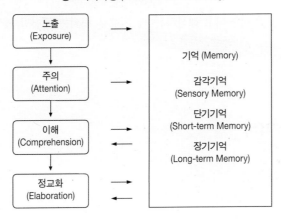

정보처리과정 (Information Processing)

학습의 근간이 된다.

　소비자 지각과정을 이해하는 것은 마케터들에게 다음과 같은 중요성을 갖는다. 첫째, 마케팅은 소비자 욕구의 이해에서부터 출발한다고 볼 수 있는데, 구매의사결정과정의 첫 단계인 욕구는 소비자 지각과정과 밀접한 영향을 주고 받는다. 이를테면 맛있어 보이는 음식광고에 노출(지각과정)되는 것은 소비자의 식욕(욕구)을 자극할 수 있다. 한편 배고픈 상태(욕구)에 있는 소비자는 식품광고에 노출되었을 때 더 주의를 기울이고(지각과정) 적극적으로 반응할 것이다. 따라서 1장의 <그림 1–1: 소비자행동의 체계>에서 보는 바와 같이, 지각과정을 파악하는 것은 마케터가 소비자 의사결정과정을 더 잘 이해하고 또 의사결정에 영향을 미치는 데 필수적이다. 둘째, 같은 마케팅 자극에 노출되더라도 소비자마다 주의를 기울이는 정도와 자극에 대한 해석이 다른데, 그것은 지각과정이 각 소비자의 동기, 가치, 관심, 경험, 기대 등에 의해 영향을 받기 때문이다. 예를 들면 여가용 드론제품에 관심이 있는 소비자는 그렇지 않은 소비자에 비해 새로운 드론제품의 광고에 더 많은 주의를 기울일 것이고, 그 광고를 더 잘 이해하며 긍정적으로 반응할 가능성이 높다. 하지만 반대로 마케터의 다양한 커뮤니케이

그림 4-2   소비자 지각과정

노출: 자극에 노출되면 감각기관이 감지
주의: 자극을 처리하기 위해 주의를 기울임
이해: 자극을 조직화하고 의미를 도출

선 노력들이 당초 의도된 소비자에게 전달되지 않을 수 있고, 또 전달된다 하더라도 소비자가 그 의미를 제대로 이해하지 못할 가능성도 있다. 따라서 효과적인 커뮤니케이션을 위해 마케터는 소비자가 자극을 받아들이고 해석하는 데 영향을 미치는 개인적, 상황적인 요인들을 이해할 필요가 있다.

노출(Exposure)

자극에 노출되는 것은 지각과정의 첫 단계이다. 소비자의 주의를 끌기 위해서 마케터는 먼저 마케팅 자극을 소비자에게 노출시켜야 한다. 여기에서 살펴볼 노출의 유형에는 의도적, 우연적, 선택적 노출이 있다.

(1) 노출의 유형

1) 의도적 노출과 우연적 노출

의도적 노출(intentional exposure)은 소비자가 특정 자극에 자신을 일부러 노출시키는 경우이다. 소비자가 구매의사결정과정 중에 기존 경험이나 지식으로는 문제를 해결할 수 없어 새로운 정보가 필요하다고 판단한 경우, 소비자는 의도적으로 자신을 관련정보에 노출시키게 되는데 이것이 곧 외부탐색(external search)이 된다. 의도적 노출과 싱반된 개념은 우연적 노출(accidental exposure)인데, 소비지가 의도하지 않은 채로 어떤 자극에 노출되는 것을 말한다. 소비사는 본인의 의도와 상관없이 많은 광고, 뉴스, 판매원, 제품진열, 구전 등의 자극에 노출되는 경우가 많은데, 이들은 모두 우연적 노출에 해당한다. 실제로 소비자가 구매의사결정을 위해 의도적으로 정보를 탐색하는 경우보다는 우연히 마케팅 자극에 노출되는 경우가 훨씬 많다. 즉, 의도적 노출보다는 우연적 노출이 더 빈번하게 발생한다. 의도적 노출의 경우 소비자의 정보욕구(information needs)를 효과직으로 충족시켜 주는 것이 중요한 반면, 우연적 노출의 성우 마케팅 자극에 노출된 소비자가 그 자극을 기억하고 관심을 갖게 되어 추가 정보를 찾아나서도록 하는 것, 즉 우연적 노출이 의도적 노출로 이어지도록 하는 것이 마케터의 목표가 될 것이다.

2) 선택적 노출

소비자는 일상생활에서 수없이 많은 자극에 노출되므로 모든 자극들을 처리하는 것은 불가능하다. 따라서 자신과는 관련 없는 제품들에 대한 광고나, 과거에 본 적이 있어서 이미 알고 있다고 여기는 광고들은 선택적으로 피하려고 한다. 선택적 노출(selective exposure)이란 소비자가 자신에게 의미있는 자극에만 노출을 허용하고, 자신과 관련이 낮은 자극과의 접촉은 의도적으로 피하는 것을 말한다. 소비자가 마케팅 자극에 대해 선택적으로 자신을 노출시키는 것은 광고효과에 지대한 영향을 미치므로 선택적 노출은 마케터에게 매우 중요한 개념이다. 인터넷 검색 중에 자주 뜨는 팝업 광고를 피하기 위해서 광고팝업창을 막아주는 소프트웨어나 스마트폰앱을 설치하는 것도 선택적 노출의 예이다. 원하지 않는 팝업광고창이 떠서 인터넷 브라우징을 방해한다면 소비자는 그런 광고에 대해서 부정적인 태도를 형성할 가능성이 크다. 한 연구에 의하면 약 3분의 2 가량의 TV시청자가 시청 중 광고가 나오면 다른 채널로 돌리는데, 광고에서는 이를 zapping이라 한다. 점차로 많은 소비자들이 TV광고를 피하기 위해서 TV프로그램을 인터넷에서 스트리밍하거나 다운로드받아서 시청하는데, 소비자가 TV 프로그램을 녹화해서 광고를 건너 뛰고 보는 것을 zipping이라 부른다. 이렇게 소비자가 광고를 의도적으로 회피하는 경향은 마케터가 광고에 대한 노출을 계획하고 실행하는 데 갈수록 많은 어려움을 주는데, 마케터들은 광고매체를 다각화함으로써 자극을 증가시킬 수 있는 방안들을 끊임없이 찾고 있다.

(2) 감지(Sesnsing)

초콜릿 제조사들에게 원재료의 가격변화는 수익성에 큰 영향을 미치는데, 만약 초콜릿 원재료(카카오 등)의 가격이 급상승하면 어떻게 대응해야 할까? 세 가지 대안을 생각해 볼 수 있다. 첫째, 제품의 판매가격을 인상할 수 있는데 문제점은 소비자 눈에 띄는 가격인상은 대개 매출감소로 이어진다는 것이다. 둘째, 초콜릿 원재료를 가격이 싼 인공재료 등으로 대체할 수 있는데, 이때의 문제는 소비자들이 초콜릿 맛의 변화를 알아채고 부정적으로 반응할 수 있다. 셋째, 초콜릿 제품의 크기를 줄여서 원가를 줄이는 방법인데, 이 방법은 소비자들이 용량이 줄어든 것을 알아차리지 못하거나, 비록 안다고 하더라도 부정적으로 반응하지 않을 때에만 효과가 있을 것이다. 마케터들은 이런 실질적인 문제들에 대한 대답을 얻기 위해서 감지의 개념과 이와 관련된 원리들을 이해할 필요가 있다.

감지란 자극의 강도가 일정 수준 이상으로 커서 소비자의 감각기관이 그 자극을 알아차리고 반응하는 것을 말한다. 소비자가 어떤 자극에 노출되면 시각, 청각, 후각, 촉각, 미각 중에 필요한 감각기관이 자극에 반응하면서 지각과정이 시작된다. 이하에서는 감지와 관련된 주요 용어로 절대식역(absolute threshold), 차이식역(difference threshold), 웨버(Weber)의 법칙, 그리고 식역하 지각(subliminal perception)에 대해 살펴보겠다.

1) 절대식역(absolute threshold)

절대식역은 소비자에 의해서 감지될 수 있는 가장 작은 강도의 자극이다. 즉, 이 수준보다 작은 강도의 자극은 소비자가 감지할 수 없다. 고객들에게 매장에 대한 좋은 인상을 주기 위하여 매장 내에 향수를 뿌린다면, 향기라는 자극이 절대식역을 넘어서도록 충분한 양의 향수를 사용해야지만 고객들이 향기를 감지하여 행동에 영향을 받을 것이다. 한 가지 주의할 것은 소비자의 감지능력은 개인마다 다르므로 절대식역도 개인마다 차이가 있다는 것이다. 따라서 마케터는 여러 소비자의 공통된 절대식역을 파악하여 마케팅활동에 적용해야 할 것이다.

2) 차이식역(differential threshold)과 JND(Just Noticeable Difference)

절대식역이 소비자들이 감지할 수 있는 최소 강도의 자극을 의미한다면, 차이식역은 서로 다른 두 자극의 차이, 또는 한 자극의 강도가 변화할 때 소비자들이 감지할 수 있는 변화의 양을 의미한다. 자극의 강도가 변할 때 그 변화량이 크다면 소비자가 감지할 수 있지만, 변화량이 너무 작다면 감지하지 못한다. 소비자가 감지할 수 있는 자극의 최소 변화량을 JND(Just Noticeable Difference)라 한다. 앞서 언급한 초콜릿 원가상승시 두 번째 대안에서와 같이 초콜릿 원재료를 인공재료로 대체할 때, 그 대체량이 아주 작다면 소비자가 초콜릿 맛의 변화를 알아채지 못할 것이다. 즉, 맛의 변화가 JND보다 작기 때문에 소비자가 그 변화를 감지하지 못하는 것이다.

3) 웨버(Weber)의 법칙

차이식역과 관련된 법칙으로 웨버(Weber)의 법칙이 있다. 이 법칙은 차이식역의 크기는 자극이 변화되기 전 원래 자극의 초기 강도에 날려 있는데, 소비자가 자극의 변화를 감지하기 위해서는 자극의 초기 강도가 크면 클수록 그 변화량도 커야 한다고 설명한다. 반대로 초기 자극의 강도가 작다면, 소비자가 상대적으로 작은 변화도 감지할 수 있다. 예를 들면 커피 두 잔이 있는데, 하나에는 설탕 한 스푼이 녹아있고 다른 하나에는 세 스푼이 녹아있다고 가정해 보자. 두 커피의 초기 강도를 비교해볼 때 설탕 세 스푼이 들어가 있는 커피가 한 스푼 들어가 있는 커피보다 당도가 더 높다. 이제 각 커피잔에 설탕을 한 스푼씩 똑같이 추가한다면, 어느 쪽의 자극강도 변화를 더 감지하기 어려울 것인가? 웨버의 법칙에 의하면 초기 강도가 더 높은 쪽, 즉 처음부터 세 스푼이 녹아있는 커피맛의 변화를 더 감지하기 힘들다. 왜냐하면 설탕 세 스푼이 녹아있는 커피는 이미 자극의 강도가 강하기 때문에, 자극의 변화를 감지하기 위해서는 설탕 한 스푼이 녹아있는 커피에 비해서 더 많은 변화를 주어야 하기 때문이다.

$$K = \frac{\Delta s}{s}$$

K = 비율 상수
s = 초기 자극의 강도
Δs = 감지될 수 있는 최소한의 자극강도 변화

웨버(Weber)의 법칙은 다음과 같은 공식으로 표현될 수 있다.

　　웨버의 법칙을 앞에서 언급한 초콜릿 원재료 상승시 세 번째 대안에 적용해 보자. 시상조사를 해보니 초콜릿 제과류의 용량이 줄어들 때 그 감소량이 원래 용량의 10% 이상이 되어야만 소비자들이 그 변화를 감지한다는 것을 알게 되었다고 가정해보자. 즉, 웨버의 법칙에서 $K=0.1$이 된다. 원래용량이 100g인 제품과 300g인 제품을 비교해 보면, 100g인 제품은 용량의 감소가 10g 이상이 되어야 소비자가 그 변화를 감지할 것이고 (10/100 = 0.1), 300g인 제품의 용량 감소는 30g 이상이 되어야 그 변화를 감지할 것이다 (30/300 = 0.1). 즉, 초기 강도가 더 큰 자극(300g인 제품)의 경우 초기 강도가 작은 자극(100g인 제품)에 비해 변화량이 더 커야 소비자가 그 변화를 감지할 수 있다.

4) JMD(Just Meaningful Difference)

　　차이식역이 마케팅에서 갖는 의미는 크다. 앞서 언급한 바와 같이 초콜릿 제조사들에게 제품의 맛이나 향, 크기, 가격 등에 변화를 줄 때 그 변화를 소비자들이 인지할지 못할지는 중요한 문제이다. 그러나 그보다 더 중요한 것은 소비자들이 설령 어떤 제품이나 가격변화를 감지한다고 할지라도, 그것이 과연 그들의 구매결정이나 소비행동에 변화를 가져올지에 관한 문제이다. 만약 어떤 제품의 가격이 만원에서 만 백원으로 1% 가격이 올랐다고 가정해 보

자. 비록 소폭의 가격상승이지만 어떤 소비자들은 이 변화를 감지할 것이다. 그러나 그 변화를 감지한 소비자들이 그 가격인상 때문에 그 제품을 더 이상 구입하지 않거나 구입을 줄이게 될까? 따라서 마케터가 이해해야 할 것은 소비자들이 어떤 변화를 감지할 수 있는가 뿐만이 아니라, 어떤 변화가 과연 소비자들의 구매나 소비를 변화시킬 만큼 의미있는 변화인가라고 볼 수 있다. JMD(Just Meaningful Difference)는 마케터가 제품 등에 어떤 변화를 줄 때, 소비자의 선택과 행동에 영향을 미칠 수 있는 최소한의 변화량을 의미한다. 따라서 마케터는 어떤 변화가 소비자들이 감지할 수 있는 것인지 알아야 할 뿐만 아니라, 그 변화가 과연 소비자행동에 의미있는 변화를 갖고 올 것인지도 이해해야 한다.

5) 식역하 지각(subliminal perception)

식역하 지각이란 어떤 자극이 절대식역 이하, 즉 의식적으로 감지할 수 있는 최소 강도보다 작은 강도로 제시되는 경우에도, 소비자들이 그 자극을 무의식적으로 처리하는 과정을 말한다. 식역하 지각을 이용하는 식역하 광고에 대한 관심과 논란이 오랫동안 있어 왔는데, 식역하 광고의 효과에 대해서도 여러 연구결과와 다양한 의견들이 있다. 가장 초기 연구들 중의 하나는 1957년 미국의 한 영화관에서 이루어진 Vicary 실험인데, "Eat popcorn"과 "Drink Coca Cola"라는 자막을 영화상영 중에 관람객들이 의식적으로 처리하지 못할 정도로 짧은 시간(1/3,000초) 동안 여러 차례 노출시켰더니, 팝콘과 콜라의 매출이 급증했다는 것이다. 사실 이 실험은 연구에 대한 아무 증거도 제시하지 못했지만, 이후 연구자들의 관심을 불러모아 이후에도 비슷한 연구들이 있었다. 성적인 이미지를 소비자가 알아차릴 수 없도록 주류나 담배광고에 삽입하였더니 광고효과가 증가했다는 발표가 있었고, 또 다른 연구에서는 Apple사의 로고에 무의식적으로 노출된 실험 참가자들이 그렇지 않은 참가자들에 비해서 더 창의적으로 행동했다는 결과도 있었는데, 이 연구자들은 이런 결과를 Apple사가 다른 기업에 비해 창의적인 기업으로 알려져 있기 때문이라고 설명한다.

과연 소비자들은 어떻게 그들이 의식적으로 감지하지도 못하는 자극에 의하여 영향을 받을 수 있는가? 식역하 광고의 원리를 설명하는 이론 중에 증식효과이론(incremental effects theory)은 소비자가 의식적으로 감지할 수 없는 절대식역 이하의 자극이라 하더라도 같은 자극에 반복적으로 노출되다 보면, 신경체계에 그 자극의 표상이 점차 축적되어 어느 순간 소비자에게 영향을 미칠 수 있는 절대식역의 수준에 다다르게 된다고 설명한다. 그러나 소비자는 그런 영향의 원인을 의식적으로 인지할 수는 없다.

미국에서 식역하 광고에 관한 초기연구들이 발표된 이후, 많은 언론과 소비자들은 그 윤리성을 문제삼으며 반발했다. 식역하광고가 정말 효과가 있다면, 광고주들이 소비자가 인식하지도 못하는 방법으로 그들의 행동에 영향을 미칠 수 있다는 문제가 있고, 식역하 광고에 노출된 소비자는 자신이 의도하지 않은 구매나 소비를 하게 될 수도 있다. 더 심각한 상황은 식역하 광고가 소비자에게 사회적으로 바람직하지 않은 행동을 유도하는 방법으로 악용될 수도 있다는 것이다. 식역하 광고의 윤리성에 대한 논란에 있어온 반면, 일부 광고주들은 식역하 광고를 기회로 보고 식역하 광고를 제작하여 방송에 내보내기도 하였다.

그렇다면 식역하 광고는 과연 충분한 효과와 사용할 만한 가치가 있는가? 많은 연구자들은 회의적인 입장이다. 그들은 식역하 광고의 효과가 있다 하더라도 매우 약하기 때문에 의미있는 광고효과를 거두기 힘들며, 무엇보다도 자극 강도가 더 높은 절대식역 이상의 다른 광고들의 효과에 묻혀져 버릴 것이라고 본다. 결론적으로, 식역하 광고의 효과를 전적으로 부정할 수는 없지만 다른 광고와 비교할 때 그 효과는 그리 크지 않다고 볼 수 있다. 식역하 광고에 대한 신경과학 연구들은 식역하 지각은 그 효과가 존재하느냐 아니냐의 이분법적인 문제가 아니라 정도의 문제이며, 앞으로는 식역하 시각의 효과를 연속선상에 있는 것으로 보고 접근할 필요성을 제시한다.

(3) 마케팅 시사점

1) 노출 증가 방안

노출은 소비자 정보처리과정의 첫 단계인 만큼 마케터들은 제품, 서비스, 광고 등에 대한 소비자의 노출을 극대화하는 여러 방안들을 강구해야 한다. 의도적 노출을 증가시키기 위해서는 소비자가 정보를 탐색할 때 관련 정보를 편리하게 찾을 수 있도록 제공해야 한다. 많은 소비자들이 제품 정보를 찾기 위해 인터넷 검색엔진을 사용하는데, 소비자가 제품과 관련된 단어를 검색할 때 마케터가 자사 제품이나 광고가 검색결과에 우선 순위로 나타날 수 있도록 하는 시도가 이에 해당된다. 소비자가 광고나 제품에 노출된다고 해서 그것이 바로 구매로 연결되는 경우는 많지 않다. 하지만 소비자가 과거에 노출되었던 광고나 브랜드를 기억하고 있다가 구매시점에 영향을 받는 경우는 많다. 따라서 우연적 노출을 증가시키는 것 또한 중요한데, 표적시장 소비자들이 자주 사용하는 장소, 웹사이트, 미디어 등을 파악하여 광고를 집중하는 노력들이 이에 해당된다.

2) JND(Just Noticeable Difference)와
JMD(Just Meaningful Difference)를 고려한 변화

마케터가 제품이나 패키지에 변화를 줄 때 JND를 고려해야 한다. 미국의 초콜릿 브랜드인 M&M은 일 년 간의 실험 결과, 제품크기를 약간 증가하면 매출이 20~30% 늘어난다는 것을 발견하고, 거의 모든 제품들의 용량을 늘여서 매출증대를 시도했다. 또한 자세히 살펴보면 가격이 비슷한 경쟁식품들간의 용량에 차이가 나는 경우가 자주 있는데, 가격과 포장크기가 비슷한 경우 소비자는 용량의 차이를 쉽게 알아차리지 못하기 때문에 이런 전략이 가능한 것이다. 만약 소비자가 감지하지 못하는 범위 내에서 제품용량을 줄일 수 있다면, 마케터는 용량을 줄임으로써 절감된 비용으로 광고비를 증가시켜 매출증대를 꾀할 수 있다. 마케터가 제품가격을 올리거나 제품구성을 변경할 때 소비자가 그 변화를 알아채지 못하도록 하기 위해서는 그 변화의 크기가 JND 이하라야 한다. 반대로 제품 가격을 인하하거나 용량을 증가시키는 경우, 또는 품질을 향상시키는 경우 등에는 그런 변화들을 소비자가 인지하는 것이 바람직하므로, 반드시 JND 수준 이상의 변화가 필요하다. 만약 그런 변화들이 너무 작아서 소비자들이 인지하지 못한다면, 매출증가 없이 비용만 증가시키는 결과를 낳을 것이기 때문이다.

3) 감각 마케팅(sensory marketing)

감각 마케팅은 소비자의 감각에 호소함으로써 소비자 행동에 영향을 미치는 마케팅 개념이다. 여러 감각들이 소비자의 브랜드 경험에 미치는 영향을 세밀하게 분석하고 계획하여 소비자의 감성에 호소함으로써 브랜드에 대한 긍정적인 지각과 태도를 끌어내는 것이 그 목적이라 할 수 있다. 예를 들어 신제품의 착용감과 표면질감 등이 제품디자인의 중요한 요소로 간주된다. 새로운 스마트폰을 평가할 때 흔히 '그립감'이라고 표현하는 제품의 촉각적인 특성과 손끝으로 스크린을 터치할 때의 촉감이 제품평가에 있어 중요한 기준으로 자리잡고 있다. 서비스 업종의 경우에는 매장 디자인에 있어 시각, 청각, 후각, 촉각 등의 감각적 요소가 소비자의 태도, 선택, 만족도에 중요한 역할을 하기도 한다.

최근 들어서는 공감각(synesthesia) 마케팅이 주목을 받고있다. 공감각 마케팅은 소비자가 여러 감각을 동시에 경험하도록 가능한 모든 감각을 동원하여 자극하는 마케팅기법이다. 마케팅 자극은 소비자의 여러 감각을 동시에 자극할 때 더 효과적이다. 예를 들면 한 실험에서 참가자 그룹 중 하나는 감자스낵이 맛만 언급한 광고를 읽고, 다른 참가자 그룹은 감자스낵의 맛뿐만 아니라 냄새와 질감까지 언급한 광고를 읽고나서 감자스낵의 맛을 상상해서 평가했다. 그 결과 맛과 냄새, 질감에 대한 광고를 읽은 참가자들이 감자스낵 맛을 더 호의적으로 평가했다.

🔬 사례: 공감각(synesthesia) 마케팅

LG전자의 휘센 4D입체 에어컨은 설악산의 바람을 연구하여 자연과 비슷한 숲속바람을 재현할 뿐만 아니라, 에어컨을 숲속모드로 설정하면 설악산 구상나무에서 채취한 자연향이 바람에 실려 나오게 함으로써 소비자의 촉각과 후각을 동시에 자극하도록 디자인하였다. 도미노 피자는 독특한 공감각 마케팅을 도입하여 주목을 끌었다. DVD대여점과 제휴하여 인기있는 영화 디스크의 뒷면에 특수잉크로 피자 모양을 새겼는데, 이 잉크는 DVD디스크가 재생될 때 발생하는 열을 통해 영화가 끝나는 순간 피자 냄새를 만들어 내면서 화면에 도미노 피자의 광고가 등장한다. 늦은 밤 영화를 본 후 배고픔을 느끼기 쉬운 순간에 공감각(시각+후각)을 활용하여 소비자의 주목을 끄는 재치있는 광고기법이다.

영국의 수제(手製)화장품 브랜드인 러쉬(LUSH)는 대부분의 제품에 과일이나 채소를 활용한 자연재료를 주원료로 사용하는데, 러쉬 매장에 들어서면 과일과 야채를 연상시키는 제품이 화려한 색채와 자연향이 청각과 후각을 동시에 자극한다. 회사의 창립자에 의하면 과일가게에서 아이디어를 얻어서 비누, 입욕제 등의 러쉬 제품들도 포장되지 않은 그대로 진열하여 소비자의 감각을 최대한 자극할 수 있도록 했다고 한다. 러쉬의 공감각 마케팅은 매장에 고객들의 발길을 끌어들이고, 방문객들의 뇌리에 강한 브랜드 이미지를 형성하는 데 중요한 역할을 한다.

▌주의(Attention)

(1) 주의의 개념과 특성

앞에서 지각과정은 노출, 주의, 이해의 세 단계로 이루어진다는 것을 배웠다. 지각과정의 두 번째 단계인 주의(attention)는 소비자가 자극에 노출되면 그 자극을 처리하기 위해 정보처리활동(processing activity)의 일부를 자극에 집중하는 것을 의미한다. 예를 들면 TV를 시청하다가 노출되는 광고 중 하나에 집중할 때 소비자는 노출의 다음 단계인 주의로 넘어가게 된다. 소비자는 하루에 평균 3,500개 정도의 마케팅 자극에 노출되는데, 인지적 자원(cognitive resource)은 제한되어 있으므로 모든 정보들을 처리하는 것은 불가능하다. 따라서 소비자는 노출되는 정보들 중 일부에만 주의를 기울이고(선택적 주의), 정보의 중요도에 따라 얼마나 많은 주의를 기울일지 결정한다. 자극에 노출된 후 의미있는 지각과정이 이루어지기 위해서 어느 정도의 주의는 필수적이다.

주의의 세 가지 중요한 특성은 분산가능, 제한적, 선택적이라는 것이다. 첫째, 소비자는 인지적 자원을 여러 작업에 분산시킬 수 있다. 많은 노력을 요구하지 않는 정보처리과정이라면 동시에 여러 자극에 주의를 기울이는 것이 가능하다. 예를 들면 음식을 먹으면서 음악을 듣고, 동시에 스마트폰으로 이메일을 확인하는 것 등이 이에 해당된다. 소비자 400명을 관찰한 한 연구에 의하면 96%의 소비자들이 미디어를 사용하는 시간의 1/3을 다른 작업과 함께 병행하는 멀티태스킹(multitasking)을 한다고 한다. 둘째, 주의를 분산시키는 것이 가능하지만, 소비자의 인지적 자원에는 한계가 있기 때문에 주변의 모든 자극에 주의를 기울이는 것은 불가능하다. 특히 고도의 집중력이 필요한 일의 경우, 주의를 분산하는 것이 어렵다. 시험공부를 위해서 평소 즐겨듣는 음악도 모두 끄고 공부에 집중하는 것은 주의가 제한되어 있기 때문이다. 셋째, 소비자의 주의는 제한되어 있으므로 어떤 자극에 주의를 기울일지 선택적으로 결정하게 된다. 소비자는 과거에 여러 번 노출된 정보에는 주의를 기울이지 않고, 반대로 새로우면서도 자신에게 관련있는 정보에는 주의를 기울이는 경향이 있다. 비디오게임에 몰두할 때, 주변상황이나 소리에는 신경을 쓰지 않게 된다. 비디오게임에 선택적으로 집중하기 때문이다.

(2) 자발적(Voluntary) 주의와 비자발적(Involuntary) 주의

자극에 대한 소비자의 주의는 자발적이거나 비자발적일 수 있다. 자발적 주의는 소비자가 어떤 정보에 주의를 기울이려고 의도적으로 결정하는 것이다. 이메일함에서 중요한 이메일을 선택해서 열어 보거나 어떤 제품에 대한 정보를 얻기 위해 제품 홈페이지를 방문하는 것이 이에 해당된다. 비자발적 주의는 어떤 자극에 우연히 노출되었을 때, 그 자극에 대해서 자동적이고 반사적으로 반응할 때 일어난다. 익숙한 길을 지나가다 전에는 못보던 새로운 커피점이 문을 연 것을 우연히 발견하는 것은 비자발적 주의의 예이다.

(3) 주의에 대한 관여도(Involvement)의 영향

소비자는 자신의 문제를 해결하거나 목표를 실현하는 데 관련된 정보에 자연스럽게 주의를 기울이게 된다. 배고픈 상태에서는 음식과 관련된 정보에 더 관심이 가는 것이다. 이와 관련된 용어인 소비자 관여도(consumer involvement)는 어떤 제품이나 서비스의 구매나 소비가 해당 소비자에게 개인적으로 중요한 정도를 의미한다. 특정 제품에 대해 관여도가 높다는 것은 그 제품이 개인적으로 중요하며 그 제품에 관심이 많다는 것이다. 따라서 소비자가 어떤 제품에 대해서 관여도가 높을수록 그 제품과 관련된 정보나 광고 등에 더 많은 주의를 기울이게 된다.

1) 고관여 상태의 주의

고관여 상태에서는 소비자의 환기(arousal)수준이 비교적 높은 편이므로 주어진 정보에 자발적으로 주의를 기울이고 보다 깊이있게 처리한다. 심리학에서 환기라는 용어는 정신을 바짝 차리고 있는 정도를 말한다. 소비자가 특정 제품, 서비스, 아이디어에 관여도가 높은 경우, 관련 정보를 적극적으로 탐색하는 것 또한 선택적 주의로 볼 수 있다. 만약 어떤 소비자가 특정 자동차모델의 구입을 고려하고 있다면, 광고나 미디어에 그 자동차가 등장할 때 더욱 관심을 갖고 지켜볼 것이고, 또한 길에서 다른 자동차보다는 본인이 관심있는 자동차가 지나갈 때 더 자주 눈에 띄고 주의를 기울이게 된다. 이처럼 소비자가 현재의 욕구나 문제해결에 관련된 정보에 더 주의를 기울이는 것을 지각적 경계(perceptual vigilance)라고 한다.

2) 저관여 상태의 주의

소비자는 저관여 상태, 즉 자신과 별 관련이 없는 제품정보에 노출된 경우 주의를 기울이지 않으므로 정보처리가 이루어지지 않거나, 약간의 주의만 기울이는 경우 수동적인 정보처리가 이루어진다. 즉, 비자발적 주의가 이루어지는 것이다. 저관여 상태의 비자발적 주의라 하더라도 주어진 정보가 소비자의 관심을 끌게 되거나, 그 결과 소비자가 브랜드명이나 제품정보를 기억하게 된다면 나중에 발생하는 구매의사결정에 영향을 미칠 수 있다. 또한 비자발적 주의를 통해서도 소비자가 평소 깨닫지 못했던 욕구를 새롭게 인식하게 되어 제품에 대한 관심이나 구매로 이어지기도 한다.

(4) 적응(Adaptation)

적응은 소비자가 같은 자극에 반복적으로 노출될 때 발생한다. 어떤 가게에 들어설 때, 그 가게안에 독특한 향기가 있다면 그 향기에 주의를 집중하게 된다. 하지만 가게 안에서 오랜 시간을 보내게 되면, 그 향기에 적응하게 되어 더 이상 주의를 끌지 않게 된다. 이와 비슷한 원리로 소비자가 같은 광고에 반복적으로 노출되어 익숙해지면, 더 이상 새로울 것이 없으므로 그 광고에 더 이상 주의를 집중하지 않게되어 광고효과가 감소할 것이다. 적응은 ① 자극의 강도가 약할수록, ② 자극이 단조로울수록, ③ 자극에 노출되는 빈도가 높을수록, 그리고 ④ 자극과 소비자의 관련성이 낮을수록 발생할 가능성이 높다.

따라서 마케터는 똑같은 자극을 지속적으로 반복하기 보다는 자극에 약간씩의 변화를 줌으로써 적응을 최소화하고 소비자의 관심을 유지할 수 있다. 광고의 핵심 메시지는 유지하는 반면, 광고의 스토리나 배경, 인물 등에 변화를 주는 전략이 이에 해당된다. 마케터는 광고뿐만 아니라 기업과 제품의 이미지를 신선하게 유지하기 위해서 기업로고, 제품포장, 광고캐릭터 등을 지속적으로 바꾸기도 한다. 많은 경우 소비자의 혼란을 방지하기 위해 급격한 변화보다는 작고 지속적인 변화들을 이어가며, 소비자가 작은 변화에 적응을 하고 나면, 또 다른 작은 변화를 도입하는 식으로 진행된다. 왜냐하면 소비자는 오래된 디자인에 싫증을 내기도 하지만, 그래도 여전히 익숙한 디자인을 알아 볼 수 있기를 원하기 때문이다. <그림 4-3>은 포털사이트 네이버의 로고가 오랜 기간 여러 번에 걸쳐서 조금씩 변화되어 왔음을 보여준다.

| 그림 4-3 | 네이버 로고의 변천사 |

자료원: 네이버 로고프로젝트 홈페이지

(5) 지각적 방어(Perceptual Defense)

소비자는 새로운 자극이 자신의 가치나 신념과는 크게 다른 경우, 그런 자극으로부터 주의를 돌려버림으로써 자신의 가치나 신념을 방어하려는 경향이 있다. 따라서 기존의 신념이나 가치와는 너무 달라서 불안감을 초래하는 자극들은 다른 중립적인 자극들에 비해 주의를 끌지 못할 가능성이 높다. 소비자는 때로는 자신의 가치나 신념과 일치하지 않는 정보들을 자신이 받아들일 수 있도록 그 내용을 무의식적으로 왜곡하기도 한다. 이처럼 심리적으로 위협이 되는 자극들을 회피하거나 왜곡하는 경향을 지각적 방어(perceptual defense)라고 한다. 예를 들면 흡연자들은 담배포장지에 붙어있는 건강경고에 더 이상 주의를 기울이지 않는다는 조사결과가 있는데, 이는 지각적 방어의 결과로 볼 수 있다. 소비자의 기존 가치나 신념이 더 강할수록, 그리고 새로운 자극이 기존 신념이나 가치를 위협하는 정도가 클수록 지각적 방어가 일어날 가능성도 높아진다.

(6) 마케팅 시사점 - 효과적인 주의 증가 방안들

소비자의 주의를 끌기 위해서는 표적 소비자에게 관련있고 중요한 정보를 적시적소에 제공함으로써 자발적 주의를 일으키는 것이 중요하다. 한편 내부분의 마케팅 정보들은 소비자들이 직면한 문제와는 관련이 낮기 때문에, 소비자가 즐길 만한 광고나 시선을 사로잡는 자극을 통해 비자발적 주의를 유도하는 것 또한 중요하다. 여기에서는 소비자의 주의를 끌기 위한 여러 방안들을 다룬다.

1) 개인과의 관련성 향상

소비자는 자신과 관련이 있거나 중요한 정보에 주의를 기울이기 마련이다. 마케터는 광고제작시 소비자가 광고를 자신과 쉽게 연관시킬 수 있도록 표적소비자와 비슷한 모델을 많이 사용한다. 광고에 자신과 비슷한 모델이 등장한다면 소비자는 보다 주의를 기울이게 될 것이고, 광고의 스토리를 보다 쉽게 자신과 연결시킬 수 있다. 공포심을 유발하는 광고 또한 어떤 제품이나 서비스를 사용하지 않거나 (보안시스템, 자동차 보험), 반대로 어떤 제품을 오용, 남용하는 경우(마약, 술)에 따른 부정적인 결과를 상기시킴으로써 소비자가 자신과의 관련성을 높이 평가하도록 유도할 수 있다.

2) 소비자가 즐길 수 있는 자극

일반적으로 소비자는 광고되는 제품이 자신과의 관련성이 낮다면 주의를 기울이지 않는다. 그러나 해당 광고가 매력적이거나 재미있어서 저절로 시선을 끈다면 광고 자체를 즐기기 위해 주의를 기울일 수도 있다. 이런 상황을 제품에 대한 관여도와는 구분하여 광고 관여도(ad involvement)가 높아졌다고 한다. 마케터는 여러 방법으로 소비자가 광고를 좋아하도록 만들고자 노력하는데, 매력적인 광고모델, 유머소구(humor appeal), 듣기 좋은 음악, 성적 소구(sexual appeal) 등의 사용은 소비자들이 광고를 즐김으로써 마케팅 정보에 대한 주의를 높이려는 시도들이다. 광고에 인기있는 운동선수나 연예인이 등장하는 경우가 많은데, 예를 들면 2018년 평창 동계올림픽 기간 중에는 올림픽에 출전한 국가대표선수들이 많은 광고에 등장하여 시청자들의 눈길과 관심을 끌었다.

3) 소비자의 시선이 향하는 곳에 자극 배치

소비자의 주의를 끌기 위해서 소비자의 시선이 자연스럽게 향하는 곳에 마케팅 자극을 배치하는 것도 한 가지 방법이다. 교통량이 많은 도로상의 옥외광고들은 자연스럽게 운전자와 탑승객들의 시선을 끌 수 있다. 버스 내의 모니터광고도 승객들의 시선이 저절로 향하는 곳 중의 하나이다. 슈퍼마켓 선반의 경우 보통 눈높이 보다 조금 낮은 지점의 선반에 주로 소비자의 시선이 머무는데, 때문에 이곳에 진열된 제품들의 매출이 상대적으로 높다. <그림 4-4>는 눈움직임을 추적하는 장치를 통해 소비자가 인터넷 검색엔진에서의 검색 결과를 처리할 때 화면의 어느 부분에 시선이 집중하는지를 보여준다. 붉은색으로 표시된 부분이 소비자가 더 집중하는 부분인데, 소비자의 시선이 제한된 영역에 머문다는 것을 보여준다. 이를 통해 마케터는 소비자가 인터넷 검색 결과를 처리할 때, 정확하게 화면의 어느 위치에 관련 정

| 그림 4-4 | 소비자의 시선과 자극의 배치 |

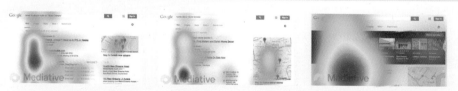

소비자가 구글검색 결과를 볼 때 화면의 어느 부분에 시선을 집중하는지를 보여준다. 색이 붉을수록 소비자의 시선이 더 집중된 영역이다. 마케터는 정확하게 화면의 어느 위치에 광고 등의 마케팅자극을 위치시켜야 할지 파악할 수 있다.

자료원: Mediative Performance LP

보나 광고를 위치시켜야 할지 알 수 있다.

<그림 4-4>는 소비자가 구글검색 결과를 볼 때 화면의 어느 부분에 시선을 집중하는 지를 보여준다. 색이 붉을수록 소비자의 시선이 더 집중된 영역이다. 마케터는 정확하게 화면의 어느 위치에 광고 등의 마케팅자극을 위치시켜야 할지 파악할 수 있다.

4) 두드러진 자극 사용

다른 자극과 비교해서 독특한 무언가가 있는 자극들은 소비자의 주의를 끌기에 유리하다.

강도가 큰 자극: 자극의 강도가 클수록 주의를 끌기 쉽다. 신문의 전면광고는 그 크기 때문에 다른 작은 광고들보다 주의를 끈다. 음량이 큰 라디오 광고도 다른 조용한 광고들에 비해 주의를 유발한다.

움직이는 자극: 움직이는 자극물은 정지된 자극물보다 더 많은 주의를 끈다. 수많은 네온싸인 광고들이 현란하게 깜빡이는 이유는 글자들이 움직인다는 느낌을 줌으로써 시선을 유도하기 위해서다.

놀라게 하거나 예상을 뒤엎는 자극: 상식이나 예상을 뒤엎는 독특한 이미지, 음향, 스토리로 소비자를 놀라게 해서 주의를 유도하고 정보를 전달할 수 있다. <그림 4-5>의 광고는 소비자가 쉽게 예상하기 힘든 독특한 이미지로 소비자의 주의를 끈다.

그림 4-5   National Geographic Apparel

소비자 주의를 끌기 위해 상식을 뒤엎는 독특한 이미지를 사용한 의류브랜드 론칭 광고

자료원: 128년 내셔널지오그래픽, 어패럴 론칭 세상에 알리다, Donga.com, 2016년 5월 26일

5) 주변과 대조되는 자극

주변 환경이나 다른 자극물들과 대조되는 자극들은 주의를 끌기 쉽다. 컬러 광고의 홍수 속에서 유일한 흑백 광고라든지, 광고지면의 대부분을 여백으로 채운 광고 등은 다른 광고들과 대조되어 소비자의 시선을 끌 수 있다. 비슷한 맥락에서, 경쟁이 적은 곳에 자극을 배치하는 것도 한 방법이다. 광고물이 넘쳐나는 도시 중심가보다는 한적한 시골길에 있는 옥외광고에 더 시선이 가게 된다. <그림 4-6>의 광고는 선명한 색깔의 광고제품을 흑백으로 처리된 배경과 대조시켜 주의를 끌고자 하였다.

| 그림 4-6 | 샘소나이트 레드 |

제품의 선명한 빛깔이 흑백으로 처리된 모델, 배경과 대조되어 시선을 끈다.

자료원: Cheil Magazine, 2014년 2월 12일

6) 호기심을 자극

티저(teaser)광고는 제품이나 서비스의 속성에 대한 정보를 의도적으로 광고에서 빠뜨림으로써 소비자의 호기심을 자극하여 주의를 끄는 광고인데, 신제품 출시에 앞서 관심을 유발하기 위해 자주 사용된다. 신제품의 출시시기나 제한된 정보만 제공함으로써 제품이나 서비스에 대한 소비자들의 궁금증을 끌어내는 것이 티저광고의 주된 목표이다. <그림 4-7>의 티저광고는 론칭광고에서 새로운 서비스의 특성을 자세히 전달하기보다는, 재미있는 광고를 통해 소비자 기억속에 배달의 민족이라는 새로운 어플리케이션의 브랜드를 각인시키고자 하였고, 이후 추가적인 캠페인을 통해 서비스에 대한 보다 자세한 정보를 소비자에게 전달하는 전략을 사용했다.

그림 4-7   배달의 민족

음식배달 어플리케이션 배달의 민족 티저광고는 광고에서 제품정보를 제한하는 대신 소비자를 즐겁게 해줌으로써 브랜드명을 소비자 머릿속에 각인시키는 데 성공했다.

자료원: 배달의 민족 네이버 블로그, 2014년 10월 13일

▌이해(Comprehension)

노출과 주의에 이어지는 소비자 지각과정의 세 번째 단계는 이해이다. 자극에 노출되고 주의를 기울이면 소비자는 자신의 경험, 지식, 기대 등에 비추어 그 자극의 의미를 이해한다. 전달된 마케팅 자극을 소비자가 이해하지 못하거나 잘못 이해한다면 마케터의 커뮤니케이션 노력은 효과를 거두지 못한다. 또한 같은 자극에 노출된다 하더라도 소비자마다 그 자극에 대한 이해가 다를 수 있는데, 이는 주어진 자극에 포함된 여러 요소들을 조직화하여 해석하는 방식이 개인마다 다를 수 있기 때문이다. 따라서 마케터는 소비자의 이해과정과 이해에 영향을 미치는 요인들을 정확하게 파악해야 한다.

(1) 지각적 조직화(Perceptual Organization)

이해 단계에서 소비자는 주어진 자극에 포함된 여러 정보 조각들을 먼저 지각적으로 조직화(perceptual organization)한 다음 그 의미를 해석(interpretation)한다. 지각적 조직화란 소비자가 주어진 자극으로부터 하나의 의미를 도출하기 위해, 자극 내에 포함된 여러 요소들을

머릿속에서 통합하는 과정이다. Gestalt 심리학은 "전체는 부분의 합보다 더 크다"고 본다. 예를 들면 어떤 사람의 얼굴 인상을 결정짓는 것은 그 사람의 눈, 코, 입, 귀, 헤어스타일 등의 각 부분에 대한 별도의 평가가 아니라, 순간적으로 얼굴의 모든 부분들을 통합하여 하나의 얼굴인상을 갖게 된다는 것이다. 이와 같이 소비자는 주어진 자극의 각 부분들이 아니라, 부분들을 통합하여 전체적으로 이해하려는 경향이 있다. 본인이 자주 가는 백화점이나 매장을 떠올려 보라. 소비자가 어떤 매장에 대해 갖는 전체적인 이미지를 파악하기 위해서는 소비자가 해당 점포의 위치, 제품구색과 진열, 가격대, 실내 디자인과 분위기, 쇼핑의 편리성, 점원의 친절성 등 그 매장과 관련된 요소들을 개별적으로 어떻게 평가하는지만을 파악하는 것만으로는 부족하다. 왜냐하면 소비자가 그 매장에 대해 갖고 있는 이미지는 이 모든 요소들이 소비자의 머릿속에 통합되어 하나의 큰 이미지로 형성되어 있기 때문이다. 이와 같이 지각적 조직화는 자극의 여러 부분들을 통합하여 하나의 의미를 도출하는 과정이라고 볼 수 있다. 지각적 조직화에 대한 대부분의 지식들은 Gestalt 심리학에 기반하고 있는데, 이는 소비자가 자극을 구성하는 여러 요소들을 어떻게 통합하여 의미를 도출하는지를 연구하는 심리학의 한 분야이다. Gestalt 심리학은 지각적 조직화의 여러 원리들을 제시하였는데, 이 원리들은 주로 소비자가 주어진 자극의 부분들을 어떻게 통합하는지를 설명한다. 여기서는 완결, 집단화, 형상과 배경의 원리를 다룬다.

1) 완결(closure)

소비자는 주어진 자극이 불완전할 때, 불완전한 정보를 머릿속으로 스스로 채워 넣음으로써 주어진 자극을 완전한 것으로 이해하려는 경향이 있다. 예를 들면 그림에서 어떤 부분이 빠져있을 경우, 그 빠진 부분을 상상으로 채워넣어 완전한 그림으로 이해하려고 하는 것이다. 마찬가지로 주어진 마케팅 정보가 불완전하다면 소비자는 불완전한 정보를 이해하기 위해 빠진 정보를 스스로 채워 넣어 완전한 것으로 이해라려는 시도를 할 것이다. 실제로 마케터는 단어 중에 일부 글자를 빼고 불완전한 단어나 뭔가가 빠진 이미지를 광고에 사용하여 소비자가 불완전한 정보를 의식적, 또는 무의식적으로 채워넣도록 유도하기도 한다. <그림 4-8>의 질레트 면도기 광고는 이런 원리를 이용하여 광고에 노출된 소비자가 광고에서 빠진 이미지를 상상하여 채워넣도록 유도하는데, 소비자는 이런 과정을 통하여 주어진 광고에 더욱 깊이있게 관여하게 되므로, 나중에 이 광고나 제품을 더 잘 기억하게될 가능성이 높아진다. 실제로 소비사는 완전한 광고에 비해서 불완전한 광고를 더 잘 기억한다는 연구결과가 있다.

그림 4-8   질레트 광고

소비자는 불완전한 정보를 스스로 채워넣어 완전한 것으로 이해하려는 경향이 있다. 이 광고는 이러한 완결(closure)의
원리를 이용하여 소비자가 광고에서 빠진 이미지를 상상하여 채워넣도록 유도한다.

자료원: Ads of the World

2) 집단화(grouping)

집단화는 주어진 정보 내의 여러 요소들을 하나로 묶어서 이해하려는 경향이다. 여러
요소들을 각각 개별적으로 이해하기보다는 하나로 묶어서 그 전체 의미를 이해하는 것은 이

그림 4-9   네스카페 크레마 커피광고

집단화(grouping)의 원칙을 이용하여 해당 제품을 젊음, 로맨스, 품격있는 라이프스타일과 연관시키고자 하였다.

자료원: 데일리안, 2017년 9월 4일

해과정을 더 쉽게 만들 뿐만 아니라 그 정보를 기억하는 데도 도움이 된다. 특히 소비자는 가까이 있거나 서로 비슷한 대상들을 묶어서 이해하는 경향이 있다. 근접성(proximity)은 가까이 있는 요소들을 묶어서 이해하는 것을 말하고, 유사성(similarity)은 비슷한 것들끼리 묶어서 지각하는 것을 의미한다. 슈퍼마켓에서 처음 보는 어떤 신제품을 접할 때, 그 제품이 어디에 진열되어 있는가에 따라서, 즉 근접성에 근거하여 그 신제품의 속성을 이해하게 된다. 예를 들어 어떤 새로운 음료제품을 스포츠음료 가운데서 발견한다면, 그 제품도 스포츠음료의 속성을 가지고 있을 것이라고 이해하게 되는 것이다. <그림 4-9>의 네스카페 커피광고는 만난지 얼마되지 않은 연인들이 전망이 멋진 고급스러운 방에서 네스카페 커피를 마시며 서로 친밀해지는 장면을 연출하여, 소비자가 해당 제품을 젊음과 로맨스, 그리고 품격있는 라이프스타일과 하나로 묶어서 연상할 수 있도록 유도한다.

3) 형상과 배경(figure and ground)

대부분의 마케팅 자극에는 소비자의 주의를 끌도록 의도된 주된 부분이 있고, 배경으로 사용된 부수적인 부분이 있다. 이들을 구분해서 각각 형상(figure)과 배경(ground)이라고 한다. 형상은 배경과 비교할 때 더 두드러지며, 중요한 내용을 담고있고, 따라서 보다 자세하게 묘사되어 있다. 마케터는 커뮤니케이션을 디자인할 때, 주요 내용이 배경이 아닌 형상에 위치하도록 해야 한다. 예를 들면 프린트 광고에서 배경이 제품정보에 대한 소비자의 주의를 분산

| 그림 4-10 | LG V30스마트폰 |

선명한 제품 이미지를 광고 중앙에 배치하여 형상(figure)이 되게 하고, 배경(ground)을 흐리게 처리함으로써 제품 이미지가 시선을 끌도록 광고가 제작되었다.

자료원: Social LG 전자, 2018년 2월 12일

해서는 안 되며, TV 광고에서 배경음악이 광고메시지의 전달을 방해하는 것은 바람직하지 않다. 광고에 인기있는 유명인이나 매력적인 모델이 등장할 때 소비자의 시선이 모델에게만 집중되어 버린다면 광고의 초점이 되어야 할 형상, 즉 제품정보가 오히려 배경으로 전락해 버릴 수 있다. 따라서 마케터는 광고모델이 소비자의 주의를 유도하는 역할을 감당하되, 일단 주의를 끈 다음에는 소비자의 시선이 자연스럽게 형상으로 옮겨갈 수 있도록 디자인하여 광고 메시지를 효과적으로 전달하는 방법을 찾아야 한다. 형상과 배경의 구분은 광고뿐만 아니라 제품포장이나 점포나 장소의 디자인에도 적용될 수 있다. <그림 4-10>의 광고는 형상과 배경의 뚜렷한 구분을 보여준다.

(2) 해석(interpretation)

소비자는 제시된 자극의 각 요소들을 지각적으로 조직화하면서 자극의 의미를 도출하려고 시도하는데, 이를 해석이라고 한다. 지각적 조직화와 해석은 순차적이긴 하지만 거의 동시에 이루어진다고 볼 수 있다. 자극을 이해하기 위해서 소비자는 먼저 주어진 자극이 무엇인지를 파악(source identification)한 다음 그 자극이 전달하는 메시지를 해석한다. 예를 들면 TV 전원을 켰을 때 소비자는 가장 먼저 화면에 나오는 것이 광고인지 아니면 방송사 프로그램인지 재빨리 파악한다. 그리고 그것이 광고라면 무엇에 관한 광고인지를 이해한다. 이런 과정들은 소비자가 어떤 자극이 자신과 관련이 있고, 어떤 자극에 주의를 기울일지 신속하게 결정하는 데 유용하다. 한 연구에 의하면 소비자가 잡지를 읽을 때는 아주 짧은 시간(1/10초) 안에 다음에 읽을 페이지가 기사인지 광고인지를 파악하며, 만약 광고라면 어떤 제품군이 광고되고 있는지, 또는 어느 브랜드가 광고되고 있는지도 빨리 파악할 수 있다고 한다. 하지만 주어진 광고가 비슷한 제품군 내의 전형적인 광고와 많이 다른 경우, 무슨 제품이 광고되고 있는지 파악하는 데 더 많은 시간이 필요할 것이다.

(1) 지각적 범주화(percetual categorization)

지각적 범주화는 소비자가 노출된 자극을 자신이 알고 있는 제품군(product categories)에 관련지어 이해하는 과정을 의미한다. 새로운 음료제품을 보게되면 그것을 자신이 이미 알고 있는 탄산수, 주스, 커피, 유제품, 차 등의 음료제품군 중 가장 비슷하다고 생각되는 것 중의 하나로 구분하게 되는 것이다. 그러나 어떤 신제품은 소비자가 이미 알고있는 제품군 중 어느 하나에 딱 들어맞지 않아 지각적 범주화에 시간이 걸리는 경우도 있다. 마이크로소프트 (Microsoft)의 서피스(Surface)와 같은 제품들은 태블릿과 노트북의 중간쯤 되는 제품이어서 출시 초기에 소비자는 이 제품이 태블릿인지, 노트북인지, 아니면 또 다른 제품군인지 지각적 범주화가 쉽지 않았다. 시간이 지나면서 서피스와 그 비슷한 제품들은 태블릿 노트북이라는 새로운 제품군을 형성하게 되었다. 따라서 마케터는 신제품을 출시할 때 소비자의 지각적 범주화 과정을 쉽게 하기 위해서 신제품을 기존 제품군 내에 포지셔닝(positioning)할지, 아니면 기존 제품군과는 다른 제품군으로 포지셔닝하여 새로운 시장을 형성해 나갈지 신중하게 결정해야 한다. 예를 들면 삼성생명은 보장자산 바로알기 캠페인을 통해 생명보험이란 전통적인 용어대신 '사랑하는 가족을 지키기 위한 보장자산'이라는 개념을 강조함으로써 소비자 인식 속에 있는 기존의 보험과는 다른 범주의 서비스라는 인식을 심어주고자 시도하였다.

2) 추론(inference)

자극의 해석과정에서 소비자는 해당 자극에 분명하게 드러나 있지 않은 정보에 대하여 추론을 내리는 경우가 많다. 추론은 주로 자극에 이미 포함되어 있는 정보에 근거하여 내려지는데, 이때 추론에 사용되는 정보가 시그널(signal)이 된다. 많은 소비자들은 제품의 가격이 높을수록 품질이 좋을 것이라는 가격−품질 연상(price−quality association)에 기반하여 추론한다. 이런 추론은 대체로 소비자의 경험에 근거한 것인데, 주로 다음의 경우에 가격에 근거한 품질의 추론이 많이 발생한다: ① 소비자가 구매 전에 제품의 품질을 알기 힘들 때, ② 제품간에 품질 차이가 많이 날 때, ③ 소비자가 가격 외에 다른 기준으로는 제품을 선택할 수 있는 능력이나 자신이 없을 때, ④ 소비자가 품질이 낮은 제품을 선택하는 것을 꺼리는 경우 등이다.

제품 외관상의 특징이나 포장도 추론에 영향을 미친다. 한 연구에 의하면 소비자는 오렌지 주스의 색깔에 따라서 당도와 맛을 추론한다고 하는데, 그 영향이 상표나 가격보다 더 컸다고 한다. 아이스크림 회사들은 둥근 모양의 제품포장을 주로 사용하는데, 소비자들이 둥근 포장으로부터 제품의 양이 많다고 추론하기 때문이다.

소비자는 브랜드명에서 제품특성을 추론하기도 한다. 자동차 모델인 BMW X6와 같이 알파벳과 숫자가 섞인 브랜드명은 해당 제품이 기술적으로 앞선다는 추론을 끌어내는 경향이 있다. 또한 소비자들은 이런 브랜드명 중에서도 숫자가 높은 브랜드들이 더 우수한 품질을 갖고 있다고 추론한다. 음식제품의 경우 영양소에 대한 정보가 제공되었을 때, 더 건강한 제품일수록 맛은 덜할 것이라는 추론을 내린다는 연구결과가 있다.

원산지 정보에 근거한 제품속성추론도 자주 일어난다. 개발도상국의 소비자는 선진국에서 만들어진 제품의 품질을 높이 평가하는 경향이 있는 반면, 어떤 선진국 소비자들은 자국에서 생산된 제품의 품질을 더 높이 평가한다. 예를 들면 일본 소비자들은 일본에서 생산된 제품이 미국에서 생산된 제품보다 품질이 우수할 것으로 추론하는 경향이 있다. 이 때문에 가방제조업체인 샘소나이트(Samsonite)는 일본에서 판매되는 자사의 고급 제품들이 일본 내에서 디자인, 제작되었음을 강조한다.

색깔은 자극에 대한 소비자의 주의를 끄는 정도뿐만 아니라, 자극의 의미를 이해하는 데도 영향을 미친다. 검은색이나 금색은 주로 높은 품질을 의미한다. 파란색 같은 차가운 색들은 마음을 진정시키는 반면, 빨간색 같은 따뜻한 색들은 주의를 환기하고 흥분시킨다. 과일, 야채 등 신선식품의 경우 실제 제품 색깔과 비슷한 포장색깔은 높은 품질에 대한 추론을 형성한다. 제품포장에 사용된 초록색은 제품이 환경친화적이거나 건강한 식품이라는 추론을 하도록 만든다. 이외에도 소비자가 추론을 내리는 근거가 되는 시그널에는 판매점, 가격할인, 제품진열, 보증기간, 시장점유율 등이 있다.

(3) 이해에 영향을 미치는 메시지의 특성

마케터가 마케팅 메시지를 어떻게 계획하고 실행하는가에 따라서 마케팅 자극에 노출되는 소비자의 이해에 영향을 미칠 수 있다.

1) 메시지 전달자(message source)

마케팅 메시지가 소비자에게 전달될 때, 누가 그 메시지를 전하는지에 따라 소비자의 이해가 달라질 수 있다. 광고 메시지 전달자(message source)에는 유명연예인, 운동선수, 해당 분야의 전문가뿐만 아니라, 평범한 소비자나 만화 등장인물, 브랜드 마스코트 등의 캐릭터가 있다. 소비자는 우선 호감을 주거나 매력적인 전달자의 메시지에 더 잘 반응하는 경향이 있다. 전달자의 전문성과 신뢰성도 중요하다. 전문성은 전달자가 특정분야에 대해 갖고 있는 지식이나 명성을 반영하는데, 전문성이 높은 전달자의 메시지에 대해서는 소비자가 반론(counterargument)을 제기할 가능성이 낮다. 연예인을 전달자로 기용하는 경우에는 소비자가 신뢰할 만한 성격과 평판을 소유한 인물인지가 중요하다.

그림 4-11   교보문고

비슷한 책들 간의 비교정보를 소비자가 정보과부하를 경험하지 않고 쉽게 처리할 수 있는 형태로 제시함으로써 소비자의 이해를 도와준다.

자료원: 교보문고 홈페이지

2) 정보의 양(information intensity)

소비자에게 전달되는 메시지 내에 포함된 정보의 양이 너무 많아서 정보과부하(information overload)가 걸린다면, 소비자의 주의를 끌기도 힘들 뿐더러 정보의 이해도 낮아진다. 따라서 마케터는 소비자가 주어진 메시지를 이해하는 데 필요한 시간을 파악하여 메시지를 디자인해야 하며, 메시지 전달에 사용되는 매체(media)에 따라서도 정보의 양을 조절해야 한다. 15초짜리 TV광고로 전달할 수 있는 정보의 양은 그리 많지 않다. 또한 많은 양의 정보를 전달할 필요가 있을 때는 소비자가 메시지를 한 눈에 파악하고 이해할 수 있도록 신중하게 디자인해야 한다. <그림 4-11>에서와 같이 교보문고는 비슷한 여러 책들의 차이점을 표로 정리하여 소비자들이 복잡한 정보들을 한 눈에 알아보기 쉽도록 하는 옵션을 제공한다. 정보과부하를 방지하기 위한 노력의 일환이다.

3) 메시지의 프레이밍(message framing) 효과

같은 내용의 정보라도 어떻게 표현하는가에 따라 소비자의 이해에 영향을 미친다. 가령 독감예방 주사의 중요성을 강조할 때, 다음과 같은 두 가지 표현방식이 가능할 것이다.

a) 독감예방 주사를 접종하지 않으면, 독감에 걸릴 가능성이 현저하게 높아집니다.

b) 독감예방 주사를 접종하면, 독감을 쉽게 예방할 수 있습니다.

메시지 a)는 어떤 행동을 취하지 않을 때 발생할 수 있는 부정적인 결과를 강조하고 (negative frame), 메시지 b)는 어떤 행동을 취했을 때 발생할 수 있는 긍정적인 결과를 부각시킨다(postive frame). 이렇게 비슷한 정보라 하더라도 긍정적, 또는 부정적인 면을 다르게 강조하는 것을 메시지 프레이밍(message framing)이라고 하는데, 일반적으로는 부정적인 면을 강조하는 것이 상대적으로 더 강한 효과를 보인다. 이런 결과는 노벨 경제학상을 수상한 Kahneman과 Tversky가 제안한 프로스펙트 이론(prospect theory)에 의해 설명될 수 있다. 이 이론은 손실(loss)과 이익(gain)에 대한 소비자의 반응을 비교할 때 비록 손실과 이익의 크기가 같다고 하더라도 소비자는 손실을 더 크게 느끼고, 그 결과 손실에 더 예민하게 반응한다고 설명한다.

4) 시간적 요인

광고와 같은 대부분의 마케팅 정보는 소비자에게 반복해서 전달될 필요가 있다. 30초짜리 TV광고를 전달할 때, 90초 동안 세 번 연속해서 같은 광고를 내보내는 깃보다는, 세 시간씩의 시간 간격을 두고 전달하는 것이 소비자의 정보이해와 기억을 도와준다는 연구결과가 있다. 자극이 어떤 시점에 주어지는가도 이해와 반응에 영향을 미칠 수 있다. 예를 들면 커피광고는 밤시간보다는 아침시간에 전달될 때 소비자가 더 주의를 기울이고 이해도가 높아질 것이다. 반대로 맥주광고는 아침시간보다는 밤시간에 소비자의 주의를 끌기 쉽고, 그에 따라 광고 이해도도 높아질 것이다.

(4) 이해에 영향을 미치는 개인적 특성

자극의 이해에 영향을 미치는 것은 메시지의 특성 뿐만 아니라 개인적 요인도 있다. 왜냐하면 소비자는 주어진 정보를 자신의 지식, 경험, 기대에 근거하여 이해하기 때문이다. 따라서 같은 정보가 주어지더라도 소비자마다 해석이 달라질 수 있다.

1) 정보처리 동기(motivation)

주어진 자극이 소비자와 관련성이 높다면, 그 소비자가 정보를 처리하려는 동기가 강할 것이다. 즉, 고관여도 상황에서는 정보처리 동기가 높으므로 주어진 정보에 더 집중하고 정보처리에 더 많은 노력을 기울인다. 이에 따라 해당 정보를 더 잘 이해하고 기억하게 된다. 스마트폰을 업그레이드할 계획이 있는 소비자는 새로운 스마트폰이 출시된다면 관련된 웹사이트를 더 많이, 오랫동안 검색할 것이고, 더 깊이 있게 정보를 처리할 것이며, 이에 따라 더 많은 정보를 이해하고 기억할 것이다.

2) 정보처리 능력(ability)

정보처리 능력은 소비자의 지적수준, 교육수준, 그리고 관련 제품에 대한 사전 지식과 관련되어 있다. 일반적으로 소비자의 지적수준이나 교육수준이 높을수록 정보처리 능력도 높다. 하지만 더 중요한 것은 해당 정보와 관련된 사전경험이나 지식일 것이다. DSLR 카메라에 대한 광고는 단순히 교육수준이나 지적수준이 높은 소비자보다는 하이엔드 카메라에 대한 지식이나 경험이 많은 소비자들이 더 잘 이해할 것이다. 또한 카메라에 대한 사전 지식이 많은 소비자는 DSLR 카메라에 대한 정보를 처리할 능력도 상대적으로 높으므로, 광고의 주된 내용에 더 주의를 기울이고 깊이 생각할 것인 반면, 그렇지 않은 소비자는 광고 내의 주변 정보에 더 주의를 기울이는 경향이 있다.

3) 기대(expectation)

자극에 노출되는 시점에 소비자가 갖고 있던 기대에 따라 정보에 대한 이해가 달라질 수 있다. 소비자는 주로 자신이 기대하는 것을 실제로 경험하는 경향이 있는데, 그런 기대들은 주로 과거의 경험에 의해 형성된다. 수많은 블라인드 테스트 결과들이 이를 입증한다. 한 연구에서 3세에서 5세 사이의 어린이들을 대상으로 감자튀김의 블라인드 테스트를 했다. 같은 감자튀김을 사용했지만, 실험참가자 그룹 중 하나는 맥도날드 포장에 담긴 감자튀김을 먹었고, 다른 그룹의 참가자들은 흰색 일반포장지에 담긴 감자튀김을 먹었다. 그 결과 맥도날드 포장에 담긴 감자튀김을 먹은 참가자들의 감자튀김 맛에 대한 평가가 더 긍정적이었다. 이는 맥도날드 포장에 담긴 감자튀김을 받은 참가자들이 갖고 있던 기대감이 작용한 것이라 볼 수 있다. 즉, 맥도날드 포장을 보고 감자튀김이 맛있을 것이라는 기대를 갖게 되고, 평가가 그 기대에 근거하여 이루어지는 동화효과(assimilation effect)가 발생했기 때문이다. 맥주맛 테스트에서 잘 알려진 상표들은 덜 알려진 상표들보다 맥주맛이 뛰어나다는 평가를 받는데, 블라인드 테스트에서는 상표로 인한 기대가 형성되지 않으므로 이런 효과들이 잘 나타나지 않는다. 한 연구에서는 맥주제품의 상표들을 제거하고 블라인드 테스트를 했는데, 상표정보가 없는 상황에서는 많은 소비자들이 자신이 가장 선호한다고 미리 밝혔던 맥주의 맛조차 식별하지 못하였다. 이는 소비자들이 특정 브랜드의 맥주에 대해서 갖고 있는 기대가 그들의 맥주맛 경험에 큰 영향을 끼친다는 증거라 볼 수 있다.

(5) 오해(Miscomprehension)

오해는 소비자가 주어진 정보를 잘못 이해할 때 발생한다. 소비자들이 TV나 잡지광고를 오해하는 경우가 의외로 많이 있다는 연구들이 있다. 소비자가 광고 메시지를 마케터가 의도한 대로 정확하게 이해하는 비율은 TV광고의 경우 70%, 잡지광고의 경우 65%에 불과하다는 결과가 있다. 이런 상황은 광고효과를 해치기 때문에 마케터는 정보처리과정에서 생길 수 있는 오해를 사전에 이해하고 최소화해야 한다.

오해에 영향을 미치는 요인에는 소비자의 정보처리 동기, 정보처리 능력, 그리고 정보처리 기회(motivation, ability, and opportunity: MAO)가 있다. 정보처리 동기가 낮은 경우, 주어진 정보에 충분한 주의를 집중하시 않으므로 오해가 생기기 쉽다. 정보처리 능력은 소비자의 사전 경험이나 지식이 부족한 경우 떨어지게 되며, 오해를 불러일으키는 또 다른 요인이다. 마지막으로 마케팅 정보에 너무 짧게 노출되거나, 정보를 이해할 수 있는 횟수만큼 충분히 노출되지 못한다면 정보를 처리할 기회가 결여되므로 오해로 이어지기 쉽다. 따라서 마케터는 표적 소비자의 정보처리 능력을 파악하여 그들이 이해할 수 있는 수준과 방식으로 정보를 디자인하고 전달해야 하며, 주어진 시간 안에 충분히 처리할 수 있는 분량의 정보를 전달해야 한다.

💬 토론사례

이번 장에서 살펴본 바와 같이, 어떤 경우엔 소비자가 제품이나 가격의 변화를 감지하지 못하는 것이 제조사에게 유리할 수도 있다. 제품의 크기/용량을 줄이거나 가격을 올리는 경우가 이에 해당한다. 음식제품의 경우, 건강식을 선호하는 소비자를 위해 기존 제품라인에 저지방이나 무설탕 버전을 추가한다면, 그 맛이 기존 제품과 크게 다르지 않는 것이 좋을 것이다. 그러나 소비자가 눈치채지 못하게 제품의 용량을 줄인 것을 소비자들이 알게 된다면, 기업의 윤리성이 도마위에 오를 수도 있다. 이런 경우 기업들의 가장 흔한 대답은 '원가상승으로 인해 가격을 올리거나 제품용량을 줄일 수 밖에 없었다'는 것이다. 미국에서는 어떤 기업들은 음식제품의 용량을 줄이면서 변경된 제품이 더욱 환경친화적이라거나 건강에 좋다고 광고하기도 한다. 왜냐하면 용량이 줄면서 포장크기도 줄었기 때문에 더 환경친화적이며, 용량감소로 칼로리 소모도 적으므로 건강에 더 좋다는 논리이다. 때로는 기존제품의 크기나 용량을 조금 늘여 대용량제품으로 광고하면서 실제 단위당 가격은 기존제품보다 더 올리는 경우도 있다.

💬 토론문제

① 제품의 제조원가 상승시 제조업체들이 수익성을 유지하기 위해 제품가격 인상보다는 제품용량 감소를 더 자주 선택하는 이유는 무엇일까? JND(Just Noticeable Difference)와 JMD(Just Meaningful Difference)의 개념을 사용하여 설명해 보시오.

② 토의사례에 나오는 여러 관행들에 대해서 혹시 윤리적인 문제가 있는지 의견을 나누어 보시오. JND와 관련하여 마케터가 지녀야 할 윤리적 기준들이 있다면 무엇인지 설명해 보시오.

학습과 기억

CHAPTER 05 | 학습과 기억

♘ 도입사례: 맥도날드

전세계적으로 소비자가 건강을 중요하게 생각하면서 패스트푸드점의 인기도 사그러드는 추세이다. 그럼에도 불구하고 매출이 꾸준히 증가하는 패스트푸드 브랜드로 맥도날드가 있다. 맥도날드는 각종 매체로부터 비만, 동물학대, 부적절한 직원 처우 등의 사회 문제로 비난을 이따금씩 받으면서도 왜 소비자로부터 끊임없이 사랑을 받는 것일까? 그만큼 소비자들은 맥도날드에 대한 긍정적인 기억을 많이 갖고 있기 때문일 것이다.

맥도날드는 전세계적으로 3만 5천 개가 넘는 매장을 확보하고 있다. 소비자가 일상 생활에서 브랜드를 접할 수 있는 기회가 경쟁사보다 많기 때문에 단순 노출로 인해 브랜드에 대한 호감이 생길 수가 있다. 게다가 맥도날드하면 사랑, 광대 캐릭터, 행복 등 긍정적인 생각이나 감정이 떠오르게 되는 것은 마케팅 캠페인(I'm lovin' it)이나 기업의 사회공헌활동(로날드 맥도날드 하우스), 올림픽과 월드컵의 공식 파트너십 등에 반복적으로 노출이 되면서 고전적 조건화가 되었기 때문이다. 뿐만 아니라, 맥도날드에서 음식을 사면 구매 행동에 대한 보상을 받는 경우가 많다. 해피밀을 주문하면 장난감을 받을 수 있고, 행복의 나라 메뉴(value menu)를 이용하면 저렴한 가격으로 음식을 먹을 수 있다. 탄산 음료수는 리필을 할 수 있고, 일부 매장에는 어린이 놀이터가 있다. 소비자의 방문을 유도하는 긍정적 강화 요소가 많은 것이다.

맥도날드의 광고를 보면 인기 연예인을 통해 신제품의 맛을 대리 학습할 수가 있다. 신제품의 경우 대부분 기존 메뉴명과 유사하기 때문에(맥모닝, 맥카페) 기억하기가 쉽고, 긍정적인 연상이 전이가 되기도 한다. 맥도날드를 가야겠다는 생각이 들지 않더라도 길을 가다가 매장 밖의 황금 아치를 본 순간이라든지 광고 음악의 멜로디를 우연히 듣게 되는 순간에 브랜드에 대한 기억이 활성화된다. 이처럼 소비자의 환경에 브랜드의 인출 단서가 곳곳에 있기 때문에 매장을 찾는 발길이 줄지 않는 것이다.

도입사례에서 알 수 있듯이 브랜드 충성도를 구축하고 유지하는 데에 있어 소비자가 제품에 대한 정보를 배우고, 학습한 내용을 기억에 오래 저장하여, 향후 구매나 구전과 같은 행동시 기억 속에 저장한 정보를 쉽게 인출할 수 있어야 한다. 이를 위해 기업은 소비자가 제품이나 브랜드에 대한 정보를 어떻게 학습하고 기억을 어떻게 만들고 꺼내는지 알 필요가 있다.

학습은 경험에 의해 비교적 안정적인 행동 변화을 가져오는 과정을 말한다. 스타벅스 커피를 마시게 되는 이유가 커피를 직접 맛보고 마음에 들어서일 수 있도 있지만, 다른 사람이 맛있게 마시는 것을 보고 제품을 간접적으로 경험한 결과 때문일 수도 있다. 이처럼 경험은 다양한 경로를 통해 이루어질 수 있고, 소비자의 학습은 늘 진행되고 있는 것이다. 소비자는 지속적으로 외부 자극에 노출되고 있고, 직간접적인 경험을 통해 제품에 대한 정보를 습득하고 있다. 그렇게 함으로써 자신의 행동을 수정해나간다. 이전에 싫어했던 제품이 좋아져서 구매하게 될 수도 있고, 좋아했던 제품이 더 좋아져서 재구매를 더 빨리 하게 될 수 있는 것처럼 말이다.

학습은 "초코파이는 정(情)이다"와 같은 단순한 연상에서부터, 여행 책자를 통해 외국에 대한 공부를 하는 것과 같이 인지적 활동을 요하는 학습까지 여러 종류가 있다. 학습심리학자들은 학습 이론을 크게 두 분류로 나누고 있다. 외부 자극의 노출에 의해 행동이 점점 바뀌어지는 행동주의적 학습 이론과 사람의 문제해결 능력을 중시하는 인지주의적 학습 이론이 있다. 소비자행동을 보다 잘 예측하기 위해 기업은 소비자의 학습 과정을 이 두 가지 접근을 통해 이해할 필요가 있다.

▌행동주의적 학습

　행동주의적 학습 이론(behavioral learning)은 학습이 인간의 내적 사고 과정이 아닌 외부 자극에 의한 반응(stimulus-response)을 통해 이루어진다고 본다. 행동주의적 학습 이론가들은 인간의 사고가 마치 검은 상자(black box)와 같아서 직접 관찰할 수 없다고 본다. 대신, 직접 관찰이 가능한 검은 상자의 투입물(외부 상황이나 자극)과 결과물(자극에 대한 반응)의 중요성을 강조한다.

　행동주의적 학습의 대표적인 이론으로는 고전적 조건화와 수단적 조건화가 있다. 소비자는 오랜 시간 동안 누적된 연상에 의해 특정한 브랜드명, 향기, 음악 등의 마케팅 자극에 반응한다. 예를 들면, 맥도날드의 황금아치를 보고 배고픔을 느끼는 것은 황금아치가 맥도날드에서 판매하는 음식을 연상시키기 때문이다. 소비자는 또한 특정 행동을 하면 보상이나 처벌을 받는다는 것을 알게 되어 향후 비슷한 상황에 놓여있을 때 어떻게 행동해야 할지를 배우게 된다. 예를 들면, 특정 브랜드의 옷을 입고 다른 사람에게 칭찬을 듣게 되면 다음에도 같은 브랜드의 제품을 살 가능성이 높아진다. 반대로, 어느 향수를 써서 두통을 겪게 되면 향후에 그 제품을 사지 않게 된다. 즉, 칭찬이라는 보상과 두통이라는 처벌이 미래 의사결정에 영향을 미치게 되는 것이다.

(1) 고전적 조건화

1) 고전적 조건화의 개념

　고전적 조건화(classical conditioning)는 반응을 일으키지 않는 자극과 반응을 자연스럽게 일으키는 자극을 반복적으로 짝지었을 때 발생하는 학습 효과를 말한다. 시간이 지나면서 반응을 일으키지 않았던 첫 번째 자극이 두 번째 자극과 비슷한 반응을 일으키는데, 이는 두 자극 간의 연상(association) 작용 때문이다.

　Pavlov는 자신의 개를 이용한 실험을 통해 고전적 조건화를 세상에 널리 알린 인물이다. Pavlov는 자신의 개한테 고기 먹이를 주기 전에 종을 울렸는데, 같은 경험을 여러 번 한 개는 종소리와 먹이 간의 관계를 학습하게 되었다. 이 실험에서 고기 먹이는 무조건 자극(unconditioned stimulus)이라고 볼 수 있다. 왜냐하면, 아무런 학습 과정 없이 자동적으로 반응(개가 침 흘리는 행동)을 일으키는 자극이기 때문이다. 침을 흘리는 행동은 무조건 반

그림 5-1   고전적 조건화의 과정

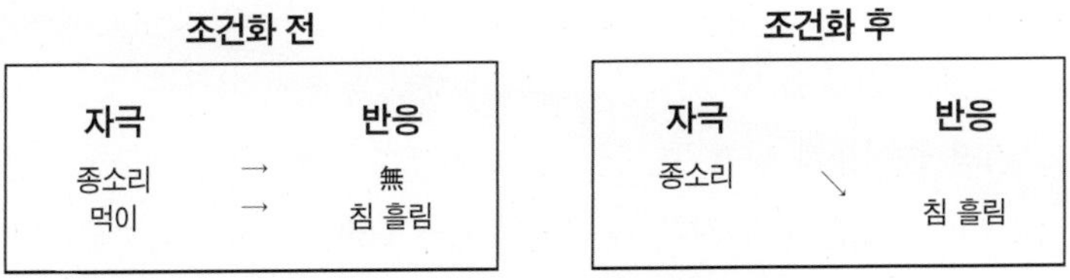

응(unconditioned response)이라고 일컬는다. 종소리는 조건 자극(conditioned stimulus)으로, 처음에는 반응을 일으키지 않는 중립적인 자극이었다가 고기 먹이와 반복적으로 제시되면서 나중에 개로 하여금 침 흘리는 반응을 유도한다. 개가 종소리를 듣고 먹이를 연상하기 때문이다. 굳이 먹이를 제시하지 않더라도 종소리만 듣고 개가 침 흘리는 것은 조건 반응(conditioned response)이라고 한다. Pavlov의 실험에서와 같이 고전적 조건화를 통한 학습이 이루어지려면 조건 자극이 무조건 자극보다 먼저 제시되는 것이 반대의 경우(선 무조건 자극, 후 조건 자극)보다 효과적이다.

소비자의 일상 생활에서도 고전적 조건화는 빈번하게 일어난다. Pavlov의 개가 먹이를 보고 흥분하듯이 사람도 배고픔, 갈증, 성적 흥분 등 생리학적 반응을 일으키는 외부 자극에 자동 반사한다. 이를테면, 맛있는 음식 냄새를 맡으면 입 안에 침이 고이기도 하고, 아름다운 사람을 보면 가슴이 두근거리기도 한다. 이와 같은 무조건 자극을 브랜드명과 같은 조건 자극과 반복해서 제시하게 되면, 소비자는 나중에 브랜드명만 보고도 흥분을 느끼게 되는 것이다.

고전적 조건화는 감정을 유발시키는 무조건 자극과 제품과 같은 조건 자극을 연관시켰을때 나타나기도 한다. Gorn은 실험을 통해 피실험자에게 중립적인 색깔(베이지색 또는 연한 파란색)의 볼펜을 보여주면서 긍정적 감정을 일으키는 음악이나 부정적 감정을 일으키는 음악을 제시했다. 그 다음에 볼펜 색깔의 선호도를 측정하였다. 피실험자들은 베이지색이든 연한 파란색이든 좋은 감정을 불러일으키는 음악과 짝지어진 볼펜의 색깔을 선호하였다. 기분 좋은 광고 음악이나 매력적인 모델과 짝지어진 제품을 소비자가 좋아하게 되는 이유도 고전적 조건화 때문이라고 볼 수 있다.

2) 고전적 조건화의 마케팅 시사점

① 반복횟수

조건 자극과 무조건 자극을 같이 제시하면 할수록 대체로 조건화가 잘 일어난다. 조건화 반복횟수가 늘어날수록 자극과 자극간의 연상이 강해지고, 그 연상이 기억에서 쇠퇴할 가능성이 낮아지기 때문이다. 조건화가 일단 성립이 되고나면, 무조건 자극을 같이 제시하지 않아도 조건 자극이 조건 반응을 도출한다. 그렇다고 해도 무조건 자극을 조건 자극과 같이 제시하는 횟수가 점점 줄어들게 되면 두 자극 간의 연상이 약해지거나 조건화을 통한 학습 효과가 아예 소멸(extinction)될 수가 있다. 조건화된 브랜드명이 시장에 남발되는 경우나 브랜드명이 새로운 연상을 도출하는 경우가 그렇다. 소비자가 조건 자극(브랜드명)에 노출이 되어도 무조건 자극이 뒤따르지 않기 때문에 학습 효과가 점차 사라지게 되는 것이다. 일례로, 2000년대 후반에 등장한 카페베네라는 커피 체인점은 독특한 실내와 우수한 맛의 커피와 음식으로 인기를 얻은 바 있다. 그러나 매장이 단기간에 늘어나면서 품질 관리가 소홀해지고 인기도 예전보다 사그러들었다. 소비자가 카페베네라는 브랜드명(조건 자극)에 노출이 되어도 우수한 품질의 식음료(무조건 자극)가 수반되지 않는 횟수가 늘어나면서 등을 돌리게 된 것이다.

　　일반적으로 조건화 반복횟수가 증가할수록 학습 효과가 향상되지만, 시간이 지남에 따라 반복을 통한 학습 효과가 한계에 도달할 때가 있다. 광고 마멸(advertising wearout) 효과가 대표적인 경우이다. 소비자는 광고에 등장하는 마케팅 자극에 주의를 기울이고 광고 제품에 대한 정보를 습득하지만, 일정 시간이 지나면 같은 광고에 노출이 되어도 집중하지 않게 되고 관여도가 점점 떨어지게 된다. 마케팅 자극이 초기에는 신선하게 느껴지다가 나중에는 지루해지기 때문이다. 이러한 현상을 방지하기 위해서 광고 속의 마케팅 자극에 표면적인 변화(cosmetic variation)를 주거나 광고 내용을 다양한 매체(텔레비전, 라디오, 인터넷, SNS 등)를 통해 전달하는 방법이 있다. 통신사 광고에 흔히 인기 연예인이나 운동선수 등 유명인이 등장하지만, 분기별로 다른 인물이 등장하는 이유도 이와 같은 맥락에서이다. 소비자가 동일 광고에 지나치게 노출이 되면 피로를 느끼기 때문에 등장 인물을 바꾸면서 통신사 브랜드에 대한 호감도를 유지하거나 증대시킬 수 있는 것이다.

　　② 자극 일반화

　　자극 일반화(stimulus generalization)는 조건 자극과 유사한 자극이 조건 반응을 도출하는 것을 말한다. Pavlov는 이후의 실험에서 자신의 개가 종소리와 비슷한 열쇠 소리를 듣고 침 흘리는 것을 발견하였다. 소비자도 마찬가지로 조건 자극과 유사한 다른 자극에 반응을 보일 때가 있다. 조건화된 제품과 외형적으로 비슷한 모방 제품(look-alike packaging)이나 유통업체의 자체브랜드(private brand)에 관심을 보일 때처럼 말이다. 외형적으로 비슷한 제품이 조건화된 제품의 속성을 똑같이 지니고 있을 것으로 기대하기 때문에 그러하다. 2014년에 등장한 해태제과의 허니버터칩이 입소문을 타고 불티나게 팔리면서 경쟁사에서 비슷한 제품(오 감자 허니밀크, 수미칩 허니머스터드 맛 등)이 잇따라 출시되었다. 이들 경쟁 제품은 허니버터칩과 비슷한 포장(감자와 꿀 그림이 있는 노란색 봉지)과 속성(풍미가 있는 달콤한 맛)을 지녔다. 경쟁사들 은 허니버터칩에 긍정적 반응을 보인 소비자가 자사 제품에게도 비슷한 반응을 보이기를 기 대했을 것이다.

자극 일반화는 타사 제품에게도 유리하게 적용될 수 있지만, 자사 제품이나 브랜드를 확 장(product line extension)하고자 할 때에도 유리하게 적용될 수 있다. 해태제과에서 허니버터 칩이 큰 성공을 거두자 허니시리즈라는 제품 라인을 만들어 허니버터칩 메이플시럽 맛과 체 리블라썸 맛 등의 자매 제품(family branding)을 출시하였다. 자극 일반화를 통해 기존의 허니 버터칩에 익숙한 소비자는 비슷한 포장과 같은 브랜드명을 사용하는 신제품에게도 관심을 보 일 가능성이 높은 것이다. 같은 맥락에서 특정 브랜드가 타사와 공동 브랜딩(co-branding)을 하거나 제휴 마케팅을 할 경우, 기존 브랜드로부터 도출할 수 있는 반응을 연상 작용을 통해 공동 브랜드에게로 전이할 수 있어 마케팅 비용을 절감할 수 있는 장점이 있다.

③ 자극 차별화

조건 자극과 비슷한 자극이라 하더라도 무조건 자극이 뒤따라 제시되지 않을 경우, 소비 자는 처음에 자극 일반화를 통해 조건 반응을 보이다가 점차 반응을 보이지 않게 된다. 이처 럼 소비자가 조건화된 자극와 그렇지 않는 자극을 분별하여 다른 반응을 보이는 현상을 일컬 어 자극 차별화(stimulus discrimination)라고 한다. 명품 브랜드(조건 자극)는 특별함이나 양질의 디자인 등의 무조건 자극 때문에 구매(조건 반응)를 하게 되는 경우가 많다. 명품이 비싸서 유 사 제품을 구매한 소비자일 경우, 이후에 특별함이나 내구성을 경험하지 못한다면 다시는 유 사 제품을 사지 않을 가능성이 높아진다. 이는 소비자가 두 자극(명품과 유사 제품)을 다르게 인식한다는 것을 반영한다.

기업은 자극 차별화의 일종으로 위장 브랜딩(masked branding)을 하는 경우가 있다. 위장 브랜딩은 중요한 제품 정보나 속성을 일부러 감추는 것을 말한다. 감춘 정보를 제품과 결부 짓기를 꺼릴 때 실시하는 전략이다. 유니레버가 소유한 브랜드 중에 도브(Dove)와 액스(Axe) 가 있다. 도브는 모든 여성의 잠재된 아름다움을 일깨우는 것을 목표로 하는 브랜드이다. 도 브의 광고는 그 동안 진정성과 자신감을 강조해왔다. 이와는 반대로 액스는 비현실적인 남성 및 여성의 상품화를 반영한 광고로 유명하다. 두 브랜드를 책임지는 기업이 동일하다고 아는 순간 실망감을 느낄 소비자가 많을 것이다. 그래서 유니레버는 도브와 액스 제품에 기업 브랜드(제조사)의 표기를 최소화하고 있다. 이러한 전략은 소비자로 하여금 두 브랜드를 차별화하고 서로 연관짓지 않게끔 하는 데 도움을 준다.

💡 사례: 동아오츠카의 포카리스웨트

포카리스웨트는 이온음료이다. 게토레이나 파워에이드 같은 이온음료는 스포츠음료로 많이 쓰이면서 주로 남성적인 분위기의 광고를 집행했다. 그러나 실제 음료를 주로 구입하는 고객층은 여성들이기 때문에 포카리스웨트는 무난하고 깔끔하고 심플한 디자인과 광고를 통해 여성 고객층에게 '스포츠음료'가 아닌 '이온음료'로 포지셔닝하여 목이 마를 때 찾는 음료가 되게 만들었다. 여성적인 면을 부각시키기 위해 청순한 이미지의 여배우를 등장시키고 파란색과 하얀색만이 있는 심플한 디자인과 광고 컨셉으로 여성들의 마음을 사로잡는데 성공한 것이다.

맑고 투명한 파란색감이 들어있고 청순미 넘치는 여자 연예인이 나오는 광고를 본다면 일반 사람들 중 90%는 이것이 포카리스웨트의 광고라는 것을 알 것이다. 이 광고는 소비자가 중립적인 태도를 갖는 제품(포카리스웨트)과 함께 청량하고 상쾌한 느낌의 배경음악과 멋진 배경 (그리스 산토리니, 파란 하늘과 바다) 등 무조건 자극을 광고에 반복적으로 노출시켜 그 제품을 보면 저절로 청량하고 상쾌한 느낌이 들게끔 학습시켰다. 대표적인 고전적 조건화의 사례로 볼 수 있다.

(2) 수단적 조건화

1) 수단적 조건화의 개념

수단적 조건화(instrumental conditioning) 또는 조작적 조건화(operant conditioning)는 긍정적 결과를 가져오는 행동을 실시하고 부정적 결과를 가져오는 행동은 기피하는 것을 학습하는 과정이다. 심리학자 Skinner는 상자 모양의 실험 도구를 고안해 쥐나 비둘기 등의 동물이 특정 자극에 반응하게끔 훈련시켰다. 이 실험 도구 안에 있는 단추를 동물이 우연히 누르면 그 행동에 따른 보상을 얻게 된다. 예를 들어, 배고픈 쥐가 상자 안의 단추를 우연히 몇차례 눌러 먹이를 얻게 되면서 단추 누르는 행동과 먹이간의 관계를 학습하게 된다. 그 뒤로 먹이를 얻기 위해 일부러 단추를 누르는 행동을 보이게 된다.

고전적 조건화는 사람의 의도와 관계없이 자동적인 반응을 이끌어낸다면, 수단적 조건화는 상대적으로 복잡한 행동을 보상이나 처벌과 연관지어 의도된 학습을 유도한다. 수단적 조건화는 목표 행동을 실시하기 이전의 중간 행동을 보상함으로써 점진적으로 사람의 행동을 변화시킨다. 이 일련의 과정을 조성(shaping)이라고 한다. 새로 개업한 식료품 소매상이 고객 유치를 위해 방문객에게 보상의 일종인 샘플이나 쿠폰 등을 나누어 줄 수 있다. 그 이후에 재방문 하는 고객에게 포인트 적립카드를 만들어 포인트를 쌓게 하거나 구매금액이 큰 고객에게 사은품을 나누어 줄 수 있다. 장기 고객을 만들기 위해 일련의 구매 행동에 대하여 지속적으로 보상을 하는 것이 조성의 사례로 볼 수 있다.

수단적 조건화가 일어나는 방법에는 세 가지가 있다. 첫 번째로 보상과 같은 긍정적 강화(positive reinforcement)를 제시하여 행동을 학습시키는 방법이 있다. 최신 스마트폰을 구매한 소비자가 동료의 부러움을 살 경우 이것이 긍정적 강화로 작용하여 향후에도 신형 기기를 살 가능성이 높아진다. SNS 사이트에서 친구들이 "좋아요"를 누르는 것도 긍정적 강화의 일종으로 볼 수 있다. 재미있는 동영상을 올림으로써 "좋아요"를 많이 확보한 소비자의 경우, 향후에도 자신의 사이트에 비슷한 컨텐츠를 올릴 가능성이 높다. 부정적 강화(negative reinforcement)도 반응을 강화시켜 행동을 학습시키는 데 이용될 수 있다. 다수의 여행객이 면세점을 찾는 것은 제품을 살 때 세금을 안 내도 되는 점이 부정적 강화로 작용하기 때문이다. 이와 같이 부정적 강화는 소비자의 환경에서 부정적인 요소를 제거함으로써 행동을 강화시킨다. 특정 치약 브랜드가 입냄새를 제거할 수 있다고 강조한다면 이는 부정적 강화(냄새 제거)를 통해 구매 행동을 늘리기 위한 전략이라고 볼 수 있다.

수단적 조건화의 마지막 방법으로는 처벌(punishment)을 통한 학습이 있다. 긍정적 또는 부정적 강화가 특정 행동의 빈도수를 늘리는 데 유용하다면, 처벌은 특정 행동의 빈도수를 줄이는 데 효과적이다. 처벌은 자극에 대한 반응 후 부정적인 결과를 제시하는 것을 말한다. 일례로, 품질이 나쁜 의약품을 사서 부작용을 경험하거나 누군가로부터 비난을 받는 것이 처벌로 작용하여 이 다음에 같은 의약품을 사지 않게 되는 경우를 들 수 있다. 처벌은 공익광고에도 적용된다. 사회적으로 바람직하지 않는 행동(흡연이나 음주운전)을 줄이기 위해 광고에 처벌을 반영하는 장치(건강이 나빠진다든지 타인으로부터 외면을 당하는 모습)가 자주 등장한다.

긍정적 또는 부정적 강화를 통한 수단적 조건화의 경우 목표 행동 뒤에 강화가 제시되지 않으면 기억 속에서 행동과 결과의 연상 관계가 약해져 학습된 행동이 소멸될 수 있다. 그래서 강화를 제시하지 않으면 처벌의 효과와 마찬가지로 행동의 빈도수가 감소하게 된다.

2) 수단적 조건화의 마케팅 시사점

소비자는 구매 행동에 따른 보상이나 처벌을 끊임없이 받는다. 보상은 제품의 편익에서부터 가격 할인, 보너스 상품, 무료주차권 등 다양한 형태가 있다. 기업은 영리추구에 도움이 되는 소비자 행동을 조성하기도 한다. 예를 들면, 자동차 딜러가 구매를 유도하기 위해 가장 먼저 소비자에게 매장에 전시되어 있는 자동차를 직접 만져보고 점검할 수 있는 기회를 제공할 수 있다. 그 이후에 도로에서 시승할 수 있는 기회를 제공할 수 있다. 그래도 소비자가 구매를 망설인다면 리스 등의 대안을 제시하여 거래를 어떻게든 성사시키려고 노력할 것이다.

① 강화의 종류

마케팅에 쓰여지는 강화의 종류는 다양하다. 이 중에 대표적인 긍정적 강화로는 주요고객 마케팅(loyalty program)이다. 주요고객 마케팅은 항공사, 은행, 주유소, 백화점, 제과점, 영화관 등 다양한 산업군에서 볼 수 있는 것으로 소비자에게 긍정적 강화(마일리지, 포인트, 캐쉬백, 가격할인)를 줌으로써 장기 고객을 유치하고 관리하기 위한 기업활동을 지칭한다. 소비자의 경우 항공사 마일리지를 적립한 뒤에 비행을 무료로 하거나 좌석 업그레이드, 수하물 우선처리, 공항 라운지 이용권 등의 혜택을 누릴 수 있다. 때문에 보통 소비자들은 마일리지를 적립하기 시작한 뒤로부터 같은 항공사나 제휴 항공사만을 이용하는 경우가 많다. 더 빠른 혜택(긍정적 강화)을 누리기 위한 반응인 것이다.

요즈음에는 기업이 고객 정보를 확보할 수 있는 경로가 많기 때문에 주요고객 마케팅도 일관적이지 않고 맞춤형이 되어가고 있다. 인터넷 쇼핑을 하는 소비자가 늘어나면서 소비자의 구매내역을 바탕으로 쇼핑몰이 개개인별 맞춤형 촉진기법을 사용하는 사례가 늘고 있다.

예를 들면, 인터넷에서 화장품을 주로 사는 고객에게 화장품 세일 행사에 대한 정보를 보내 준다든지 신상 화상품의 샘플을 보내주는 경우를 들 수 있다. 맞춤형 촉진은 소비자 개개인에게 더 매력적인 강화물로 다가와 기업에게 유리한 행동(구매)을 더 빨리 유도할 수 있는 장점이 있다.

강화의 종류에는 경품과 같은 유형의 것도 있지만, 제품의 경험적 속성과 같이 무형의 것도 있다. 최근에는 소비자의 관심을 끌기 위해 게임에서 흔히 볼 수 있는 재미, 보상, 경쟁 등의 요소를 반영한 게임화 마케팅(gamification)이 증가하는 추세이다. 독일 자동차 회사 다임러 AG는 모바일 앱과 제품 시연을 병합한 이색 경연대회를 유럽 주요 도시에서 개최하여 자사 브랜드인 Smart Fortwo차량을 홍보하였다. 소비자들은 Smart차량에 시승한 채 시내를 운전하며 스마트폰 앱의 지시가 떨어지면 재빨리 가까운 주차 공간에 차량을 세운 뒤 스마트폰으로 주차한 차의 사진을 찍어서 앱에 저장해야 한다. 한 팀이 남을 때까지 제일 늦게 주차한 팀이 차례대로 탈락이 되는 경연 방식이었다. 우승 팀에게 신형 Smart Fortwo을 무료로 리스할 수 있는 기회가 주어졌다. 이 경연대회는 소비자에게 Smart챠량의 편익인 주차의 용이성을 직접 경험하게 하면서 경연의 재미를 통해 브랜드에 대한 호감도를 높이는 효과를 가져왔다.

② 강화 스케줄

기업이 수단적 조건화를 마케팅에 사용하려면 소비자에게 보상을 얼마나 자주 제시해야 할지를 결정해야 한다. 강화 스케줄(reinforcement schedule)을 어떻게 결정하느냐에 따라 마케팅 자원과 비용이 차이가 나기 때문에 이는 중요한 사안이다. 강화 스케줄은 크게 비율 스케줄(ratio schedule)과 간격 스케줄(interval schedule) 두 가지가 있다. 비율 스케줄은 반응의 횟수와 비례하게 강화를 제시하는 방법이다. 커피 10잔을 사면 무료 커피 한 잔의 보상이 주어지는 것을 예로 들 수 있다. 이와는 달리, 간격 스케줄은 반응이 실시되고 일정 시간이 지나면 강화를 제시하는 방법이다. 신용카드의 캐쉬백을 카드 사용 횟수와 관계없이 1년에 한번 받는 경우를 들 수 있다. 강화 스케줄을 보다 자세히 나누면 다음과 같이 네 가지 유형이 있다.

고정 비율 스케줄: 고정된 횟수의 반응 뒤에 강화가 주어진다. 편의점에서 접할 수 있는 1+1 가격 할인 행사를 예로 들 수 있다. 제품 하나를 구입할 때마다 한 개를 무료로 받는다. 즉, 구매가 많을수록 보상 횟수도 같이 증가한다.

변동 비율 스케줄: 일정 횟수의 반응 뒤에 강화가 주어지지만, 소비자가 몇 번의 반응을

실시해야 하는지를 예측하기 힘들다. 복권을 예로 들 수 있다. 복권을 많이 사면 살수록 상금을 받을 수 있는 가능성이 높아지지만, 소비자 입장에서는 몇 장의 복권을 사야 상금을 탈 수 있는지 사전에 알기가 힘들다.

고정 간격 스케줄: 고정된 시간이 흐르면 강화가 주어진다. 예를 들면, 백화점 식품관이 폐점 시간에 가까운 저녁 6시부터 가격 할인 행사를 하는 경우이다. 백화점에서 물건을 많이 사는 소비자도 그렇지 않는 소비자도 그 시간만 되면 가격 할인 혜택을 받을 수 있는 것이다.

변동 간격 스케줄: 시간이 어느 정도 흐르면 강화가 주어지지만, 강화가 제시되는 정확한 시점을 소비자가 사전에 알지 못한다. 대부분의 의류 매장은 계절이 바뀔 때마다 이월 상품을 할인해서 팔지만, 세일이 열리는 정확한 시점을 소비자가 미리 알기 어렵다. 같은 의류 매장도 그 해의 날씨나 재고량에 따라 여름 상품 세일을 8월에 할 수도 있고 10월에 할 수도 있다.

일반적으로 강화가 언제 이루어질지를 예측하기 쉬운 고정 비율 스케줄이나 고정 간격 스케줄의 경우 소비자의 학습이 빨리 일어난다. 반응 횟수 또는 시간 간격과 강화 사이의 관계가 뚜렷하기 때문이다. 그러나 강화가 일어나지 않으면 학습된 행동이 그만큼 빨리 소멸될 가능성이 높다. 폐점 시간에 임박해서 백화점 식품관을 찾았는데 할인 제품이 다 팔린 상황을 몇 번 경험하면 그 시간에 식품관을 다시 찾지 않게 된다. 강화가 언제 주어질지를 예측하기 어려운 변동 비율 스케줄이나 변동 간격 스케줄의 경우 상대적으로 학습이 천천히 일어나지만, 학습이 된 행동이 소멸되기까지 시간이 더 걸린다. 복권을 산 소비자는 강화(상금)가 매번 이루어지지 않는다는 것을 알기 때문에 상금을 타지 않더라도 크게 놀라지 않고 다음 기회를 노린다.

인지적 학습

행동주의적 학습 이론과는 달리 인지적 학습(cognitive learning) 이론가들은 인간의 내적 사고 과정을 중시한다. 이들은 인간이 주변 환경의 정보를 능동적으로 처리할 수 있으며 문제를 해결할 수 있는 능력이 있다고 본다. 또한 학습 과정에서 창의력과 통찰력의 역할을 강조한다. 인지적 학습은 직접적인 경험이나 강화물 없이 주로 언어나 관찰을 통해 다른 사람의 생각이나 태도, 개념, 객관적인 사실 등에 대해 배우는 것이다.

(1) 관찰 학습

1) 관찰 학습의 개념

관찰 학습(observational learning)은 타인의 행동과 그 행동의 결과를 관찰함으로써 깨달음을 얻는 대리 학습의 일종이다. 관찰 학습을 마케팅에 사용할 경우, 소비자에게 직접 강화나 처벌을 주는 것이 아니라 광고 모델 등 타인의 제품 사용여부를 통해 편익이나 불익 등의 결과를 보여주게 된다. 그렇게 함으로써 소비자가 향후 광고 모델이 보여준 행동을 모방할 것이라고 기대한다. 예를 들면, 광고 모델이 특정 자동차를 운전함으로써 가족의 사랑이라는 보상을 빋는다면, 광고 모델에 자신을 대입해서 비슷한 결과를 받고 싶어하는 소비자는 해당 자동차 브랜드에 관심을 가질 것이다.

2) 관찰 학습의 마케팅 시사점

관찰 학습이 이루어지려면 상당한 인지적 활동이 요구된다. 소비자가 관찰한 내용을 기억 속에 저장하여 지식으로 보존해야 하고, 이 정보를 나중에 인출하여 미래의 행동에 반영할 수 있어야 한다. 다른 사람의 행동을 모방하는 것을 모델링(modeling)이라고 한다. 모델링이 이루어지려면 다음의 네 가지 조건이 충족되어야 한다.

첫째, 소비자의 주의가 일단 특정 모델에 집중이 되어야 한다. 소비자는 모든 사람의 행동을 관찰하고 모방하지 않는다. 대개 주의를 끄는 모델은 매력도(attractiveness), 유사성(similarity), 전문성(expertise) 중에 한 가지 이상의 특징을 지녔다. 광고에 인기 연예인, 일반인, 운동 선수나 전문가가 자주 등장하는 이유도 이와 일맥상통한다. 둘째, 소비자가 모델이하는 말이나 행동을 기억할 수 있어야 한다. 그렇기 때문에 관찰 학습이 효과적으로 이루어지려면 모델의 행동과 그 결과가 명확해야 한다. 다시 말하면, 소비자가 "A의 행동을 하면 B의 결과를 가져온다"를 인지할 수 있어야 한다. 셋째, 소비자가 기억 속에 저장한 정보를 꺼내서 행동으로 이행할 수 있어야 한다. 소비자는 실천하기 쉬운 행동을 모방하는 경향이 있다. 고급 커피를 사 마시는 일은 쉽지만, 제대로 만드는 일은 어렵다. 그렇기 때문에 많은 사람들이 다른 소비자의 구매행동을 모방하지만, 바리스타의 행동을 모방하지 않는다. 자선 단체의 광고 속 모델이 봉사활동 참여가 아닌 금전적 지원을 부탁하는 것도 대부분의 소비자가 시간보다는 금전을 할애하는 것을 쉽게 여기기 때문이다. 넷째, 소비자는 관찰한 행동을 실천에 옮기기 위한 동기가 있어야 한다. 광고에 노출이 되어도 소비자가 구매 욕구가 없는 경우 광고 속 모델의 행동을 모방하지 않는다. 즉, 모델이 보여주는 행동이 소비자에게 가치가 있어야 한다.

관찰 학습은 조건화 학습과는 달리 소비자가 직접적으로 자극을 경험하거나 강화나 처벌을 받지 않는다. 때문에 사전 경험을 하지 못하는 제품의 마케팅에 반영하는 것이 좋다. 예를 들면, 다이어트 식품의 경우 사전에 제품의 효능을 제대로 알기가 힘들다. 소비자는 구매에 따른 불확실성을 줄이기 위해 전문가 등의 모델을 통해 약의 효능을 대리 학습할 수 있다. 경험적 속성을 가진 제품과 마찬가지로 신제품과 같이 소비자의 친숙도가 떨어지는 제품의 마케팅에도 관찰 학습을 적용하여 구매의 불확실성을 줄일 수 있다.

(2) 기계적 학습

1) 기계적 학습의 개념

특정한 개념을 학습하거나 두 가지 이상의 개념 사이의 관계를 학습하는 것을 기계적 학습(iconic rote learning)이라고 부른다. 기계적 학습은 연상 학습(associative learning)의 일종이지만, 조건화나 강화가 수반되지 않는다. 많은 소비자가 삼진제약의 게보린을 알고 있는 것은 기계적 학습으로 설명될 수 있다. 삼진제약은 오랫동안 광고나 제품의 포장에 "두통, 치통, 생리통에는 게보린"이라는 메시지를 전달하였다. 게보린을 실제로 사용해보지 않은 소비자도 해당 광고에 반복적으로 노출이 되면서 통증하면 게보린을 연상하게 된다. 이 예에서 알 수 있듯이 무조건 자극이나 직접적인 강화를 제시하지 않더라도 소비자는 두 개념 사이의 관계에 대해 학습할 수 있다.

기계적 학습은 다른 형태의 인지적 학습과는 달리 인지적 노력이나 정교한 정보 처리가 비교적 덜 요구된다. 즉, 저관여 상황에서 특정 메시지에 반복적으로 노출이 되면서 소비자는 그 메시지를 학습하게 되는 것이다. 기계적 학습을 통해 소비자는 제품의 속성에 대한 신념("게보린은 통증을 완화해준다")을 형성할 수 있다. 향후 구매욕구가 생길 때 그 신념에 따라 구매 행동을 보일 수 있다.

2) 기계적 학습의 마케팅 시사점

기계적 학습을 도모하기 위해서는 소비자에게 짧고 강한 메시지를 전달하는 것이 좋다. 그러한 메시지가 인지적 노력을 덜 소모하고 반복을 통해 학습이 쉽게 되기 때문이다. 또한 광고나 제품 포장에 있어서 정보 처리에 방해가 되는 요소를 최소화하는 것이 좋다. 기계적 학습이 잘 되는 광고나 제품 포장은 디자인이 간단하고, 제품 속성 한 가지 이외의 언어적 정보가 거의 없는 것이 대부분이다.

💡 사례: 신세계의 쓱 광고

신세계그룹은 백화점, 이마트 등 각 계열사에 흩어져 있던 온라인 사업부를 2014년에 하나로 합쳐 SSG닷컴을 설립하였다. 기존 고객에게 쇼핑의 편의성을 높이면서 신규 고객을 유치하기 위한 전략이었다. 다만 소비자들한데 새로운 인터넷 쇼핑포털의 주소를 알리려는 노력이 시급하였다.

SSG닷컴은 신세계의 영문 약칭을 따서 만든 깃이다. 이것을 우리말로 그대로 발음하면 "쓱"이다. 쓱을 구성하는 자음은 "ㅅㅅㄱ"으로 신세계라는 단어의 초성과 동일하다. 신세계그룹은 2016년 "쓱"이라는 언어유희적 표현을 내세운 광고 시리즈로 브랜드 인지도를 크게 높였다. 광고 속의 두 연예인은 최소한의 말을 주고 받으며

"김치를 쓱 (주문)해요," "마음에 쓱 들어" 등 쓱이 들어가는 표현을 반복하였다. 그 결과 소비자들이 신세계하면 쓱, 즉 SSG(닷컴)를 기계적으로 학습하게 되었다. 쓱이 신속성을 의미하기도 한다는 점에서 빠른 결제 및 배송 등 신세계 인터넷 쇼핑몰의 편익을 소구하는 데에도 효과적이었다. 광고 속의 영상은 "쓱=신세계=SSG"라는 메시지에 방해되지 않게끔 간결하면서도 고급스러웠다.

(3) 추론 학습

1) 추론의 개념

기계적 학습이 소비자의 저관여 상황에서 이루어진다면, 추론(analyatical reasoning)은 고관여 학습의 일종으로 새로운 정보를 기존 지식망과 연관시켜 이해하는 과정을 말한다. 대개 언어적 정보를 정교하게 처리하면서 지식을 습득하는 과정이기 때문에 인지적 노력이 많이 요구된다. 제품의 설명서를 읽음으로써 사용법을 습득하는 것을 예로 들 수 있다.

추론은 소비자가 새로운 정보를 습득하는 과정에서 기존 지식을 재구성하는 경우가 많기 때문에 창의적 사고력을 요구한다. 추론의 한 유형으로 새로운 상황이나 사물을 이해하기 위해 기존 지식틀을 적용하는 유추(analogical reasoning)가 있다. 유추는 새로운 대상 "A"를 마치 소비자가 알고 있는 대상 "B"에 비유함으로써 전자를 학습시키는 데 목표를 둔다. 이를 테면, 신형 자동차를 운전했을 때의 긍정적 감정을 소비자에게 이해시키려면 지면 광고에서 단순히 "짜릿하다"고 전달하는 것보다 "첫 키스의 경험과도 같다"고 표현하면 소비자에게 자동차의 느낌이 더 와닿을 수 있다. 첫 키스의 경험을 기억 속에서 꺼내어 그때 느꼈던 특별한 감정을 재경험하는 결과를 가져오기 때문이다.

2) 추론의 마케팅 시사점

추론 학습은 속성이 많은 복잡한 제품이거나 고관여 구매상황에서 주로 이루어진다. 이러한 상황에서 소비자는 충동 구매를 하기보다 제품에 대한 이해를 높이기 위해 정보를 찾고 철저히 분석할 가능성이 높기 때문이다. 그 과정에서 인지적 노력이 많이 들기 때문에 소비자가 힘들어할 수 있고 구매를 미루거나 포기할 수 있다. 그래서 기업은 소비자가 추론 학습을 보다 원활하게 하기 위해 마케팅 전략을 잘 세울 필요가 있다.

우선, 소비자에게 제품에 대한 충분한 정보를 제공할 필요가 있다. 공산품의 경우 제품 포장에 보통 상세한 성분표나 원산지, 제조일자, 유통 기한, 용량 등이 명시되어 있는 것도 이와 일맥상통한다. 소비자가 제품을 구매하기 전에 위와 같은 정보를 찾을 가능성이 높기 때문이다. 또한, 매장에서는 소비자를 설득할 수 있는 선문 지식을 가진 직원을 채용하고 훈련시키는 노력이 필요하다. 전세계 애플스토어에서는 소비자가 어느 직원에게 도움을 청해도 자사 제품에 대한 설명을 원활히 하도록 철저한 직원 교육을 시키고 있다. 광고 등 제품의 촉진에 있어서 신빙성이 있는 주장을 펼칠 필요가 있다. 저관여 상황과는 달리 설득력이 약한 광고가 구매행동으로 이어지는 경우가 드물기 때문이다. 요즈음에는 인터넷 쇼핑이 늘어나면서 제품 범주군을 바탕으로 온라인 필터를 상세히 만들거나 (의류>여성의류>상의>티셔츠) 추천 상품을 부각시킴으로써 소비자의 정보처리를 도와주는 사이트가 많아지고 있다. 이러한 기업의 노력도 추론 학습을 도모한다고 볼 수 있다.

▌기억

(1) 기억의 기능과 구조

기억은 학습을 통해 정보를 습득하고 오랜 시간 동안 저장하여 필요한 상황에서 꺼낼 수 있기 위한 일련의 과정을 말한다. 기억을 연구하는 학자들은 인간의 사고가 컴퓨터와 비슷하다고 보고, 컴퓨터가 데이터를 유입, 저장, 산출하듯이 인간의 기억에도 세 단계가 있다고 본다. 첫 번째 단계는 부호화(encoding) 과정으로 기억에서 처리할 수 있는 형태로 정보가 유입이 되는 것을 말한다. 단기기억에 저장되는 정보는 대개 특정한 색깔이나 모양 등 감각석 의미를 지닌 것이 많다. 예를 들어 환타를 처음 마신 소비자는 음료수의 독특한 색깔로 제품을 기억할 가능성이 많다. 장기기억에 유입이 되고 저장되는 정보는 보다 의미있는 형태를 지닌다. 환타를 표면적인 속성 한 가지로만 기억하지 않고, "오렌지맛이 나는 탄산 음료"와 같이 제품에 의미를 부여한 소비자는 해당 브랜드를 장기기억에 보관할 가능성이 높아진다. 두 번째 단계는 저장(storage) 단계로, 부호화 과정을 거친 정보가 기억 구조에 놓여지는 것을 말한다. 단기기억이든 장기기억이든 정보를 저장하기 위해서는 보통 시연(rehearsal)이 요구되는데, 정보의 부호화 형태에 따라 시연의 방법도 달라진다. 마지막 단계는 인출(retrieval)로 저장한 정보를 기억으로부터 꺼내는 것을 말한다. 소비자는 제품에 대한 정보를 인출할 수 있어야만 그 정보를 가지고 의사결정을 내릴 수 있다. 때문에 기업 입장에서는 소비자의 정보 습득과

| 그림 5-2 | 기억의 세 단계 |

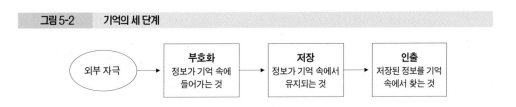

인출 모두를 도울 수 있는 마케팅 전략을 세우는 것이 중요하다.

기억 학자들은 인간이 다중기억구조를 가지고 있다고 본다. 다중기억구조 모델(multiple store model of memory)에 의하면 기억은 감각기억(sensory memory), 단기기억(short-term memory)과 장기기억(long-term memory)으로 구성되어 있다. 소비자의 정리처리 과정은 환경에 있는 자극 또는 정보가 감각 기관으로부터 감지되면서부터 시작된다. 감각 기관이 정보에 노출되면 그 정보는 자동적으로 감각기억에 유입이 된다. 감각기억은 정보를 매우 짧은 시간(몇 초에 불과한 시간) 동안 보유하나, 주의가 기울어지는 일부 정보는 단기기억으로 이전된다. 소비자는 하루에도 수백개의 광고에 노출이 되지만, 주의를 기울어지 않는 이상 광고가 기억이 나지 않는 것도 대부분의 광고가 감각기억에서 사라지기 때문이다. 단기기억에 유입된 정보는 시연을 거쳐 장기기억으로 이전된다. 시연되지 않는 정보는 망각된다. 장기기억에 유입된 정보는 차후 필요한 상황에서 단기기억으로 인출이 되어야만 사용 가능해진다.

(2) 단기기억

1) 단기기억의 특성

감각기억으로부터 유입된 일부 정보는 단기기억에 놓여진다. 단기기억은 현시점에 필요한 활성화된 정보만 임시적으로 저장하는 곳으로 운영기억(working memory)으로도 불린다. 소비자의 구매에 영향을 미친 요소가 브랜드의 친숙도, 가격, 그리고 제품의 디자인이라면 이 세 가지 정보만이 단기기억 안에서 유지되었기 때문인 것이다.

단기기억이 처리할 수 있는 정보는 대부분 청각적 정보의 형태를 띤다. 시각적 정보나 언어적 정보도 대부분 청각적 정보로 부호화되어 저장된다. 예를 들면, 처음 접한 브랜드명을 제품의 포장을 통해 알게 되었다 하더라도 그것을 기억하려면 대개 브랜드명을 머릿속에 청각적으로 되뇌게 된다. 단기기억 속의 정보를 더 오래 처리하기 위해서는 시연(rehearsal)을 통해 정보를 유지하거나 장기기억으로 이전시켜야만 한다. 정보를 단기기억 내에 계속해서 보관하려면 유지 시연(maintenance rehearsal)을 해야 하는데 청각적 정보일 경우 반복적으로 되뇌는 것을 말하며, 시각적 정보일 경우 시가적 형상을 머릿속에서 그리는 것을 말한다. 정보를 상기기억으로 이전시키기 위해서는 단기기억 내의 정보에 의미를 부여하는 작업을 거쳐야 하는데 이를 정교화 시연(elaborative rehearsal)이라고 부른다. 즉, 정보를 감각적인 형태에서 의미적인 형태로 부호화하는 것을 말한다.

단기기억은 제한된 용량 때문에 한번에 많은 정보를 처리하지 못하는 특성이 있다. Miller에 의하면, 어느 시점에서든 단기기억이 처리할 수 있는 정보의 양이 7±2(5개 내지 9개) 단위에 국한되어 있다. 대부분의 전화번호가 7개의 숫자로 만들어진 이유도 이와 같은 이유에서이다. 단기기억에 보다 많은 정보를 저장하려면 정보 단위를 묶음으로써 단위수를 감소시키는 방법이 있다. 이 과정을 청킹(chunking)이라고 부른다. 신용카드 번호가 16개의 숫자로 이루어졌어도 많은 소비자가 자신의 신용카드 번호를 외울 수 있는 이유는 청킹 때문이다. 보통 신용카드 번호를 네 숫자로 묶어 열여섯 단위가 아닌 네 개의 단위로 외우기 때문에 가능한 것이다.

2) 단기기억을 증대시키기 위한 마케팅 전략

마케팅 전략에도 청킹을 반영하면 소비자가 제품에 대한 보다 많은 정보를 기억할 수 있다. 예를 들어 브랜드명이나 로고, 광고 음악, 두문자어(acronym) 등을 활용하여 제품에 대한 많은 정보를 소비사에게 건달할 수 있다. 예를 들면, 롯데캐슬이라는 브랜드를 기억하는 소비자의 경우 브랜드명 하나로부터 제품 범주군(아파트)에서부터 건설사(롯데), 고급스러운 이미지(성과 같은 집), 튼튼한 공사(성벽), 상류층(귀족) 등 제품 속성에 대한 여러 가지 연상을 하게 된다. 즉, 하나의 정보 단위(브랜드명)가 여러 정보를 압축한다고 볼 수 있다. 브랜드 로고의 경우도 비슷하다. 나이키(Nike)의 스우시(swoosh) 로고를 보고 날개, 속력, 승인, 미소 등 소비자의 태도에 긍정적 영향을 미칠 만한 연상을 떠오를 수 있다.

그림 5-3	단기기억과 장기기억의 비교			
	용량	저장 시간	정보 손실의 이유	정보의 부호화
단기기억	7±2 정보 단위	20초 내외	시연의 실패	청각적 형태
장기기억	무제한	영구 저장	인출의 실패	의미적 형태

(3) 장기기억

1) 장기기억의 특성

장기기억은 정보를 오랫동안 저장할 수 있으며 무한한 용량을 가진 것이 특징이다. 단기기억에 있는 정보가 장기기억에 유입되려면 정교화 시연을 거쳐야 한다. 정교화 시연은 장기기억 속에 이미 저장된 지식을 토대로 새로운 자극에 의미를 더하는 것을 말한다. 광고 슬로건이나 음악을 통해 소비자의 정교화 시연을 도울 수 있다. 예를 들면, "침대는 과학입니다"라는 슬로건으로 유명한 에이스침대는 소비자로 하여금 자사 제품이 과학적으로 만들어져 편안하다는 인식을 기억 속에 심어준다.

장기기억 속에 저장한 정보는 크게 서술적 지식(declarative knowledge)과 절차적 지식(procedural knowledge)으로 분류된다. 서술적 지식에는 개인의 일상 경험에 관한 기억을 나타내는 사건적 지식(episodic memory)과 개념, 사실, 상식 등에 관한 기억을 나타내는 의미적 지식(semantic memory)이 있다. 소비자가 빅맥이 맥도날드에서 파는 햄버거라는 것을 기억한다면 이는 의미적 지식의 일부로 볼 수 있다. 반면, 어렸을 때 가족들과 맥도날드를 방문해서 빅맥을 처음으로 주문했던 기억이 난다면 이는 사건적 지식의 일부로 볼 수 있다.

서술적 지식이 소비자가 의식적으로 기억하고 있는 정보라면, 절차적 지식은 소비자가 무의식적으로 기억하고 있는 정보이다. 어떤 일의 수행 절차, 몸에 익은 제품의 사용법, 운동법 등이 여기에 해당된다. 이를테면, 악기 연주나 자동차를 운전하는 방법은 누군가에게 명시적으로 설명하지 못하더라도 무의식적으로 수행할 수 있는 것이다. 이는 소비자가 장기기억 속에 연주와 운전에 관한 절차적 지식이 들어있기 때문이다.

2) 지식의 구조

기억을 연구하는 학자들은 연상망 모형(associative network model)을 통해 장기기억의 구조를 설명한다. 연상망 모형은 사람이 가진 지식을 점(node)과 연결고리(link)로 표현하며, 그 결과 지식의 구조가 거미줄과 같이 복잡한 연상망의 형태를 띤다. 연상망에 있는 각각의 점은 특정 대상이나 개념을 나타내며, 두 개의 점을 연결하는 고리는 이들 개념의 관련성을 나타낸다. <그림 5-4>는 어느 소비자의 맥도날드에 관한 연상망의 보여주는 것이다.

<그림 5-4>에서 알 수 있듯이 각각의 점은 브랜드명, 브랜드의 속성, 제품 범주 등을 나타내며, 관련성이 있는 개념들은 연결고리로 서로 이어져 있다. 소비자가 단기기억 내에 새로운 정보를 처리하게 되면 이를 장기기억 속에 서상하기 위해 관련 개념을 기존 지식과 연관 지어야 한다. 그러하기 위해서 기존 지식을 활성화시켜야 한다. 특정 개념이 활성화된다는 것은 장기기억에 있는 정보가 단기기억으로 이전이 된다는 것을 의미하기도 한다. 하나의 개념이 활성화되면 그 개념과 연결된 다른 개념도 활성화가 된다. 이 현상을 두고 활성화의 확산

그림 5-4   연상망의 예 (맥도날드에 대한 스키마)

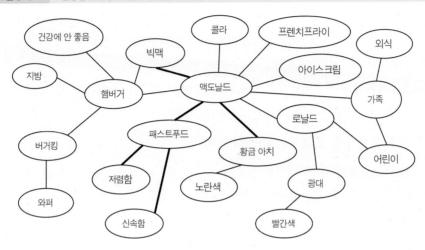

(spreading activation)이라고 부른다. 이때 관련성이 높은 개념이 먼저 활성화되며, 관련성이 상대적으로 낮은 개념은 나중에 활성화된다. 그림에서 언결고리의 두께가 두 개념 사이의 관련강도(association strength)를 대변한다. 맥도날드라는 브랜드가 활성화되면, 관련성이 높은 빅맥과 패스트푸드가 먼저 떠오르게 되며, 콜라, 햄버거, 아이스크림 등 관련성이 보다 낮은 개념들은 그 이후에 활성화될 것으로 예측할 수 있다.

연상망 모형에서 연결고리는 개념 사이의 관계를 나타내는 동시에 소비자가 가지고 있는 신념을 대변하기도 한다. 예를 들면, 그림에서 소비자는 패스트푸드는 저렴하다는 신념을 가지고 있다. 두 개 이상의 신념이 모여 만들어진 지식 구조는 스키마(schema)라고 부른다. 스키마는 특정 대상에 관한 소비자의 모든 생각을 담고 있는 연상망을 말한다. <그림 5-4>는 특정 소비자의 맥도날드에 관한 스키마로 간주할 수 있다. 소비자가 새로운 정보를 처리할 때 기존의 스키마와 부합하는 정보는 보다 빨리 처리되는 경향이 있다. 예를 들면, 맥도날드에서 개발한 신제품이 저렴하다면 이는 기존에 가지고 있는 맥도날드의 속성과 일치하므로 소비자는 신제품을 보다 쉽게 받아들일 가능성이 있다. 반면에, 신제품의 가격이 너무 높다면, 소비자의 기존 스키마와 일치하지 않는 정보로 인식이 되어 정보처리에 있어 어려움을 경험할 것이다.

스키마 중에 특정 상황의 순차적 절차를 나타내는 것을 스크립트(script)라고 부른다. 소비자는 특정 서비스에 대한 스크립트를 기억 속에 저장하는 경우가 많다. 예를 들면, 비행에 관한 스크립트가 있을 수 있다. 공항에 도착해서 항공사 카운터에 가서 줄서는 것, 발권 및 수하물 처리 등 수속을 밟는 것, 이민국을 통과하는 것, 면세점을 구경하는 것, 탑승 게이트에 가서 대기하는 것 등 마음 속에 비행에 관한 순차적인 절차를 가지고 있을 수 있다. 간혹 스크립트에서 벗어나는 경험을 할 경우, 소비자는 기대에 어긋난 상황에 불만을 가질 수 있으며 서비스를 부정적으로 평가할 수 있다. 예를 들면, 발권 및 수하물 처리를 위한 수속이 오래 걸려 면세점을 들르지 못하고 바로 탑승하게 될 경우 항공사에 대한 불만을 가질 수 있다.

3) 정보의 인출을 도와주는 마케팅 전략

장기기억으로부터 단기기억으로 정보가 활성화되기 위해서는 다음과 같은 특성을 지녔을 때 용이해진다. 첫째, 친숙도가 높은 자극일수록 활성화가 쉽게 된다. 소비자가 제품에 많이 노출되거나 많이 사용할수록 제품에 대한 정보를 기억하기 쉽다. 기업들이 브랜드 인지도를 중요하게 생각하는 것도 소비자가 구매상황에서 자사 브랜드를 떠오르고 선택하기를 바라기 때문이다.

둘째, 현저한 자극일수록 활성화되기 쉽다. 독특한 자극일수록 다른 자극들 사이에서 두드러져 보이며 소비자의 주의를 끌기가 쉽다. 때문에 정보처리가 용이해지면서 상대적으로 인출도 쉬워지게 된다. 자극이 새롭게 인지될수록 회상이 잘 되는 현상을 von Restorff효과라고 부른다. 기발한 광고나 독특한 디자인이 기억에 남는 것도 이 때문이다.

셋째, 시각적 정보가 언어적 정보보다 주의를 끌기 때문에 차후에 기억하기도 쉬워진다. 또한 시각적 정보는 대개 정보 단위 수가 언어적 정보보다 적기 때문에 정보처리에 있어 상대적으로 쉬운 경향이 있다. 공익 광고에서 언어적 정보 대신 인포그래픽(infographic)이 각광받고 있는 것도 이와 일맥상통한다.

넷째, 자극의 제시 순서가 정보의 인출에 영향을 미칠 수 있다. 사람은 일련의 자극 중 보통 처음에 제시된 자극과 가장 나중에 제시된 자극을 쉽게 기억하는 경향이 있다. 초기 정보를 잘 기억하는 현상은 초기 효과(primacy effect)라고 부르며, 최종적으로 제시한 정보를 잘 기억하는 현상은 최신 효과(recency effect)라고 부른다. 영화나 텔레비전 프로그램에 제품을 삽입하는 간접광고일 경우, 프로그램의 시작이나 후반부에 광고하는 것이 중반부보다 효과적인 이유도 이 때문이다.

마지막으로, 인출 단서를 제공함으로써 정보의 회상을 돕는 방법이 있다. 특정 제품의 인출 단서는 브랜드명, 로고, 음악, 색깔 등 다양한 요소가 될 수 있다. 여기서 중요한 것은 인출 단서가 타사 제품은 활성화시키지 않도록 해당 제품과 관련성이 특히 높아야 한다. 앞서 살펴본 맥도날드의 연상망에서 햄버거는 맥도날드를 활성화시키지만, 버거킹도 활성화시킬 수 있기 때문에 맥도날드가 쓰기 적합한 인출 단서가 되지 못한다. 대신, 황금 아치나 로날드는 맥도날드와 연결된 고유한 개념이기 때문에 보다 적합한 인출 단서가 될 수 있다. 때로는, 소비자가 처한 상황 자체가 인출 단서가 될 수 있다. 상태 의존 인출(state-dependent retrieval)은 소비자가 정보를 필요로 하는 인출 시점의 상황이 정보에 처음 노출된 상황과 비슷할수록 그 정보를 회상할 가능성이 높은 현상이다. 예를 들면, 아름다운 광고 영상을 본 후 해당 제품을 구매하려고 매장을 방문했을때 매장도 똑같이 아름답다면 광고에서 학습한 제품 정보를 인출할 가능성이 높다.

🔍 사례: 무학의 좋은데이

상태 의존 인출을 소비자의 브랜드 학습에 활용하려 해도 기업이 소비자를 특정 상태로 만들기는 쉽지 않다. 그래서 대부분의 경우 기업들은 소비지를 어떤 상태로 만들기보다는 소비자가 자사의 브랜드를 인출하면 구매로 이어지기 쉬운 상태로 있을 법한 장소를 찾아가는 방식을 택한다.

저도소주를 내세워 참이슬과 처음처럼이 양분하던 소주시장을 삼파전으로 뒤바꾼 무학의 '좋은데이'가 수도권 시장에 진출하면서 사용한 프로모션 방법은 술자리로 찾아가는 것이었다. '좋은데이'를 주문하거나 가위바위보, 뽑기 등 작은 이벤트에 참여한 소비자들이 받게 되는 것은 볼펜, 물티슈 등 작은 판촉물이지만 이런 과정을 통해 소비자의 기억 속에는 '좋은데이'라는 브랜드가 저장된다. 술에 취한 상태에서 저장된 '좋은데이'라는

이름은 다음 번에 다시 술에 취했을 때 보다 잘 인출될 것이고, 브랜드가 인출되었을 때 이것이 구매로 이어지거나 점차 친숙한 브랜드로 자리매김할 것을 기대할 수 있는 것이다.

(4) 기억의 측정

기억을 측정하는 방법에는 두 가지가 있다. 회상(recall)은 소비자 스스로가 기억 속에서 정보를 인출하여 제품이나 광고의 기억 여부를 측정하는 것이다. 재인(recognition)은 소비자에게 광고나 제품을 차례대로 보여주며 기억 여부를 측정하는 것이다. 회상과 재인은 보통 결

과가 비슷하지만, 때로는 다른 결과를 가져올 수 있다. 재인은 인출 단서를 소비자에게 제공하기 때문에 회상보다 좋은 결과를 낳는 경우가 많다.

제품군에 따라 회상이 보다 중요한 측정법이 될 수 있다. 소비자가 외부 환경에 제품 정보가 없는 상황에서 구매의사결정을 내릴 경우, 회상을 통한 기억 측정법이 중요하다. 예를 들어, 식당을 정할 때 소비자들은 보통 기억 속에서 대안을 찾는다. 이러한 상황에서 소비자가 특정 식당을 회상할 수 있는 것이 중요하기 때문에 광고나 촉진을 통해 식당의 인지도를 높이는 일이 중요할 것이다. 반대로, 외부 환경에 제품 정보가 제공되는 상황에서 의사결정을 하는 경우 재인을 통한 기억 측정이 보다 의미가 있다. 예를 들어, 상점에서 과자를 고르는 경우 소비자가 자사 제품과 경쟁 제품을 분별할 수 있는 능력만 있으면 되기 때문에 제품의 친숙도나 독특한 포장을 통해 제품을 알리려는 노력이 중요하다.

회상이나 재인을 통해 제품에 대한 정보를 기억하지 못하면 정보가 망각되었다고 봐야 된다. 망각을 일으키는 대표적인 원인은 두 가지가 있다. 첫 번째, 시간의 흐름에 따른 정보의 쇠퇴(decay)이다. 기억 속에 있는 정보가 활성화되지 않다 보면 차차 다른 개념과의 연결고리가 약해져 기억에서 사라지게 될 수 있다. 오래전에 저장한 정보일수록 잘 생각이 안 나는 이유가 정보의 쇠퇴 때문일 가능성이 있다. 두 번째 원인은 경쟁 정보의 방해(interference)에 의한 망각이다. 기존 지식이 새로운 정보의 인출을 방해한다면 이는 선입 정보 방해(proactive interference)라 부르며, 반대로 새로운 정보가 기존 지식의 인출을 방해한다면 후입 정보 방해(retroactive interference)라 부른다. 새로 이사했을 때 새 집의 우편번호를 외워야 되는데, 옛 우편번호가 자꾸 생각난다면 선입 정보 방해의 예로 볼 수 있다. 반대로, 새 집의 우편번호를 외움으로써 옛 우편번호가 생각나지 않는다면 이는 후입 정보 방해의 예로 볼 수 있다. 방해를 완화하기 위한 방법으로는 자사 제품의 친숙도나 현저성을 높임으로써 인출의 용이성을 높이는 것을 생각해볼 수 있다.

💬 토론사례: 모델링 그리고 모델/소비자 특성의 영향

　심리학에서 오랫동안 연구되어온 모델링(modeling)은 유명인이 등장하는 TV나 라디오를 사용한 광고 효과를 설명할 수 있는 이론이다. 특히 대리학습(vicarious learning)으로 불리듯이 연예인이나 스포츠 스타의 행동과 그 결과를 관찰하게 함으로써 소비자의 행동을 변화시키고자 하는 목적으로 사용되고 널리 사용되고 있다.

　가장 보편적인 유형은 공개적 모델링(overt modeling)으로서 소비자가 제품과 관련된 타인의 행동을 보고 그 결과가 만족스럽다는 점을 확인하여 구매에 이르게 하는 방법이다. 이는 가장 고전적인 광고의 방식으로서 유명인이 직접 제품을 사용하고 만족함을 표시하는 방식으로 진행된다.

　이는 모델이 신뢰할 수 있거나 긍정적으로 이미지를 지녔을 경우 1차적으로 커지게 되나, 소비자가 모델에 느끼는 동질감에 따라 그 효과가 커지게 된다. 따라서 단순히 모델의 매력도가 아니라 소비자가 느끼는 동질감과 신뢰의 수준을 어떻게 확보할 수 있는가가 광고의 성공을 좌우하게 된다.

　특히 소비자가 모델의 행동 결과에 대해 가치를 부여하기 위해서는 모델에 대한 신뢰를 확보해야 한다. 따라서 고급스럽고 세련된 이미지를 가진 모델을 등장시킴으로서 소비자의 일차적인 신뢰를 확보할 수 있게 된다. 예를 들어 직접적인 모델의 행동이 드러나지 않더라도 모델이 보유한 신뢰감을 제품이나 기업이미지에 전이하려는 광고를 자주 볼 수 있다.

　동질감에 대한 예는 보험업계의 광고이다. 동일한 보험업종이나 최근 생명보험과 손해보험은 차별화된 광고 모습을 보여주고 있다. 장기적인 계약기간을 가진 생명보험의 경우 생애주기별로 소비자의 신뢰와 동질감을 확보할 수 있는 비유명모델을 활용하고 있는 반면, 다양한 주기, 온라인 등 새로운 방식의 구매를 적극 유도해야 하는 손해보험의 경우 유명 모델을 통한 모델링을 적극 활용하고 있는 점이 두드러진다.

　실제로도 국내 생명보험사들 중 유명연예인을 모델로 활용하는 사례는 적어지고 있으며, 오히려 비공개적 모델링 방식인 내러티브를 같이 활용하고 있는 추세로 전환 중이다. 비공개적 모델링은 앞서의 공개적 모델링과는 달리 실제의 행동과 결과를 직접 보여주지 않는 대신, 모델이 해당 상황에서 취할 내용을 상상하게 만드는 방식이다. 소비자는 비유명 모델의 지난 수십년간의 회고와 앞으로 수십년의 미래를 들으면서 공감을 이룰 수 있게 된다.

　또한 이러한 모델화된 행동이 뚜렷하고 그럴듯 할수록, 그리고 그 결과가 진실처럼 (plausible) 느껴질수록 모델링의 효과는 더 커지게 된다. 따라서 더욱 생동감있고 소비자의 상황을 재현하는 광고가 확대

되고 있는 반면, 언어적 모델링과 같이 행동 결과 없는 비언어적 모델링이 최근 TV에서도 확대되고 있다. 이는 보편적인 시각화 전달과 달리 소비자의 경험이나 감정에의 호소를 극대화하기 위한 전략이다.

💬 토론문제

① 모델링은 어떠한 조건에서 효과가 발생하는가?

② 비공개적 모델링을 사용하는 경우가 증가하는 이유는 무엇인가?

③ 다양한 산업에서 모델을 선정하여 활용하는 방안을 토론해 보시오.

태도

CHAPTER 06 | 태도

♟ 도입사례

서울에 거주하는 H씨는 평소에 건강과 환경에 많은 관심을 가지고 있는 40대 직장인이다. 봄철을 맞아 중국으로부터 황사와 스모그가 유입되면서 서울의 공기 질은 악화되었고 건강에 치명적인 영향을 미친다고 알려진 미세먼지도 심각한 수준에까지 이르게 되면서 H씨는 건강을 위해 올 봄에는 가정용 공기청정기를 반드시 구입해야겠다고 마음먹었다.

요즘 시중에서 판매되는 공기청정기 제품으로 어떤 것이 있는지 생각해본 H씨는 최근에 TV 광고를 통해 보았던 A 브랜드 제품을 떠올렸다. A 브랜드 제품의 TV광고는 우수한 공기청정기능을 인상적인 영상으로 소개하였기 때문에 우연히 그 광고를 보았던 H씨도 광고는 물론 그 제품에 대해서도 좋은 느낌을 갖고 기억하고 있었다. H씨는 머릿속에 떠오른 A 브랜드 제품 이외에 다른 제품에 대해서도 알아보기 위해 인터넷을 검색하고, 백화점과 할인마트의 전자제품 매장도 방문한 결과, 가격 대비 성능이 뛰어난 B 브랜드 제품을 알게 되었다. 공기청정기를 사용하고 있는 주변 사람들도 B 브랜드 제품을 추천하였다. 결국, H씨는 공기청정기를 구매하기 위해 A 브랜드 제품과 B 브랜드 제품을 놓고 비교하기로 했다.

두 제품을 비교하는 평가 기준을 중요도에 따라 공기청정기능, 가격, 디자인 순으로 설정하였고 세 가지 기준에 따라 각각의 제품을 평가한 점수를 합산하여 어느 제품이 높은 점수를 얻는지 알아보기로 하였다. 공기청정기능에 있어서는 두 제품의 차이가 크지 않은 것으로 나타났으나, 가격에서는 A 브랜드 제품이 우수하였고, 디자인에서는 B 브랜드 제품이 우수한 것으로 나타났다. 최종적으로는 A 브랜드 제품이 B 브랜드 제품보다 합계점수가 높게 나와서 H씨는 A 브랜드 제품에 대해 더 호의적인 태도를 형성한 것으로 나타났다. I씨는 타당하고 합리적인 결과라고 생각하면서 A 브랜드 제품에 대한 확신을 갖게 되었다.

A 브랜드 제품에 대한 자신의 높은 태도점수를 확인한 H씨는 A 브랜드 제품을 구매하기 위해 대형할인마트의 전자제품 매장을 방문하였는데, H씨는 매장에서 B 브랜드 제품의 가격할인행사가 진행되고 있는 것을 발견하였다. B 브랜드 제품의 가격할인 폭이 무시할 수 없을 정도로 큰 편이어서 H씨는 고민을 하다가, 원래 구매하기로 했던 A 브랜드 제품 대신에 호의적인 태도를 형성하지 않았던 B 브랜드 제품을 구매하게 되었다. 제품의 여러 가지 속성에 대한 신념과 이를 통해 긍정적인 태도를 형성하였던 A 브랜드 제품 대신에 호의적인 느낌을 갖지 못했던 B 브랜드 제품을 구매한 H씨는 자신의 생각과 다른 행동을 하였다는 점 때문에 구매 이후에 내내 마음이 불편하였다. 심리적 불편함을 겪던 H씨는 마침내 다음과 같이 생각을 정리하였다. 즉, H씨는 '내가 A 브랜드 제품을 좋아한 것은 맞지만, B 브랜드 제품을 좋아하지 않거나 싫어했던 것은 아니야, B 브랜드 제품 역시 내가 좋아했던 제품이고 나는 내가 좋아하는 제품을 구매한 것뿐이야'라고 정리하자 마음속의 불편함도 줄

어들고 B 브랜드 제품에 대한 태도가 긍정적으로 변화되는 것을 알게 되었다. H씨는 다음에 공기청정기를 하나 더 구매하게 될 경우에는 B 브랜드 제품으로 구매해야겠다고 생각하였다.

위의 도입사례에서 살펴본 바와 같이 소비자의 제품에 대한 태도는 구매의사결정과정의 문제 인식, 정보 탐색, 대안 평가의 결과로 형성될 뿐만 아니라 정보처리과정의 노출, 주의, 이해의 단계를 거쳐 형성되기도 한다. 또한 소비자의 제품에 대한 태도는 이후 여러 가지 원인과 경로를 거쳐 변화될 수 있다. 이와 같이 소비자의 태도는 구매의사결정과정과 정보처리과정을 연결시켜주는 핵심적인 고리 역할을 하고 있으며, 구매의 바로 앞 단계에 위치하여 구매를 예측하는 가장 확실한 지표로서의 역할도 하고 있다. 또한 소비자의 태도는 구매의사결정과정의 이전 단계인 문제 인식, 정보 탐색, 대안 평가와 정보처리과정의 이전 단계인 노출, 주의, 이해의 성과지표로서의 역할을 한다고 할 수 있다. 마지막으로 소비자의 태도는 마케터의 효과적인 전략과 노력에 따라 변화될 수 있기 때문에 향후 전략적 방향지표로서의 기능도 한다고 할 수 있다.

본 장에서는 이와 같이 소비자행동에서 중요한 위치를 차지하는 태도에 대해 살펴보기로 한다.

▌태도의 형성

(1) 태도의 개념

1) 태도의 의의

태도는 사람이나 사물과 같은 어떤 대상에 대해 일관성 있게 호의적 또는 비호의적으로 반응을 나타내려는 학습된 신유성향(learned predisposition)이라고 할 수 있다. 마케팅에서 어떤 소비자가 어떤 상표나 점포 및 광고에 대해 가지고 있는 태도는 소비자의 구매행동에 영향을 미치는 중요한 요인으로 인식되고 있다.

2) 태도의 구조

태도의 구조에 대한 전통적 견해(삼각이론)에 따르면 태도는 인지(cognition), 감정(affect), 의욕(conation)의 세 부분으로 구성되어 있다고 본다. 여기서 인지는 대상에 대한 주관적인 지식이나 신념을 의미하고, 감정은 대상에 대한 긍정적 또는 부정적 느낌을 의미하며, 의욕은 대상을 향해 행동하고자 하는 성향을 의미한다. 이와 달리 태도의 구조에 대한 최근의 견해

(단일차원이론)에 따르면 인지, 감정, 의욕 중 감정만을 태도로 보고, 인지와 의욕은 태도와는 별개의 요소로 보고 있다. 즉, 인지와 의욕은 태도로부터 분리되어 각각 태도에 영향을 미치는 신념과 태도로부터 영향을 받는 구매의도로 개념화시켰다. 소비자가 어떤 제품에 대해 학습하여 제품에 대한 신념이 형성되면, 이는 제품에 대한 태도에 영향을 미치고 결과적으로는 구매의도에 영향을 미치는 것으로 볼 수 있다.

3) 태도의 특성

태도는 다음과 같은 특성을 가진다. 첫째, 태도는 지속적이다. 소비자가 어떤 제품에 대해 가지는 태도는 일시적인 것이 아니라 몇 주, 몇 개월 또는 그 이상 동안 계속 유지될 수 있는 것이다. 둘째, 태도는 후천적으로 학습된 것이다. 소비자가 어떤 제품에 대해 가지는 태도는 선천적인 것이 아니라 구매경험 또는 소비경험을 통해 후천적으로 학습되고 습득되는 것이다. 따라서 소비자의 태도는 마케터의 광고나 인적 판매, 소비자의 새로운 경험을 통해 변경될 수 있다. 셋째, 태도는 방향성과 강도를 가지고 있다. 소비자가 어떤 제품에 대해 가지는 태도는 긍정적 또는 부정적인 방향으로 나타나고, 그 정도에 있어서도 소비사와 제품에 따라 차이를 보인다. 넷째, 태도는 직접 관찰할 수 없다. 소비자가 어떤 제품에 대해 가지는 태도는 외적으로 관찰할 수 없고 질문 등의 방법을 통해 간접적으로 측정하여 추론할 수 있을 뿐이다.

4) 태도의 유용성

태도는 마케팅에서 다음과 같은 유용성을 갖는다. 첫째, 태도를 통해 소비자의 행동을 예측할 수 있다. 소비자가 어떤 제품에 대해 긍정적인 태도를 가질수록 그 소비자는 그 제품을 구매할 가능성이 높다고 할 수 있다. 반면에 소비자가 어떤 제품에 대해 부정적인 태도를 가질수록 그 소비자는 그 제품을 구매할 가능성이 낮다고 할 수 있다. 즉, 소비자 구매의사결정단계 중 구매행동 바로 앞의 단계인 태도는 소비자의 구매행동을 예측하는 가장 확실한 지표라고 할 수 있다. 둘째, 태도는 시장세분화의 지표로 활용될 수 있다. 즉, 전체 소비자를 특정 상표에 대해 긍정적 태도를 가진 집단과 부정적 태도를 가진 집단, 긍정적이지도 부정적이지도 않은 집단으로 세분화할 수 있다. 셋째, 태도는 마케팅활동을 평가하는 유용한 지침이다. 소비자가 어떤 제품에 대해 긍정적 태도를 가지고 있다는 것은 소비자 구매의사결정과정의 문제 인식단계, 정보 탐색 및 대안 평가의 단계에서 그 제품과 관련된 마케팅활동이 성공적으로 수행되었음을 보여주는 것이라고 할 수 있고 소비자 정보처리과정의 노출, 주의, 이해 및 기억의 단계에서도 그 제품과 관련된 마케팅활동이 잘 이루어졌음을 나타내는 것이라고 할 수 있다. 즉, 소비자의 태도는 그 태도를 측정할 시점의 그 제품에 대한 마케팅활동의 성패를 반영하는 성적표라고 할 수 있다.

(2) 태도의 기능

Katz에 따르면 태도는 다음과 같은 네 가지 기능을 가지고 있다.

1) 실용적 기능

소비자는 소비자가 부담하는 비용보다 제품으로부터 얻는 편익이 큰 제품, 즉 실용적인 제품에 대해 긍정적 태도를 형성하게 된다. 즉, 어떤 제품이 소비자에게 실용적일수록 소비자는 그 제품에 대해 긍정적인 태도를 형성하게 된다고 할 수 있다. 예를 들어, 자동차의 연비가 동급의 다른 차량에 비해 높은 A 자동차는 소비자에게 실용적 기능을 제공하게 되어 긍정적 태도를 형성하게 될 가능성이 높다.

2) 가치표현적 기능

소비자는 소비자의 자아개념과 중심가치를 표현하는 제품에 대해 긍정적 태도를 형성하게 된다. 즉, 어떤 제품이 소비자의 자아개념과 일치하는 가치 또는 소비자가 중요하게 생각하는 가치를 제공할수록 소비자는 그 제품에 대해 긍정적 태도를 형성하게 된다. 예를 들어, 활동적인 삶의 방식과 도전적인 가치를 추구하는 소비자들은 SUV 차량이 그러한 가치를 표현하고 있다고 생각하고 긍정적인 태도를 형성하게 될 가능성이 높다.

3) 자아방어적 기능

소비자는 자신의 단점과 약점이 드러나지 않게 보완해서 자신을 지켜줄 수 있는 제품에 대해 긍정적 태도를 형성하게 된다. 즉, 어떤 제품이 소비자가 가지고 있는 단점과 약점을 부각시키지 않고 가려주거나 보완해주어서 소비자를 보호해줄수록 소비자는 그 제품에 대해 긍정적 태도를 형성하게 된다. 예를 들어, 평소 자신의 입 냄새로 다른 사람에게 불쾌감을 주고 있다고 불안해하는 사람은 구취제거제에 대해 긍정적 태도를 형성할 가능성이 높다.

4) 지식통합적 기능

태도는 여러 가지 제품과 관련한 정보를 보관하는 창고라고 할 수 있다. 소비자들은 여러 가지 매체를 통해 정보를 받아들이고 이를 어떤 형태로 보관하게 되는데, 이 경우에 정보를 평가하고 해석하며 실제 구매할 때 내릴 잠재적 결정, 즉 제품에 대한 태도를 개발하여 보관하게 된다. 이때 태도는 제품에 대한 여러 가지 지식, 경험, 정보를 요약하는 기능을 수행하게 되고 어떤 제품에 대해 소비자가 갖는 태도는 그 제품을 지각하는 데 하나의 지침으로서 기능하게 된다.

(3) 태도의 형성 : 다속성태도모델

1) 인지적 학습(cognitive learning)

태도의 구조에 대한 단일차원이론에 따르면, 소비자가 제품에 대한 신념에 의해 태도를 형성하고 이렇게 형성된 태도는 제품의 구매의도에 영향을 미치는 것으로 이해되고 있다. 여기서 신념이란 어떤 사람이 어떤 대상에 대해 갖는 인지적 지식을 말하는데, 이와 같이 비교, 판단, 추론 등의 사고과정(인지적 과정)을 거쳐 어떤 대상에 대한 신념과 태도가 형성되는 것을 인지적 학습이라고 한다. 이러한 인지적 학습이론을 기반으로 하여 소비자의 제품에 대한 신념과 태도형성의 관계를 설명하는 모델을 다속성태도모델이라고 한다. 다속성태도모델에 따르면 제품이나 상표가 가지고 있는 여러 가지 속성(attributes)에 대한 소비자의 신념이 태도의 바탕이 되기 때문에, 각 속성에 대한 소비자들의 신념을 결합하여 태도를 형성하게 된다.

소비자들은 여러 가지 경험을 통해 제품이나 상표에 대한 많은 신념을 습득하게 되지만, 한 번에 활성화되어 의식적으로 검토되는 신념은 많지 않을 수 있다. 이렇게 소비자들이 태도를 형성할 때 고려하는 신념을 부각적 신념(salient beliefs)이라고 한다.

2) 피쉬바인 태도모델

태도형성을 설명하기 위한 다속성태도모델 중 하나인 피쉬바인 태도모델(Fishbein attitude model)은 1963년에 피쉬바인이 제시한 모델로 다음과 같은 식으로 표현된다.

$$A_o = \sum_{i=1}^{n} b_i e_i$$

이 식에서

A_o : 대상에 대한 태도 (attitude toward an object)
b_i : 이 대상이 속성 i를 갖는다는 신념(belief)의 강도
e_i : 속성 i의 평가 (evaluation)
n : 부각적 신념의 수

피쉬바인 모델에서는 어떤 대상에 대한 전반적인 태도가 대상과 연관된 부각적 신념의 강도와 속성의 평가에 의해 결정된다고 본다. 신념(b_i)은 어떤 브랜드가 특정 속성에서 어떨 것인가에 대한 소비자의 생각을 나타낸다. 이는 소비자의 경험, 추론 등에 의해 결정되며 다음과 같은 질문을 통하여 측정할 수 있다.

"자동차A는 디자인이 우수할 것 같은가?"								
전혀 그럴 것 같지 않다	1	2	3	4	5	6	7	매우 그럴 것 같다

속성의 평가(e_i)는 소비자가 특정 속성을 얼마나 호의적으로 보고 있느냐를 나타낸다.

"자동차가 디자인이 우수하다는 것은"								
매우 나쁘다	-3	-2	-1	0	+1	+2	+3	아주 좋다

즉, 어떤 제품군에서 특정 속성이 어떻다는 사실이 소비자에게 어떤 의미가 있는지를 나타내며 위와 같은 질문을 이용하여 측정할 수 있다.

자동차를 구매하려고 하는 어떤 소비자가 자동차A와 자동차B를 상표대안으로 고려하고 있으며, 자동차 구매에 중요한 제품속성으로 디자인, 가격, 안전성을 들고 있다. 그 소비자의 각각의 제품속성에 대한 신념과 평가가 다음 표와 같다.

속성(i)	속성의 평가(e_i)	A자동차의 b_i	B자동차의 b_i
디자인	+2	3	4
경제성	+1	5	7
안전성	+3	6	5

자동차A에 대한 태도는 $(+2)(3)+(+1)(5)+(+3)(6)=29$이고 자동차B에 대한 태도는 $(+2)$ $(4)+(+1)(7)+(+3)(5)=30$으로 피쉬바인 모델에 따르면 이 소비자는 자동차B에 대한 태도가 자동차A에 대한 태도보다 호의적이라고 할 수 있다.

3) 다속성태도모델의 활용

① 시장세분화

다속성태도모델의 구성요소인 속성의 평가가 시장세분화의 기준변수로 활용될 수 있다. 소비자들이 중요하게 여기는 속성에 따라 소비자를 세분하는 편익세분화(benefit segmentation)를 할 때 속성에 대한 평가가 비슷한 소비자들끼리 한 세분시장으로 분류할 수 있다.

② 신제품개발

다속성태도모델은 신제품개발 과정에 활용될 수 있다. 자사의 제품을 여러 가지 속성에 따라 평가해보고 어떤 속성에서 취약한지를 판단하여 개선된 제품을 개발할 수 있다. 또한 소비자들의 내면적 욕구가 반영된 것으로 볼 수 있는 소비자들의 속성평가에 대한 조사를 통해 소비자들의 욕구를 충족시킬 수 있는 제품을 개발하거나 기존 제품을 개선할 수 있다.

(4) 태도와 구매행동

1) 태도와 구매행동의 관계

소비자가 어떤 제품에 대해 긍정적인 태도를 가지고 있으면 그 제품을 구매할 가능성이 높을 것으로 예측하거나 기대할 수 있다. 그러나 소비자의 어떤 제품에 대한 태도가 그 제품의 구매행동을 예측할 수 있는 지표로 적합하지 않을 수 있다는 연구결과가 많이 발표되고, 현실적으로도 어떤 제품에 대해 긍정적인 태도를 보인 소비자가 다른 제품을 구매하는 경우를 많이 볼 수 있다. 이와 같이 태도가 행동을 잘 예측할 수 없는 것은 다음과 같은 이유 때문으로 볼 수 있다. 첫째, 상황적 요인이 구매행동에 영향을 미칠 수 있다. 어떤 소비자가 대형 TV에 대해 긍정적 태도를 가지고 있으나 개인적인 경제사정 때문에 소형 TV를 구매할 수 있고, 그 제품의 품절 또는 다른 제품의 할인행사 등으로 인해 다른 TV를 구매하게 될 수도 있다. 둘째, 태도를 조사하는 시점과 구매행동의 시점이 다를 수 있다. 소비자가 어떤 제품에 대해 형성한 태도는 시간의 경과에 따라 변화할 수 있다. 셋째, 제품에 대한 태도와 구매행동에 대한 태도는 다를 수 있다. 어떤 제품에 대해 긍정적 태도를 형성하였다고 하더라도 그 제품을 구매하는 것보다는 다른 제품을 구매하는 것에 대해 더 긍정적 태도를 가질 수 있다. 넷째, 사회적 요인이 구매행동에 영향을 미칠 수 있다. 어떤 소비자가 고급 스포츠카에 대해 호의적 태도를 가지고 있다고 하더라도 주변 사람들을 의식해서 평범한 승용차를 구매하게 되는 경우도 있다. 피쉬바인은 이와 같은 사회적 또는 규범적 요인을 고려하여 자신의 태도모델을 확장한 수정된 모델을 개발하였다.

2) 피쉬바인 확장모델

소비자들의 구매행동을 예측하는 데 자신의 태도모델이 한계가 있다는 것을 발견하고 피쉬바인과 에이전(Ajzen)은 기존의 다속성태도모델을 확장하고 '이성적 행동모델(theory of reasoned action)' 또는 피쉬바인 확장모델(Fishbein's extended model)이라고 부르는 모델을 제시하였다. 이들은 소비자들이 주어진 상황에서 있을 수 있는 여러 가지 행동의 결과들을 의식적으로 검토하고 가장 좋은 결과를 낳는 것을 선택한다고 하여 자신들의 이론을 이성적 행동이론이라고 하였다.

피쉬바인 확장모델은 다음과 같은 식으로 나타낼 수 있다.

$B \sim BI = A_{act}(W_1) + SN(W_2)$
$A_{act} = \sum_{i=1}^{n} b_i e_i$
$SN = \sum_{j=1}^{m} NB_j MC_j$

이 식에서

BI	소비자가 구매행동을 취하고자 하는 의도 (behavioral intention)
B	구매행동
A_{act}	어떤 특정행동을 취하는 것에 대한 소비자의 태도 (attitude toward an act)
b_i	구매행동이 결과 i를 가져다 줄 것이라는 소비자의 신념
e_i	결과 i에 대한 소비자의 평가
SN	소비자가 이 행동을 취할 때에 다른 사람들이 어떻게 볼 것인가와 관련된 주관적 규범 (subjectve norm)
NB_j	규범적 신념 (normal belief)으로 다른 사람 j가 나의 행동에 대해 기대하고 있는지에 대한 개인의 신념
MC_j	순응동기 (motivation to comply)로 다른 사람 j의 기대에 순응하려는 동기
W_1, W_2	소비자의 태도와 주관적 규범 요소가 구매의도에 미치는 상대적 영향력을 표시하는 가중치

위의 식에서 보는 바와 같이 이 모델에서는 행동의도가 행동에 선행하는 것으로 보고 있고 행동의도가 구매행동을 비교적 정확히 예측할 수 있다고 보고 있다. 행동의도는 두 가지 요인의 결합으로 되어 있는데, 한 요인은 행동에 대한 태도(A_{act})이고 다른 요인은 주관적 규범(SN)이다.

① 행동에 대한 태도

행동에 대한 태도는 대상에 대한 태도와 달리 소비자가 어떤 행위를 수행하는 것에 대한 전반적인 평가를 말한다. 이 모델에서는 행동에 영향을 미치는 것은 대상에 대한 태도가 아니라 대상과 관련된 행동에 대한 태도라고 보고 있다. 어떤 소비자가 A 자동차에 대한 태도를 긍정적으로 가질 수 있지만, A 자동차를 구매하는 행동에 대해서는 가격 등의 이유로 긍정적이지 않을 수 있는 것이다. 행동에 대한 태도는 구매행동으로부터 얻을 수 있는 결과에 대한 신념(b_i)과 결과에 대한 평가(e_i)에 의해 결정된다고 한다.

② 주관적 규범

사람들은 제품을 구매할 때 제품과 자신만을 생각하는 것이 아니라 다른 사람이 나의 구매행동을 보고 어떻게 생각할까를 신경쓰는 경우가 많다. "내가 A 자동차를 구매하는 것을 나의 친구들은 어떻게 생각할까?", "내가 이 옷을 구매해서 입고 다니면 나의 직장상사는 어떤 생각을 할까?" 등과 같이 구매행동과 관련하여 사회적 측면에서 생각할 때 어떻게 할 것인가에 대한 주관적 생각을 주관적 규범이라고 한다. 주관적 규범은 다음 두 가지 요소로 구성되어 있는데 첫 번째 요소는 나의 행동에 영향을 미치는 중요한 다른 사람들(예를 들어 가족, 친구, 직장 상사 등)이 나의 행동을 얼마나 원하는가 하는 규범적 신념이다. 두 번째 요소는 다른 사람의 기대에 얼마나 부합하고자 하는가 하는 순응동기이다. 두 가지 요소는 다음과

규범적 신념 : 직장상사는 내가 고급승용차를 구매하는 것을							
반대할 것으로 생각한다	-3	-2	-1	0	+1	+2	+3 지지할 것으로 생각한다
순응동기 : 나는 일반적으로 직장상사의 의견에							
정반대로 행동한다	-3	-2	-1	0	+1	+2	+3 전적으로 따른다

같이 측정할 수 있다.

(5) 광고태도

1) 광고태도와 상표태도

인지적 학습이론을 기반으로 소비자의 제품에 대한 신념과 태도형성의 관계를 설명하는 다속성태도모델은 제품이나 상표가 가지고 있는 여러 가지 속성에 대한 소비자의 신념이 태도의 바탕이 된다고 설명하고 있다. 소비자들은 제품이나 상표에 대한 신념을 광고나 판매원의 설명, 뉴스나 SNS 등 다양한 경로를 통해 습득하게 되는데, 이 중에서 소비자자가 접하는 광고가 소비자의 신념형성과 태도형성에 미치는 영향에 대해 많은 연구가 이루어져왔다. 즉, 제품에 대한 광고는 제품의 속성에 대한 소비자의 신념에 영향을 미치고 이 신념을 토대로 제품에 대한 태도에까지 영향을 미치는 것으로 이해되고 있다. 그러나 소비자가 광고에 노출되었을 때 속성에 대한 신념의 형성과 이를 통해 형성되는 제품이나 상표에 대한 태도뿐만 아니라, 광고 자체에 대한 태도가 중요하다는 주장이 Mitchell과 Olson에 의해 제기되었다. 이들은 광고가 소비자들에게 상표에 관한 여러 가지 속성과 정보를 전달하고 이에 따라 행동에 영향을 미칠 뿐만 아니라, 소비자들의 광고 자체에 대한 호의적 태도가 그대로 상표에 연결됨으로써 태도에 영향을 미칠 수 있다는 광고의 이중적 효과를 제시하였다. 즉, 소비자의 광고에 대한 태도가 긍정적일수록 그 제품이나 상표에 대한 태도가 긍정적이 된다는 것이다.

광고태도가 상표태도에 어떤 방식으로 영향을 미치는지에 대해 Park와 Young이 진행한 연구에 따르면, 소비자의 관여도가 높은 경우에는 상표태도가 주로 속성신념으로부터 영향을 받지만, 소비자의 관여도가 낮은 경우에는 상표태도가 주로 광고태도로부터 영향을 받는 것으로 나타났다. 즉, 소비자의 관여도에 따라 광고태도가 상표태도에 미치는 영향력은 달라진다는 것을 보여주었다.

2) 시사점

광고는 가능한 한 많은 표적고객들에게 노출되고, 표적고객들의 관심을 끌고 그들이 광고메시지를 정확히 이해하고 오래 기억할 수 있도록 제작하는 것이 필요하다. 그리고 위에서 살펴본 바와 같이, 광고에 대한 태도가 긍정적이면 상표에 대한 태도 역시 긍정적이 될 수 있기 때문에, 광고를 접하는 소비자들에게 긍정적인 태도가 형성될 수 있도록 광고를 제작하는 것이 중요하다. 특히, 그 제품에 대한 소비자의 관여도가 낮은 경우라면 긍정적이고 호의적인 느낌을 갖는 광고의 중요성은 더욱 크다고 하겠다.

태도의 변화

(1) 태도변화 이론

앞에서 살펴본 바와 같이 태도는 사람이나 사물과 같은 어떤 대상에 대해 일관성 있게 호의적 또는 비호의적으로 반응을 나타내려는 학습된 선유경향이라고 할 수 있다. 이와 같이 태도는 선천적인 것이 아니라 후천적으로 학습되는 것이기 때문에 광고, 구매 또는 소비경험, 주변사람들의 구전 등에 의해 형성되거나 변화될 수 있는 특성을 가지고 있다. 따라서 마케팅 담당자는 광고나 판매촉진, 가격, 제품, 유통 등 마케팅 믹스전략을 통해 자사 제품에 대한 긍정적인 태도를 형성시키기 위해 노력해야 할 뿐만 아니라, 소비자가 갖고 있는 긍정적인 태도를 더욱 강화시키고 부정적인 태도를 긍정적으로 변화시키기 위해서 다양한 노력을 기울여야 한다. 아래에서는 소비자의 태도변화에 대한 이론들을 소개한다.

1) 균형이론(Balance Theory)

① 의의

사람들은 대상에 대한 신념과 태도와 같은 인지적 요소 간의 일관성을 추구하는 경향이 있다. 인지적 요소 간의 일관성과 조화, 균형을 통해 사람들은 심리적 편안함을 느끼게 되는데, 이러한 인지적 요소 간의 일관성과 조화, 균형이 깨지면 사람들은 심리적 편안함을 유지하기 위해 기존의 신념과 태도 등을 변화시켜서 균형과 조화를 회복한다고 한다. Heider는 균형이론을 통한 태도변화를 설명하기 위해 P - O - X 모델을 제시하고 있다. 이 모델은

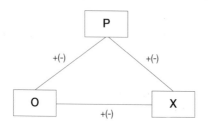

그림 6-1   P - O - X 모델

P(개인), O(다른 사람), X(대상)의 세 요소들이 삼각관계를 구성하고 있는데, 어떤 개인(P)이 다른 사람(O)을 좋아하거나 긍정적인 관계면 (+), 싫어하거나 부정적 관계면 (−)로 표시할 수 있다. 세 요소들이 모두 (+)로 연결되어 있거나 하나의 (+)와 두 개의 (−)로 연결되어 있는 경우에는 세 요소들 간의 관계가 균형을 이루는 것이고, 세 요소들이 모두 (−)로 연결되거나 하나의 (−)와 두 개의 (+)로 연결되어 있는 경우에는 세 요소들 간의 관계가 불균형을 이루고 있는 것이다. 결국 요소들의 관계를 나타내는 세 개의 부호를 곱하여 (+)면 균형, (−)면 불균형이라고 할 수 있는데, 어떤 개인(P)이 다른 사람(O)과 대상(X)의 관계에서 불균형을 경험하면, 그 사람은 다른 사람이나 대상에 대한 태도를 변경하여 불균형을 극복하고 균형을 달성하려고 한다는 것이다.

② 태도변화

균형이론을 통한 소비자의 태도변화를 다음과 같이 설명할 수 있다. 어떤 소비자(P)는 평소에 김연아 선수(O)는 무척 좋아하였지만(+), SK텔레콤은 그다지 좋아하지 않았었다(−). 그런데 어느 날 TV에서 김연아 선수가 출연한(+) SK텔레콤 광고를 본 후 심리적 불균형과 불편함이 발생하게 되었다. 이 경우 그 소비자는 SK텔레콤에 대한 부정적인 태도를 긍정적으

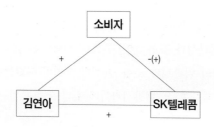

그림 6-2   균형이론을 통한 태도변화

로 변화시킴으로써 심리적 균형과 편안함을 회복하게 된다. 즉, 심리적 균형을 회복하는 과정에서 SK텔레콤에 대한 태도가 긍정적으로 변화하게 된 것이다. 소비자는 이러한 방식 이외에도 자신이 좋아했던 김연아 선수를 싫어하게 되거나(−), 김연아 선수가 진정으로 SK텔레콤이 좋아서 광고에 출연했던 것은 아닐 것(−)이라고 생각함으로써 균형을 회복할 수도 있다.

③ 시사점

균형이론은 자사 제품에 대한 소비자의 태도가 부정적일 때 대중적으로 인기가 있는 가수나 배우, 스포츠인 등 유명인을 광고모델로 기용하여 소비자들의 태도를 긍정적으로 변화시키는 전략의 이론적 근거가 될 수 있을 것이다. 이 경우에 광고모델이 표적소비자들이 많이 좋아하고 신뢰하는 사람일수록 그리고 광고모델과 자사제품의 연관성이 높을수록 소비자들의 태도를 변화시키는 데 유리할 것이다.

2) 인지부조화이론(Cognitive Dissonance Theory)

① 의의

인지부조화는 서로 모순되고 충돌하는 두 개 이상의 신념이나 생각, 가치 등의 인지적 요소 때문에 나타나는 심리적 불편함을 의미한다. 인지부조화는 다음과 같은 경우에 발생한다. 첫째, 기존의 신념, 생각, 가치 등과 모순되는 행동을 하게 될 경우. 예를 들어 음주가 자신의 건강에 좋지 않다는 것을 잘 알고 있는 사람이 술을 많이 마시는 경우에 인지부조화가 발생할 수 있다. 그리고 A 브랜드의 제품을 좋아하지 않는 사람이 할인행사를 하기 때문에 A 브랜드의 제품을 구매하는 경우에도 인지부조화가 발생할 수 있다. 둘째, 기존의 신념, 생각, 가치 등과 모순되는 새로운 정보에 접하게 될 경우. 예를 들어 연비가 높다고 생각해서 A 자동차를 구매한 사람이 A 자동차는 다른 자동차에 비해 연비가 높지 않다는 새로운 정보를 접하게 된 경우에 인지부조화가 발생할 수 있다.

Festinger에 따르면 사람들은 내적인 심리적 일관성을 유지하기 위해 노력하는데, 심리적 모순과 부조화로 인해 심리적 불편함을 경험하게 되면 인지부조화를 감소시키려고 한다. 즉, 사람들은 심리적으로 편안한 상태를 유지하기 위해 인지부조화를 감소시키고 자신들의 신념, 생각, 가치 등의 인지적 요소가 조화를 이룬 상태로 가려는 경향이 있다. 이렇게 인지부조화를 감소시키는 과정에서 태도가 변화될 수 있다.

② 모순되는 행동 때문에 발생하는 인지부조화의 감소와 태도변화

A 브랜드의 제품을 좋아하지 않는 사람이 할인행사 때문에 A 브랜드의 제품을 구매하게 되면, 자신의 기존 신념과 태도와 모순되는 구매행동은 인지부조화를 발생시키고 이로 인해 소비자는 심리적 불편함에 빠질 수 있다. 이 경우 그 소비자는 되돌릴 수 없는 자신의 구매행동 대신에 자신의 A 브랜드에 대한 신념과 태도를 변화시킴으로써 심리적 불편함에서 벗어나고자 한다. 예를 들어, 자신은 원래 A 브랜드를 좋아했었다고 생각을 바꾸게 될 수 있다. 즉, 모순되는 행동으로 인해 발생하는 인지부조화를 감소시키는 과정에서 부정적이었던 A 브랜드에 대한 태도가 긍정적으로 변화될 수 있는 것이다.

③ 모순되는 정보 때문에 발생하는 인지부조화의 감소와 태도변화

A 자동차의 연비가 높다고 생각해서 그 자동차를 구매한 사람이 A 자동차의 연비가 높지 않다는 새로운 정보에 접하게 된 경우 인지부조화가 발생하고 심리적 불편함이 나타날 수 있다. 이 경우, 그 소비자는 부조화를 증가시킬 가능성이 있는 새로운 정보를 회피하려 하거나, 새롭게 접하게 된 모순되는 정보를 왜곡시킴으로써 인지부조화를 감소시키려고 한다. 예를 들어, A 자동차의 연비가 낮다는 정보를 접하지 않으려고 의도적으로 노력하거나, A 자동차의 연비가 낮다는 정보가 객관성과 신뢰성에 문제가 있다고 생각하게 될 수 있다. 나아가 A 자동차의 연비는 다른 자동차에 비해 낮지 않고 기존에 생각했던 것보다 오히려 높을 것이라고 생각하게 될 수도 있다. 즉, 모순되는 행동으로 인해 발생하는 인지부조화를 감소시키는 과정에서 A 자동차에 대한 태도가 부정적으로 변화되는 것을 방지하고 오히려 더 긍정적으로 변화될 수 있는 것이다.

3) 사회판단이론(Social Judgment Theory)

① 의의

Sherif 등이 제시한 사회판단이론에 따르면, 사람들은 새로운 생각이나 설득적 메시지를 접했을 때 원래의 태도와 비교하게 되는데, 원래의 태도는 판단에 대한 준거기준이 된다. 사람들은 이 원래의 태도를 중심으로 수용영역(latitude of acceptance)과 거부영역(latitude of rejection)을 형성하게 되는데, 메시지가 수용영역에 속하게 되면 설득이 이루어지고, 거부영역에 속하게 되면 설득이 이루어지지 않게 된다. 또한 새로운 메시지가 수용영역에 속하게 되면 원래의 태도와 실제보다 더 일치하는 것으로 받아들여지는 동화효과(assimilation effect)가 발생하고, 거부영역에 속하게 되면 실제보다 더 일치하지 않는 것으로 받아들여지는 대조효과

(contrast effect)가 발생한다. 수용영역과 거부영역의 크기는 대상에 대한 관여도에 따라 달라지는데, 관여도가 높을수록 수용영역이 좁고 거부영역이 넓게 나타난다.

② 사회판단이론의 마케팅적 시사점

첫째, 수용영역에 속한 메시지는 동화효과를 통해 더욱 긍정적으로 받아들여지고, 거부영역에 속한 메시지는 더욱 부정적으로 받아들여지기 때문에, 메시지와 관련한 소비자의 원래 태도를 조사하여 새로운 메시지가 거부영역에 속하지 않고 수용영역에 속하도록 메시지의 강도를 조정하여야 한다.

둘째, 관여도가 높은 경우에는 소비자들의 수용영역이 좁다는 점을 고려하여, 메시지를 통한 태도변화의 폭이 크지 않도록 해야 한다. 새로운 메시지가 원래 소비자의 태도를 크게 벗어나는 내용이나 강도를 포함하고 있을 경우, 거부영역에 속하게 될 수 있기 때문이다.

4) 저관여상황에서의 태도변화

다음 이론들은 관여도가 낮은 상황에서 설득적 메시지에 단순히 반복적으로 접했을 때 소비자의 태도가 형성되고 변화되는 과정을 설명하고 있다.

① 저관여학습이론(Low-involvement learning)

Krugman에 따르면 인쇄매체에 비해 TV는 관여도가 낮은 매체이며 TV를 통해 광고되는 상품들도 대부분 저관여 제품인 경우가 많은데, 저관여 상황에서 시청자들은 TV광고를 보면서 그 광고에 주의를 집중하지 않기 때문에, 나중에 광고의 내용을 잘 기억하지 못하고 제품에 대한 태도를 형성할 만큼 구체적인 신념도 형성되지 않게 된다. 그러나 동일한 광고를 반복적으로 보게 되면 상표명이 기억될 수 있을 것이고, 점포에서 구매를 하게 될 경우 눈에 익은 그 상표를 구매하게 되며, 이 구매행동을 통해 그 상표에 대한 긍정적 태도가 형성될 수 있을 것이다. 저관여학습이론에 따르면 저관여제품의 경우에는 상표에 대한 태도가 구매행동 이후에 형성될 수 있기 때문에 견본품이나 할인행사 등을 통해 소비자들의 시험사용(trial)을 유도하는 것이 효과적이다.

② 단순노출효과(Mere-exposure effect)

Zajonc는 사람이 어떤 대상에 단순히 반복적으로 노출되면 그 대상에 대해 호의적인 태도가 형성된다고 하였다. 즉, 그는 무의미한 단어를 반복적으로 학생들에게 보여주는 실험을 진행하였는데, 실험참여자들은 반복적으로 노출된 단어를 그렇지 않은 단어들보다 더욱 선호하는 것으로 나타났다. 단순노출효과에 따르면 저관여제품의 경우에는 자사 상표를 반복적으로 제시하는 것만으로도 소비자들에게 자사 상표에 대한 호의적인 태도를 형성할 수 있고, 긍정적인 방향으로 태도를 변화시킬 수 있다는 것을 알 수 있다.

(2) 태도변화 경로 : 정교화가능성 모델

1) 정교화가능성 모델의 의의

Petty와 Cacioppo가 제시한 정교화가능성 모델(Elaboration Likelihood Model)에 따르면 태도변화에는 두 개의 기본적 경로가 있는데, 하나는 중심경로(central route)이고 다른 하나는 주변경로(peripheral route)이다. 정교화가능성은 소비자가 정보에 주의를 기울이며 정보를 처리하려는 노력의 정도, 즉 논점과 관련된 사고의 정도를 의미한다. 정교화가능성이 높은 경우, 즉 소비자가 정보에 주의를 기울이며 정보를 처리하려는 노력의 정도가 높고 논점과 관련된 사고가 많을 경우에는 메시지에 제시된 여러 가지 정보인 중심적 단서(central cues)를 고려하여 해석하고 기존의 태도와 통합하는 과정에서 의식적이고 적극적인 노력을 기울이게 되고 중심경로를 통해 태도변화가 일어난다. 반면에 정교화가능성이 낮은 경우, 즉 소비자가 정보에 주의를 기울이며 정보를 처리하려는 노력의 정도가 낮고 논점과 관련된 사고가 많지 않을 경우에는 광고모델이 얼마나 매력적인지, 배경음악이 얼마나 흥미로운지 등과 같은 메시지의 논점과 별 상관이 없는 주변적 단서(peripheral cues)의 영향을 받아 주변경로를 통해 태도변화가 일어난다.

정교화가능성 모델에 따르면 중심단서를 활용하여 중심경로를 통해 변화한 태도는 비교적 오래 지속되며, 메시지의 내용을 부정하는 다른 정보에 반박하는 정도가 강하며, 구매행동으로 이어질 가능성이 높다. 반면에 주변단서를 활용하여 주변경로를 통해 변화한 태도는 비교적 짧은 기간 동안 유지되며, 메시지의 내용을 부정하는 다른 정보에 반박하는 정도가 약하며, 구매행동으로 이어질 가능성이 낮다.

소비자의 정교화가능성은 소비자가 제품정보를 처리하고자 하는 동기와 능력에 따라 달라진다. 소비자의 제품정보처리 동기가 높을수록 정교화가능성이 커지게 되고, 또한 제품정보처리 능력이 많을수록 정교화가능성이 커지게 된다. 한편 소비자에게 노출된 제품정보에 대한 소비자의 관련성도 정교화가능성에 영향을 미칠 수 있다. 즉, 제품정보에 대한 관여도가 높은 소비자는 정교화가능성이 커질 수 있고, 관여도가 낮은 소비자는 정교화가능성이 낮아

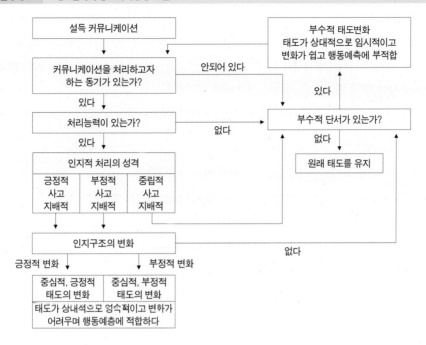

그림 6-3   태도변화의 정교화가능성 모델

질 수 있다. 결국, 고관여 소비자는 정교화가능성이 높기 때문에 중심단서를 활용하여 중심경로를 통해 태도가 변화하게 되고, 저관여 소비자는 정교화가능성이 낮기 때문에 주변단서를 활용하여 주변경로를 통해 태도가 변화하게 된다.

정교화가능성 모델은 <그림 6-3>으로 요약될 수 있다.

2) 정교화가능성 모델의 실험

Petty 등은 1회용 면도기에 대한 인쇄광고 실험을 통해 정교화가능성모델을 검증하고자 하였다.

① 실험방법

그들은 실험대상자를 무작위로 고관여집단과 저관여집단으로 나눈 후, 고관여집단에게는 실험참여의 대가로 실험이 끝난 후 실험에 사용했던 면도기를 포함한 여러 상표의 면도기 중에서 하나를 선택하도록 할 것이며, 해당 면도기의 판매가 그 지역에서 곧 시작될 것이라고 하였고, 저관여집단에게는 실험참여의 대가로 치약을 줄 것이며 해당 면도기가 당분간 그

지역에서 판매되지 않을 것이라고 하였다. 첫 번째 실험에서는 메시지 전달주체에 차이를 두어서 유명인과 일반인으로 하여금 각각의 집단에게 동일한 메시지를 전달하게 함으로써 주변단서를 조작하였다. 두 번째 실험에서는 메시지의 내용에 차이를 두어 제품의 우수성을 강조한 강한 주장이 담긴 메시지와 제품의 모양이 세련됐지만 제품의 우수성을 강조하지는 않은 약한 주장이 담긴 메시지를 각각의 집단에게 전달함으로써 중심단서를 조작하였다.

인쇄광고 형태의 메시지를 전달한 후 실험대상자들의 제품에 대한 태도를 측정하였다.

② 실험결과

광고모델이 유명인 또는 일반인인지에 따라 제품태도가 달라지는 정도는 저관여집단이 고관여집단보다 더 크게 나타났다. 즉, 저관여집단은 광고모델이 누구인지(주변단서)에 따라 제품태도가 크게 달라지는 것으로 나타났다.

주장의 정도가 강한지 또는 약한지에 따라 제품태도가 달라지는 정도는 고관여집단이 저관여집단보다 더 크게 나타났다. 즉, 고관여집단은 주장의 정도(중심단서)에 따라 제품태도가 크게 달라지는 것으로 나타났다.

즉, 저관여집단의 제품태도는 주변단서로부터 많은 영향을 받으며, 고관여집단의 제품태도는 중심단서로부터 많은 영향을 받는다는 것을 알 수 있다.

| 그림 6-4 | 관여도, 광고모델, 주장의 강도, 제품태도의 관계 |

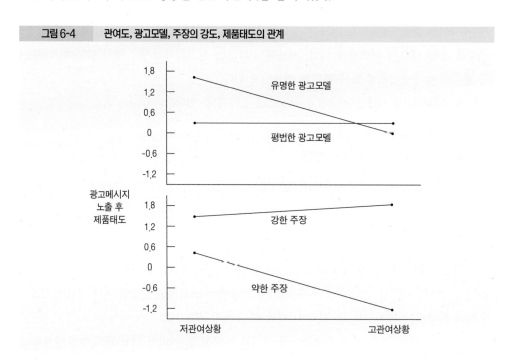

3) 정교화가능성 모델의 시사점

첫째, 표적시장의 소비자가 고관여 상태일 경우, 소비자가 중심단서를 처리하고자 하는 동기와 능력이 있기 때문에 마케터는 제품의 혜택과 차별적 우위 등의 구체적이고 핵심적인 정보를 인쇄매체를 통해 충분히 제공하는 것이 효과적일 것이다.

둘째, 표적시장의 소비자가 저관여 상태일 경우, 소비자는 주변단서를 처리할 동기와 능력만을 갖고 있기 때문에 마케터는 광고모델, 광고음악, 분위기 등에 중점을 둔 광고를 방송매체를 통해 제공하는 것이 효과적일 것이다.

💬 토론사례

"'LG G7 씽큐'도 방탄소년단을 닮았으면 좋겠습니다."

LG전자 임원이 2018년 5월 서울에서 열린 LG G7 씽큐 기자간담회에서 제품 모델인 방탄소년단을 언급하며 한 말이다. LG전자가 K팝 스타를 광고모델로 세운 것은 이번이 처음이다. 방탄소년단이 진정성 있게 꾸준히 팬들에게 다가가 세계 1등의 자리에 있는 것처럼, LG 스마트폰 사업본부도 진정성 있게 고객에게 다가가고 개선된 제품을 꾸준히 내놓아 고객들로부터 1등으로 인정받겠다는 의지가 담겨있는 말이다.

국내 아이돌 그룹의 새 역사를 쓰고 있는 방탄소년단(BTS)이 LG 스마트폰의 새 얼굴이 됐다는 소식이 알려지자 각종 포털과 SNS상에는 LG 스마트폰과 BTS의 닮은꼴이 새로운 이슈로 부상했다. LG전자는 BTS와 자사 스마트폰의 공통점을 강조하는 전략으로 광고효과를 극대화한다는 계획이다. BTS와 계약 소식이 알려진지 하루 만에 검색포털에는 'LG전자' 연관 검색어로 '방탄 LG', '방탄 LG 광고' 등 BTS 관련 키워드가 새롭게 추가됐다. 'LG전자'처럼 검색량이 많은 키워드의 연관 검색어가 이렇게 빨리 바뀐 것은 이례적이라고 LG전자는 설명하고 있다. 이러한 관심은 LG전자 공식 SNS 채널로 이어졌다. LG전자 기업 트위터의 해당 멘션은 BTS 팬클럽 및 해외 트위터 사용자 등 약 4만 명이 공유했으며, 트위터 사용자는 하루 만에 100만 명을 돌파했고 누적 130만 명을 넘어섰다. 온라인상에선 "본질향상에 집중이면 방탄이 모델로는 딱이지", "방탄소년단 모델 선정은 탁월한 선택", "팬을 진정으로 대하는, 그리고 스마트폰을 제일 잘 활용하는 아이돌" 등 BTS가 LG 스마트폰의 광고모델로 적합하다는 반응이 주를 이뤘다.

실제 LG 스마트폰과 BTS는 묘하게 겹치는 면이 있다. BTS는 메이저 기획사가 아닌 중소 기획사 빅히트 엔터테인먼트 소속으로 한정된 자원으로 시작해 공중파 방송보다 SNS를 중심으로 성장했다. 막대한 지원을 등에 업은 기존 아이돌과는 큰 차이가 있다. LG전자 역시 애플과 삼성전자가 과점하고 있는 스마트폰 시장에서 고군분투중이고 커뮤니케이션 파트너 '더 블로거'를 통해 끊임없이 고객과 소통하며 품질 향상에 주력하고 있다. LG 스마트폰과 BTS는 대중에게 겸손하다는 이미지 또한 닮았다. 이는 고객과 팬들을 대하는 진정성 있는 태도에서 비롯된다는 게 업계의 시각이다. BTS는 월드 스타로 등극했지만 여전히 겸손하고 예의바른 그룹으로 유명하다. 멤버 7명 모두가 진정성 있는 자신의 이야기를 담아 직접 작사, 작곡하면서 10대, 20대에게 열렬한 지지를 받고 있다. LG전자는 스마트폰을 비롯한 다양한 제품들을 홍보할 때 과장을 덧대지 않는다. 있는 그대로만 소비자들에게 보여주면서 일각에선 안타깝다는 소리를 듣기도 한다. 또 LG 스마트폰은 한번 구매한 고객은 끝까지 책임지는 게 목표다. 최근 LG V30S 씽큐를 통해 선보인 'AI 카메라', 'Q렌즈', '브라이트 카메라' 등 새로운 공감형 AI 기능을 기존 LG V30 고객들도 똑같이 즐길 수 있도록 업그레이드하기도 했다.

BTS는 뉴욕에서 공개되는 'LG G7 씽큐'부터 본격적인 모델 활동을 할 것으로 보이는데 벌써부터 '방탄폰'이라는 애칭까지 나오는 분위기다. 스마트폰 시장에서 3위까지 올라갔던 LG전자는 중국 업체들에 밀려

순위가 꾸준히 추락하고 있고 휴대전화 시절에 10%대에 달했던 세계 시장 점유율은 스마트폰 시장에서는 3%도 위태로운 상황이다. LG 스마트폰은 2018년 1분기까지 11분기 연속 적자를 보고 있는데, BTS를 통해 브랜드 이미지를 끌어올릴 수 있을지 주목된다.

자료원: 이투데이 2018.5.3; 한국경제 2018.4.10

💬 토론문제

① 방탄소년단을 광고모델로 기용한 LG전자의 전략을 태도변화의 관점에서 설명하시오.

② LG전자가 소비자의 태도를 변화시키기 위해 사용할 수 있는 다른 전략으로는 어떤 것이 있을지 제안하시오.

CHAPTER 07

동기와 감정

- 동기
- 감정

CHAPTER 07 | 동기와 감정

♟ 도입사례 : 2018 금연 광고 "차가운 시선으로 봅니다"

1987년 세계보건기구(WHO)가 5월 31일을 '세계 금연의 날'로 지정한 이래, 전 세계는 담배와의 전쟁을 벌여왔다. 이에 대한민국의 보건복지부는 매년 금연을 촉구하기 위한 공익광고를 제작 방영하고 있는데, 흡연에 수반될 수 있는 다양한 공포심에 소구하는 광고를 해왔다. 이전 해의 금연 광고들이 주로 흡연을 통해 얻을 수 있는 질병과 관련된 공포심을 강조해온 반면, 2018년도의 광고는 그 초점을 사회적 공포감에 맞추고 있다. 구체적으로, 길거리, 엘리베이터, 버스 정류장 등의 다양한 공공장소에서 흡연하는 상황을 보여주고 그 장소를 지나치는 시민들이 흡연자를 냉소적인 시선으로 바라보다 못해 무표정한 얼굴로 변화하는 장면을 보여준다. 더 나아가, 시민들이 흡연자들을 멀리 피해 지나치는 등 흡연자가 느낄 수 있는 사회적 소외감을 증가시키는 방향으로 제작하였다. 즉, 인간이라면 누구나 가지고 있는 소속되고 싶고 인정받고 싶은 사회적 욕구를 담배가 해칠 수 있다는 것을 보여줌으로써, 일련의 공포심을 느끼게 하여 금연의 동기를 부여하고자 하는 것이다.

이 예시에서 볼 수 있는 것처럼 소비자의 동기와 감정은 서로 밀접하게 연관되어 있으며, 나아가 소비자들의 행동 경향에 영향을 미칠 수 있다. 본 장에서는 소비자의 동기와 감정의 정의와 중요한 이론에 대해 함께 살펴봄으로서 어떠한 소비자 동기와 감정이 특정 행동 경향을 야기할 수 있는지에 대해 학습할 것이다.

자료원: 한국, 간접흡연 차단 낙제점, 중앙일보 2017년 10월 7일자 기사, '이주일 고백서,' 매일경제, 2017년 9월 11일자 기사, "한국, 간접흡연 차단 낙제점"; 중앙일보, 2017년 10월 7일자 기사. (이상의 내용을 발췌 요약)

▌동기(Motivation)

우리는 일상 속에서 다양한 행동을 한다. 지루함을 느낄 때 모바일 게임을 하거나 낮잠을 잔다. 외롭거나 우울감을 느낄 때 이를 해소하고자 많은 음식을 소비하기도 하고, 더 많은 충동구매를 하기도 한다. 이외의 다양한 상황에서도 매일 우리는 어떠한 요인에 의해 행동을 취하게 된다.

그렇다면 우리가 어떠한 행동을 하도록 결정짓는 근본적인 요인은 무엇일까? 바로 인간의 동기(motivation)이다. 동기란, 인간이 자신의 욕구를 만족시키려는 목표가 생긴 상태를 말한다. 즉, 위에서 언급한 일련의 행동들은 지루함, 외로움, 우울감 등의 감정을 해소하고자 하는 '동기'에 의해 촉발된 것이라고 할 수 있다. 이와 같이, 소비자들은 자신의 동기에 따라 의사결정 및 행동을 하게 된다. 소비자들이 제품이나 서비스를 구매하고 친구에게 추천하는 등의 소비자 행동 역시 예외가 아니다. 따라서 마케터들은 소비자 행동을 이해하기 위해 소비 상황에서 자주 관찰되는 동기가 무엇이고 이것의 영향력 등에 대해 반드시 이해해야 할 것이다. 본 장에서는 소비자 동기의 핵심 개념 및 최근 중요시 되고 있는 소비자 동기의 종류에 대해 알아보도록 하겠다.

(1) 소비자 동기의 핵심 개념 이해

무엇이 소비자들의 동기를 야기하는가? 동기는 근본적으로 소비자들이 만족시켜야 하는 욕구가 있을 때 발생한다. 즉, 음식이 부족하여 배고픔을 느끼듯이 현 상황이 소비자들이 원하는 상황에 부합되지 않을 때 욕구와 열망(desire)이 야기된다. 일단 욕구가 활성화되면 소비자들은 불유쾌한 상태에서 벗어나 원하는 상태로 돌아가고자 하는 긴장감이 생성된다. 이렇게 원하는 상태를 목표라고 하고, 이러한 목표를 달성하기 위한 일련의 행동을 촉발하는 것이 동기이다.

동기는 소비자들이 어떠한 제품의 가치를 인식하고 이와 관련된 구매행동을 하게 하는

데 있어 특정 방향성을 갖도록 유도한다. 예를 들어, 객관적으로는 동일한 제품이라 할지라도 소비자들은 자신이 당시에 어떠한 동기를 느끼는지에 따라 해당 제품에 높은 가치를 부여하고 이에 대해 정보를 수집하거나 구매하는 등 가까이 다가가려고 한다. 반대로, 동기에 따라 같은 제품이라 할지라도 제품 가치를 낮게 인식하고 그 제품을 구매하지 않는 등 보다 멀어지는 방향으로 행동한다. 이렇듯 동기가 영향을 미칠 수 있는 소비자 행동의 방향에 대해 보다 구체적으로 살펴보도록 하겠다.

1) 평가절상과 평가절하 효과(Valuation and Devaluation Effects)

소비자들이 제품이나 서비스에 부여하는 가치는 고정된 것은 아니다. 소비자들이 어떠한 목표를 달성하고자 하는 동기를 가지고 있는 가에 따라 동일한 제품이나 서비스의 가치를 다르게 느낀다. 특히, 소비자들의 그 시점에서의 목표를 만족시키는 데 제품이나 서비스가 얼마나 유용하게 여겨지는가에 따라 가치를 과대평가할 수도 있고 반대로 과소평가할 수 있다.

이러한 현상을 평가절상과 평가절하라고 한다. 평가절상은 소비자들이 특정한 목표를 달성하기 위해 도움이 된다고 생각하는 대상의 가치를 크게 생각하는 것을 의미한다. 예를 들어, 소비자들이 배고픔을 느껴 이를 해소하고자 하는 동기가 극대화되었을 때 슈퍼마켓에서 쇼핑을 할 경우 식료품의 가치를 평소보다 더 크게 생각하여, 평소라면 사지 않을 식료품을 구매하는 가능성이 커지는 것이다. 한편 이러한 경우에 소비자들에게 돈의 가치는 평소보다 평가절하된다고 볼 수 있다. 즉, 더 많은 돈을 사용하는 것에 부담을 덜 느끼고 식료품을 구매할 용의가 커지는 것이다.

이렇듯 어떤 제품이 소비자들이 가진 목표와 동기를 효과적으로 충족시켜줄 수 있는 능력을 수단성(instrumentality)이라고 한다. 따라서 어떠한 제품이나 서비스가 수단성이 높다고 여겨질 경우 소비자들은 그 제품이나 서비스의 가치를 크게 평가하며, 반대의 경우는 작다고 생각하게 된다. 이러한 개념은 소비자들의 제품 및 서비스에 대한 선호도가 고정된 것이 아니라 동기의 변동에 따라 함께 변동할 수 있다는 것을 시사한다. 일반적으로 수단성이 높은 제품의 구매 가능성이 증가하고 사용 후 긍정적인 평가로 이어질 수 있기 때문에, 마케터들은 소비자들이 어떠한 상황에서 어떤 제품의 수단성을 평소보다 높거나 낮게 인식하는지에 대해 파악하도록 노력해야 한다.

2) 접근동기와 회피동기(Approach and Avoidance Motivation)

가장 근원적인 인간의 동기는 쾌락을 추구하며 고통을 회피하는 것이다. 이러한 인간의 근본적인 동기는 야기하는 행동을 두 가지 다른 방향으로 일으키게 된다. 첫째, 바람직한 상태에 접근하는 방향이며, 둘째, 바람직하지 않은 상태에서 멀어지고자 하는 방향이다. 이를 각각 접근동기(approach motivation)와 회피동기(avoidance motivation)라고 한다. 즉, 접근동기는 원하는 상태에 가까워지고자 하는 것이고, 회피동기는 나쁜 상태에서 멀어지고자 하는 것이다.

마케터들은 자신의 제품이나 서비스에 관련된 소비자들의 접근동기나 회피동기를 활성화시키고, 자신의 제품이나 서비스를 이러한 동기충족에 유용한 대상으로 제시하는 경우가 많다. 예를 들어, 보험회사는 자사의 종신보험상품을 소비자들에게 은퇴 이후에도 경제적 고민 없이 안정된 생활 수준을 누리는 바람직한 상황에 접근할 수 있는 수단으로 제시할 수 있다(그림 7-1). 반면, 상조회사의 경우 과도한 장례비용과 적절한 절차를 잘 수행하지 못해 힘든 상황에 대해 보여주면서, 이러한 상황을 회피하게 도와줄 수 있는 자사의 서비스를 제시하여 소비자들을 설득할 수 있다.

이상의 평가절상, 평가절하 효과 및 접근동기, 회피동기는 마케터들이 소비자들이 특정 환경에서 어떠한 목표를 가지게 되는지 이해하는 것이 매우 중요하다는 것을 보여준다. 소비자들이 어떠한 동기를 가지고 제품을 접하는지에 따라 구매 의향이나 지불하고자 하는 가격이 매우 달라질 수 있기 때문에, 기업과 마케터들은 이에 대해 심도있게 이해해야 한다. 다음으로 소비자들이 가지고 있는 다양한 동기에 관해 제시한 이론을 알아보겠다.

그림 7-1	접근동기와 회피동기의 사례

생명보험 광고는 은퇴 후의 행복한 노후를 강조함으로써 접근동기를 촉발시키고 있고, 상조 광고는 후회, 기회의 상실 등을 피해야 함을 강조함으로서 소비자의 회피동기를 촉발시키고 있다.

(2) 매슬로우의 동기이론

1) 매슬로우의 동기이론의 개념

매슬로우(Maslow)는 인간의 욕구가 동기와 행동의 동인이 됨을 주장하였다. 이러한 견해를 바탕으로 그는 1943년에 인간의 다양한 욕구와 이를 해결하기 위한 동기를 피라미드 형태의 위계형태로 나타내는 모델을 제시하였다. 많은 시간이 지난 지금에는 모델에 대한 비판도 존재하나, 일반적으로 인간의 욕구를 해소하기 위한 동기의 발현을 이해하는 데 유용한 기본적 틀로 자주 인용되고 있다.

매슬로우의 욕구위계모델에서는 인간의 근본적인 동기는 서로 독립적으로 존재하며, 어떠한 동기는 다른 동기보다 더 근본적이고 중요하다고 간주된다. 따라서, 가장 우선적인 욕구가 가장 아래에 위치하고 이러한 욕구를 충족시키기 위한 동기들이 다른 동기보다 더 우선순위를 가지고 있게 되는 위계적 다층 구조를 가지고 있게 되는 것이다.

이 모델에 따르면, 인간의 욕구는 다음의 다섯 단계가 있다(그림 7-2).

| 그림 7-2 | 매슬로우 욕구위계모델 |

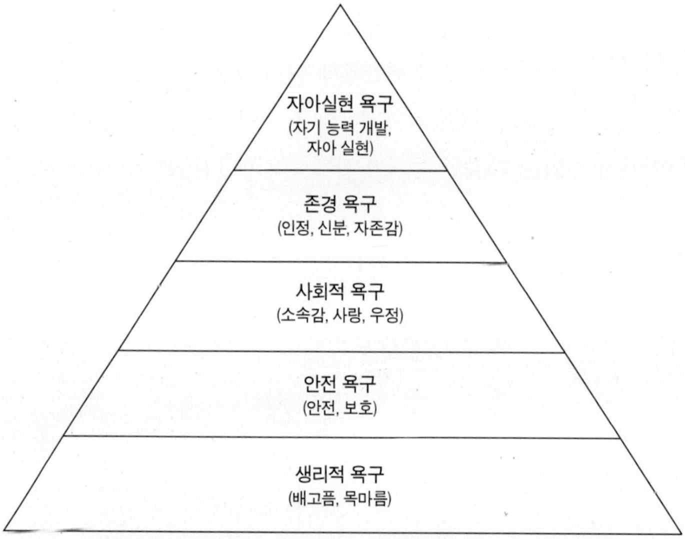

생리적 욕구(physiological needs): 배고픔, 목마름, 성욕 등 우리의 신체적, 생리적 상태에 관련한 가장 기본적인 욕구이다.

안전 욕구(safety needs): 외부의 위협으로부터 보호받고자 하는 욕구이다. 범죄를 피하고 싶은 욕구 혹은 깨끗한 공기를 마시고 싶은 욕구 등이 여기에 속한다.

사회적 욕구(belongingness and love needs): 사랑이나 소속감의 욕구이다. 사회적 관계와 긍정적인 정서, 그리고 소속감과 배우자를 선택하고자 하는 욕구가 이 단계에서 강하게 부각된다.

존경의 욕구(esteem needs): 성취와 타인으로부터 인정을 받고 싶은 욕구이다. 사회적으로 존경받고자 하고 명예롭고자 하는 욕구가 대표적이다.

자기실현의 욕구(needs for self-actualization): 자신의 잠재력을 발현하고 존재를 확인하려는 욕구이다. 예술활동을 통해 자아를 표현하고자 하는 것이 여기에 속한다.

앞에서 언급한 바와 같이, 매슬로우의 동기이론은 인간의 기본적인 욕구를 독립적인 다섯 단계의 계층화된 구조로 나타내며, 어떤 욕구가 충족되지 않았을 경우 그 욕구가 다른 욕구들을 지배한다는 결핍-지배의 특성, 하위 욕구에서 상위 욕구의 순으로 욕구가 충족이 된다는 충족-진행의 특성을 가지고 있다. 즉, 이 이론에 따르면 사람들은 지위나 자아실현의 욕구에 앞서 생리적 욕구인 식욕이 먼저 충족되어야 한다. 즉, 모든 생리적 욕구가 만족되면 사람들은 안전의 욕구에 사로잡히게 된다. 일단 안전의 욕구가 만족되면 사람들은 그제서야 다음 단계인 소속감과 사랑 등 사회적인 욕구를 가지게 된다. 사회적인 욕구가 해소가 되면, 사람들은 존중감을 추구하는 단계로 이동하게 된다.

2) 매슬로우의 동기이론의 한계점

매슬로우의 동기이론은 복잡한 인간의 욕구를 쉽게 구분하였으나 다음과 같은 점에 대해 비판을 받는다. 첫째, 때때로 사람들은 매슬로우 동기이론이 제시하는 충족-진행의 특성에 반하는 행동을 하여, 하위욕구가 충족되어 있지 않음에도 상위욕구를 추구하는 경우가 있다. 즉, 배고픈 소크라테스가 배부른 돼지보다 낫다는 말이 이러한 경우를 나타낸다. 이 밖에도 많은 예에서 사람들이 자신의 삶을 친구나 이데올로기를 위해 희생하고, 혹은 음식과 보금자리를 포기하면서까지 자기실현을 추구하고 있는 것을 볼 수 있다. 둘째, 욕구들이 독립적으로 순차적으로 발생하기보다는 동시에 발현되는 경우가 있다. 특별히, 최근 주목받는 진화심리적인 견해에서는 생리적 욕구에 포함된 성적 동기는 사회적 욕구와 짝짓기 욕구(mating motivation)와 관련있으며, 더 나아가 이러한 욕구는 많은 충족되어도 사라지지 않아 다른 욕구단계와 중복되는 형태를 갖기도 하는 것이다.

3) 매슬로우의 동기이론의 시사점

매슬로우의 동기이론은 다양한 비판을 받아오기는 했지만, 소비자행동을 이해하는 데 시사하는 점은 여전히 주목할 만하다. 특별히 기업들은 매슬로우의 동기이론을 활용하여 욕구 단계별로 상품 분류를 하고 그에 따라 마케팅 전략을 달리 할 수 있다. 즉, 우리의 표적시장 고객들에게 가장 해소되지 않은 욕구가 무엇인지 확인하고 기업의 제품이나 서비스를 솔루션으로 제공하는 것이 유용하다. 예를 들어, 이온음료들은 소비자들은 운동을 한 직후와 같이 갈증을 느끼는 상황을 상기시켜 제품을 소비자들의 생리적 욕구를 충족시키는 솔루션으로 제시할 수 있다. 또한, 세스코(Cesco)와 같은 구충서비스 업체는 가족과 사업장의 청결함과 안전성을 제공할 수 있다는 것을 보여줌으로써, 소비자들의 안전 욕구를 자극할 수 있다. 최근, 미세먼지를 비롯한 환경에 대한 우려가 심화되고 있는 실정에서는 이에 관련한 제품인 황사마스크나 공기청정기도, 일차적으로는 이러한 안전욕구에 중점을 맞춤으로써 제품을 효과적으로 제시할 수 있을 것이다. 사랑, 우정, 또래집단 등에 속하고자 하는 사회적 욕구를 자극하는 대표적인 광고로는 캐논(Canon)의 EOS 650D가 있다. '가족을 이어주는

표 7-1   매슬로우 욕구위계모델과 마케팅 전략

생리적 욕구	제품군: 음식, 음료, 약, 침구, 건강 제품 등
	예: 메디폼 - "진물나는 상처엔 처음부터 메디폼" 토레타 - "착한 수분충전에 토레타"
안전 욕구	제품군: 방범업체, 보험, 은퇴 후 투자, 선크림 등
	예: 공익광고협의회 - "이민 갈 행성은 없습니다 (환경보호)"
사회적 욕구	제품군: 의류, 가구, 주류, 자동차, 화장품 등
	예: 캐논 - "가족을 이어주는 DSLR" 빼빼로 - "11월 11일은 빼빼로데이"
존경 욕구	제품군: 교육, 취미, 스포츠, 예술제품, 여행상품 등
	예: 로레알 - "당신은 소중하니까요
자아실현 욕구	제품군: 교육, 취미, 스포츠, 예술제품, 여행상품 등
	예: 한화 - "나는 불꽃이다" 나이키 - "내일의 것을 어제 가진듯 오늘 행동한다. 전부를 가져라"

DSLR'이라는 광고 카피하에, 바쁜 현실에서 가족과 보다 친밀하고 즐거운 시간을 도와주는 매개체로써 DSLR 카메라를 제시하고 있다. 사회적 지위, 우월함, 자존감, 등과 관련된 존경 욕구는 로레알(L'oreal)의 '당신은 소중하니까요(Because you're worth it)'이란 광고 카피가 잘 나타내고 있다. 마지막으로 자아실현 욕구는 교육, 기업의 전사적 이미지 광고, 공익광고 등에서 자주 사용된다. 예를 들어, 한화의 "나는 불꽃이다"라는 광고를 통해, 개인이 열정을 갖고 최선을 다해 자아를 실현하고자 하는 동기를 자극하고 있다.

(3) 소비자 행동에 영향을 미치는 주요 동기

다음은 현재 소비자 행동 연구에서 주목되는 주요 동기인 사회적 연결감 추구 동기, 권력감 추구 동기, 인지적 동기에 대해서 살펴보고자 한다.

1) 사회적 연결감 추구 동기

인간은 사회적 동물이라는 말이 있듯이, 소비자들이 어떠한 집단에 소속되고 다른 사람들과 긍정적인 사회적 상호작용에 참여하고자 하는 것은 무엇보다 강한 동기로 작용한다. 반대로 소비자들이 다른 사람들과의 연결되어 유대감을 형성하는 것이 어렵다고 느끼지 못할 경우에는 매우 강한 박탈감을 느끼게 된다. 본 장의 도입에서 제시된 금연광고 예시의 경우, 흡연자들이 타인에게 잘 받아들여지지 않는 것을 제시하고 금연을 통해 다시 긍정적인 상호작용을 회복할 수 있다는 메시지를 나타내고 있다.

최근 많은 소비자들이 소셜 미디어에 많은 시간을 보내며 일상의 일부로 활용하고 있다. 이러한 소셜 미디어의 경우 소비자들의 사회적 연결감 추구 동기에 직접적으로 닿아있는 서비스라고 하겠다. 이는 페이스북의 첫 화면에 보이는 메시지인 "페이스북에서 친구와 당신을 둘러싼 세계에 연결되세요(Connect with friends and the world around you on Facebook)"에도 잘 나타나 있다.

이러한 사회적 연결감의 추구는 또래 집단의 영향을 많이 받는 청소년과 특히 관련이 깊다. 예를 들어, 청소년은 현재 어떠한 브랜드가 유행하는지 민감하게 생각하는 경우가 많고, 유행하는 제품을 주변 친구가 구매했을 경우 따라서 구매하는 성향이 강하다. 즉, 제품이나 서비스가 친구들과 연결될 수 있는 수단으로 여겨질 때 구매하려는 동기가 증가하는 것이다. 또한 소셜 미디어를 통하여 구매와 사용경험을 공유함으로써 더욱 다른 사람들과 연결되려고 하는 성향을 많이 보인다. 따라서, 청소년을 비롯한 젊은 소비자들을 대상으로 하는 마케터일수록 소비자들의 사회적 연결감을 고양시킬 수 있는 제품 경험을 설계하는 것이 중요하다.

그렇다면, 사회적 연결감의 지나친 추구가 사회적으로 바람직하지 않은 결과를 야기하는 경우도 있을까? 소비자들이 사회적으로 외로움을 느끼는 공허함을 채우려는 과정에서 소비를 할 때에 최선의 선택을 하지 못하는 경우가 많다. 주로 필요하지 않은 제품을 구매하면서 과소비를 하거나 자신의 욕구 또는 취향에 걸맞지 않는 제품을 구매하는 경우도 생기게 된다. 최근 연구에 따르면, 소비자들에게는 다른 사람들과의 사회적 연결감을 유지하는 것이 너무 중요한 욕구인 나머지 이를 위해 때로는 바람직하지 못한 행동을 취하기까지 한다고 한다. 예를 들어, 소비자들이 자신이 집단으로부터 소외되었다고 느끼는 경우, 소속하고 싶은 집단과 사회적인 관계를 회복하기 위해 그 집단 사람들이 좋아하는 일이라면 마약에 대한 복용의도까지 증가하는 것이 발견되었다. 이와 같은 점을 고려해볼 때, 특히 사회적 연결감에 민감한 청소년들이 또래의 영향으로 바람직하지 않은 소비를 하지 않도록 유도하는 것이 필요하다. 일례로, 미국의 가장 유명한 마약 퇴치 캠페인으로 여겨지는 "그냥 안 한다고 말하세요(Just Say No)" 캠페인을 고려할 수 있다. 즉, 친구들이 마약을 권유할 때 친구들의 말을 거부하면 소외받을 것을 두려워하는 청소년들의 심리를 정확하게 파악하여 가장 적절하게 대처할 수 있는 구호성 캠페인을 대대적으로 펼침으로써 사회적으로 큰 반향을 거두었다.

2) 권력감 추구 동기

소비자 행동에서의 권력감(power)은 사회관계에서 자신과 타인의 자원 또는 성과를 통제하거나 영향을 줄 수 있는 능력 혹은 심리적인 상태를 의미한다. 일반적으로 개인은 사회에서의 소속된 집단과 계층에 따라 소유하게 되는 권력의 정도가 정해지지만, 소비자 행동 연구에서는 특정한 상황에서의 개인의 권력감의 정도가 약화되거나 강화된다고 보고 이에 따른 의사결정과 구매에 미치는 영향에 중점을 두고 있다. 예를 들어, 일반적으로 교수들은 학생들보다 많은 권력을 가지고 있다고 할 수 있지만, 학생들이 강의평가를 실시하고 있는 상황에서는 교수의 권력감이 낮아질 수 있다. 또는 기업의 사장은 일반적으로 직원들 보나 많은 권력을 가지지만, 직원들이 다른 직싱으로 이직할 경우 자신의 권력감을 상실하는 경험을 가질 수 있다.

그렇다면, 이렇게 소비자들이 무력감(feelings of powerlessness)을 느끼는 상황에서 어떠한 특정한 소비욕구가 활성화 되는 것일까? 최근 소비자 행동 연구에서는 이렇게 소비자들의 권력감이 상실되는 상황을 경험할 경우에서는 소비자들의 사회적인 지위를 다른 사람들에게 보여줄 수 있는 제품이나 서비스 – 즉, 지위재(status goods)에 대한 구매동기가 높아진다고 제시하고 있다. 즉, 소비자들이 어떠한 상황에서 무력감을 느낄 경우 이러한 상실감을 보완하고자 소박하고 쓸모있는 제품보다는 유명 브랜드나 다른 사람들의 눈길을 끌 수 있는 사치재를 구매하고자 하는 동기가 활성화 되는 것이다.

이처럼 권력감 추구 동기는 다양한 시사점을 제시한다. 먼저 마케팅 관계자들은 권력감 상실과 같은 심리상태에 의해 발생하는 소비자의 니즈를 파악하는 것이 중요하다. 즉, 사회적으로 지위가 높거나 낮은 소비자들 모두 상황에 따라 무력감을 경험할 수 있고 이에 의해 영향을 받을 수 있다는 것을 인지하고 대비할 수 있어야 한다. 또한 무력감을 경험하는 소비자들은 지위 관련 제품에 대한 지불의향이 증가하기 때문에 과도한 지출과 이로 인한 부채가 증가할 수 있고, 이러한 현상은 실제 자원의 결핍에 의하여 발생된 권력감 상실의 경우 더욱 악화될 수 있다. 따라서, 소비자들이 자신의 사회경제적 지위 및 자원을 초과하지 않는 지출을 하면서 무력감을 보완할 수 있는 다른 방법들에 대한 고찰이 요구된다.

그림 7-3　　**권력감, 사회권력, 사회계급의 개념도**

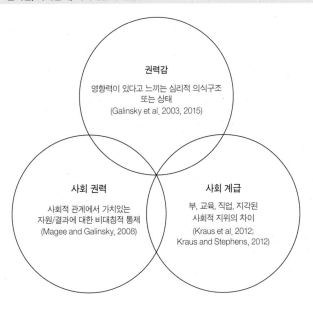

3) 인지 욕구

식당에서 기다리고 있는 사람들이 지루해하지 않도록 큐브를 비치해놓은 경우를 본 적이 있을 것이다. 어떤 사람은 복잡한 문제나 퍼즐을 푸는 것을 좋아하여 기다리면서 큐브를 푸는 것에 집중하지만 어떤 사람은 많은 생각을 하는 것을 싫어하여 큐브에 관심을 가지지 않거나, 처음에는 큐브에 관심을 가질지라도 곧바로 포기할 것이다. 왜 이렇게 사람마다 다른 성향을 가지는 것일까? 이러한 성향은 개인의 인지적 동기의 차이에서 비롯되며, 특별히 이의 기저에 깔려있는 것을 인지 욕구(need for cognition)라고 한다.

인지 욕구는 인지적 노력이 필요한 활동에 참여하고 즐기는 경향성을 의미한다 (Cacioppo and Petty, 1982). 소비자들은 자신이 경험하는 일을 이해하고자 하는 욕구가 있다. 이렇듯 상황에 대해 개인이 이해하려는 욕구를 인지 욕구라고 일컫는다. 인지 욕구는 주로 소비자들의 정보 탐색에 많은 영향을 미친다. 예를 들어, 높은 인지 욕구를 가지고 있는 소비자들은 상황을 가능한 많이 이해하고자 노력하고 이를 위해 더 많은 정보를 원한다. 하지만, 낮은 인지 욕구를 가지고 있는 소비자들은 상황을 완벽히 이해하고자 하는 욕구가 크지 않기에, 의사결정 시 많은 정보를 선호하지 않는다.

주로 소비자 연구에서는 정교화가능성 모델(Elaboration Likelihood Model; ELM)을 통해 이러한 개인의 인지 욕구를 고려하였다. 정교화가능성 모델에 따르면 사람들은 크게 두 가지 경로인 중심경로와 주변경로를 통해 정보를 처리하고 태도를 형성한다. 정교화 가능성이 큰 중심경로를 통해서는 정보의 수령인이 정보의 주장을 고려하여 사안에 대한 태도를 형성하나, 정교화 가능성이 적은 주변경로를 통해서는 정보의 수령인이 간단하고 편리한 주변요인을 고려하여 사안에 대한 태도를 형성한다. 이러한 정교화 가능성(혹은 어느 경로를 통해 정보를 처리하는지)을 결정하는 주요 요소 중 하나는 개인의 인지 욕구의 정도 즉, 정보 수령인이 얼마나 정보를 면밀히 고려하려고 하는 동기가 있는지이다.

이러한 소비자들의 인지 욕구에 따라 판매촉진 등 마케팅 활동에 대한 반응이 달라진다. 예를 들어, 우리 주변에서 흔히 볼 수 있는 가격할인행사를 생각해보자. 매장에서 가격할인행사를 할 때 보통 "대박세일(SALE)"과 같은 단순한 메시지들이 곳곳에 붙여져 있는 것을 볼 수 있음과 동시에, 각 제품이 원래 가격과 대비해 얼마나 할인이 되는지에 대한 구체적인 정보 역시 볼 수 있다. 이때, 인지 욕구가 높은 사람들은 상황에 대한 이해를 위해 정보를 많이 얻고자 하기 때문에 가격을 꼼꼼하게 따져보면서 어느 정도 할인이 되는지 확인하려는 경향이 강한 반면, 인지 욕구가 낮은 사람들은 가격을 자세히 보기보다 "대박세일(SALE)"이라는 메시지

| 그림 7-4 | 소비자들의 인지 욕구에 따른 마케팅 활동 |

매장에서 가격할인행사를 할 때 보통 "대박세일(SALE)"과 같은 메시지들이 곳곳에 붙여져 있는 것을 볼 수 있음과 동시에, 각 제품이 얼마나 할인이 되는지 역시 볼 수 있다

자체만 보고 충분히 상황을 이해했다고 생각하는 경향이 강하다. 즉, 인지 욕구가 낮은 소비자들은 가격 할인에 대한 간단한 정보만으로 상황을 판단하려 하는 경향이 있는 것이다.

또한, 인지 욕구가 높은 개인은 주어지는 정보의 질과 양에 관심을 가지는 반면 인지 욕구가 낮은 개인은 정보의 내용적인 면에 중점을 두기보다 그래픽이나 음향 효과와 같은 외형적인 측면에 좀 더 중점을 둔다(Cacioppo et al., 1996; Martin, Sherrard, and Wentzel, 2005). 예컨대, 웹사이트에 대한 태도도 소비자들의 인지 욕구에 따라 달라질 수 있다. 인지 욕구가 높은 사람들은 낮은 사람들에 비해 정보의 질 자체에 더 관심이 많기 때문에 시각적인 자극인 애니메이션은 없지만 텍스트 정보가 많이 있는 웹사이트를 더 좋게 평가하는 경향이 있다(Martin et al., 2005). 이와 같은 점을 고려해 볼 때 기업은 표적시장의 소비자들의 인지 욕구에 대한 정확한 이해를 바탕으로, 정보의 내용적인 측면과 외형적인 측면 중 어느 부분에 더 집중해서 소비자들에게 정보 전달을 할 것인지 잘 결정해야 할 것이다. 예를 들어, 표적시장의 소비자들이 대체로 생각하기를 즐겨하는 직종의 사람들이라면 이들에게는 다른 세분시장의 소비자들보다 텍스트 위주의 충분한 설명이 더 효과적인 제품소구 방법일 것이다.

사례: 2012 P&G "Thank You Mom" 광고 캠페인

글로벌 생활용품기업 P&G는 2010년 올림픽 후원 파트너십을 체결한 이후, '세상 모든 어머니를 후원합니다(Proud Sponsor of Moms)'라는 하나의 슬로건 아래 지금까지 다양한 "땡큐맘(Thank You Mom)" 캠페인

을 진행해 왔다. 대부분의 기업은 올림픽 마케팅 활동에서 스타선수를 주목하는 데 반해 P&G는 그들을 길러 낸 자랑스러운 어머니에 초점을 맞춰왔다는 점이 이색적이다. 2010 밴쿠버 동계올림픽에서 관람석에서 자식을 가슴 졸이며 지켜보는 엄마의 모습을 보여준 '키즈(Kids)'; 어머니들에게 그들은 언제나 아이들입니다(To their mother they'll always be kids)' 캠페인을 시작으로 2012 런던 하계올림픽 '땡큐 마마(Thank You Mama); 세상에서 가장 힘든 직업 그러나 세상에서 가장 값진 직업(The hardest job in the world, is the best job in the world)' 캠페인, 2014 소치 동계올림픽 '넘어져도 일어나는 이유(Pick Them Back Up)', 2016 리우 하계올림픽 '스트롱(Strong)', 2018 평창 동계올림픽 '편견을 넘는 사랑(Love Over Bias)'까지 세상의 모든 어머니들에게 감사와 존경의 뜻을 전해왔다. 이렇게 P&G의 범문화적인 요소 '자랑스러운 어머니'라는 감정에 주목한 캠페인은 가족친화, 호의, 믿음 등 자사 브랜드 인식 강화로 이어졌고, 스포츠 스폰서십을 통한 브랜드 마케팅 성공사례로 꼽히고 있다.

이 예시에서 볼 수 있는 것처럼 소비자들의 브랜드에 대한 태도 및 인식의 형성에 있어 감정의 역할이 크다는 것을 알 수 있다. 본 섹션에서는 감정의 종류와 역할, 감정이 정보처리와 행동에 미치는 영향, 실무적 적용에 대한 학습을 통해 감정을 보다 자세히 알아보고자 한다.

자료원: "후원사들이 올림픽 마케팅 효과를 극대화하려면?" 한국일보, 2017년 11월 8일자 기사. "'땡큐맘' '응답하라 오천만' 등 국가대표와 함께하는 응원 캠페인" 중앙일보, 2018년 1월 30일 기사. (이상의 내용을 발췌 요약)

▌감정(Emotion)

소비자들은 제품의 특성을 고려하고 선택함과 동시에, 느낌이나 분위기 등 감정에 기반한 선택도 한다. 예를 들어, 우리들이 광고를 접할 때 광고가 전달하는 제품과 서비스의 속성도 물론 중요하지만 광고를 보고 어떠한 감정이 들었는지도 우리의 제품 구매의사에 영향을 미치는 경우가 있다. 따라서 소비자들이 경험하는 감정의 역할과 그 영향을 이해하는 것은 상당히 중요하다. 이와 같은 이유로 최근 뇌과학과 진화심리학 그리고 전통적인 소비자 행동 연구에서 감정에 대한 연구가 급속도로 진행되고 있다.

(1) 감정의 구분

감정이란 개인을 둘러싸고 있는 상황이나 사건 등에 대한 인지적 평가(appraisal) 또는 정신적 느낌을 말한다. 일상적으로는 감성을 느낌(feelings), 기분(moods) 등과 다른 정서적인 상태와 혼용하지만, 이 세 가지 개념은 구분될 수 있다.

첫째, 감정, 느낌, 기분은 그 강도와 지속시간에 따라 구분된다. 즉, 감정은 시간이 몇 분에서 몇 시간으로 짧지만 강도가 큰 정서 경험이다. 이에 반해 기분의 경우는 지속되는 시간은 며칠에서 몇 달까지 갈 정도로 길지만 정서경험의 강도가 감정에 비해 약하다고 볼 수 있다. 느낌은 강도와 지속 시간이라는 면에서 볼 때 감정과 기분의 중간 상태의 정서경험이라고 할 수 있다.

둘째, 정서경험에 관한 뚜렷한 대상이 존재하는 지에 대한 여부로 구분될 수 있다. 소비자들이 감정을 경험할 때는, 무엇에 대하여 화가 났다던가 하는 특정대상을 염두하는 경우가 많다. 반면에, 기분은 소비자들이 자신의 정서경험의 원인을 쉽게 떠올리지 못하는 경우가 많고, 정서적 경험이 향하는 뚜렷한 대상이 존재하지 않다는 특징이 있다. 때에 따라서는 특정대상에 대해서 가지고 있던 감정이 시간이 지나서 누그러지면 감정이 기분으로 전환되기도 한다. 예를 들어, 새로운 휴대폰을 구입한 직후는 행복감이라는 감정을 느낄 수 있는데, 휴대폰 구입 이후 시간이 어느 정도 지나게 되면 이러한 행복감은 긍정적인 기분으로 남게 된다.

셋째, 감정은 소비자들에게 단순한 심리반응을 넘어선 생리적, 신체적 반응과, 혹은 특정한 행동반응을 야기하는 경우가 많다. 우리가 분노를 경험할 때 표정 근육이 변화하고 호흡이 빨라지며 동공이 확대되는 것을 생각해보면 쉽게 이해할 수 있다. 따라서 이러한 생리적

표 7-2	감정과 기분의 차이	
감정(emotions)	**기분(moods)**

감정(emotions)	기분(moods)
• 높은 강도와 짧은 지속시간 • 특정 사건 또는 사람이 야기 • 생리적으로 강한 반응 야기 • 행동 지향적 • 대상에 대한 감정이 없어지면 기분으로 전환	• 감정에 비해 약한 강도와 긴 지속시간 • 원인이 일반적 또는 불명확 • 생리적 반응이 비교적 약함 • 인지 지향적 • 낮은 강도의 감정또는 부정적 기분의 구분이 애매할 수 있음

인 반응의 집합적인 고려를 통해 소비자들이 어떠한 감정을 경험하고 있는지 과학적으로 측정할 수도 있다.

또한 더 나아가서, 감정은 행동을 촉발한다. 최근 소비자들의 행동 중 주목되고 있는 것은 콘텐츠의 공유행동이다. 이는 소비자들의 정보 구전의 파급을 결정짓기 때문이다. 이러한 소비자 공유행동에 대한 연구에 따르면 콘텐츠가 야기하는 감정의 종류가 소비자들의 공유행동에 큰 영향을 미치는 것으로 밝혀졌다. 예를 들어, 가장 많이 공유되는 콘텐츠 중 하나가 과학기술에 관한 기사인데, 이는 이러한 정보가 경외감이라는 감정을 활성화시키고 사람들을 공유행동을 취하게 하는 경향이 크다고 한다. 경외감은 우주나 자연의 위대함을 보여주는 사진을 볼 때 우리가 경험하는 감정인데 실제로 많은 사람들이 그러한 사진을 공유하고 싶어하는 것을 종종 볼 수 있다.

(2) 감정의 기능

소비자의 판단과 행동을 이해할 때, 감정은 이성을 오염시키는 요인으로 오랫동안 간주되었다. 즉, 이성적인 소비자들이 효용을 극대화하여 행동하는 것을 감정이 소비자 판단을 편향되게 하여 최적화한 해답을 도출하는 데 방해가 된다고 생각해온 것이다. 즉, 이성을 감정보다 우월한 인간의 정신작용으로 간주하는 것이다. 이것은 사실 오래전 플라톤 등 그리스의 철학자들로부터 시작된 역사가 깊은 견해로 지금까지도 많은 사람들의 감정에 대한 견해에 영향을 미치고 있다.

하지만 합리성으로 대표되는 이성과 충동으로 대표되는 감정의 이분화는 최근 20여 년 동안 도전받고 있다. 많은 연구가 감정이 이성의 방해라는 주장은 사실과 전혀 거리가 멀다는 것을 밝혀내고 있다. 오히려 감정은 합리적 사고를 가능하게 하는 역할을 하고 있으며 더 나아가서는 감정의 부재 시에는 소비자들은 선택 자체를 할 수가 없다는 것이다.

이를 잘 나타내는 것이 뇌신경학자인 안토니오 다마시오의 연구이다. 다마시오의 환자인 엘리엇이라는 남자는 성공적인 경영인이었다. 하지만 그는 뇌종양에 걸려 수술로 전두엽의 많은 부분을 제거해야만 했다. 수술은 성공적이어서 그의 지능에는 아무 이상이 없었다. 그러나, 불행히도 감정을 담당하는 뇌의 부분에 손상을 받은 그는 아무 감정도 느끼지 못한다고 말했다. 그 후 엘리엇은 경영은 물론 사소한 의사결정을 하는 것에도 어려움을 받아 일상생활에 큰 어려움을 겪었다고 한다. 이렇듯 감정 경험의 상실은 이성적 판단 능력의 상실로 연결된다.

감정은 소비자들이 접하는 수 많은 정보를 걸러내고 선택하게 도와준다. 또한 다양한 상황에서 어떠한 정보에 집중하여 의사결정해야 하는지 알려주어서 문제 해결에 도움이 된다. 예를 들어 음식의 냄새와 상한 모습을 보고 일어나는 혐오감은 그러한 음식을 적극적으로 피하게 하여 질병으로부터 우리를 보호한다. 실제로 뇌손상을 입은 환자들이 혐오감의 감정의 부재로 먹지 않아야 할 것들을 입안에 넣는 성향을 보이는 것이 관찰되기도 한다. 다양한 감정과 그에 따른 기능을 정리하면 (표 7-3)과 같다.

흥미로운 것은 이러한 감정의 역할이 인류보편적인 경향이 있다는 것이다. 즉, 뱀을 볼 때 공포나 혐오감을 느끼고, 아기의 얼굴을 보면 사랑스러움과 행복감이 드는 감정은 세대나 문화가 다른 개인 간에 큰 차이를 보이지 않는다. 실제로 한 연구에서 사람들에게 잡지의 사진과 텔레비전 광고를 제시하고, 콘텐츠가 좋은지 나쁜지, 흥미로운지 아닌지, 만족스러운지 아닌지 등의 이성적 판단을 내리게 한 결과, 개인들의 판단은 서로 다르게 나타나는 경우가 많았다. 하지만 같은 콘텐츠에 대해 콘텐츠가 좋은 혹은 나쁜 느낌을 주는지, 화나게, 기쁘

표 7-3 감정에 따른 기능

감정	기능
혐오	부패한 음식을 피하게 함
열정	새로운 일에 도전하게 함
질투	이성에게 자신의 매력을 발산함
분노	자신의 권리를 보호함

게, 또는 슬프게 하는지 등의 감정적 판단을 내리게 한 결과, 개인들의 판단이 매우 일치하는 것을 볼 수 있었다. 이러한 연구 결과를 볼 때, 특정 소비자에게 특정 감정을 유발하는 제품이나 서비스가 있다면 그 상품은 다른 소비자들에게도 유사한 감정을 유발할 것이라 예상할 수 있다. 따라서, 마케터들이 소비자의 감정을 심도있게 이해하고 접목하는 것은 현대와 같은 국제적 시장에서 반드시 필요할 것이며, 특히 다국적 기업의 경우 소비자들의 감정은 마케팅 전략 수립 전 과정에서 반드시 고려해야 할 요소이다.

(3) 감정의 종류

1) 감정모형

감정에 대해 가지고 있는 오해 중에 하나는 감정이 생각보다 단순할 것이라는 것이다. 하지만, 감정은 기분이 좋다, 나쁘다의 유쾌함과 불쾌함의 차원에 국한되지 않고 다양한 척도에 의해 세분화될 수 있다. 주로 유쾌함과 불쾌함 척도와 더불어서 생각되는 것은 그 감정경험이 얼마나 각성(arousal)의 상태를 수반하는가의 정도이다. 이러한 각성의 상태는 학자들 마

| 그림 7-5 | Feldman Barrett과 Russell의 이차원 감정 구조 도식 |

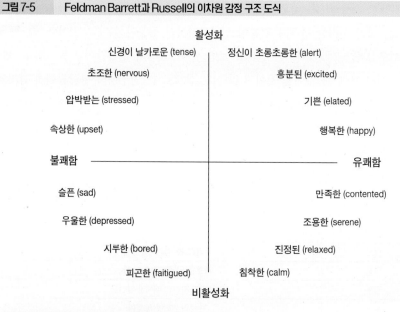

자료원: Feldman Barrett and Russell, 1998

다 조금 다른 이름으로 불리기도 한다. 예를 들어 Feldman Barrett과 Russell(1998)은 각성의 상태 대신 이를 감정의 활성화(activation)라고 이름붙였다. 용어는 다를 수 있으나, 감정 경험의 상태가 얼마나 흥분되고 심리적·생리학적 각성을 수반하는가의 측면에서 보면 대동소이하다고 보아도 좋다.

다음의 원형모델은 유쾌함, 불쾌함과 감정의 활성화, 비활성화 정도(즉, 각성의 정도)를 두 축으로 잡아 다양한 감정을 구조화하였다(그림 7-5). 이 모형을 통해 유사한 성향을 가진 감정들은 서로 인접해 있음을 알 수 있고, 동일하게 긍정적이거나 또는 부정적인 감정상태들이라 할지라도 활성화의 정도에 따라 구분될 수 있음을 알 수 있다. 이렇듯 감정모형은 유사하거나 매우 다른 감정상태를 보다 직관적으로 알 수 있게 한다는 점에서 매력적이다. 그러나, 여전히 다양한 감정간의 미묘한 차이가 모두 드러나는 것은 아니기 때문에 소비자 행동에서 관찰되는 모든 감정을 잘 표상하지는 못한다는 한계점이 존재한다.

2) 각성정도의 역할

앞에서 언급한 바와 같이 감정은 그 종류에 따라 높거나 낮은 심리적·생리학저 각성 상태를 수반한다. 최근 연구에 따르면 이러한 각성 수준의 활성화에 따라 소비자들을 효과적으로 설득할 수 있는 방법이 달라지게 된다(Rucker and Petty, 2004). 구체적으로 말하자면, 소비자들이 높은 각성 상태를 수반하는 감정을 경험할때는 활동(activity)에 대한 욕구가 생겨서 행동 지향적인 상황(action-oriented event)을 선호하게 된다. 반면에, 소비자들이 낮은 각성 상태를 수반하는 감정을 경험할 때는 비활동(inactivity)에 대한 욕구가 생겨서 수동적인 상황 (passive event)을 선호하게 된다. 그렇다면, 마케터들이 영화관에 자동차 광고를 제시할 때 어떠한 방법을 사용할 수 있을까? 예를 들어, 감정의 높은 각성상태가 유지되는 액션 영화가 상영될 때에는, 소비자들이 행동지향적인 상황을 선호하게 되므로 자동차를 운전하면서 느끼는 희열감이나 흥분감을 강조하는 광고를 제시하는 것이 효과적일 것이다. 반면에 감정의 낮은 각성상태가 유지되는 잔잔하고 슬픈 영화가 상영될 때에는, 자동차를 운전하면서 느끼는 차분함과 편안함에 중점을 두어야 광고의 효과가 높아질 것이다.

(4) 소비자 행동에 영향을 미치는 주요 감정의 예

다음은 최근 마케팅에서 가장 주목되는 감정들 중 긍정적인 감정인 노스텔지어와 부정적인 감정인 공포감에 대해서 알아보고자 한다. 이러한 대표적인 감정들을 이해함으로써 현재 소비자들의 마음에 닿는 마케팅을 할 수 있을 것이다.

1) 노스탤지어(nostalgia)

몇 년 전 응답하라 1998이라는 드라마를 보면서 많은 사람들이 지난 날 가족과 친구들과 보냈던 따뜻한 시간들을 떠올리며 정서적인 충족감을 경험했다. 이와 더불어 그 시기에 유행했던 노래들도 큰 인기를 얻었다. 이렇듯 노스탤지어를 기반으로 한 문화상품이 복고 마케팅 혹은 향수 마케팅이라는 이름으로 종종 등장하곤 한다. 이러한 노스탤지어의 감정이 소비자들에게 야기하는 행동은 무엇일까?

노스탤지어란 과거의 소유물이나 행동, 사건과 같은 추억에 대한 그리운 감정을 의미한다(Sedikides et al., 2008). 그간 노스탤지어는 필요 이상으로 사람들을 과거지향적인 것으로 만들어 현실 적응을 저해할 수도 있다는 다소 부정적인 이미지로 여겨지기도 했다. 하지만, 최근 연구에 따르면 대부분의 사람들은 1주일에 한 번 이상 추억에 잠긴다고 하고, 이러한 노스탤지어는 사람들을 더욱 인간적으로 만들어주는 긍정적인 역할을 가지고 있다고 한다.

즉, 노스탤지어라는 감정의 핵심은 인간성에 대한 추구이다. 소비자들로 하여금 다른 사람들과의 관계를 맺고 친사회적인 행동을 하는 것에 대해 더욱 우호적으로 만든다는 것이다. 예를 들어, 즐거운 추억을 되새기게 된 소비자들은 자선단체에 기부를 더 많이 하게 되거나 자원 봉사활동에 참여를 더 적극적으로 하게 된다. 특히, 노스탤지어는 개인에게 다른 사람과의 관계를 잘 이끌어나갈 수 있는 능력이 있다는 믿음을 주기 때문에, 외로움을 많이 느끼거나 사회적으로 소속되고 싶어하는 욕구(need for belongingness)가 강한 사람들은 노스탤지어를 유발하는 제품이나 서비스를 더 선호한다.

최근 4차 산업혁명 등 급속한 기술발전과 이에 따른 심리적인 긴장감이 증폭됨에 따라 많은 소비자들은 삶을 의미있게 만들고 행복감을 추구할 수 있는 방법에 집중하고 있다. 이에 따라 소소하지만 확실한 행복(소확행), 워크-라이프 밸런스(워라밸) 등이 트랜드 키워드로 떠오르고 있다. 또한 소비자들의 삶의 의미와 행복감을 증신시키는 데 도움이 되는 요인에 대한 탐구가 활발하게 진행되고 있다. 노스탤지어라는 감정을 더 이해함으로써 소비자들의 행복감을 증진시킬 수 있는 방법을 고안하는 데 큰 도움이 될 것이다.

2) 공포감(fear)

부정적인 감정임에도 오랜 시간 동안 마케터들에게 가장 주목받은 감정 중 하나는 공포감일 것이다. 공포란 위험이나 위협의 존재 혹은 발생할 것이 예상됨에 따라 야기되는 감정적 반응을 말한다(LaTour and Rotfeld, 1997). 즉 소비자들이 주위 환경에서 지각하는 위협요소에 대한 일차적인 감정이라고 생각할 수 있다.

그렇다면, 소비자들은 공포를 느낄 때 어떠한 반응을 보일까? 공포감은 소비자들에게 위험을 회피하고 안정을 취하는 선택을 하게 한다. 주로 투쟁-도피 반응(fight or flight, 긴박한 위험 앞에서 빠른 문제 해결을 위해 자동적으로 나타나는 생리적 각성 상태)이라고 불리는 행동방식 중에 바로 도피, 즉 위험으로부터 재빨리 도망치려는 행동을 일으키는 것이다. 이렇듯 공포감은 사람들을 그 상황에서 벗어나기 위한 행동을 취하게 하는 강력한 동인으로 작용한다. 이에 마케터들은 광고 등에서 공포 소구를 하고 자신의 제품이나 서비스를 이 상황에서 벗어나게 하는 솔루션으로 제시하는 방법을 많이 사용한다. 본 장의 도입사례였던 금연광고의 경우, 사회적으로 소외될 것 같은 공포감을 조성함으로서 담배 소비를 줄이도록 촉구하고 있고, 구강청결제/치약 브랜드인 콜게이트(Colgate)는 입냄새로 인해 대인관계가 악화될 수 있다는 것을 공포감을 상기시킴으로

구강 청결제의 공포 마케팅

| 그림 7-6 | 공포감 수준에 따른 소비자의 메시지 수용도 변화 |

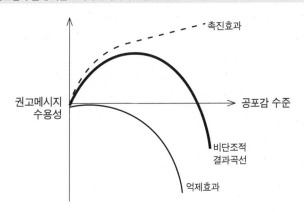

자료원: Ray and Wilkie, 1970

써, 자사 제품에 대한 구매를 촉진하고자 하였다.

　이러한 공포감의 사용은 유의하여야 한다. <그림 7-6>은 공포감이 야기할 수 있는 소비자들의 반응에 대해 보다 자세히 보여준다. 먼저, 공포감이 증가함에 따라 소비자의 관련 동기를 촉진시킬 수 있고, 따라서 관련 마케팅 메시지에 대한 관심 및 수용도가 증가할 수 있다(촉진효과). 예를 들어, 강력한 공포감을 소구하는 광고를 본 소비자들은 해당 광고에 보다 주의를 집중하거나 광고 메시지가 뇌리에 깊게 남을 수 있고 나아가 관련된 정보를 검색해 보는 등의 높은 수용도를 보일 수 있다. 반면, 공포감은 그 자체가 부정적인 감정이므로 거부감과 같은 억제효과를 야기할 수 있다. 만일 공포의 수준이 지나치게 높다면 소비자들의 방어 기제가 작동되어 해당 광고를 보는 것 자체를 거부하거나 광고 메시지를 선택적으로 기억하거나 왜곡하는 등 마케터가 전달하고자 하는 메시지가 제대로 수용되지 않을 가능성도 존재한다. 따라서, 결과적으로 공포감은 촉진하고자 하는 제품 및 서비스에 알맞는 적절 수준의 공포감을 찾아 전달해야 한다고 여겨진다. <그림 7-6>의 비단조적(nonmonotonic) 결과 곡선이 보여주듯, 공포감은 결국 그 수준에 따라 촉진효과와 억제효과 사이의 결과를 도출할 수 있다. 즉, 너무 낮은 수준의 공포감은 효과적으로 소비자들을 동기부여하지 못하고, 반대로 너무 높은 수준의 공포감은 소비자들의 거부감을 야기하기 때문에, 적절한 수준의 공포감을 전달할 수 있도록 해야 할 것이다. 전달하고자 하는 메시지에 적절한 공포감의 수준을 정하는 데 참조할 수 있는 개념 중 하나는 해당 메시지의 청중(audience)과 메시지 주제의 관련성(relevance)이다. 일반적으로 청중과 광고 주제간의 관련성이 높으면, 공포감 수준이 상대적으로 낮아도 효과적으로 설득할 수 있다. 앞에서 예시로 들었던 콜게이트의 구강청정제 광고를 영업사원이 볼 경우, 이들은 직업상 많은 고객을 대면하고 환심을 사야 하기 때문에 약간의 사회적 공포감을 전달하는 것만으로도 해당 제품을 구매하고자 하는 의사를 가지게 할 수 있을 것이다. 이와 같이 적절한 수준의 공포감을 전달하며 동시에 이를 해결할 수 있는 구체적 방법으로서 자사의 제품 또는 서비스를 제시하는 방식을 통해 효과적인 마케팅 커뮤니케이션이 이루어질 수 있다.

(5) 감정의 실무적 적용과 주의사항

　그렇다면 실무적으로 감정을 어떻게 응용해 볼 수 있을지에 대해 알아보자. 마케팅에서 소비자들의 감정을 긍정적으로 변화시키는 것이 가능할까? 혹은 신파극과 같이 관객들이 슬푼 감정을 경험하도록 유도하여 흥행을 겨냥하는 마케팅을 할 수도 있을까? 이러한 질문에 대한 답은 '그렇다'이다. 즉, 소비자들의 감정은 유도될 수 있다. 심리학 연구는 사람들에게 영화의 슬픈 장면(예: 주인공 소년의 멘토의 죽음) 이나 혐오감을 유발하는 영상(예: 비위생적인 화장실)을 제시하는 경우 사람들이 슬픔이나 혐오감 등 특정한 감정을 쉽게 경험하는 것을 발견하였다. 이러한 시각적 자극 외에도 음악(예: 밝은 음악 vs. 우울한 음악), 조명(예: 밝은 조명 vs. 어두운 조명), 요일(예: 월요일 vs. 금요일)과 시간(예: 아침 vs. 밤), 날씨(예: 맑은 날씨 vs. 흐린 날씨), 운동(예: 격렬한 운동 vs. 정적인 운동) 등을 경험할 때 소비자들은 특정한 감정상태를 경험한다.

물론 위와 같은 방법으로 일으킨 감정 상태는 짧은 시간 동안 지속되는 것이다. 하지만 소비자들이 경험하는 단기적이고 가벼운 감정도 그 후 의사결정과 행동에 큰 영향을 미칠 수 있다. 예컨대 좋은 향이나 음악, 승무원의 미소가 단기적으로 소비자들에게 긍정적인 감정을 준다면 이는 구매에 긍정적인 영향을 줄 수 있다. 긍정적인 감정과 연결된 제품에 대한 편향된 평가에 내린 기억은 현재 선택에 영향을 줄 수도 있다. 예를 들어, 유머 광고에 대한 긍정적 평가의 기억은 현 결정에 영향을 미칠 수 있다. 또한, 소비자 결정에 영향을 미치는 감정적 단서의 파악과 활용을 하는 것이 중요하다. 특히 부정적 감정을 긍정적 감정으로 바꿀 수 있는 요인들을 파악하는 것이 필요한데, 예를 들어 소비자들이 서비스를 기다리는 동안 무료 음료수나 쿠키를 제공함으로써 기다릴 때 생길 수 있는 부정적인 감정들을 긍정적으로 바꿀 수 있다.

감정의 단기적인 속성을 생각했을 때, 어느 시점에 소비자에게 긍정적인 감정을 느끼게 할지 정하는 것도 중요할 수 있다. 소비자에게 가장 오래 남는 인상은 마지막 순간에 정해지므로, 소비자와 만나는 마지막 순간에 긍정적인 감정을 느끼게 하는 것이 필요하다. 따라서 소비자에게 신뢰, 만족, 유쾌한 놀라움을 선사하는 긍정적 멘트를 발굴해야 하며, 소비자의 경험을 처음부터 끝까지 분석해서 마지막의 훈훈한 마무리를 하는 것은 필수적이다. 예컨대 마무리 시점에서 선물이나 무료 상품권을 증정, 떠날 때 서비스 직원에 대한 신뢰와 선의의 감정을 각인하거나 독특한

Harrah's 라스베이거스 카지노

긍정적 제스처를 하는 방법이 있다. 반면에 마지막이 쓰라리고 불쾌한 경험은 기억이 오래 간다. 라스베이거스의 호텔과 카지노인 Harrah's에는 이러한 경험을 긍정적인 경험으로 바꾸기 위해서 행운 대사(Luck Ambassadors)들을 두는데, 과도한 손실을 본 카지노 고객들을 대상으로 부드러운 대화를 유도하고 레스토랑 무료시식권을 제공하도록 한다.

이렇듯 소비자들의 감정 경험을 고려하고 더 나은 소비경험을 제공하기 위해 숙고하는 것은 매우 중요하다. 하지만, 마케터의 지나친 접근은 소비자들의 감정을 조작하려고 하는 시도로 보여 큰 반발을 살 수 있다. 예를 들어, 보험사에서 삶에서 일어날 수 있는 재난과 역경을 상기시켜 두려움을 증폭시킨다든지, 자선단체에서 기아에 허덕이는 아기들의 모습을 제시하고 슬픔 또는 죄책감 등을 고양시켜 기부를 유도하고자 하는 시도를 종종 볼 수 있다. 이러한 시도는 때로는 너무 인위적으로 소비자들의 감정에 영향력을 행사하려는 마케팅으로 보여 반발감을 야기할 수 있다.

이와 비슷하게 실제로 2012년 페이스북은 소셜 미디어에서의 사람들 간의 감정의 전염을 연구하기위해 콘텐츠 구성을 조작하여 실험하였고 이를 학술지에 발표하였다. 소비자들을 더 잘 이해하려고 한 것이라고 설명하였지만, 소비자들은 자신이 모르는 사이 페이스북이 콘텐츠 구성을 통해 자신의 감정을 긍정적이거나 부정적인 상태로 만들려고 한 것을 깨닫고 크게 반발하였다. 소셜 미디어에서 좋아요를 비롯한 다양한 감정의 표현을 용이하게 하는 시도가 늘어나는 시점에서, 소비자들은 점차 자신들의 감정들까지도 기업의 마케팅 대상이 된다는 것에 대해 경계심을 가지고 있다. 마케터들은 소비자들의 정서의 본질에 대해 이해하는 노력과 함께 소비자들에게 접근할 때 항상 사적영역의 지나친 침범을 경계하는 윤리성을 잊지 말아야 할 것이다.

💬 토론사례 : 쿠키런 모바일 게임에서의 감정과 성취동기의 사용

IT 환경이 혁신을 거듭하며 진화해감에 따라 게임 산업도 그 영향을 받아 변화해 나가고 있다. 빠른 인터넷망이 보급되고 인프라가 갖춰지면서 유저들이 함께 온라인 게임을 즐기는 것이 가능해졌고, 온라인 게임은 단순히 게임을 넘어 유저들의 커뮤니티 공간을 흡수하며 소셜 플랫폼의 역할까지 하게 되었다. 스마트폰의 보급과 함께 게임 시장은 또 한번 새로운 변화를 맞이하게 되었다. 이러한 변화의 흐름에 발 빠르게 대응하여 모바일 게임 '쿠키런(Cookie Run)'으로 국내외에서 성공적으로 안착한 데브시스터즈(Devsisters)의 사례를 살펴보자.

이 회사는 초기에 '교육과 놀이가 합쳐진 에듀테인 콘텐츠를 만들고 싶다'는 막연한 방향만 가지고 이런저런 사업을 시도하며 많은 시행착오를 겪었다. 2008년 이지훈 대표는 애플이 출시한 아이폰을 접하고 '글로벌'과 '모바일'로 집약되는 이 변화가 놓치고 싶지 않은 기회임을 본능적으로 확신하였다. 당시 상황은 해외에서도 아이폰 3G가 시장에 겨우 안착한 시기였고 국내에는 아이폰이 출시되기 전이었기 때문에 앱스토어 자체가 없는 시절이었다. 그럼에도 불구하고 데브시스터즈는 피처폰이 아닌 스마트폰 앱 개발을 목표로 삼았고, 처음부터 해외시장을 겨냥해 남들보다 한 발 앞서 게임 개발에 착수했다.

쿠키런의 전신이라 할 수 있는 '오븐브레이크'의 기획은 초기 멤버들 중 해외에 오래 거주하며 외국 문화를 잘 이해하고 있는 한 멤버가 진저브레드(쿠키)가 해외 유저들의 취향에 맞을 것 같다는 의견을 낸 것에서 시작되었다. 이에 다른 멤버들이 의견을 개진하여 쿠키가 마녀에게 잡아 먹히지 않기 위해 마녀의 오븐을 탈출한다는 설정으로 발전시켰다.

글로벌 콘텐츠 요소와 소비자의 감정 및 동기

오븐브레이크는 기획 초기단계부터 글로벌 시장으로 타겟으로 삼고 게임의 컨셉, 장르, 난이도 등을 설정하여 개발하였다. 어찌 보면 이들에게 있어서 글로벌 콘텐츠의 개발은 자연스러운 전략적 방향의 결과물이었으며 글로벌 시장에서 성공의 원동력이 되었다고 볼 수 있다.

데브시스터즈는 글로벌 시장을 타깃으로 콘텐츠의 잠재력을 높이기 위해 감정을 유발하는 전략을 적절히 활용하였다. 게임 유저들은 게임 내 자신의 캐릭터를 자랑스럽게 여기는 경향을 보인다(Smahel et al., 2008). 쿠키런의 경우 유저가 직접 쿠키와 펫을 조합하여 자신이 플레이할 캐릭터를 설정하게 되고 그 조합에 따라 게임의 점수가 좌우되기도 한다. 상위권에 속한 유저들뿐 아니라 모든 유저들의 캐릭터가 공개되기 때문에 사람들은 자신이 고득점을 획득한 쿠키와 펫의 조합에 대해 자랑스러운 감정을 느낀다.

또한 게임 내에서 크고 작은 이벤트들을 진행하여 유저들의 감정기복을 유도하였다. 긍정적인 놀라움의 감정을 유발하기 위해 게임 내 다양한 난이도의 임무를 부여하고 달성하면 보상으로 코인, 크리스탈, 보물뽑기권 등의 상품을 지급하였다. 이벤트들은 불규칙적으로 진행하였고 보상의 가치도 사소한 것부터 매우 큰 것까지 다양했기 때문에 유저들은 언제 어떤 이벤트가 열릴지 예측하기 어려운 만큼 놀라움의 감정을 더 극적으로 유발할 수 있었다. 특히, 뽑기를 통해 어렵게 모든 크리스탈을 낭비할 때 유저들은 부정적 감정인 실망감을 느끼게 되는데 이는 유저로 하여금 적절한 감정기복을 느끼도록 유도하였고, 결과적으로 긍정적인 감정의 경험이 증폭되도록 하는 효과를 가져왔다.

캐릭터인 쿠키의 의인화를 통해 소비자의 자아 표현(self-expression)의 동기를 충족시켰다. 사람이 아닌 대상에 사람의 특성을 부여하는 의인화는 모든 문화에서 공통적으로 나타나는 활동이다(Boyer, 1996; Caporael and Heyes, 1997). 데브시스터즈는 쿠키와 펫에 다양한 성격과 특성을 부여하였고 다양한 문화권의 사람들에게 친근한 느낌을 줄 수 있는 의인화된 캐릭터를 개발하였다. 게임 유저들은 캐릭터와 자신을 동일시(identification)하는 경향을 보이기도 한다(Klimmt et al., 2009). 데브시스터즈는 수십여 개의 의인화된 쿠키들을 제공하면서 개성 있는 외모, 특유의 성격, 특성 또는 능력을 부여하였다. 이렇게 다양한 조합이 가능하니 유저들은 이 중 하나라도 취향저격을 당할 수밖에 없고, 나아가 내가 원하는 개성(personality)을 표현할 수 있는 캐릭터를 선택하기도 한다. 이는 유저가 게임 내 자신의 캐릭터를 자아 표현의 수단으로 사용할 수 있게 하였다.

네트워크 플랫폼 기반 모바일 게임과 소비자의 감정 및 동기

국내에 오븐브레이크를 출시할 즈음에 국내 모바일 게임 시장이 큰 폭의 변화를 시작할 조짐이 보이기 시작했다. 앱스토어에서 부분유료화가 지원되기 시작했고, 안드로이드 시장도 급속도로 성장하기 시작하면서 데브시스터즈는 이 기회를 포착하기 위해 게임 유통에 대한 의사결정을 해야 했다. 당시 모바일 게임은 개발사들의 게임을 대신 배포해주는 유통사를 통하는 게 일반적이었는데, 유통사는 개발사를 지원 및 홍보해주면서 상당한 비율의 수익을 수수료로 받기도 했다.

| 커피맛 쿠키 | 보더맛 쿠키 | 공주맛 쿠키 |

당시 3,000만 명이 넘는 유저를 확보하고 있던 카카오가 게임 플랫폼을 제공함으로써 모바일 게임 시장에 뛰어들자 데브시스터즈는 기존의 게임 유통사를 통하지 않고 카카오라는 네트워크 플랫폼 사업자를 파트너로 삼고 게임을 유통하는 모델을 시도하기로 했다. 카카오톡 모바일 메신저를 통해 구축해놓은 카카오의 거대한 유저 네트워크를 잘 활용하면 큰 파급효과를 낼 수 있을 거라는 믿음을 갖고 내린 결정이었다.

모바일 게임이 카카오톡이나 라인 같은 SNS 플랫폼에서 구동되면 다른 유저들과의 관계를 인센티브로 제공한다. 이러한 유저 네트워크를 활용하기 위해 데브시스터즈는 카카오톡 친구들끼리 점수로 경쟁하거나 선물과 메시지를 주고 받을 수 있도록 게임 내 다양한 요소들을 추가했다. 내 쿠키런 점수를 친구들에게 자랑하는 시스템이 플레이로 유인하는 촉매가 되기 때문에 네트워크 플랫폼 기반 모바일 게임에는 망 외부성(network externality)의 효과가 존재한다. 망 외부성이란 어떤 상품에 대한 수요가 형성되면 이것이 다른 사람들의 수요에 영향을 미치는 것으로, 사용자가 증가할수록 그 상품의 가치가 높아지고, 그 가치를 누리기 원하는 사용자가 자발적으로 늘어나는 양적 피드백(positive feedback) 현상이 나타나게 된다. 자신이 아는 사람들 중에서 쿠키런을 플레이하는 사람이 많을수록 즉, 내 점수를 자랑하고 싶은 사람이 많을수록 게임을 하는 효용이 증가하기 때문에, 데브시스터즈는 네트워크 안의 친구들과 많이 교류하고 함께 게임을 즐기도록 하는 유인책을 적극적으로 제공하였다.

‘쿠키런 for 카카오’가 주는 가장 큰 효용은 유저들이 자신의 플레이 점수와 순위를 친구들과 공유하고, 친구와 함께 이벤트에 참여할 수 있다는 데 있다. 사람들은 게임을 즐김으로써 자신의 네트워크 내에서 공동의 여가 활동에 참여한다는 소속감을 느끼며, 자신의 점수와 순위가 올라갈수록 성취감을 느끼고 자랑스러운 감정을 갖게 된다. 이처럼 네트워크 플랫폼 기반의 모바일 게임은 유저들의 소속감과 성취감에 대한 동기를 충족시킬 수 있는 게임 환경을 조성하여 상품의 매력도를 높일 수 있기 때문에, 쿠키런이 유저에게 차별화된 가치를 제공할 수 있었던 것이다.

자료원: 유병준, 2016; 이경미 외, 2015.

💬 토론문제

① 모바일 게임의 특성을 고려하여 사용자의 게임 참여 동기를 유발시킬 수 있는 요인에 대해 토의해보자.

② 쿠키런이 캐릭터와 이벤트를 통해 사용자의 감정을 유발하였듯이, 사용자의 감정을 유발하는 글로벌 콘텐츠를 개발하여 성공한 사례에 대해 토의해보자.

CHAPTER 08

개성과 라이프스타일

08 | 개성과 라이프스타일

🏛 도입사례: 소비자 라이프스타일의 변화를 거스를 수는 없다.
"Uber가 안 된다면, 풀러스(Poolus)라도!"

소비자의 개성과 라이프스타일은 비교적 지속적이며 영속하지만, 점진적으로 변화해 왔다. 그러나, 최근의 인터넷, 모바일 기술의 빠른 전파와 수용 그리고 바로 목전에 이른 4차산업혁명의 흐름 속에 적응하면서 소비자들은 역사 속에서 가장 빠르게 개성과 라이프스타일을 변화시키고 있다. 이러한 정보통신기술의 발달로 최근 가장 주요한 산업으로 관심을 받는 것이 바로 공유경제(sharing economy)를 기반으로 한 플랫폼 사업이다. 이 사업은 유휴자원을 가진 서비스 및 제품 제공자와 기업이 제공하던 제품과 서비스를 사용하지 않고 개인이 제공하는 서비스를 가격과 서비스 수준에서 더욱 가치있게 소비하고자 하는 소비자를 연결해 주는 것으로 전 세계적으로 열풍을 일으키고 있다. 이렇게 물건이나 공간, 서비스를 빌리고 나눠 쓰는 인터넷과 스마트폰 기반의 사회적 경제 모델인 공유경제는 이제 세계적인 흐름을 타고 있는 개념이다. 이는 장난감이나 의상 등 가볍고 상대적으로 저렴한 물건은 물론이고 심지어 자신이 살고 있는 집까지 공유하는 등 실로 다양한 분야로 이어지고 있다. 그 중 가장 대표적인 성공사례는 숙박공유서비스를 제공하는 Airbnb와 차량공유서비스인 Uber이다. 그러나, 이러한 공유경제 사업은 국가별로 세수의 어려움, 기성 기업의 반발 등 여러 장벽에 부딪히며 법적인 제재를 받고 있기도 한다. 그 일례가 바로 우리나라의 Uber의 진출사례이다.

세계에서 가장 유명한 라이드 셰어링 기업인 Uber는 이 서비스는 서비스제공자가 본인 소유의 자동차를 이용해 승객을 태워 요금을 받는 서비스로 택시와 동일한 서비스를 제공한다. 우버X는 우리나라에도 진출을 했었지만 택시 업계의 강한 반발로 인해 2015년에 서비스를 종료하기도 했다. 우리나라에서는 '교통', 즉 자동차에 대한 공유경제 문제가 사회적 이슈로 떠오르고 있다. '리이드 셰어링'이란 카풀 같은 승차공유 서비스를 말하며 최근 공유경제 활성화와 차량 공유 문화 확산으로 전 세계적으로 주목받고 있는 산업분야이다. 그럼에도 불구하고, 우리나라에서 영업을 할 수 없었던 근거는 여객운수법 제81조(자가용 자동차의 유상운송 금지) 때문이다. 우리나라 현행법상 사업용 자동차가 아닌 차를 유상 운송용으로 제공하는 것은 불법으로 정해져 있다.

그러나, 이러한 법조항도 소비자의 라이프스타일의 변화를 막지는 못하였다. Uber 대신 서비스 제공의 시간을 제한한 여러 스타트업들이 카풀 서비스를 제공하기 시작했다. 그리고 그 중 '풀러스'가 출시 1년 만에 누적 이용자 200만 몃을 넘어서는 등 큰 성상세를 보이고 있었다. 이는 동법 1항의 출퇴근 때 승용자동차를 함께 타는 경우는 유상으로 운송용으로 제공 또는 임대하거나 이를 알선할 수 있도록 한 예외조항을 이용한 것이다. 즉 카풀의 형태는 사업용 자동차가 아닌 자가용이라 하더라도 수익을 얻을 수 있다는 의미다. 따라서 자가용의 택시를 표방한 우버X는 불법이지만 카풀 서비스나 애플리케이션은 법적으로 문제가 없다는 의미다.

풀러스의 인기의 비결은 택시보다 약 20~30% 정도 비용이 저렴한 것 뿐 아니라, 각종 이벤트, 할인쿠폰 등을 많이 받을 수 있어 택시와는 완전히 차별화된 가격경쟁력 확보한다는 것이다. 또한, 출발지와 도착지를 고객이 직접 선택할 수 있고, 풀러스 드라이버의 평판 관리를 보고 차량을 선택할 수 있으며, 고급 외제차 서비스 등 신규 서비스를 지속적으로 도입하는 노력 때문이다.

반면, 서울 기준으로 택시는 지난 10년간 공급이 지속적으로 줄었다. 또한 비탄력적인 택시 정책으로 낮에는 택시가 남고, 오후 9시부터는 택시가 부족한 현상이 수년째 초래하고 있다. 전철과 버스 등의 대중교통이 운행되지 않아 택시에 대한 수요가 늘어나는 밤에 수요가 부족한 것은 고객의 관점에서 가치 제공을 포기하였을 뿐아니라, 경제학의 기본인 수요와 공급 원리에도 반한다고 볼 수 있다. 우버, 풀러스 등의 차량/탑승 공유서비스는 택시의 밥그릇을 빼앗는 것이 아니라 고객의 니즈에 맞는 새로운 서비스의 등장으로 간주할 수 있다.

하지만 '풀러스'가 지난해 11월 초부터 출퇴근 시간 선택제를 도입하자 서울시가 이를 불법으로 보고 여객자동차운수사업법 위반으로 고발했다. 여객법 제81조에서 카풀 서비스를 허용하는 예외적인 시간인 '출퇴근' 시간의 의미를 24시간으로 확장했기 때문이다. 카풀이 허용되는 이유는 출퇴근 시간에는 택시 등 대중교통의 공급보다 수요가 더 많은 것을 감안하여 예외적으로 허용하는 것인데 그 외의 시간도 허용하게 되면 사업용 자동차의 의미가 없어짐을 뜻하게 된다. 이에 서울시는 풀러스의 시간 선택제에 대해 불법으로 판단하고 고발한 것이다. 하지만 풀러스를 위시한 벤처업계에서는 출퇴근 시간이 정확하게 명시되어 있지 않으며 이와 같은 행동이 정부의 4차 산업혁명 육성이라는 정책 방향에 반하는 규제라며 강하게 반발하고 있는 상황이다.

그러나, 라이드셰어링의 활성화는 이미 공급이 과잉되어 있는 택시 및 대중교통 업계에 강력한 라이벌이 될수 있다. 하지만 우리나라에서 놀고 있는 차로 인해 새로 발생하는 경제의 활발한 흐름 등 긍정적인 효과 역시무시할 수 없다. 소비자들은 이미 공유경제의 개념에 익숙해지며 라이프스타일을 변경하고 있다. 이는 전 세계적인 소비 트렌드이며 잉여자원을 효율적으로 사용할 수 있는 논리적인 개념이라 우리나라도 그 흐름에서 벗어나기는 어렵다.

신기술과 새로운 서비스가 도입되고, 소비자들에 이에 맞춰 라이프스타일을 바꿔나갈 때 비로소 이뤄진 새로운 것을 향한 사회적 실험, 스타트업의 출현을 이익집단들이 방해하고 정부가 규제를 강화하는 것은 시대흐름을 거꾸로 거스르는 것이다. 서비스 공급자가 아니라 고객들, 수요자들이 자신에게 무엇이 유리할지를 스스로 결정할 수 있도록 제도와 규제의 틀을 고쳐 나가는 것이 필요한 때이다.

기술의 발전과 다양한 스타트업의 등장으로 인한 새로운 도전 경쟁자의 진입은 시장의 경쟁을 무한으로 하고 이는 결국 소비자 중심의 경영의 필요성에 대한 경각심을 다시 한번 불러일으킨다. 이 속에서 소비자 개성과 라이프스타일의 변화를 지속적으로 감지하고 이에 따라 타깃시장과 브랜드 포지셔닝 전략, 혹은 촉진 전략들을 기민하게 수정 적용하는 노력이 절실하다. 본 장에서는 소비자 개성과 라이프스타일의 역사와 이론들을 살펴본다. 또한, 개성과 라이프스타일을 측정하는 도구들의 사례를 익힌다.

자료원: 우버, 풀러스 등 승차를 공유하는 서비스 '라이드 셰어링' [지식용어] http://www.sisunnews.co.kr/news/articleViewhtml?idxno=75693

세계화로 문화나 국가별 소비자의 차이가 둔화되고, 성별과 사회계층 그리고 인종 등의 구분이 지속적으로 약화되면서 거시적 집단 문화보다는 소비자 개개인의 특질, 즉 개성과 삶을 영위하는 양식을 뜻하는 라이프스타일이 소비자의 인식과 심리 그리고 행동을 설명하는 데 더욱 중요한 요소로 인지되고 있다. 게다가 인터넷 거래의 급속한 발전으로 잠재적인 글로벌 소비자를 대상으로 제품과 서비스를 개발하는 기업들에게 소비자 개성과 라이프스타일과 같이 소비자 태도와 행동을 설명할 수 있는 미시적 특질의 중요성은 더욱 커지고 있다. 또 다른 한편으로, 사람과 마찬가지로 브랜드도 개성을 지니기 때문에, 마케터들의 주요 관심인 브랜드 관리 전략에서도 브랜드 개성의 정의와 관리의 중요성이 더욱 커지고 있다. 따라서, 마케터들은 인구통계학적 변수로부터 얻을 수 있는 것보다 심층적인 소비자행동에 대한 이해를 제공하는 개성과 라이프스타일의 변수를 유용하게 활용하고자 노력한다. 본 장에서는 소비자 개성과 라이프스타일에 관련된 이론을 살펴보고, 이것이 마케팅활동에서 어떻게 활용되었는지 알아보고자 한다.

▌개성(Personality)

익숙하게 들리는 개성이라는 단어를 한마디로 정의하는 것은 매우 어렵다. 학자들은 개성을 오랫동안 연구해왔지만 개성의 정의와 형성 과정과 그 원인에 대하여 통일된 의견을 구축하지 못했다. 개성의 형성 과정에 관하여, 몇몇 학자들은 인간의 개성에 가장 중요한 것이 유전과 유아적 경험이라고 말하는 한편, 다른 학자들은 사회화와 외부 환경의 영향을 강조한다. 또한 개성을 정의하는 방법에 대하여도 학자들이 제시해 온 방법론은 다양하다. 일반적으로 개성(personality)은 유사한 상황에 반영하여 개인이 어떻게 생각하고 행동하는가를 결정하는 특징적인 성향으로 다양한 내면의 심리적 특성들로 퍼즐처럼 엮어서 구성된다. 그런데, 여기서의 내면의 심리적 특성에 대한 연구는 다소 상이한 특질을 통해 다면적으로 개성을 정의하여 왔다. 이러한 특성들은 개인들을 서로 구분하는 구체적인 자질, 속성, 특성, 요인, 버릇 등을 모두 포괄한다.

이러한 가운데 개성에 대하여 지금까지 동의되어 오는 사항이 있다. 첫째, 개성은 결국 사람들이 가지고 있는 공통적인 특성보다는 '차이'를 설명하기 위한 것이라는 것이다. 다시 말해, 개성은 성격을 구성하는 내면의 특성들의 독특한 조합이므로 어떠한 개성도 동일하지 않고 개인적 차이를 반영한다는 것에 동의한다. 둘째, 이러한 개성은 상대적으로 일관적이며 지속적인 내적 성향이다. 셋째, 이러한 지속적인 경향도 출산 및 결혼과 같은 극적 이벤트에 따라서 혹은 성장과정에서 점진적으로 개인이 처한 환경과 상황이 변화하면서 개성은 변화할 수 있다. 정리해보면, 개성은 개개인이 외부 환경에 적응하면서 비교적 지속적이고 일관적으로 다른 사람과 구분되고 차별되는 특성으로 개인의 생각, 태도, 그리고 행동의 패턴을 설명할 수 있다. 그리고 이러한 개성은 시간과 상황의 변화에 따라 변화할 수 있다. 본 장에서는 개성 이론을 크게 3가지로 분류하여 설명하고자 한다. 구체적으로 ① 정신분석이론 ② 다중 특성 접근방법, 그리고 ③ 특질이론이다. 첫 번째 프로이트가 주도한 정신분석이론은 개성의 형성 과정과 원인에 대한 연구와 그 발전된 모형을 제시한다. 두 번째 다중 특성 접근방법은 개성을 설명하는 특성들을 다면적으로 설명한 모형이다. 마지막 세 번째는 사람의 개성을 설명하는 단면적 특성들을 제안하고 측정하는 도구를 개발하는 데 집중하였다.

▌정신분석이론(Psychoanalytic Theory)

(1) 프로이트 이론(Freudian Theory)

인간의 개성을 가장 광범위하게 설명하고 있다고 여겨지고 있는 정신분석 혹은 심리분석 이론은 오스트리아의 정신의학자였던 프로이트에 의해 주창된 프로이트 이론을 중심으로 발전하였다. 프로이트는 유아기적 경험과 기억, 꿈의 해석, 심리적 그리고 신체적 적응 문제의 본성 등에 근거하여 이론을 정립하였다고 알려져 있다. 프로이트 이론(Freudian Theory)은 인간의 성격을 형성하는 데 가장 중요한 요소로서 무의식적(unconscious) 욕구와 충동을 강조하면서, 인간의 성격이 원초아(id), 초자아(supergo), 그리고 자아(ego)의 세 가지 시스템의 상호작용으로 결정된다고 설명한다. 구체적으로, 원초아는 갈증, 배고픔, 성적 충동과 같이 생존과 관련된 인간의 원초적인 동인들로 구성된다. 프로이트는 인간은 이러한 동인을 가지게 되면 달성 방식이나 수단에 대한 충분한 생각없이 즉각적인 만족을 원하게 되는 경향이 있다고 하였다. 반대로, 초자아는 원초아와는 정반대의 동인으로 옳은 것과 타당한 것에 대하여 사회적으로 규정된 도덕과 윤리의 내적 표현으로 구성된다. 이러한 초자아는 개인이 개인의 동기를 사회적으로 용인되는 방식이나 내용으로 충족하는지를 감시해주는 역할을 하게 된다. 결국, 개인은 외부 세계, 즉 사회 속에서 원초아와 초자아의 지속적 갈등 혹은 상호작용을

| 그림 9-1 | 프로이트 이론 |

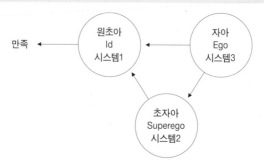

통해서 자아를 형성하고 자아개념을 정립하게 된다. 자아는 이드를 관리하여 자신만의 사회적 용인 수준 안에서 이드의 목표를 달성하게 한다.

그러나 여러 학자들은 프로이트 이론이 인간의 행동이나 현상을 직관적으로 설명하는 것에 동의하면서도, 실제 이론을 검증하는 데에 한계가 있음을 비판하였다. 프로이트 이론이 반복적으로 검증되어 발전되고 실제 마케팅 전략에 적용되기 위해서는 객관적 검증과 측정이 필요했다. 그러나, 개인의 무의식은 설문지를 통해 측정이 불가능하며, 인간을 대상으로 한 실험이 불가능하였다. 이에, 다른 학자들은 이러한 프로이트 이론을 발전하여 개성을 측정 가능한 이론으로 발전하였다. 그 시작이 바로 신프로이드(neo-frued), 즉 사회심리이론이다.

| 그림 9-2 | 코카콜라의 광고 |

동일한 탑산음료 광고이지만, 싱적본능 즉 원초아(id)에 소구한 광고 (스프라이트)와 자연보호 즉 초자아(superego)에 소구한 코카콜라의 광고

(2) 사회심리 이론(CAD)

　　사회심리이론은 개인의 무의식 수준의 동인에 집중하였다면, 신프로이트 이론은 사회적 관계의 중요성을 강조하였다. 이를 지지하던 학자들은 성격이 태어나면서 혹은 유아기(5세 이전)에 결정되어 본능적이고 성적이라는 주장에 전적으로 동의하지 않고, 사람이 외부세계와 상호작용하는 과정에서 맺어가는 사회적 관계가 성격을 형성하고 발전하는 데 더욱 중요한 역할을 한다고 주장한다. 예를 들어, 알프레드 아들러(Alfred Adler)는 인간은 열등감을 해소하고 우월성(superiority)을 달성하고자 하는 과정에서 본인의 삶의 목표 혹은 라이프스타일을 추구한다고 설명하였다. 다른 한편, 해리 스택 설리번(Hary Stack Sullivan)은 사람들은 불안감과 긴장감을 최소화하기 위해 타인들과 유의미한 관계를 형성하기 위해 지속적으로 노력한다고 강조하였다. 이러한 학자들의 연구 흐름을 신프로이트이론(Neo-Freudian theory)이라고 한다.

　　그 중 카렌 호나이(Karen Horney, 1937)는 개인의 불안감을 해소하기 위한 타인과의 관계 지향 성향에 의해서 개성을 세 가지 집단으로 분류하였다. 그는 개인이 불안감을 감소시키려는 욕구의 수준은 부모와 자식산의 관계의 의해서 결정된다고 주장하였다. 첫 번째 집단은 순응형(Compliant individuals)은 타인 지향적으로 타인에게 사랑받고, 인정받고, 필요로 하는 사람이 되고 싶어 한다. 두 번째 공격형 인간(Aggressive individuals)은 다른 사람들에게 대항적으로 우월하다고 인정받고 찬양을 원한다. 세 번째 고립형 인간(Detached individuals)은 타인에게서 거리를 멀리 유지하고자 하며, 독립적이고, 자아의존적이고, 자급자족하며, 의무로부터 해방되고자 한다.

　　이후 Cohen(1967)은 호나이의 이론에 근거해 35개의 항목으로 구성된 개성을 측정하는 도구(the CAD test)를 개발하여 소비자행동 연구에 이용하였다. 최근의 연구에서는 소비자 개

| 그림 9-3 | CAD를 적용한 광고 사례 |

순응형 (Compliance)

공격형 (Aggressive)

고립된(Depathed)

성 중 대인 관계에 집중할 때 Cohen이 개발한 척도를 활용하고 있다. 대학생은 대인관계성향에 따라 집단을 나누고 집단에 따라 자아존중과 조화추구 등의 외적 동기가 높게 나타남을 증명하였다.

표 9-1   CAD test - 한국어 적용 사례

개성	문항	
순응성향	2. 어려운 친구를 위로해 주는 편이다	20. 모든 사람들과 대화할 수 있는 좋은 화제거리를 가지고 있다.
	3. 대부분의 사람들이 나를 좋아한다고 생각한다	25. 다른 사람들과 개인적인 감정을 공유하는 편이다
	9. 나는 내가 아는 모든 사람들을 좋아한다	28. 친구의 의리 없는 행동은 참기 어렵다
	13. 다른 사람들에 대한 의무감이 우선되어야 한다.	32. 다른 사람들의 감정을 이해하는 것은 중요하다
	17. 가난하거나 소외받는 사람들을 돕는 편이다.	35. 내가 옳지 않다고 생각하는 일을 하는 사람들에게 관대한 편이다
고립성향	1. 주변 사람들의 감정에 자유롭다	19. 사회적 책임으로부터 자유롭고 싶다
	5. 혼자서 영화를 보러가는 편이다	22. 다른 사람없이도 잘 지낼 수 있는 계획을 세울 수 있다
	6. 다른 사람들이 나를 어떻게 생각하는지에 거의 신경을 쓰지 않는다	27. 다른 사람의 영향을 받지 않으려고 노력하는 편이다
	10. 다른 사람들이 놀고 있을 때 혼자서 열심히 일할 수 있다.	30. 다른 사람들이 나의 일에 신경을 쓰지 않았으면 좋겠다
	15. 가능하다면 산속이나 오두막 같은 곳에서 혼자 살고 싶다	34. 나 혼자서 일할 수 있는 능력을 가지고 있다
주도성향	4. 논쟁에서 다른 사람들에 지지 않는 것은 중요하다	21. 질이 떨어지는 음식을 서비스 받았을 때 웨이터에게 말해야 한다.
	7. 새로 나온 신제품을 먼저 사는 편이다	23. 다른 사람의 약점을 쉽게 발견하는 편이다
		24. 다른 사람들보다 더 성공하기를 바란다
	11. 성공하기 위해 인맥을 활용하는 것이 필요하다	26. 다른 사람의 실수를 참기 어려워 말로 표현하는 편이다
	12. 권력이나 재력을 충분히 소유하는 것이 중요하다	29. 목적을 일하기 위해 다른 사람들과의 경쟁을 하는 편이다
	14. 심리적 압박에서도 일할 수 있는 편이다	31. 나의 권리를 굳건히 지키는 것은 중요하다
	18. 자신을 과시할 필요가 있다	33. 잘못된 신념을 가지고 있는 사람들을 교정해 주는 편이다

* Cohen이 제안한 최초 모델과 비료를 위해 번호를 인용함
자료원: 김기옥, 남수정, 유현정(2007), 대인관계성향이 구매에 미치는 영향, 한국가정관리학회지, 24(3), 83-94

▌개성 측정 이론

개성에 대한 많은 이론들이 있지만, 특성이론들이 마케팅 상황에서 가장 유용한 것으로 알려졌다. 특성이론은 개성을 개인 차이로 검토하기 때문에 마케터들이 소비자들을 개성 차이로 세분화할 수 있게 해준다. 한편, 특질이론은 소비와 관련된 소비자 속성의 단면을 설명한 이론이다. 이러한 특질은 매우 다양하며, 지속적으로 개발되고 있다.

(1) 특성이론(Big Five Model)

인간의 개성은 다수의 특성을 통하여 퍼즐처럼 끼어 맞춰져 있어 구분된다고 주장하는 다중 특성 개성이론이 발전하였다. 긴 연구 끝에 인간의 개성을 측정하는 다면적 도구로 정립되어 가장 보편적으로 사용되는 도구는 5요인 모형이라 부르고, 경험에 대한 개방성(Openness to experience), 성실함(Conscientiousness), 외향성(Extraversion), 정서적 안정성(Emotional stability), 상냥함(Agreeableness)으로 구성하였다. 이러한 모형은 EPPS, MMPI,

표 9-2		Big Five Model of Personality: OCEAN	
	요인명	측정개념	그룹
O	Openness to experience	○ 경험에 대한 개방성 - 상상력이 풍부하다 - 예술을 감상할 줄 안다 - 참신한 해결책을 찾는다	- 보존자(preserver) - 중도자(moderate) - 탐색자(explorer)
C	Conscientiousness	○ 일이나 목표에 대한 집중도 - 꼼꼼하다 - 정확하다 - 능률적이다	- 유연한(flexible) - 균형잡힌(balanced) - 몰입한(focused)
E	Extraversion	○ 감각적 자극에 저항성 - 여러 사람과 함께 있는 것을 선호한다 - 대담하다 - 사람들과 있을 때 수다스럽다	- 내향적(introvert) - 양쪽성(ambivert) - 외향적(extravert)
A	Agreeableness	○ 타인의 의견에 대한 수용도 - 마음이 잘 통한다 - 타인에게 친절하다 - 예의바르다	- 도전자(challenger) - 협상가(negotiator) - 수용자(adaptor)
N	Need for stability	○ 스트레스에 대한 반응 - 시무룩하다 - 변덕스럽다 - 까다롭다	- 탄력성있는(resilient) - 반응하는(responsive) - 작용하는(reactive)

SPI, MBTI 등 다양한 성격측정도구로 발전되었다. 마케팅에서 가장 빈번하게 사용되는 측정도구는 에드워드의 개인선호 스케줄(Edwards Personal Preference Schedule: EPPS)로, 성취, 순응, 질서 등의 14개 개성항목을 측정한다. 고든개인프로파일(Gordon Personal Profile)은 우월, 책임, 감정적 안정 및 사회성과 같은 특성을 측정한다.

(2) 특질이론(Trait Theory)

특성이론은 프로이트 학파와 신프로이트 학파의 접근법과는 달리 정량적인 접근을 중요시한다. 특성이론에서의 특성(trait)은 개인의 구체적인 심리특성을 실증적으로 측정하는 데 중점을 둔다. 특성은 개성의 한 종류로 어떤 개인을 다른 사람들과 구분짓게 만드는 특성 또는 특질이다. 특성 이론 연구자들은 성격테스트를 이용하여 구체적인 특성들을 측정하고, 특정점수의 높거나 낮음으로 개인적인 차이를 설명한다. 그 종류는 아주 다양하다.

1) 최적자극수준(Optimum Stimulation Level: OSL)

최적자극수준은 소비자 개인이 얼마나 새롭거나, 비범한, 그리고 독특한 것을 추구하며 다양하고 복잡한 경험을 선호하는 정도를 설명한다. 최적자극수준이 높은 소비자들은 불확실성에 대한 두려움이 적어 위험을 감수하거나 더 나아가 이를 즐기는 경향이 있다. 이러한 경향은 소비패턴에 반영되어 언제나 신제품을 사용해보려고 하고, 혁신적인 기술의 제품에 흥미를 보여 쇼핑하는 과정에서도 높은 수준의 최적자극수준을 유지하려고 노력한다. 이러한

| 그림 9-4 | 세계적 휴양리조트 클럽메드의 광고 |

(좌) 높은 자극수준을 원하는 고객을 위한 "play" 캠페인
(우) 낮은 자극수준을 원하는 고객을 위한 "body&soul" 캠페인

OSL 점수는 개인이 추구하는 라이프스타일의 자극 수준을 반영하기도 하는데, 현재 라이프스타일이 지나치게 복잡하고 시끄러워 항상 흥분 수준이 높다고 느끼는 소비자는 조용하고 차분한 라이프스타일을 추구하게 되고, OSL수준이 낮은 재충전을 위한 휴가 서비스를 선택하게 된다.

2) 소비자들의 독특성 욕구(need for uniqueness)

사람들은 타인과 구분되어 보이고 싶어서 물건을 구매하여 소유하고 그것을 남들에게 보여주는 경향이 있다. 독특성 욕구란 개인을 구분하는 개인의 정체성 혹은 개인이 소속된 소집단 혹은 대집단을 구분하는 사회적 정체성을 추구하여 제품이나 서비스를 획득하여 타인과 본인을 구분하고자하는 성향을 말한다. 이렇게 독특성이 높은 사람들은 집단 규범을 벗어나는 창의적이거나 새로운 제품을 선호하고 대중적으로 유행하거나 인기있는 제품의 소유는 회피하거나 숨긴다. 개인의 이러한 경향은 모든 소비분야에서 일관적일 수도 있으나 대개는 개인의 신체에 밀착되어 자아개념을 드러내는 제품, 예를 들면 의복이나 액세서리에서 더욱 강하게 작용한다. 또는 본인이 관여도가 높은 제품군에 관련된 소비에서 특별히 강하게 발현되기도 한다. 최근 미디어와 컨텐츠가 다양화되면서 컨텐츠 소비에 있어서도 독특성 추구 경향이 발현되고 있다. 기성세대들은 지상파 채널을 유지하는 반면에 젊은 세대들은 비지상파를 주로 이용한다. 이러한 성향은 청소년기 세대에는 더욱 다양화되어 TV라는 채널에서 YouTube나 아프리카TV등 일반인들이 만든 다양한 컨텐츠를 주로 소비하게 된다. 이러한 매체의 다변화는 컨텐츠의 다양화의 깊이를 더하며 소비자가 독특성 추구 경향이 심화되고 있는 것을 대변하고 있다.

💡 사례: '병맛'이라고? 우리도 이젠 당당한 주류 문화

소비자들의 독특성 추구 경향 중 하나인 "B급 문화"는 이제 더 이상 외모나 멋이 지배하는 일변도에서 탈피하여 오히려 촌스러움과 저렴해 보이는 정서에 독특함과 매력을 느끼는 소비자들의 취향에 기인한다. 국내 B급 정서를 표방하는 가수 싸이는 역설적인 내용으로 "강남스타일"의 뮤직비디오로 유튜브 조회수 10억뷰를 돌파하여 월드스타로 자리매김하였고 한 케이블티비의 작가로 활동하던 유병재는 사람이라면 누구나 조금씩 숨기고 있는 자신의 "찌질함"을 여과없이 드러내며 스스로의 캐릭터를 구축하였다. 또한 해외 사례에서도 인지도가 미미하며 불량배 행색의 특이함을 지닌 아저씨가 영어로 된 촌스럽고 유아스러운 노래를 불러 전세계적으로

주목을 한몸에 받고 월드스타가 된 일본의 "피코타로"의 예도 오히려 멋있지 않아서 더욱 돋보이고 차별화되는 이른바 "*병맛"의 한 예로 볼 수 있겠다.

이러한 B급 문화를 활용한 광고나 프로모션을 주변에서 찾는 것도 어렵지 않다. 2018년 평창 올림픽에서 열정적인 경기운영과 팀웍으로 온 국민의 주목을 받았던 대한민국 여자 컬링팀은 대기업들로부터 수많은 광고제의를 받았고 이들을 활용하여 마케팅활동을 조금은 저렴하고 우스꽝스러운 홍보문구로 활용하기도 하였으며 모 인터넷쇼핑몰은 "싸다구"라는 문구로 동음이의어를 활용하여 광고카피로 사용한 사례도 있어 소비자들의 독특한 개성욕구에 소구한 사례도 있다.

위와 같은 사례들은 모두 일반 소비자들의 고정관념을 탈피한 독특함에 대한 욕구에 기인하지만 자칫 공감을 얻는 데 실패하거나 사회정서상 반감을 불러일으키는 경우에는 브랜드에 부정적인 영향을 미칠 수 있어 기획 및 실행 단계에서 신중함이 요구된다.

*병맛: 어떤 대상이 '맥락 없고 형편없으며 어이없음'을 뜻하는 신조어 "병신 같은 맛"의 줄임말로 받아들여진다(출처:위키백과)

3) 혁신성

최근 인터넷의 급속한 발전으로 소비자 혁신성에 대한 관심이 증폭되었다. 하이테크 제품들은 일반 소비자의 삶에 빠른 속노로 적용되고 있어 이러한 신기술에 대한 성향을 나타내는 소비자 성향, 즉 혁신성에 대한 관심이 지속적으로 커지고 있다. 혁신성이 높은 소비자, 즉 혁신자(innovator)는 새로운 생각과 실행에 개방적으로 하이테크제품, 새로운 제품라인의 확장에 긍정적으로 신제품과 서비스를 처음으로 사용하는 경향이 있다. 이들은 혁신적 제품에 대하여 열광적인 태도를 보이며, 이들의 반응(reaction)은 혁신에 대한 일반 대중, 즉 시장수용을 가속화시키는 역할을 하므로 매우 중요하다. 왜냐하면 보통 본인이 사용한 신제품에 대한 의견을 타인과 공유하는 것을 선호하기 때문이다. 이러한 혁신자를 일반 대중과 구분하여 혁신수용이론에서 초기수용자(early adoptor)라고 칭하기도 하였다. 소비자 혁신성에 대한 연구는 하이테크제품 및 서비스의 개발과 함께 더욱 발전되었다. 소비자 혁신성향이 큰 소비자들의 경우는 가격의식성(price consciousness), 가치의식성(value consciousness), 지각된 가격

변화(perceived price variation)보다 더 크다고 주장한다. 기업이 브랜드 확장이나 신제품 출시에서 소비자혁신성이 강한 영향을 미치기 때문에 이러한 고객을 표적 고객으로 삼는 것이 좋다.

🖋 사례: 캐리어계의 스티브잡스, 라덴 캐리어

4차 산업혁명 시대, IT기술발달과 함께 여행 가방도 스마트하게 진화하고 있다. 특히 미국 스타트업 기업인 캐리어 브랜드 '라덴(Raden)'은 혁신적이 여행가방을 출시해 선풍적인 인기를 끌며 시장의 주목을 받고 있다. 라덴은 여행가방에 USB 포트를 설치해 스마트폰 등 전자기기를 충전할 수 있게 하고 GPS 기능을 통해 가방 위치 파악 및 손잡이에 내장된 저울로 가방 무게도 측정할 수 있게 했다. 앱을 통해 항공사들이 규정한 수하물 무게, 항공편, 목적지, 날씨 등 유용한 정보도 얻을 수 있으며, 기존의 어두운 칼라에서 벗어난 분홍, 보라, 연두 등 다양한 파스텔 칼라는 소비자들의 마음을 설레게 하고 있다.

이미 오프라 윈프리, 할리우드 배우 제시카 알바, 패션 디자이너 토리버치 등 유명 연예인들이 이 똑똑하고 세련된 여행가방을 구매했으며, 이 가방을 사기위해 1만명의 대기자가 줄을 섰을 정도로 큰 인기를 끌고 있다. 라덴이 출시됐을 때 미국 보그지는 "라덴 캐리어는 마치 스티브 잡스의 손길이 닿은 것 같다. 만약 리모와와 애플 사이에 아이가 있다면 바로 라덴 캐리어처럼 생겼을 것"이라고 극찬했다고 한다. 이 외에도 리모와, 쌤소나이트 등 기존의 여행가방 업체 및 블루스마트(Bluesmart), 트렁크스터(Trunkster) 등 스타트업 기업들도 IT기술을 접목한 스마트한 캐리어 출시로 여행 산업의 디지털화를 주도해 나가고 있다.

자료원: 조선비즈 "기줄 1만 명 세운 똑똑한 여행 가방… USB 충전부터 무게 측정, 위치추적까지" 2017.03.22 김은영 기자

4) 인지욕구(Need for Cognition: NFC)

인지욕구는 생각하기를 즐기는 개인의 욕구로 '인지(awareness)'와 '지식(knowledge)'을 추구하는 개인의 순수한 지적 욕구를 말한다. 이러한 인지욕구가 높은 소비자는 제품과 관련된 정보와 설명이 많이 포함된 광고에 대해 반응적인 반면, 인지욕구가 낮은 소비자는 매력적인 모델 또는 유명인이 광고모델로 출연하는 것과 같이 광고의 배경적 요소나 주변 단서에 더욱 매력을 느낀다. 인지욕구가 높은 소비자들은 제품의 세세한 속성에 대한 전문적 설명이나 브랜드 간 비교와 같은 정보를 포함한 마케터의 프로모션에 반응하지만, 인지욕구가 낮은 소비자들은 그렇지 않을 가능성이 높다.

5) 물질주의(consumer materialism)

사람들이 물질적 소유물과 돈의 획득 및 소유에 높은 중요성을 둘 때, 우리는 물질주의적(materialism)이라고 말한다. 이들은 물질적 소유물이 많아질수록 정신적 행복의 수준이 높아질 것이라고 믿고, 얼마나 많은 물질적 소유물을 보유하고 그것이 어떠한 유형인가에 따라 인생의 성공이 좌지우지된다고 믿는다. 물질주의자들은 자신이 감당할 수 있는 것보다 더 많이 소비하는 경향이 있다. 이러한 경향은 저성장기조를 만나면서 소비자마다 본인이 중요하게 생각하는, 즉 관여도가 높은 품목에 소비를 집중하는 경향으로 보이고 있다. 본인이 선호하거나 중요하게 생각하는 품목에 대해서는 아낌없이 소비하고, 그렇지 않은 품목에 대해서는 절약의 기조를 유지하는 것이다. 물질적 소유물의 의미를 전체 소비재로 확장하고 소수의 관심 품목에 집중하는 물질주의적 경향이 나타나고 있다.

🔦 사례: 2000만원대 수입 오토바이를 레져를 위해 소비한다 ●━━━━━

매경이코노미가 삼성카드 빅데이터연구소와 함께 보도한 소비자 소비 행태 보고서의 내용이다. 2013년에서 2016년 사이 신용카드 이용 패턴을 분석하여 소비자들이 최근 어느 업종에 실질적인 소비를 집중했는지 알아보았다. 빅데이터 분석의 결과는 수입차, 오토바이, 원격교육, 스포츠 센터 등에 지출이 집중된 결과를 보였다. 특히, 건단가 즉 결제금액을 총 결제 횟수로 나눈 액수를 분석한 결과, 소비가 남과 다르고 비싼 수입차 같은 아이템에 집중되어 있는 것을 알 수 있다. 이 중 가장 흥미로운 것은 오토바이에 대한 지난 4년간 건단가 증가율이 수입차나 국산차보다 훨씬 더 높다는 것이다. 우선 오토바이의 용도가 업무용에서 레저용으로 바뀌었고 선택의 폭이 커졌다는 점을 들 수 있다. 이러한 소비경향을 대변하듯 대당 2,000~4,000만원대 오토바이 브랜드

신용카드 빅데이터로 본 업종 예상도		
분류	근거	관련 업종
성장 지속	건단가, 매출 증가율 모두 증가	원격교육, 유아복, 수입차, 중고차, 국산차, 동물원·박물관, 가발
성숙(시장 커지나 경쟁도 치열)	건단가 줄고 매출 증가율은 늘어	피부·미용, 커피, 완구, 관람 종합(공연), 당구장, 볼링장
마니아 시장으로 전환	건단가 늘고 매출 증가율은 줄어	오토바이, 리조트

대당 2,000만원이 넘는 인디언모터 사이클. 고가 오토바이는 빅데이터 분석 결과 최근 전 세대에 걸쳐 판매량이 늘고 있다.

인 인디언모터사이클을 수입사에 따르면 "20~30대 사이에서 특히 고급 오토바이 소비 횟수나 문의가 낳아지고 있다. 40대 이상은 3,000만원 이상 초고가 모델을 구입하기도 한다"고 밝혔다.

자료원: 매경이코노미, 삼성카드 빅데이터로 본 업종·연령별 소비 트렌드 소유보다 체험하고 배우는데 아낌없이 지갑을 연다, 2017-07-14 http://vip.mk.co.kr/newSt/news/news_view.php?p_page=&sCode=111&t_uid=20&c_uid=1518565&search=&topGubun=

6) 소비자민족중심주의(ethnocentrism)

생산과 소비가 세계화되면서 자국 혹은 자민족 경제를 보호하기 위해서 외국 생산 제품을 구매하지 않으려는 경향이 나타나기 시작했다. 이를 민족중심주의(ethnocentrism)라고 하는데, 이러한 성향이 높은 소비자들은 제품의 객관적 속성, 품질이나 가격, 이 상대적으로 우월하다 하더라도, 해외 생산 제품을 구매하는 것은 그에 경쟁하는 자국 업체나 브랜드의 매출을 떨어뜨려 자국 경제에 부정적 영향을 주기 때문에 부적절하다고 간주하는 것이다. 이러한 민족중심주의는 나라와 제품별로 다양하다는 연구가 있다. 예를 들면, 중국 소비자들은 자국중심주의가 높은데 특히 제2차 세계대전을 기억하는 많은 소비자들은 일본 생산 제품에 대한 부정적 인식을 지닌다.

표 9-3	자국민중심주의 문항(CET scale)
자국 브랜드에서 취급 않는 제품들만 수입되어야 한다	
자국 제품이 처음이자 마지막이고 최고이다	
진짜 자국인은 항상 자국 제품을 구매해야 한다	
자국의 경제와 고용 불안을 초래할 수 있기 때문에 자국인은 외국제품을 구매해서는 안 된다	
장기적으로 나에게 비용이 들더라도, 나는 자국 제품을 지지하는 것을 선호한다	
외국 브랜드를 구매하는 자국 고객들은 국민들이 일자리를 뺏기는 것에 대한 책임이 있다	
외국 브랜드를 구매하는 것은 자국인답지 않다	
외국 브랜드를 구매하는 것은 자국인에게서 일자리를 뺏기 때문에 옳지 않다	
외국이 우리의 부를 빼앗아 가게 두지 말고 우리는 자국 브랜드 제품을 구매해야 한다	
우리는 우리나라에서 얻을 수 없는 제품들만 외국브랜드에서 구매해야 한다	

자료원: 양수진(2017), 중국과 한국 소비자의 중저가 패션브랜드 개성 인식과 효과(Doctoral dissertation, 서울대학교 대학원).

7) 충동소비성향(compulsive consumption)

개인이 통제를 벗어난 구매행동을 하며 이러한 행동이 반복적으로 이러나 중독된 경향을 보일 때 충동소비행동을 보인다고 말한다. 이러한 구매는 종종 소비행동을 보이는 본인과 그 주변의 사람들에게 경제적, 그리고 심리적 손실을 가져오게 된다. 이렇게 통제를 벗어난 소비행동은 생존이나 자아성취를 위한 제품이나 서비스에 편중되지 않고 도박, 약물, 알코올, 다이어트 등 기호 및 쾌락적 제품으로 확대되어 그 심각성이 커지기도 한다. 최근 온라인 및 모바일 채널의 도입과 신용카드 사용의 일반화는 소비자들의 충동소비성향을 부추기는 역할을 한다는 연구 결과가 있다.

💡 사례: 충동구매의 가장 큰 원인 중 하나는 외로움이다.

2013년 플로리다 대학교의 쟈야티 싱하 연구팀은 두 가지 외로움과 충동구매의 경향성을 연구했다. 첫 번째 외로움은 젊은 세대들이 사회적 인맥과 네트워크의 결여로 사람이 그리워지는 사회적 외로움이다. 두 번째 외로움은 고연령 세대들이 속마음과 감정을 나눌 수 없어 생겨나는 감정적 외로움이다.

시험 결과에 따르면 젊은 세대는 사회적 외로움이 높을수록 충동구매가 증가하고 고연령 세대는 감정적 외로움이 높을수록 충동구매가 증가했다. 즉 젊은 세대는 옆에 누가 없으면 충동구매를 하고 고연령 세대는 누가 있어도 외로우면 충동구매를 한다는 것이다. 즉 각각의 연령대가 결핍을 느끼는 외로움 해소를 염두에 두고 제품과 서비스를 개발할 필요가 있다는 것이다.

또 다른 결과는 시야를 어디에 두게 하느냐에 따라 외로움을 자극할 수 있다는 것이다. 사회적으로 외로운의 경우, 먼 미래를 생각할 경우 충동구매가 증가하고 감정적 외로움의 경우 가까운 미래를 생각 할 경우 충동 구매가 증가한다.

결론적으로 사회적 외로움을 가지고 있는 젊은 세대에게 먼 미래를 고민하게 하면 긴 인생의 사회적 결핍을 채우기 위해 충동구매가 증가하고 감정적 외로움에 민감한 고연령 세대가 가까운 미래를 고민하게 하면 짧은 인생의 감정적 결핍을 채우기 위해 충동구매가 증가한다는 것이다.

사회적 외로움에 민감한 젊은 세대는 SNS에 집착하는 것이고 감정적 외로움에 민감한 고연령 세대는 자식과 친구를 그리워하는 경향이 있다. 기업은 개인이 느끼는 외로움을 어떻게 채워줄 것인지를 고민할 필요가 있고 소비자는 외로움이 충동구매의 원인임을 자각해 불필요한 충동구매를 조절할 필요가 있을 것이다.

자료원: SERI

(3) 소비자행동에 대한 개성의 영향

이렇게 소비자 내면에 깊이 고착된 개성은 소비자 개인의 제품 및 서비스 선택 및 사용 행동에 영향을 미친다. 구체적으로 소비자가 어떠한 개성을 보유하고 있느냐에 따라 브랜드의 마케팅 활동과 프로그램에 어떻게 반응하는지가 달라지고, 어떤 방식으로 소비하는지에도 영향을 미친다. 이러한 소비자 개성의 영향력 때문에 시장세분화와 촉진전략의 개발에 긴요하게 고려되어야 한다.

▌브랜드 개성(Brand Personality)

이 장의 앞부분에서는 사람, 즉 소비자의 개성에 대하여 논하였다. 유사한 방식으로 마케터들은 브랜드나 기업을 의인화하면서 개성을 부여하고자 하는 시도를 하게 된다. 브랜드 의인화(brand personification)란 소비자나 마케터가 의도적이거나 혹은 인지적으로 브랜드가 인간의 특성이나 성격을 가진 것으로 간주하는 것이다. 이러한 브랜드 개성은 소비자가 브랜드에게 감정을 느끼게 하는 정서적인 정체성을 부여한다. 예를 들면, 같은 독일산 자동차이더라도 소비자들은 BMW는 뛰어난 구동성능을, 벤츠는 품위를, Volvo는 튼튼한 차체를 떠올리게 된다. 이렇게 브랜드의 개성은 실용적인 면이 강조될 수도 있고, 쾌락적이거나 상징적인 면이 부각되기도 한다. 그래서 최근에는 브랜드도 사람처럼 개성을 가질 수 있다고 일반적으로 받아들여지고 있다. 사람의 개성과 같이 브랜드 개성도 브랜드만이 고유하게 지니고 있는 특성을 말하여 경쟁 브랜드와 구별된다. 특히 경쟁 브랜드와 차별화된 브랜드 인격은 브랜드에 대한 긍정적인 태도를 형성하여 구매의도와 충성도를 형성한다고 알려져 있다.

(1) Aaker의 브랜드 개성 이론

브랜드 개성의 연구는 비교적 짧은 역사를 지니고 있다. 브랜드 개성은 마케팅 믹스 중 촉진 활동에서 강조되는 경향이 있는데, 이러한 경향 때문인지 브랜드 인격화 흐름은 광고업자들에게서 시작되었다. 이렇게 형성된 브랜드 개성에 대한 접근들이 학문적으로 구축된 시도는 Aaker 교수의 연구에서 꽃을 피웠다. 그는 인간의 성격을 측정하는 데 가장 빈번히 사용되는 5요인 모형을 기반으로 브랜드 개성도 다면적으로 측정되어야 한다고 주장하였다. Aaker 교수는 309개의 의인화 형용사 리스트를 발굴하고, 25명의 참여자로 하여금 114개의 의인화 형용사로 줄이는 작업을 했다. 631명의 미국의 인구통계학적 통계를 활용한 (학생이 아닌)샘플을 대상으로 114개의 의인화 형용사(trait adjective)가 37개(제품과 서비스 섹션에서 넓게 뽑힌) 브랜드를 얼마나 잘 설명하는지 5점 척도로 평가하게 하였다. 이론에서 시작된 것이 아니라, 데이터를 기반으로 요인분석을 통해 유도되었다. 요인 분석 결과 성실함(Sincerity; 홀마

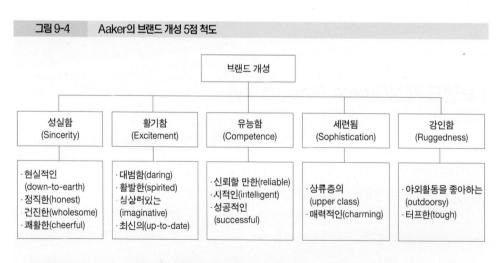

그림 9-4   Aaker의 브랜드 개성 5점 척도

자료원: Aaker, J. L. (1997). A Brand Personality Scale, BPS: The Big Five. *Journal of Marketing Research*, 34(3), 347-356

크 카드), 활기참(Excitement; 베네통, MTV 채널), 유능함(Competence; The Wall Street Journal), 세련됨(Sophistication; 벤츠, 게스 청바지), 투박함(Ruggedness; 나이키, 리바이스)의 다섯 가지 요인이 추출되었다. 이 중 sincerity, excitement, competence는 유사한 차원으로 ruggedness와 sophistication은 새로운 차원으로 발굴되었다. 이후 각 차원에 대한 요인분석과 신뢰성 분석을 추가하여 브랜드 개성척도(Brand Personality Scale: BPS)를 개발하였다. 이 브랜드 개성척도는 5개의 기본차원, 15개의 하위 차원, 42개의 특성 항목으로 구성된다. 이러한 브랜드 개성은 브랜드의 마케팅 프로그램에서 추구하는 본질이나 제품의 기능과 달리 실제 소비자가 브랜드에 대하여 어떤 느낌을 갖는가를 나타내주기 때문에, 브랜드 개성 척도는 연령이나 성별 등이

그림 9-5 Aaker의 브랜드 개성 척도 비교: 일본과 스페인

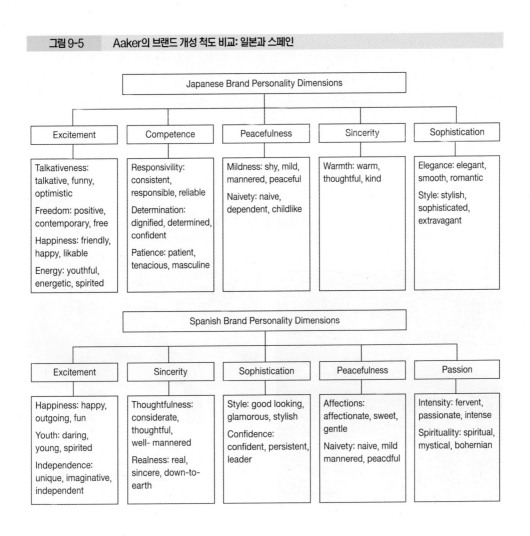

다른 소비자군, 특히 소속된 문화권이 다른 경우에 브랜드 개성의 요인과 구성이 상이해진다.

Aaker는 브랜드 개성 척도를 제안할 때, 인구통계학적 집단이나 국가 및 문화에 따라 브랜드 개성 척도를 구성하는 도구들이 달라질 수 있다고 하였다. 또한, Aaker는 뒤이은 후속 연구에서 일본과 스페인에서 미국에서 실행한 동일한 연구 방법을 반복하였다. 이에 도출된 브랜드 개성 척도는 국가별로 크게 상이한 것으로 드러났다. 특히, 미국적 브랜드 개성으로 대표적인 강인함, 즉 Ruggednesss는 일본과 스페인 양국 어디에서도 드러나지 않았다. 일본에서는 Ruggedness 대신 Peacefullness(평화로움)가 추가되었다. 스페인은 Ruggedness뿐 아니라 Competence도 도출되지 않았다. 대신 일본과 유사한 개념의 Peacefulness와 Passion이 도출되었다. 특히 주의해서 보아야 하는 것은 각 브랜드 개성의 단면을 구성하는 요소들이 서로 상이하다는 점이다. 이러한 결과는 문화에 따라 소비자들이 인지하는 브랜드 개성의 요소가 상이하다는 것이다. 세계화가 일반화된 최근의 경제상황을 고려할 때, 세계적으로 소통될 수 있는 브랜드 개성과 문화별로 차별화되어야 하는 개성 단면에 대한 세밀한 이해가 필요하다고 할 수 있다. 이는 마케팅 프로그램이나 국가별로 진행되는 촉진 및 판촉 활동에 적용될 필요가 있다.

소비자들은 소유하는 재화나 용역의 브랜드 개성을 통해서 본인의 개성을 드러내거나 표현하고자 하는 경우가 많다. 이러한 성향은 재화나 용역이 타인에게 보여지는 경우 혹은 본인의 신체에 부착되어 일체화되는 경우에 더욱 커진다. 특히 패션 브랜드의 경우는 신체에 가장 가까이 부착되어 소비되기 때문에 어떠한 브랜드를 착용하는지에 따라 착용하는 소비자의

SPA브랜드들은 매장 인테리어와 상품을 통해 브랜드 개성을 드러낸다

개성을 비추어 보여줄 수 있어 브랜드 개성의 중요성이 매우 크다. 최근 패션산업 내 가장 큰 발전을 이루고 있는 의류제조유통업자 즉 SPA(Specialty store retailers of private brand apparel) 는 매장외 내외부 인테리어를 통해 브랜드 개성을 표현하는 경우가 많다.

💡 사례: 명품 브랜드, 보통의 CSR

Corporate Social Responsibility(CSR)은 기업에 기대하고 요구하는 사회적 의무들을 충족시키기 위해 수행하는 활동이다. 단기적으로는 비용이 지출되지만 장기적으로는 소비자 호감도를 높여 기업의 경제적 이익에 보탬이 되는 것이 바로 CSR이다.

하지만 명품 브랜드의 경우 예외이다. 명품 브랜드는 CSR 활동이 오히려 소비자의 선택을 제약한다. 예를 들면 명품 브랜드와 비명품 브랜드에 복지, 자원봉사 등의 CSR 관련 단어를 제시해 이 단어들이 얼마나 즐거운 감정을 가져다 주는지 실험을 해보니 명품 브랜드의 경우 오히려 즐거움이 반감되었다.

또한 명품의 경우 CSR 강조 광고와 다양성 강조 광고를 통해 소비자 선호도를 평가해보니 다양성 강조 광고의 선호도가 더 높았다. 이는 내가 최고라는 명품 브랜드와 타인과 이익을 공유하는 CSR 개념 간 '비유창성(Disfluency)' 때문이다.

CSR은 인간존중, 환경호보, 사회정의 등 복지와 공익을 우선시 하는 반면 명품 브랜드는 개인의 권력, 부와 명예, 야망 등을 상징화하며 소수의 사람이 소유할 때 가치가 극대화되기 때문이다.

즉 명품 브랜드에 CSR 활동을 확대하면 오히려 기존 명품 소비자의 구매 의사는 감소하게 되는 역효과를 볼 것이라는 것이다. 이에 명품의 경우 CSR도 명품답게 최고, 최초, 우월 등의 이미지를 활용해 특별하고 폼나는 CSR이 필요하다.

라이프스타일

개성과 함께 소비자 태도와 행동 패턴에 대한 이해도를 높여주는 또 하나의 척도는 라이프스타일이다. 개성은 내면의 차이에 집중하는 반면, 라이프스타일은 외적으로 나타나는 생활 양식에 집중하기 때문에 개인 소비자, 혹은 특정 집단을 구분하기에 더욱 적합하다. 이에, 마케터들은 소비자들의 소비생활방식에 집중하여 중요한 시장세분화의 기준으로 빈번히 사용한다.

▌라이프스타일의 개념

　　특정 사회, 특정 집단, 또는 개인이 지니고 있는 독특한 생활양식을 뜻하는 라이프스타일(life style)은 사람들이 속한 문화권, 사회계층, 그리고 준거집단 등에 따라 독특하게 형성되고 발전되기 때문에 다른 사회, 집단, 그리고 개인에 따라 상이하게 나타난다.

　　본래 라이프스타일이라는 말은 외적으로 나타나는 개인의 행동적 국면을 표현하는 용어로서, 1960년대 후반기부터 소비자행동과 관련하여 사용되기 시작하였다. 이러한 라이프스타일에 마케터들의 관심이 집중되기 시작한 것은 1960년대 전반기까지 소비자행동을 유형화하는 기준으로는 사용되던 연령, 성별, 소득수준과 같은 인구통계적 변수(demographics)가 복잡해진 소비자 행동을 설명하기에 역부족이라는 생각이 일반화되면서부터이다. 이와 같은 문제점을 보완하기 위해 1960년대 후반기에 이르러 인구통계 정보에 대한 연구를 소비자의 라이프스타일 영역에까지 확대하기에 이른 것이다. 마케팅에서 관심을 가지는 좁은 의미의 사람들의 생활방식은 소비(consumption)와 연관되어 있다. 여기서 소비는 개인이 소득을 활용하기 위해 정보를 검색, 대안(alternative)을 검토하고, 구매하고 사용하고 결국에 처분하는 전 과정을 포괄하므로 쉽게는 돈을 어떻게 사용하는가에 집중한다고도 볼 수 있다.

　　인구통계학적 변수에 대한 대안으로 제안된 라이프스타일은 초기 문화, 사회계층, 준거집단, 그리고 가족과 같이 변수가 개인의 소비와 관련된 생활양식과 어떠한 관계를 가지고 있는가를 분석하고 이해하는 데 집중하였다. 따라서, 주요 연구들은 소비자를 인구통계학적 변수를 포함한 문화권, 사회계층, 준거집단 등으로 분류하고, 각 유형별로 어떠한 소비자 행동을 보이는지 조사하였다. 라이프스타일에 대한 연구가 발전되면서, 인구통계적 변수, 문화, 준거집단, 그리고 가족 등에 더불어 개인의 내면적 특성이 결국은 소비자행동에 반영되어 나타난다는 것을 인정하면서 개인의 가치체계와 심리적 측면을 부여하고자 하는 시도가 이루어졌다. 이러한 시도는 결국 소비자행동에 대한 이해를 높이기 위한 시도로 사회학적 접근인 라이프스타일에 심리학적 개념인 사이코그래픽스(Pshychographics)를 접목하였다. 심리묘사적 변수를 뜻하는 사이코그래픽스란 동기, 가치, 신념, 관심 등 심리적 또는 정신적 변수를 통칭한다. 외양으로 드러나는 개인의 특성인 인구통계적 변수(demographics)와는 대조적으로 사이코그래픽 조사(psychographic research)는 소비자행동에 투영된 심리적·정신적 특성을 양적으로 측정하고 분석하기 위한 조사 방법으로의 소비자 행동의 본질적 측면을 명확하게 이해하는 데 도움을 준다. 결국 개인의 외양적 생활양식을 설명하는 사회학적 개념인 라이프스타일이 내면적 가치와 특성을 측정하는 연구방법인 사이코그래픽스가 결합되며 그 설명력이 높아지고 있다. 본 장에서는 그러한 측정방법으로 가장 빈번히 사용되는 AIO(Activities, Interests, and Opinions) 분석법과 VALS프로그램을 설명해보고자 한다. 이러한 사이코그래픽 조사가 기존의 동기조사와 구분되는 것은 조사방법에서 심층면접과 같은 정량조사가 아닌 대규모 표본을 대상으로 정량적인 조사를 실시함로써 구체적인 정보를 제공한다는 것이다.

🎯 사례: 라이프스타일과 시장세분화 ●────────────────

　인구통계학적인 측면에서 국적, 문화권, 개인의 성별, 세대별 라이프스타일로 인한 개인의 니즈가 상이함에 따라 시장도 세분화될 필요가 있다. 한 개인의 입장에서도 자신이 어떠한 집안 배경에서 태어나 성장하고 유년기 시절을 거쳐 어떠한 교육을 받고 누구로부터 영향을 받는지에 따라 내부적인 요인과 외부적인 요인으로 인한 라이프스타일 변하기 마련이다. 한 예로 세대별 SNS이용 실태를 살펴보면 10대와 20대는 페이스북과 인스

그림 9-5	소셜미디어 카테고리 전체 및 APP별 이용률

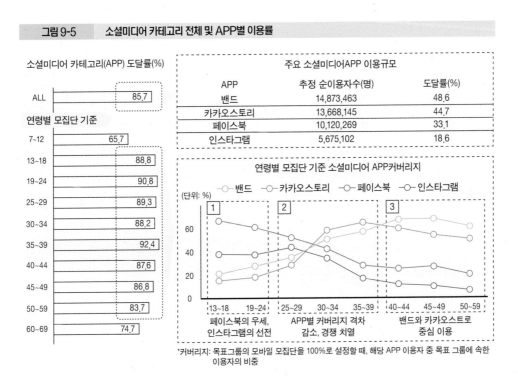

*커버리지: 목표그룹의 모바일 모집단을 100%로 설정할 때, 해당 APP 이용자 중 목표 그룹에 속한 이용자의 비중

*자료원: Nielsen KoreanClick Android Mobile Behavioral Data (2016.10)

타그램의 어플리케이션 이용률이 높은 편인 반면, 30대를 거쳐 40대와 50대에서는 네이버 밴드나 카카오스토리의 높은 경향을 보여주고 있는데 이는 10대와 20대의 경우 자신의 일상을 경험을 역동적으로 표현하고 은근하게 공유하는 라이프스타일을 보여주는 반면, 40대와 50대는 공통된 취미를 가진 이들의 적극적인 소통의 장을 만들어 정보를 공유하는 라이프스타일을 추구하는 것으로 보여진다.

SNS나 소셜미디어는 단순히 engagement의 장을 뛰어넘어 현대에는 신제품을 홍보하거나 한 개인의 일상을 보여주는 듯하나 실제로는 주요 행사나 신제품을 홍보하는 수단으로 활용되는 경우도 대단히 많기 때문에 브랜드의 입장에서는 소비자와의 양방향 소통 채널로 활용하되 소비자의 라이프스타일을 기반으로 데이터를 수집하고 분석하여 소셜미디어를 기반으로 한 시장세분화가 매우 중요한 역할을 한다고 할 수 있다.

라이프스타일 분석 방법

(1) AIO 조사법

AIO 조사법은 개인의 라이프스타일을 분석하기 위해 소비자들의 관심, 신념(또는 의견), 활동 등에 관한 조사한다. AIO란 활동(activities), 관심(interests), 의견(opinions)을 지칭한다. 활동은 소비자가 무엇을 하면서 시간을 소비하는지 알아보기 위한 것으로 대중매체, 쇼핑, 사회적 활동, 취미 등을 포괄한다. 관심은 소비자가 중요하게 여기거나 좋아하는 대상, 사건, 그리고 상황에 대한 것으로 가족, 일, 패션 그리고 성취감에 대한 것을 포함한다. 마지막으로 의견은 소비자가 특정 사물이나 사건에 대하여 어떻게 생각하고 있는가에 내한 것으로 주로 정치, 사히, 경제, 교육, 그리고 문화 등에 대한 생각을 포괄한다. 대개 라이프스타일 조사를

표 9-3 라이프스타일 측정에 사용되는 AIO 항목

활동 (A: activities)	관심 (I: interests)	의견 (O: opinions)	인구통계변수 (D: demographics)
일	가족	자기자신	니이
취미	가정	사히적 쟁섬	교육
사회활동	직상	정치	수입
휴가	지역사회	사업	직업
오락	여가활동	경제	가족규모
클럽 멤버십	패션	교육	주거지
지역사회	음식	제품	지역
쇼핑	대중매체	미래	도시규모
스포츠	성취	문화	라이프사이클단계

실시할 때 AIO 변수와 함께 인구통계학적 변수(나이, 소득, 교육 수준, 생활 주기 등)를 함께 포함하여 시장세분화 등의 마케팅 전략 수립에 활용도를 제고할 수 있다.

AIO조사는 대개 3개의 단면을 설명하는 다수의 문항으로 구성된 설문을 리커트 척도(Likert scales)를 사용하여 측정한다. 측정된 데이터는 요인분석(factor analysis)으로 주요 변수를 도출하고 이를 기반으로 샘플을 교차분석(cross tabulating)하여 세분시장의 대표 특성을 도출한다. 이러한 AIO 조사는 일반적인 라이프스타일 유형만을 분석하는 것(general AIO)이 아니라, 특정 대사이나 제품 등에 대한 구체적인 질문(Specific AIO)을 구성하기도 한다.

(2) VALS 프로그램

AIO와 함께 라이프스타일 측정과 분석에 가장 많이 활용되는 것은 미국 캘리포니아 주에 있는 경영컨설팅 회사 SRI International(Stanford Research Institute)가 개발한 VALS(Values and Life styles) 프로그램이다. SRI는 Abraham H. Maslow의 욕구 계층 이론을 기초로 소비자 구매 행동 이면에 숨겨진 동기를 정의하기 위한 시장 조사 도구로 VALS I을 개발하였다. 1978년에 개발된 VALS I는 1960년대 미국 사회의 라이프스타일 세분 조사 연구 결과와 그 변화를 추적하여 완성되었다.

그 이후 SRI는 스탠포드 대학, 캘리포니아 대학, 그리고 버클리 등과 연구팀을 꾸리고 사이코그래픽 특성의 중요성을 기존의 소비자 가치와 믿음에 덧붙여 가치와 믿음보다 소비자 행동을 예측하는 데 중요하다는 가정을 기반으로 VALS II를 개발하였고 이를 1989년에 런칭하였다. 현재는 SRI의 자회사(spin-off company)인 Strategic Business Insight(http://www.strategicbusinessinsights.com/vals/)가 VALS와 관련된 시장조사업무를 맡고 있다.

1) VALS I

SRI 연구팀은 개인의 라이프스타일 유형이 그의 욕구나, 가치관, 개성 등에 따라 상이하게 개발된다는 것을 전제하여, 소비자들의 욕구, 필요, 가치관 등에 관한 800여 문항의 설문을 개발하였다. SRI 연구팀은 약 1,600여 명의 소비자를 대상으로 3년에 걸쳐 설문 조사를 실시한 후, 다변량 분석(multivariate statistical analysis)에 의하여 다양한 라이프스타일 유형을 식별하였다. 그 결과 소비자는 크게 기본 욕구 충족형 소비자, 외향적 소비자, 내향적 소비자, 통합형으로 구분되며, 다시 총 9개의 라이프스타일 유형으로 식별됨을 알 수 있다. VALS은 소비자에 대한 구매 행동 양식을 설명하고, 세분하고, 이해하는 데 유용하게 사용되기는 하지만, 세분된 각 세분 시장이 너무 광범위하고 일반적이라는 점이 문제가 되었고 이를 보완하기 위해 SRI는 1989년 VALS II를 개발하였다.

2) VALS II

VALS I은 600여 개의 설문문항을 기반으로 기본 욕구 충족형 소비자, 외향적 소비자, 내향적 소비자, 통합형으로 구분하였다. VALS II는 설문 문항을 대폭 감소하여 400문항의 질문을 사용하였고 "소비자의 자원 보유(resources)"와 "세계관(primary motivation)"을 주요 기준으로 삼아 소비자를 분류한다. 소비자는 연령과 소득, 그리고 교육수준을 넘어서서 제품과 서비스를 소비하는 경향이 있다. 그래서 소비자의 자원을 인구통계적 변수와 에너지(energy), 자기 확신(self-confidence), 지성(intellintellectualism), 참신성 추구(novelty seeking), 혁신성(innovativeness), 충동(impulsiveness), 리더십(leadership), 그리고 허영(vanity) 등의 사이코그래픽 특질들을 결합하여 정의하고자 하였다. 한편, 세계관은 소비자의 이상(ideals), 성취(achievement), 그리고 자기표현(self-expression) 등의 동기에 의해서 소비자의 행동 패턴이 결

| 그림 9-6 | VALS II의 미국 결과 |

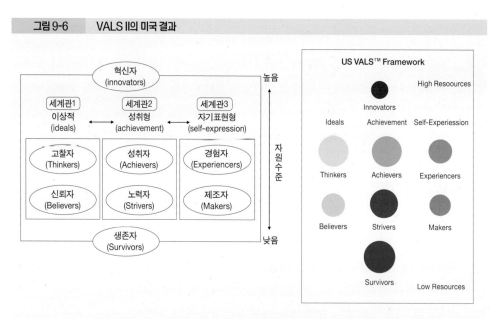

표 9-4 　 VALS2: 미국의 8가지 집단 속성

집단명	설명	
혁신형 (Innovator)	·언제나 안테나를 올리고 정보를 흡수한다. ·실험할 만큼 확신에 가득 차있다. ·재무적인 거래가 가장 빈번하다. ·광고에 회의적이다. ·국제적으로 노출된다. ·관심과 활동이 가장 광범위하다.	·미래지향적이다. ·자기 주도적인 소비자이다. ·과학과 기술개발을 신뢰할 만하다고 생각한다. ·새로운 생각과 기술에 가장 수용력이 높다. ·문제해결의 도전을 즐긴다.
사고형 (Thinkers)	·사회적 행동에 대한 "해야 할 것"과 "하면 안 되는 것"에 대한 기준을 가지고 있다. ·분석이나 생각을 너무 많이 해서 행동으로 옮기기 어려운 경향이 있다. ·행동하기 전에 계획, 분석, 그리고 생각한다. ·검증된 제품을 구매한다.	·역사적 관점을 즐긴다. ·재무적으로 건전하고 확립된 상황이다. ·요즘 뜨는 것에 영향을 받지 않는다. ·기능적인 이유때문에 기술을 사용한다. ·전통적인 의미에서의 지성을 추구하는 것을 선호한다.
신뢰형 (Believers)	·선한 삶을 영위하기 위한 근원적인 옳고 그름을 믿는다. ·영감을 얻기 위해서 영적인 것과 신뢰에 의존한다. ·친근한 커뮤니티에 소속되는 것을 원한다. ·TV를 보거나 로맨스 소설을 읽으면서 일탈을 즐긴다.	·사회가 변화하는 것을 보지 못한다. ·광고가 정보의 적법한 원천이라고 생각한다. ·지속성과 안정에 가치를 두고 대개는 충성하는 편이다. ·강력한 me-too패션 태도를 지향한다. ·애매모함을 참지 못하고, 모든 것이 있어야 할 곳을 알고자 한다.
성취형 (Achievers)	· "나, 혹은 내 가족이 먼저"라는 태도를 가진다. ·돈이 권위의 원천이라고 믿는다. ·가족과 직업에 몰입하는 경향이 있다. ·계획을 완벽하게 하는 편이다. ·목적 지향적이다. ·사생활을 지키고 싶어한다.	·열심히 일한다. ·중립적이다. ·다른 사람을 신경쓴다. ·사회적 정치적 견해에서 중립의 견지자인양 행동한다. ·전문적이다. ·생산성을 높이는 측면에서 기술에 가치를 둔다.
생존형 (Strivers)	·이직을 자주하거나, 일시적으로 실업일 확률이 높다. ·비디오와 비디오 게임을 환타지의 형태로 사용한다. ·재미를 사랑한다. ·모방한다. ·대중교통 의존도가 높다.	·낮은 계층의 길거리 문화의 중심에 있다. ·더 나은 삶을 추구하지만 욕구를 실현하기에 어려움을 느낀다. ·그들의 부를 대부분 입는 것에 사용한다.
체험형 (Experiencers)	·모든것을 원한다. ·유행 수용에서 항상 처음이고 싶어한다. ·현재의 주류에 반대하는 경향이 있다. ·시각적 자극의 감각이 매우 높다.	·최신의 패션을 앞선다. ·자신을 매우 외향적이라고 간주한다. ·친구가 극도로 중요하다고 믿는다. ·충동적이고 즉각적이다.
자급형 (Makers)	·정부를 믿지 않는다. ·자동차(automotive)와 같은 엔진이 있는 것에 관련된 모든 이슈와 대상에 강력한 관심을 가진다. ·사냥과 낚시같은 강력한 아웃도어 관심을 가진다. ·땅을 소유하고 싶어한다.	·성역할에 대하여 날카로운 믿음을 가진다. ·본인 소유의 것으로 인지되는 것을 지키고 싶어한다. ·그들을 올곧고 똑바르다고 생각하지만, 다른 사람에게는 무지하게 보인다.
생존형 (Survivors)	·매사에 조심성있고 위험을 피하고자 한다. ·가장 나이든 소비자이다. ·절약한다. ·전통적이거나 혹은 트렌디하게 표현되는 것에 대하여 걱정이 없다. ·유선전화만 있는 가정일 가능성이 높다	·일상적인 것, 잘알고 지내는 사람들과 장소에서 안락을 취한다. ·TV를 아주 많이 본다. ·브랜드나 제품에 충성도가 높다. ·대부분의 시간을 혼자 보낸다. ·인터넷을 최소한 사용한다.

정된다는 가정에서 시작된다. 미국 소비자를 대상으로 한 설문에서 총 8개의 집단을 찾아냈는데 구체적으로 혁신형(innovators), 사고형(thinkers), 신뢰형(believers), 성취형(achievers), 투쟁형(strivers), 경험형(experiencers), 자급형(makers), 그리고 생존형(survivors)으로 구성된다. 각각

표 9-5	VALS II의 설문 문항	
나는 종종 이론들에 관심을 가진다	나는 최신의 패션으로 옷입기를 즐긴다
나는 옷, 여행 그리고 다른 구매의사결정을 해야 할 때, 자주 다른 사람들의 의견을 구한다	요즘에 TV에 성적인 것이 너무 많이 나온다
협상을 잘하는 사람은 바구니만 있을 뿐 그 속에 음식을 얻지는 못하기 마련이다	나는 다른 사람들을 리드하는 것을 좋아한다
나는 매일 사용하는 것들을 만드는 것이 너무 좋다	너무 많이 생각하는 사람하고 있으면 짜증난다
나는 최신의 유행과 패션을 따른다	나는 내 인생에 흥미로운 것들이 많아서 좋다
나는 대부분의 사람들보다 더 유행에 맞게 옷을 입는다	나는 나무, 금속, 그리고 다른 재료들을 활용하여 물건을 만드는 것을 좋아한다
나는 어떤 집단을 책임지는 것을 좋아한다	
나는 예술, 문화, 그리고 역사를 배우는 것을 좋아한다	나는 나의 관심사가 다소 좁고 한정적이라는 것을 인정한다
나는 종종 흥미를 열망한다	나는 패셔너블하다고 간주되길 바란다
나는 단지 몇몇의 (소수의) 것에만 정말 관심을 가진다	종교는 도덕적으로 바른 것을 아는 데 매우 중요한 길이다
나는 사느니 만드는 게 낫다고 생각한다	나는 내가 전에 해본적 없는 것을 하는 도전을 좋아한다
성경에서 말씀하신것과 같이 세계는 말 그대로 6일만에 창조되었다	세계에 많은 악(evil)이 날뛰더라도, 나의 신에 대한 신념은 강하다
정부는 공립학교에서 종교를 육성해야 한다	나는 손으로 무언가를 만들기를 즐긴다
나는 대개의 사람들보다 더 많은 능력을 가지고 있다	나는 스릴을 항상 찾는다
나는 내 자신이 지적이라고 생각한다	나는 새롭고 다른 것을 하는 것이 좋다
바보만이 그들이 버는 것보다 많이 주는 것이다	나는 기계와 자동차 가게를 둘러보는 것을 좋아한다
나는 새로운 것을 시도하는 것을 좋아한다	나는 어떻게 지구가 작동하는지에 대하여 이해하고 싶다
나는 엔진과 같이 기계적인 것이 어떻게 작동하는지에 대해 매우 흥미를 가신디	나는 매일 뉴스를 얻어야 한다

기타 문항 성별, 연령, 결혼 경력(미혼, 기혼, 약혼, 별거 혹은 이혼, 사별), 교육수준, 연간 가계수입(설문참여자와 재무적 기반을 공유하는 모든 사람이 연간 벌어들이는 수입, 이자, 임대, 주식을 포괄한 모든 수입을 포괄, 세전기준), 대학생 여부 등

의 집단에 대한 설명은 <표 9-4>와 같다. 이 회사는 매년 5만여 명의 18세 이상의 미국인을 대상으로 VALS ii 조사를 실시하고 그 내용을 업데이트하고 있다고 알려져 있다. 따라서 지속적으로 8개 그룹의 명칭과 설명은 업데이트되고 있다. 8개 그룹의 내용은 <표 9-4>와 같다. VALS의 기본원리인 세계관과 자원을 축으로 라이프스타일이 나뉘어져 있다. 앞선 장에서 살펴본 바와 같이 라이프스타일은 소비자들의 심리적 특성과 인구통계학적 정보에 의해서 상이한 소비행동 패턴을 보인다. 따라서 라이프스타일은 시장세분화의 기준으로 활용되기에 적합하다. 또한 시장세분화를 통해 표적 집단을 골라내고 그 집단에 매력도가 높은 포지셔닝 전략과 촉진 전략을 수립하는 데 도움이 된다.

3) VALS II의 비교문화(cross culture) 적용 사례

VALS는 다양한 국가와 문화에 적용하여 그 체계가 변형될 수 있다. 현재 VALS II는 미국뿐 아니라, 일본, 중국, 나이지리아, 영국 등 여러 국가에 적용되고 있다. 미국에 대한 조사 결과는 8개 그룹으로 나누어지는 반면, 중국은 9개의 그룹으로 나뉜다. 반면, 일본은 10개의

그림 9-7   중국과 일본에 VALS2 적용한 그림 비교

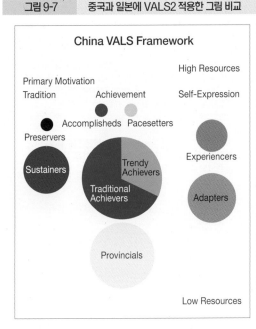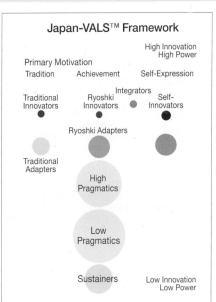

자료원: @2014 by Strategic Business Insights. All rights reserved. www.strategicbusinessinsight.com/vals

군집으로 나뉘게 된다. <그림 9-7>은 SBI의 웹사이트에 게시된 2014년 조사 결과를 인용한 그림이다. 그림에서 색상이 다른 원의 개수가 VALS가 제안하는 3가지의 세계관과 자원수

표 9-6	중국과 일본의 소비자 그룹
중국	일본
Accomplisheds	**Integrators**
사회에서 자신의 지위를 높이려는 전략적 기회를 추구한다. 그러나 다른 사람들의 주의를 환기하고 싶어하지 않는다.	혁신성이 가장 높다. 이들은 활동적이고, 수용적이며, 트렌드를 주도하고, 정보가 많고 풍부하다. 그들은 자주 여행하고 잡지와 공중파와 케이블을 넘어서 해외까지 포괄하는 다양한 종류의 매체를 소비한다.
Pacesetters	**Self-Innovators and Self-Adapters**
다른 사람들이 알아주길 바라고 사회적 지위나 역할을 가진 것처럼 보이고 싶어한다. 그들은 유명해지길 원하기까지 한다.	자기 표현에서 높은 점수를 가진다. 이들은 개인적 경험과 패셔너블한 외양, 사회적 활동, 과감한 생각, 그리고 흥미로운 즐거움과 예능을 원한다.
Preservers	**Ryoshiki Innovators and Ryoshiki Adapters**
사회에서 야망의 흐름이나 재력의 추구, 그리고 권력의 욕망에 대한 균형을 제안한다.	천직에 점수를 높게 가진다. 교육, 직업 성취 그리고 전문적 지식이 그들의 개인적 관심사이며, 가정, 가족, 그리고 사회적 계층이 그들의 삶의 기준이다.
Sustainers	**Traditional Innovators and Traditional Adapters**
전통적 삶의 방식에 충성하는 일상을 보냄에도 불구하고, 그들은 전통적이지 않은 다른 그룹처럼 보이고 싶어한다.	전통적인 기준에 높은 점수를 보인다. 이들은 전통적 종교와 관습을 고수하고 오랫동안 친밀하게 알고 지낸 가족의 가구나 의복을 선호하고 사회적 의견에서 보수적인 견지를 고집한다.
Traditional Achievers	**High Pragmatics and Low Pragmatics**
모바일 중국인들과 같이 높은 지위에 발맞추길 원하지만 그렇게 하는 방법에 대해서도 확실치 않고 그렇게 하는 게 옳은지에도 불안함을 느낀다.	어떠한 삶의 지향성에도 관심이 없다. 이들은 활동적이지도 외부의 정보를 잘 습득해 있지도 않다. 이들은 본인의 라이프스타일 어떤지에 대해 강하게 몰입해 있지도 않은데도 관심도 없고 심지어 유연하지도 않다.
Trendy Achievers	**Sustainers**
존경의 가치를 알고 성공한 것으로 보여지는 것에 대한 강렬한 열망을 가진다.	혁신성과 자기 표현 속성에서 가장 낮은 점수를 가진다. 재력, 젊음 그리고 교육이 결여되어 혁신을 싫어하고 전형적으로 과거에 집착하는 경향을 보인다.
Experiencers	
관심 영역이나 직업과 관련된 영역에서 앞서 나가기 위해 혁신적인 방법을 찾고 개인적인 성취를 추구한다.	
Adapters	
Experiencers와 유사하지만 개인적 성취나 팀험에 대한 명확한 동력이 없다.	
Provincials	
대부분 시골에 살면서 아이를 가지고 재무적으로 책임지는 것이 성공의 매우 중요한 요소라고 믿는다.	

준으로 군집화된 그룹의 수이다. 한편, 원의 크기는 중국인 중 해당 라이프스타일 군집의 예상 크기를 뜻한다.

한국과 가장 지리적으로 가깝지만 국민 성향은 상이한 중국과 일본에 대한 VALS연구 결과를 살펴보면 아래와 같다. VALS프로그램은 미국에 적합하게 개발되었기 때문에, 일본과 중국은 각각의 집단이 균등하게 나타나지 않는다. 특히 일본과 중국 모두 자원 수준이 높은 군집의 비중이 상대적으로 작고 서로 성격이 상이한 집단으로 더욱 잘게 나뉘는 것을 알 수 있다. 해당 조사가 이루어진 시기가 2014년으로 중국은 여전히 시골에 살면서 자급자족의 경제활동을 영위하는 집단이 크게 드러났다. 한편, 경제발전을 이룬 일본은 최근 저성장기조가 길어지면서 자원수준이 매우 낮은 pragmatics와 sustainers그룹이 차지하는 비중이 매우 크게 드러났다. 중국과 일본의 각 군집에 대한 상세한 설명은 <표 9-6>과 같다.

이렇게 소비자 개성과 라이프스타일은 선천적으로 타고난 성질과 부모와 가족, 그리고 개인 둘러싼 사회와 집단 그리고 국가에 의해서 결정되고 발전해 나간다. 개성은 상대적으로 영속적임에도 불구하고 소비생활과 연결된 소비자 개성은 본인이 처해진 사회적·경제적 상황에 따라서 형성되고 점진적으로 변형된다. 특히, 라이프스타일은 휴일 정책이나 기업 운영의 정책 등 국가 정책의 변화에도 큰 영향을 받아 변화되어간다. 한편, 소비자는 브랜드에도 사람의 성격과 유사하게 성격을 부여하여 인지하게 되고, 이러한 성격이 동일시될 때 상대적으로 높은 선호도를 보이게 된다. 그러나, VALS II의 국가별 적용 결과에서도 알 수 있듯이 소비자의 개성과 라이프스타일은 국가와 문화 그리고 소속된 사회적 계층의 영향을 받는다.

💬🗨 토론사례: 명품 브랜드, 보통의 CSR

CSR(Corporate Social Responsibility, 기업의 사회적책임)은 사회가 기업에 기대하고 요구하는 사회적 의무들을 충족시키기 위해 기업이 수행하는 활동이다. 단기적으로는 비용이 지출되지만 장기적으로는 소비자 호감도를 높여 기업의 경제적 이익에 보탬이 되는 것이 바로 CSR이다.

하지만 명품 브랜드의 경우 예외이다. 명품 브랜드는 CSR 활동이 오히려 소비자의 선택을 제약한다. 예를 들면 명품 브랜드와 비명품 브랜드에 복지, 자원봉사 등의 CSR 관련 단어를 제시해 이 단어들이 얼마나 즐거운 감정을 가져다 주는지 실험을 해보니 명품 브랜드의 경우 오히려 즐거움이 반감되었다.

또한 명품의 경우 CSR 강조 광고와 다양성 강조 광고를 통해 소비자 선호도를 평가해보니 다양성 강조 광고의 선호도가 더 높았다. 이는 내가 최고라는 명품 브랜드와 타인과 이익을 공유하는 CSR 개념 간 '비유창성(Disfluency)' 때문이다.

CSR은 인간존중, 환경호보, 사회정의 등 복지와 공익을 우선시 하는 반면 명품 브랜드는 개인의 권력, 부와 명예, 야망 등을 상징화 하며 소수의 사람이 소유할 때 가치가 극대화 되기 때문이다. 즉 명품 브랜드에 CSR 활동을 확대하면 오피려 기존 명품 소비자의 구매 의사는 감소하게 되는 역효과를 볼 것이라는 것이다. 이에 명품의 경우 CSR도 명품답게 최고, 최초, 우월 등의 이미지를 활용해 특별하고 폼 나는 CSR이 필요하다.

🗨️ 토론문제

① 세계 유명 명품 브랜드들이 지원하는 최근의 CSR 활동을 조사해보자. 또한, CSR 활동을 펼치고 있는 명품 브랜드의 개성을 Aaker의 BPS를 기준으로 선택된 브랜드가 어떠한 형용사에 가장 어울리는 지를 고르는 방식으로 정의해 보자. 명품 브랜드가 펼치고 있는 CSR활동과 정의된 브랜드 개성이 유사하게 여겨지는지 이야기해보자.

② 본인의 라이프스타일을 VALS2에 맞추어 알아보자. 아래의 주어진 링크로 직접 들어가거나, 혹은 VALS2 Survey을 검색하여 창을 연다. 표 9-1에 주어진 것과 같은 설문 문항이 영문으로 보인다. 이에 답하면 그 결과로 본인이 소속한 VALS2의 집단을 주고 설명을 해준다. 이를 읽고 본인의 소비생활과 연결하여 라이프스타일이 소비에 미치는 영향을 살펴보자.

http://www.strategicbusinessinsights.com/vals/surveynew.shtml

③ VALS2를 중국과 일본에 적용한 결과를 보면, 같은 기준을 적용하였으나 그 집단의 수와 명칭 그리고 속성이 상이하다. 이러한 결과가 나타나는 이유를 중국과 일본의 경제 사회적 발전 상황, 그리고 역사적 배경에 맞추어 설명해보자.

문화와 사회계층

CHAPTER 09 | 문화와 사회계층

🎎 도입사례: 한류(韓流), K-Culture의 진화

2017년 11월 19일 미국캘리포니아주 LA 마이크로소프트 씨어터에서 열린 『아메리칸 뮤직 어워드(AMAs; American Music Awards)』 무대에는 한국 남성 7인조 보이 그룹 『방탄소년단(BTS; BangTanBoyS)』이 '영어'가 아닌 '한국어'로 된 노래 〈DNA〉를 특유의 현란한 칼 군무와 함께 선보였다. 이로서 『방탄소년단』은 같은 해 5월 『빌보드 뮤직 어워드(Billboard Music Awards)』에서 세계적 아티스트인 '저스틴 비버, '아리아나 그란데' 등을 제치고 '톱소셜 아티스트 상'을 수상한 것에 이어 K-Pop의 위상을 드높였다. 외신 및 전문가들은 『방탄소년단』 팬덤이 강렬한 리듬의 힙합(음악성), 화려한 칼 군무(퍼포먼스) 이외에도, SNS(사회관계망서비스)를 통해 형성된 글로벌 팬들(ARMY)과의 강력한 유대감을 원천으로 하기 때문에 지속적으로 성장할 가능성이 높다고 평가한다. 실제로 AMA's 출연 이후 『방탄소년단』은 미국 구글트렌드 검색 순위 1위에 올랐으며 트윗만 해도 2천만 건 이상 발생했다.

2000년대 이후 『겨울연가』, 『대장금』, 『별에서 온 그대』, 『태양의 후예』, 『치즈인더트랩』, 『도깨비』 등이 일본, 중국, 동남아, 중동 등 아시아에서 차례로 K-Drama 신드롬을 지속하고 있다. 2003년 『대장금』이 《조선왕조실록》 실존인물을 모티브로 한 한국적인 소재와 형태의 '사극'이었다면, 2013년 『별에서 온 그대』는 《광해군일기》 기록을 모티브로 차용하였지만, 스토리, 구성, 영상, 스타일 등 제작 완성도가 '미드(미국 드라마의 줄임말)'에 견줄 만큼 세계적 수준에 도달했다는 평가를 받았다.

또한 K-drama의 글로벌 확산 및 인기에는 인터넷과 SNS가 기여하는 몫이 크다. 2017년 중국 정부의 『한한령(限韓令)』 조치로 인하여 드라마 『도깨비』기 공식적으로 중국 TV 전파를 타지 못했음에도 불구하고, 입소문을 타고 인터넷 동영상 공유사이트, SNS 및 어둠의 경로를 통하여 배포되면서, 주인공 남자 배우의 이름이 웨이보 검색순위(2017년 1월 22~23일)에서 1위에 기록하였다고 한다.

K-drama(또는 방송)는 기존에 한국에서 완성품 형태로 제작되어 주로 아시아 시장으로 판매되었지만, 최근에는 프로그램 콘셉트와 등장인물, 구성, 제작 방식 등의 '포맷(중간제품)' 형태로 수출 후 해외 현지 문화에 맞게 수정하는 현지화 전략을 취하면서, 언어 및 문화적 한계를 넘어 수용성을 제고하고 지역적 영역을 확대하고 있다. 드라마 『굿 닥터』는 미국

ABC가 리메이크판(Good Doctor), 예능『꽃보다 할배』는 미국 NBC에서 리메이크판(Better Late than Never)으로 방송되었다.

2000년대 중반 이후 K-Culture 패러다임은 주요 분야가 K-Pop와 K-Drama 양대 축을 중심으로 K-Movie, K-Game, K-Beauty, K-Fashion, K-Food, K-language, K-Travel 등으로 심화 및 확장되고 있으며, 주요 진출지역이 아시아에서 미국, 유럽, 남미 등으로 확대되는 양상이며, 핵심 수용층이 중장년 여

성층에서 10~20대 젊은 층으로 다양화되는 모습으로 진화되고 있다. 또한 과거의 한류가 '가장 한국적인 것이 세계적이다'라는 원칙에 충실하다면, 현재의 한류는 기존 고유의 전통의 것을 글로벌 공감대 형성이 가능하도록 콘텐츠를 변형하고 글로벌 수준으로 질적 향상을 이루었다. 추가로 과거의 유통구조가 고비용의 단방향의 아날로그 미디어(TV 등)에 의존하는 것이라면, 최근에는 저비용의 인터넷 및 모바일 소셜 미디어(SNS)를 통해 실시간 양방향의 다양한 커뮤니케이션을 활용하는 방식으로 변하였다.

이처럼 다양한 양상으로 전개되는 K-Culture 산업은 그 자체가 콘텐츠 산업이기도 하지만, 상호 파트너십 및 협력을 하는 K-Product와 K-Service가 직간접적으로 연계 파생된 수요를 창출하면서 선순환 산업 생태계를 조성하기도 한다. 문화체육관광부와 코트라(KOTRA)가 2016 3월 발표한『2015년 한류의 경제적 효과에관한 연구』에 따르면 한류의 생산유발효과 추정액은 약 16조원에 달하며, 이 중 문화콘텐츠 약 33%, 소비재 약 54%, 관광 약 13%의 비중을 차지한다고 한다. 따라서 한류는 직간접적으로 대한민국 경제성장을 견인하는 중요한 '원동력'이자, 국가 차원에서 장기적으로 관리해야 할 중요한 '무형자산'이라고 할 수 있다.

자료원: BBC "방탄소년단, 싸이 '반짝 인기'와 달리 오래 갈 것(연합뉴스/2018.01.08); 'BTS표' 음악·칼군무, SNS 타고 'K팝 대첩' 일구다(노컷뉴스/2017.120,5); 공유의 '도깨비 칼'…중국 한한령도 뚫고 나갔다(중앙일보/2017.02.09); 미국도 한국 방송 리메이크…新한류 될까(조선일보/2017.06.13); 한류: K-Pop에서 K-culture로(해외문화홍보원/2012.12.17); K-Pop 한류의 성공요인분석과 한류 지속화 방안 연구(한국콘텐츠학회논문지/2013.05); 한류의 경제적 효과와 시사점(서울경제/ 2016.09.01) 수정 인용.

문화

(1) 문화의 개념과 특성

1) 문화의 정의

문화(culture)는 소비자행동에 광범위한 영향을 미치는 주요 요인으로, 소비자는 어떤 문화에 속해있는가에 따라 자신이 구매하는 제품 및 브랜드, 방문 점포 선택에 큰 영향을 받을 수 있다. 사실 문화는 마케팅과 직접적으로 관련되는 의류, 자동차, 전자기기 등의 유형제품 및 스포츠, 예술 등의 서비스 제품 선택에 영향을 미칠 뿐 아니라 윤리 및 가치 등을 포함하는 추상적인 개념이다. 문화에 대한 개념이 소개된 이후, 수많은 문화인류학자들이 문화에 대한 정의를 내리기 위해 많은 노력과 시간을 투입했고, 실제 문화에 대한 정의는 백여 개가 넘는다고 한다. 해당 내용을 정리해보면, 문화는 사회구성원들이 여러 세대를 거치며 남겨놓은 사회적 유산으로, 그 사회를 둘러싼 환경에 적응하고 살아가는 방식, 즉 그 집단의 독특한 라이프스타일이라고 할 수 있다. 이런 특성으로 인해 문화는 학습된 후 구성원 사이에서 공유 및 전달되는 관습과 가치, 생활양식의 집합체로 구성원들에 의해 발전된다. 즉, 한국 사회와 그 구성원을 다른 국가 및 그 구성원과 차별화시키는 고유한 특성을 형성하는 것이 곧 문화라고 할 수 있다. 구성원들은 문화 자체를 의식하지 못하면서 살아가고 자신의 속한 문화권을 벗어나지 않는다면 크게 불편함을 느끼지 않으나 자신의 문화권을 떠나 다른 문화권에 속하게 되면 상당한 불편함을 느낄 수 있다. 예를 들어 70년 이상을 한국에서 살았던 사람이 미국으로 이민간 자녀와 같이 살기 위해 이주하여 정착할 경우, 언어와 음식, 기후, 예절 등의 차이로 인해 엄청난 불편함을 감수해야 할 것이다.

기업이 여러 국가의 다양한 시장에서 성공하기 위해서는 진출 국가의 문화와 상징적 의미를 정확하게 이해할 필요가 있으며, 특히 다른 문화권으로 분류될 수 있는 나라에 진출할 경우에는 문화적 차이에 더욱 각별한 신경을 써야 한다. 진출 국가의 문화적 특성을 이해하지 못하고 실패한 사례는 나열할 수 없을 정도로 많다. 따라서 기업은 문화권별 혹은 국가별 문화적 차이를 정확하게 이해하고 각 문화에 적합한 마케팅 전략을 수립하여 성공확률을 높이기 위해 노력해야 할 것이다.

2) 문화의 특성

문화의 정의가 다양한 만큼, 문화의 특성 역시 하나로 규정하는 것은 불가능에 가까울 것이다. 앞에서 살펴본 문화에 정의에 입각하여, 문화가 가지는 대표적인 특성은 아래와 같이 제시된다.

① 행동의 기준과 규범 제공

문화는 그 영향권 안에 있는 사람들의 심리적, 신체적, 사회적 욕구 등 다양한 욕구를 충족시키기 위한 기준이 된다. 즉, 문화는 사회구성원들이 충족시키고자 하는 욕구의 종류와 욕구해결의 방향(direction) 및 지침(guidance)를 제공해준다. 한 개인이 배가 고프다면, 아침인지 혹은 저녁인지에 따라 적절하다고 생각되는 음식의 종류가 달라지며, 또한 누구와 어디서 먹느냐와 같은 의사결정에 영향을 주게 될 것이다. 마찬가지로 혼자 식사를 하는 것이 아닌 다른 사람과 식사를 함께 해야 하는 상황이라면, 위의 의사결정 기준 역시 달라지게 될 것이다. 이와 같이 행동, 사고, 느낌에 관하여 집단이 공유하고 있는 이상적 패턴을 규범이라고 한다. 이렇듯 문화는 사회구성원 사이에서 공유된 이상적인 행동, 사고, 느낌의 표준인 규범(norms)을 제공하기 때문에, 각 구성원이 특정 상황에서 적절하게 생각하고 행동하도록 유도한다. 만약 실제 행동이 규범에서 벗어나게 된다면 다양한 형태의 압력이나 제재가 가해지기 때문에 각 구성원은 자신의 행동을 사회의 규범 및 기대에 맞게 일치시키게 된다. 즉, 문화는 사회구성원들의 욕구 방향 및 욕구충족 방법의 지침을 제공한다. 문화는 이상적인 행동의 표준이나 패턴을 포함하고 있기 때문에 특정 상황하에서 사회구성원들이 올바르고 적절하게 생각하고, 느끼고, 행동할 수 있도록 한다.

② 학습

문화는 태어날 때부터 가지고 있는 선천적인 것이 아니라 경험과 교육을 통해 후천적으로 학습되는 것이다. 한 구성원은 문화를 학습하는 문화화(enculturation)를 거치면서 각 사회의 표준적인 규칙 및 행동패턴을 배우게 된다. 자기 문화를 학습하는 것은 시간의 경과에 따라 그 문화권에서 지배적인 가치를 사회구성원 각 개인이 자산의 가치로 내부화시키는 과정이라고 볼 수 있다. 또한 외래 문화를 학습하는 과정을 문화이식(acculturation)이라고 하는데, 개인은 자기가 속한 사회의 문화만을 학습하는 것이 아니

이슬람 문화권 여성들의 히잡 풍습

라 다른 문화를 배우기도 한다. 현재와 같은 글로벌 사회에서는 기업이 다양한 나라에 진출하는 경우가 많기 때문에 진출 국가의 소비자들이 가지는 가치관이나 세계관, 표준적인 행동 등 문화적 배경 및 특성을 완전히 이해한 후 마케팅 활동을 수행하여야 한다.

③ 공유

문화의 가장 큰 특성 중 하나는 문화권 내 구성원들에 의해 널리 공유된다는 사실이다. 즉, 어떤 신념이나 가치, 관습 등이 문화적 특성으로 이해되기 위해서는 구성원들 대다수가 이를 공유하여야만 한다. 문화를 공유하는 가장 작은 단위는 가족일 것이며, 그 범위는 특정 지역 혹은 국가 전체로 확장될 수 있을 것이다. 따라서 문화 안에서도 주류 문화와 하위문화가 형성될 수 있는 것이다.

가정은 문화를 학습하는 가장 기초적인 단위가 되며, 그렇기 때문에 가족의 구성원은 그 가족이 속한 사회의 구성원으로 살아가기 위해 필요한 지식, 규범, 기술 등을 학습하는 사회화(socialization)를 거치게 된다. 또한 사회화를 통해 각 구성원이 소비자로 살아가는 데 필요한 가치와 기술, 지식 등을 배우게 되는데 이를 소비자사회화라고 한다. 즉, 각 구성원은 가족을 통해 그 사회의 지배적인 문화적 신념, 가치 등을 학습할 뿐 아니라 돈의 의미, 제품에 대한 선호, 제품 및 브랜드에 대한 충성도, 가격과 품질의 관계, 여러 촉진메시지의 적절한 처리 방법 등 소비관련 가치와 기술 역시 학습하게 된다. 교회나 학교 등의 기관도 구성원들이 문화를 학습할 수 있는 기회를 제공한다. 만약 학교를 포함하는 교육기관이나 종교기관 등에서 절약 및 타인을 돕는 기부를 강조한다면 해당 기관의 지배적 가치관을 학습한 소비자의 경제 및 윤리개념은 보다 사회친화적일 가능성이 높다. 대중매체 역시 문화 학습의 기회를 제공할 수 있다. 많은 소비자들이 방송이나 인쇄 매체를 통해 다양한 광고에 광범위하게 노출되고 있으며, 이를 통해 제품 및 서비스에 대해 학습하게 된다. 요즘은 SNS의 사용이 활발해지면서 이를 활용한 광고 등이 소비자들의 사고 및 행동에 큰 영향을 미치기도 한다. 마케터들은 매체가 가질 수 있는 문화적 영향력을 충분히 이해하고, 적절한 마케팅커뮤니케이션을 수행해야 할 것이다.

④ 보편성 및 다양성

인간은 공동생활을 하기 마련이고, 이러한 사회에서는 반드시 문화가 존재하게 된다. 사회마다 형태는 다르지만 생리적 욕구나 사회적 인정 및 지위추구 욕구 등을 충족시킬 수 있는 관습이 있다. 예를 들어 서로의 지식이나 가치관을 전달할 수 있는 언어가 있고, 영적인 욕구를 충족시키는 종교가 있으며, 모양은 다르지만 각 사회가 처한 환경에 적응한 주거형태

한국식 아침식사와 유럽식 아침식사

가 있다. 즉, 문화는 모든 인간 사회가 가진다는 점에서 보편성을 가지고 있다. 하지만 각 문화에 따라 그 구체적인 모습에는 다양한 차이가 발견된다. 모든 사회에는 언어가 있다는 공통점이 있지만, 그 언어는 문화권에 따라 다르다. 또한 종교 역시도 문화권에 따라 다양한 형태를 보이며, 주거형태 역시 그 문화가 속한 환경의 기후에 따라 다르게 나타나게 된다. 즉, 각 사회이 구성원들이 가지는 창의성과 주체성 및 각 집단이 가지는 독창성 및 적응성에 따라 한 집단의 문화는 다른 집단과 다른 특성을 가지게 된다. 따라서 문화는 보편성을 가지고 있는 동시에 특수성을 지닌 다양한 모습으로 나타날 수 있다.

⑤ 지속성 및 동태성

구성원들은 관습을 통해 생리적 욕구나 사회적 욕구 등을 충족시키며, 따라서 이러한 욕구가 구성원들 사이에서 공유된 관습을 통해 충분히 충족될 수 있다면 가능한 그런 관습을 유지하려고 노력하게 된다. 이러한 특성 때문에 문화의 주요 구성요소들은 시간이 흘러도 세대로 이어지게 되며, 다른 문화를 접하게 되더라도 그 영향력이 지속된다.

문화는 부모세대로부터 자녀세대로 전수되며, 여러 사회기관 등을 통해 유지된다. 하지만 오랜 기간을 통해 살펴보면 문화는 정체되어 있지 않고, 점진적 그리고 지속적으로 변화하고 있다. 앞서 말했듯이 구성원들이 관습을 통해 욕구를 충분히 충족시킬 수 있다면 그 문화는 지속된다. 하지만 시대가 바뀌면 상황이 바뀌게 되며, 각 시대의 달라진 욕구를 충족시키기 위해서는 관습이 바뀌어야 하고, 따라서 문화 역시 변화할 수밖에 없다. 즉, 변화속도가 느려 상대적으로 정태적인 사회가 있고, 빠른 속도로 변하는 동태적인 사회가 있을 수 있으나 근본적으로 문화는 변화된 욕구에 맞추어 변화하고 있다. 한국의 지배적 문화 역시 바뀌고 있다. 예를 들어, 예전에는 남편이 경제활동을 하고 아내가 주부로서 집안 살림을 하는 것이 일반적이었다면, 지금은 여성의 교육수준 향상 및 사회진출 증가로 맞벌이 부부가 점차 일반적인 형태로 자리잡아가고 있다. 또한 패션 산업에서도 많은 변화가 일어났는데, 예전에는 패션은 여성의 주관심사고 남성은 상대적으로 이에 대한 관심이 덜했으나, 요즘에는 남성도 다양한 화장품을 소비하여 자신에게 맞는 패션스타일을 추구하는 것이 점차 보편적인 현상이 되고 있다. 결국 문화의 변화는 소비자의 구매 및 소비패턴을 변화시키기 때문에 기업들은 이러한 변화양상을 정확히 파악하여 새로운 기회를 적극적으로 활용할 필요가 있다.

(2) 문화의 구성요소

1) 물질적 요소

문화를 구성하는 여러 요소가 있지만 그 중에 대표적인 것이 물질적 요소이다. 우리가 어떤 문화권을 구분할 때 가장 많이 활용하는 것이 물질적 요소라 할 수 있다. 가장 대표적인 것이 다양한 문화 유적과 유물 등이다. 우리는 조선시대의 건축물과 생활용품 등을 통해 그 시대의 문화를 유추할 수 있고, 고려청자와 같은 유물을 통해 그 시대의 발달된 문물을 파악할 수 있다. 해외문화를 접할 때도 유적지와 유물을 통해 그 문화를 이해하게 된다. 자금성과 만리장성을 통해 중국문화를 느낄 수 있고, 자유의 여신상을 통해 미국 문화를 이해할 수 있다. 현대에서도 다양한 물질적 요소가 우리의 문화를 대변해주고 있다. 예를 들어, 비행기와 고속전철 등은 시간을 효율적으로 활용하고자 하는 현대 문화를 반영하고 있다. 한국의 다양한 아파트단지 역시 우리의 문화를 엿볼 수 있는 중요한 단서가 될 수 있다. 즉, 이러한 물질적 요소는 그 사회의 문화를 구성하는 중요 요소가 된다.

프랑스 파리 에펠탑

2) 언어

세계에는 여러 민족이 살고 있고, 이들이 사용하는 언어 역시 아주 다양하다. 모든 사회 구성원들은 그 집단 내에서 공유하고 있는 언어를 사용하고, 이를 통해 지식, 경험, 기술 등을 전달하며, 문화를 계승하고 발전시킨다. 언어는 그 집단의 가치관과 문화를 반영하기 때문에 역사적으로도 피지배지역의 언어를 탄압하는 일이 자주 발생하곤 했다.

한국사람은 고유한 언어를 가지고 있으며, 또한 독창적인 문자인 한글을 사용하고 있다. 주변문화를 흡수하고 융합하여 지속적으로 지배적 문화를 만들어내는 중국이라는 거대 문명의 영향력하에서 우리만의 독특한 문화를 유지할 수 있었던 것은 기적에 가까우며, 이는 고유의 문화와 문자 덕분이라 할 수 있다. 언어 역시 시간이 지나고 시대가 달라지면 변화하기 마련이다. 여러 단어가 사라지는 반면, 새로운 단어가 생겨난다. 또한 동일한 문화권 내에서도 하위문화에 따라 언어 사용행태가 다양하게 나타나기도 한다. 특정 집단이 사용하는 은어가 대표적인 예가 될 수 있다. 10대나 20대는 정형화된 단어를 쓰기보다는 축약된 단어를 사용하는 것이 일반적이며, 확연히 차별화되는 언어사용행태로 인해 특정 집단이라는 것을 드러내게 된다. 일명 '급식체'라고 불리는 문체를 사용하는 사람은 자신의 10대라는 것이 드러난다. 또한 같은 문체를 쓰는 구성원끼리는 서로 친밀감을 느끼면서 공감대를 쉽게 형성한다. 이를 통해 언어 역시 문화의 중요한 구성 요소임을 확인할 수 있다.

3) 가치와 신념체계

사회구성원의 모든 행동에는 각자가 중요하게 생각하는 가치(value)가 반영되어 있다. 여기서 가치는 그 집단이나 개인이 지향하는 바람직한 방향을 나타낸다. 가치에 따라 개인이 추구하는 삶의 형태, 사회의 구조 및 형태가 달라지기 때문에 문화를 이해하기 위해서는 그 집단의 지배적인 가치를 이해하는 것이 매우 중요하다. 모든 가치(value)란 개인이나 사회가 지향하는 바람직한 삶의 방향이다. 이러한 가치에 따라 개인의 삶과 사회의 구조와 기능이 달라지기 때문에 가치를 이해하는 것은 문화를 이해하는 데 매우 중요하다.

한 집단의 구성원들은 비슷한 가치를 공유하기 때문에 문화의 차이를 비교할 때 가치를 비교하여 그 차이점을 파악하려고 하는 경우가 많다. 가장 대표적인 것이 집단주의와 개인주의라는 가치인데, 통상적으로 동양문화권에서는 집단주의 경향이 강하게 나타나는 반면, 서양문화권에서는 개인주의 경향이 강한 것으로 알려져 있다. 물론 같은 문화권으로 분류된다고 하더라도 각 국가별로 이러한 경향에는 차이가 있을 수 있다.

기업 입장에서 가치에 대한 이해가 중요한 이유는 이에 따라 선호되는 제품이나 효과적인 광고 메시지 등이 달라질 수 있기 때문이다. 예를 들어, 개인이 속한 국가전체의 이익을 중시하는 가치를 가진 국가에 진출하는 글로벌 기업은 자신들이 세계최고 수준의 품질과 서비스를 제공한다는 메시지보다는 자신들이 진출한 모든 국가에 글로벌 스탠다드를 도입함으로써 해당 국가의 발전에 도움을 주었다는 메시지를 활용하는 것이 더욱 효과적일 수 있다.

4) 관습과 의례

한 사회 내 특정 상황에서 문화적으로 수용할 수 있는 일상적인 행동 패턴을 관습(custom)이라고 한다. 전통적으로 한국 사람들은 아침에 국과 함께 밥을 먹는 것이 일상적인 반면, 미국 사람들은 빵과 오렌지 주스를 마시는 것이 일반적일 수 있다. 따라서 특정 사회에서 인정되는 관습이 다른 사회에서는 통용되지 않을 수 있다. 또한 한 사회의 구성원은 시간의 흐름에 따라 다양한 의례(ritual)를 경험하게 된다. 특히 출생이나 결혼 등 자주 있지 않고 중요한 의례를 통과의례(rites of passage)라고 하며, 이러한 의례는 막대한 소비를 수반하기도 한다. 예를 들어, 결혼을 위해서는 상당한 가격의 결혼반지가 필요

한국의 전통 결혼식 폐백

하며, 역시 하객을 위한 괜찮은 식사장소를 섭외해야 하기 때문에 큰 비용이 수반된다. 따라서 기업은 의례와 관련된 제품 및 서비스를 파악하고, 의례에 참가하는 소비자들을 대상으로 하는 적절한 마케팅프로모션을 수행할 필요가 있다.

(3) 문화와 소비자행동

1) 비교문화분석

수많은 기업들은 전세계를 대상으로 마케팅을 전개하고 있으며, 우리 기업의 해외 진출 역시 활발하다. 글로벌 시장에 대한 변화는 상이한 두 가지 방향으로 전개되고 있다. 하나는 글로벌화가 진행됨에 따라 전세계가 하나의 규범과 제도를 따르게 된다는 '보편주의(universalism)'이고, 다른 하나는 이러한 보편적 추세에도 불구하고 세계 각국은 그들만의 독특한 문화적 특성을 유지하고 발전시킨다는 특수주의(particularism)'이며, 현재 글로벌 시장에서는 두 가지 변화가 동시에 나타나고 있다. 정보통신기술의 발전으로 전 세계 사람들이 인터

넷을 통해 서로 정보를 활발하게 교환할 수 있을 뿐 아니라 주요 이슈를 실시간으로 공유할 수 있다. 또한 교통 및 수송기술이 발전하면서 국가별 이동이 빨라지고 보다 용이해지면서 제품 및 서비스의 확산 역시 빨라지고 있다. 이로 인해 세계의 소비자들은 점차 유사한 소비패턴을 보이게 된다. 예를 들어 한국의 20대와 미국의 20대 소비자는 지역과 문화가 전혀 다름에도 불구하고 삼성 갤럭시폰을 똑같이 좋아하고, 나이키 농구화를 신고 농구를 즐기며, 운동을 마친 후에는 게토레이를 마실 수 있다. 이런 유사한 소비패턴이 두드러짐과 동시에 문화권별 차이 역시 존재할 수 있다. 예를 들어 갤럭시폰을 선호하는 것은 유사하지만 미국과 한국 소비자에 따라 좋아하는 색상은 달라질 수 있으며, 주로 사용하는 기능이나 어플리케이션 역시 다를 수 있다. 또한 농구화의 경우에도 미국 소비자들은 독특하고 다양한 색상 및 디자인에 대한 선호가 두드러지는 반면, 한국 소비자들은 특정 색상 및 디자인의 제품을 공통적으로 좋아할 수 있을 것이다.

따라서 여러 국가를 대상으로 마케팅 활동을 펼치는 기업의 경우 진출국가의 문화적 동질성과 차별성을 고려한 전략을 수립해야 하는데, 이러한 문화적 환경에 대한 체계적인 분석을 활용한 접근방법을 비교문화(cross-cultural)분석이라고 한다. 이러한 비교문화 분석모델 중 대표적인 것이 Hofstede와 Hall의 모형이다.

① Hofstede모델

비교문화연구의 대표적 연구자인 Hofstede는 인간이 자신을 둘러싼 세계를 인식하고 해석하는 방식상에서의 차이점을 기준으로 각국의 문화를 분류하였다. 초기 연구에서는 개인주의(individualism)/집단주의(collectivism), 남성성(masculinity)/여성성(femininity), 권력격차(power distance), 불확실성의 회피(uncertainty avoidance) 등의 네 개 차원을 문화의 기본 요소로 제시하였고, 이후 추가 연구를 통해 장기지향성(long-term orientation)과 쾌락추구(indulgence)/자제(refrain)의 두 개 차원을 추가하여 최종적으로 여섯 개 차원을 제시하였다.

첫 번째 차원은 개인주의 정도로 해당 국가의 문화가 개인의 자유와 권리 및 가치를 가족이나 집단에 대한 책임 및 권리보다 우선시하는 정도를 나타낸다. 우리나라는 집단주의 경향이 강한 반면, 미국의 경우 개인주의 경향이 강하게 나타난다. 두 번째 차원은 권력격차의 정도로 사회적 관계 내에서 부와 권력의 편중에 대한 수용정도를 나타낸다. 사회계층간 차이를 용인하며 계층간 이동성이 낮을수록 권력격차가 높은 사회이며, 권력 및 부의 균등한 분배와 불평등에 대해 적절한 보상을 요구하는 사회일수록 권력격차가 적다. 세 번째 차원은 남성성의 정도로 그 사회가 권력 및 물질적 부를 선호하고 성취 및 경쟁을 추구하는 남성적

그림 9-1   문화의 여섯 차원

자료원: Hofstede, Geert, Gert Jan Hofstede and Michael Minkov(2010), Cultures and Organizations: Software of the Mind, 3rd ed. New York: McGraw-Hill.

특성이 지배적인지 혹은 타인을 배려하고 겸손하며, 협동 및 삶의 질을 추구하는 여성적 특성이 강한지에 대한 척도이다. 네 번째 차원은 불확실성에 대한 회피 정도로 그 문화의 구성원들이 과거의 관습, 전통, 규칙 등의 준수를 중시하고 여기에서 벗어난 사고 및 행동을 용인하지 않으며, 불확실한 상황이나 미지의 상황을 위협적으로 느낄수록 미래 불확실성을 회피하고자 하는 경향이 강하다고 볼 수 있다. 다섯 번째 차원은 장기지향성의 정도로 과거와 현재와 관련된 체면, 인사치례, 전통적 가치 및 사회적 책임의 준수 등을 강조할수록 단기지향적 사회인 반면, 미래에 받을 수 있는 보상을 중요시하며 성실과 노력 등을 강조할수록 장기지향적 사회라고 판단할 수 있다. 마지막 차원은 재미있고 즐거운 삶을 살고 싶어하는 인간의 기본 욕망에 대한 자유로운 허용의 정도로 자제를 권장하는 문화권이라면 행복을 위한 기본적 욕구 충족이 사회적 규범에 의해 억압되고 통제된다. 문화의 여섯 가치 차원을 통해 다양한 국가의 문화를 통합적으로 비교할 수 있으며, 이를 활용하여 기업은 진출하고자 하는 국가에 적합한 마케팅 전략을 수립할 수 있을 것이다.

② Hall의 모델

문화인류학자인 Hall은 문화의 주요 차원으로 사건이나 자극을 둘러싼 환경을 뜻하는 맥락(context)를 제시하였고, 각 문화를 이러한 맥락의 낮고 높음의 연속선상에서 배열하였

표 9-1	고맥락(high-context) 문화와 저맥락(low-context) 문화 비교	
요인	고맥락 문화	저맥락 문화
공간개념	어울리는 공간을 중시	개인적인 공간을 중시
시간개념	분명하지 않음	시간은 아주 중요
개인의 일	비공식적인 의사표시 = 보증서	서면으로 보증
협상	보통 시간을 오래 끔	신속히 진행
법률 / 법률가	비교적 덜 중요	매우 중요
실패에 대한 책임	조직의 최고경영층이 책임	관련 업무의 담당자가 책임
경쟁입장	빈번하지 않음	일반적임
국가 혹은 지역 사례	중동, 일본	북유럽, 미국

자료원: Keegan, Warren J.and Mark C. Green(2012), Global Marketing, p.113 수정인용

다. 이에 따라 의미를 전달할 때 당시의 맥락에 거의 의존하지 않는 저맥락 문화(low-context culture)와 의사소통의 내용이 맥락 속에서 파악되어야 제대로 이해될 수 있는 고맥락 문화(high-context culture)로 구분될 수 있다. 저맥락 문화에서는 전달하고자 하는 메시지가 문자 그대로 명확하게 해석될 수 있기 때문에 커뮤니케이션을 둘러싼 맥락을 크게 고려하지 않아도 정확한 의미교환이 가능하다. 반면 고맥락 문화에서는 전달하고자 하는 메시지가 커뮤니케이션이 발생하는 상황, 즉 맥락에 따라 다양하게 해석될 수 있다. 즉, 이야기를 할 때 상대방의 눈빛, 대화 상황에서의 분위기, 가벼운 몸짓이나 상대방과의 친밀도에 따라 메시지 자체가 다양한 의미를 가질 수 있기 때문에 실제 메시지 자체는 불명확하고 모호한 경우가 많다. 일반적으로 한국, 중국 및 일본 등 동아시아 문화는 고맥락 문화에 해당하고, 미국과 독일 등의 서양 문화는 저맥락 문화에 해당된다. 맥락에 따라 중요시되는 가치가 상이하기 때문에 기업은 각 문화의 맥락수준을 고려하여 그에 맞는 마케팅 활동을 수행할 필요가 있다.

2) 문화와 마케팅 전략

국가와 문화를 막론하고 모든 소비자들은 공통적인 니즈(needs)를 가지지만, 이를 충족시키는 과정에서는 자신이 속한 문화의 영향을 받을 수밖에 없다. 예를 들어, 모든 사회는 건강이라는 가치를 중시하고 추구하고자 하지만, 어떤 상태가 건강이냐에 따라서는 문화별로 차이가 있을 수 있다. 인류보편적인 특성에 초점을 맞춘 기업들은 전세계를 대상으로 동일한 마케팅커뮤니케이션을 수행하기도 한다. 예를 들어, 코카콜라는 특정 이미지와 동영상을 활용한 동일한 광고를 북미와 아시아 등 지역 구분 없이 대중매체를 통해 내보낼 수 있다. 지역

이나 문화에 상관없이 목마름을 해결하고 청량감을 느끼고 싶어하는 소비자들이 존재하기 때문에 코카콜라와 같은 글로벌 기업은 동일한 프로모션을 통해 일관적이고 호의적인 이미지를 구축할 수 있을 것이다. 그럼에도 불구하고 글로벌 브랜드인 코카콜라 역시 지역적인 특징과 관습을 무조건 무시할 수는 없으며, 각 지역에 보다 맞춤화된 마케팅 활동을 수행하기도 한다. 예를 들어, 코카콜라는 한국의 유명 캐릭터인 카카오프렌즈 캐릭터와의 콜라보레이션을 통해 새로운 패키지의 제품을 출시하기도 하였다.

문화적 차이를 반영한 마케팅 전략은 다양한 차원에서 고려될 수 있다. 이 중 가장 대표적인 것이 제품 차별화이다. 예를 들어, 자동차의 구조상 운전석의 위치는 국가에 따라 다르기 때문에 현대 자동차가 한국과 운전석의 위치가 다른 국가에 진출할 경우 해당 국가에 적합한 구조를 가진 자동차를 생산하고 판매해야 한다. 앞서 제시한 코카콜라의 경우에도 국가별 탄산선호도에 따라 탄산의 함량 정도를 다르게 생산하여 판매할 수 있다. 또 다른 차원은 광고 및 프로모션 메시지에 활용하는 소구방법이 될 수 있다. 맥주회사의 경우, 집단주의적 성향이 강한 국가에는 맥주를 가족 및 친구들과 같이 마시며 행복해하는 광고를 내보내는 반면, 개인주의적 성향이 강한 국가에서는 해당 맥주를 혼자 마시며 즐기는 광고를 제시함으로써 개인의 자율성과 자유를 강조할 수 있을 것이다. 또한 유통전략 측면에서도 문화적 차이를 반영할 수 있다. 즉, 미국에서 방문판매를 통해 성공한 AVON이 똑같은 방식으로 모든 국가에서 성공한다는 보장이 없다. 특히 낯선 사람의 방문을 꺼려하는 문화가 지배적인 국가에서는 방문판매가 오히려 역효과를 일으킬 수 있다. 이런 경우 판매원은 지역이나 소모임에 적극적으로 참여하여 친숙도와 신뢰를 높인 이후, 직접적인 제품 판매 활동을 수행해야 할 것이다.

현지특화 마케팅: 코카콜라와 카카오프렌즈의 콜라보 패키지

💡 사례: 해외 매출의 효자 '현지 특화 마케팅'

국내 가전업체가 해외 시장에서 현지 특화 마케팅 덕을 톡톡히 보고 있다. 해당 국가의 문화와 특징을 반영한 디자인이나 기능을 추가한 제품이 매출 효자 노릇을 하고 있는 것이다.

전체 매출의 80%가 해외 시장에서 나오는 대우전자 제품 중엔 해당 국가의 전통 의상 무늬를 넣은 가전이 눈에 띈다. 화려한 문양을 선호하는 남아메리카에 판매하는 제품엔 달리아 문양(멕시코)이나 나스카 문양(페루)을 넣는다. 동남아시아에는 전통의상인 '바틱' 문양을 넣은 제품이 인기다.

아예 전통 의상 전용 세탁 기능을 넣은 세탁기도 있다. 전체 인구의 80%가 무슬림인 인도네시아·말레이시아를 공략해 바틱을 세탁하는 코스를 별도로 넣었다. 세탁 강도를 일반 세탁코스의 80% 이하로 낮추고, 옷감 마찰을 줄여 변형·손상을 최소화한다.

이슬람 문화권인 중동 시장을 노린 세탁기엔 무슬림 여성이 쓰는 베일인 '히잡' 전용 코스가 있다. '이슬라믹 린스' 기능을 선택하면 얇고 부드러운 천인 히잡이 상하지 않도록 손빨래를 하는 것처럼 부드럽게 세탁한다. 이슬람 경전인 코란에 나오는 히잡 세탁 의식을 배려한 기능도 있다. 히잡 세탁 규율에 맞춰 세탁 종료 후 세탁조의 35% 정도 물을 채우고 각 방향으로 회전하는 기능이다.

또 다른 사례로 삼성전자가 정전이 잦은 현지 생활환경을 고려해 인도시장에 출시한 지역특화 '디지털 인버터 냉장고'가 큰 인기를 끌고 있다. 이 냉장고는 '디지털 인버터 컴프레서'가 탑재돼 있어 가정용 UPS에 연결하면 정전 상황에서도 저전력으로 냉기를 유지함으로써 음식을 신선하게 보존할 수 있다. 정전이 잦은 인도의 경우 조명 등 최소한의 필수 전력 유지를 위해 배터리 형태의 가정용 UPS 보급이 일반화돼 있음에 주목한 것이다.

해당 국가의 국민성을 반영한 제품도 있다. LG전자의 중동 전용 에어컨엔 실내에서 흡연하는 사람이 많다는 특징을 반영해 담배 연기를 제거할 수 있는 공기청정 기능이 있다. 대우전자는 평소 차를 즐겨 마시는 중국에서 차만 따로 보관할 수 있는 공간이 있는 '차 보관 냉장고'를 내놨다. 식수가 귀한 중동 지역 공략을 위해 문에 자물쇠가 달린 냉장고도 있다. 외부인이나 아이들이 함부로 물이나 음식물을 꺼내지 못하게 하기 위해서다.

철저한 시장 분석을 통한 세분화 전략이 중요해지고 있는 만큼 현지 문화에 대한 높은 이해가 해외 시장 공략의 중요한 키워드이다. 글로벌 시장에서 입지를 다지는 것이 국내에서 매출을 높이는 것만큼이나 중요해진 시점에서, 현지 맞춤형 제품과 현지 정서를 고려한 마케팅이 현지 시장에 진출한 기업의 차별화 포인트가 될 것으로 전망된다.

자료원: 히잡 세탁기·야얌고랭 오븐·모기 쫓는 에어컨…어디서 인기? (중앙일보/ 2018.04.10); 삼성전자, 정전에도 끄떡 없는 지역특화 냉장고로 인도서 인기몰이(테크홀릭/2018.04.19)수정인용

사회계층

(1) 사회계층의 의의 및 특성

모든 사회는 수직적인 위계구조를 가지고 있으며, 개인은 자신이 가진 권력, 소득, 재산, 지식, 정보 교육 수준에 따라 속하는 계층이 달라지게 된다. 사회계층(social class)은 사회 내에서 거의 동등한 지위를 가진 구성원들의 집단으로 유사한 가치관을 가지고 있으며, 관심사와 라이프스타일, 행동패턴 역시 비슷하다. 사회계층은 한 번 형성되면 변하지 않는 고착화된 것이 아니라 개인의 노력과 의지로 하위계층에서 상위계층으로 이동이 가능하며 다음과 같은 특성을 가지고 있다.

1) 규범성

사회의 구성원은 자신의 속한 사회계층에서 통용되는 관습과 규범을 따르며 그 계층에 속한 사람들은 유사한 가치관을 가진다. 같은 계층에 속한 사람들은 교육 수준, 직업, 소득 수준 및 라이프스타일이 비슷하기 때문에 서로 강한 유대감을 가지게 되며, 다른 계층의 구성원들과의 거의 교류하지 않는다. 구성원은 자신이 속한 사회계층의 규범과 가치관에 부합하는 행동을 할 경우 적절한 보상을 받을 수 있으나, 그 규범이나 관습을 어기고 일탈된 행동을 할 경우 제재를 받게 된다.

2) 지위

사회계층은 사회직 지위와노 밀접한 관계가 있는데, 여기서 지위란 타인이 지각하는 사회시스템상 개인의 서열을 뜻한다. 각 사회는 그 사회를 지배하는 가치관이 있으며 이에 부합하는 이상적인 구성원들이 있기 마련이다. 사회가 추구하는 이상적 모델에 근접한 구성원은 권위를 갖게 되고 다른 구성원들의 존경을 받게 되면서 높은 서열을 갖게 되는 반면, 이상적 기준에 부합하지 않는 사람들은 낮은 서열을 갖게 된다. 지위를 부여하는 기준과 그 상대적 중요성은 각 사회이 지배적 가치에 따라 달라지게 되는데, 예를 들어 어떤 나라에서는 교육자와 학자가 높은 지위를 누리는 반면, 다른 나라에서는 사업가와 군인 등이 상대적으로 높은 지위를 가질 수 있다.

3) 다차원성

사회계층은 한 가지 요소로 결정되는 것이 아니라 다양한 요소들도 형성되기 때문에 다차원적인 성격을 가진다. 따라서 사회계층을 단순히 소득 수준이나 직업 등과 동일시할 수 없으며, 하나의 기준으로 결정할 수도 없다. 따라서 사회계층을 측정하기 위해서는 소득, 직업, 교육수준, 주거지역 등을 모두 고려할 필요가 있다.

4) 위계성

사회계층은 통상적으로 낮은 계층에서부터 높은 계층까지 수직적으로 서열화된 위계구조를 갖는다. 사회계층은 위계뿐 아니라 지위 및 서열 등의 의미도 포함되어 있으며, 개인은 여러 단계의 계층구조상에서 특정 계층에 속하게 된다.

💡 사례: 백화점, VIP 마케팅으로 불황 극복 안간힘 ●────────

백화점의 오프라인 성장세가 침체된 것과 반대로 연간 구매액이 수백 만원에서 수천 만원에 달하는 VIP 고객들의 매출은 고공 비행하고 있다. 불황과 소비 침체에도 백화점에서 한해 수천 만원, 많게는 1억원 이상도 너끈히 쓰는 '큰 손'은 건재하기 때문이다. 이에 백화점들은 '알짜'고객인 VIP를 확보하기 위해 승격 문턱을 낮추고 각종 혜택을 부여하는 등 치열한 마케팅을 전개하고 있다.

롯데백화점의 최근 3년새 VIP 고객의 매출비중은 2015년 22%, 2016년 22.8%, 2017년 24%로 꾸준히 상승하고 있다. 이에 따라 롯데백화점은 작년부터 'VIP 중의 VIP'를 강화하는 전략을 구사하고 있다. 롯데백화점은 연간 구매액 6,000만원 이상이 최고였던 프레스티지 등급 위에 연간 1억 이상을 구매하는 레니스 등급을 추가했다. 명품관인 에비뉴엘에도 같은 최상위 등급을 추가했다.

신세계백화점도 작년 1월 연간 400만원 이상 구매하는 고객들을 대상으로 '레드'등급을 신설했다. 기존 최저 VIP 등급인 블랙(연간 구매금액 800만원 이상)보다 기준을 절반으로 낮췄다. 신세계의 VIP 고객 매출 비중은 40%를 차지한다.

백화점 3사 VIP 제도 운영 현황	
백화점	종류
롯데	MVG-레니스(연간 구매금액 1억원 이상) MVG-프레스티지(6,000만원 이상) MVG-크라운(4,000만원 이상) MVG-에이스(본점 기준 2,000만원 이상)
신세계	트리니티(연간 구매금액 상위 999명) 다이아몬드(연간 구매금액 6,000만원 이상) 플래티넘(4,000만원 이상) 골드(2,000만원 이상) 블랙(800만원 이상) 레드(400만원 이상)
현대	쟈스민블랙(자체 기준) 쟈스민블루(자체 기준) 클럽쟈스민(연간 포인트 4만점 이상) 플래티늄(2만점 이상) 골드(5,000점 이상)

현대백화점은 지난 2015년 최고 등급인 자스민 클럽의 기준을 연간 최소 3,500만원 이상에서 4,000만원 이상으로 상향 조정한 바 있다. 아울러 우수고객 대상으로 TCP(Top Class Program)'를 운영하고 있다. 총 5개 등급의 우수고객에게 등급별로 테마여행, 각종 할인, 발렛파킹, 라운지 이용 등 다양한 혜택을 제공한다.

백화점 업계 관계자는 "백화점 업황이 침체되었다 해도 오히려 VIP 매출은 매년 증가하고 있다"며 앞으로도 불황일수록 꾸준히 지갑을 열고 있는 "집토끼 VIP 고객 관리에 더 집중할 것"이라고 했다.

자료원 : [프리미엄 시장을 잡아라] 백화점 업계, '큰 손' VIP 모시기 경쟁 나섰다(헤럴드 경제 / 2018.03.01); '그들만의 리그' 늘리는 백화점 젊은 층 VIP 모시기 경쟁(매일경제 / 2018.03.08); 백화점, VIP 마케팅으로 불황 극복 안간힘(컨슈머타임스 / 2018.03.19); [VIP의 세계] "백화점서 쓰는 年 카드 금액만 수 억원" 불황 모르는 '큰 손' 매출(아시아경제 / 2018.03.26); 롯데면세점 명동 본점 '스타라운지', "상위 0.5%응 위한 LVVIP 마케팅'으로 차별화"(파이낸셜 뉴스 / 2018.04.26) 수정인용

5) 동질성

동일한 사회계층에 속한 구성원들은 가치관, 관심사, 행동패턴 등이 매우 유사하기 때문에 동질성을 갖는 반면, 다른 계층에 속한 사람들과는 상이한 태도, 가치관, 행동 패턴 등을 보이게 된다. 같은 사회계층에 속한 사람들은 자주 노출되는 매체가 유사하고, 비슷한 제품과 서비스를 구매할 뿐 아니라 선호하는 점포도 비슷하다. 이러한 동질성에 기반하여 기업은 사회계층을 시장세분화의 기준으로 활용할 수 있으며, 각 사회계층에 적합한 마케팅 전략을 수립하기도 한다.

6) 동태성

사회계층은 고정불변의 정태적 속성을 갖는 것이 아니라 시간의 경과에 따라 변화하는 동태적 속성을 가진다. 또한 특정 사회계층에 영원히 고착화되는 것이 아니라 본인의 의지와 노력에 따라 하위계층에서 사회계층으로 이동할 수 있다. 과거 봉건시대에는 사회계층이 다음 세대로 세습되었고, 개인의 노력에 따른 이동이 거의 불가능하였다. 그러나 현대 사회에서는 교육, 시험, 결혼 및 선거 등을 통한 상위 계층으로의 이동이 가능하다. 사회계층이 변화할 수 있는 정도를 사회적 이동가능성(social mobility)이라 하는데, 이러한 사회적 이동가능성이 높은 사회일수록 성숙한 사회이며, 기회의 균등이 보장된 사회라고 볼 수 있다. 산업화 이후 한국 사회는 계층간 이동가능성이 높은 편에 속했으나, 최근에는 사회계층이 고착화되어 이동가능성이 낮아졌다는 인식이 강해지고 있다.

💡 사례: LG전자, 초프리미엄 가전 브랜드 'LG 시그니처'로 중동 부호 공략에 나서다

1980년 이후, 2016년까지 세계 상위 1% 부자들이 가져가는 소득과 부의 비중은 16~20%대로 꾸준히 상승하고 있으나, 하위 50%의 소득과 부의 비중은 거의 정체된 상태로 빈부격차가 더 커지고 있다. 이런 추세는 지역에 따라서 차이가 극명하게 나는데, 중동 지역은 상위 10% 부자들이 소득의 61%를 차지할 정도로 빈부 격차가 크다. 이러다 보니, 중동의 일반 소비자들은 소비력이 매우 낮으며, 이들을 대상으로 판매할 수 있는 가전 제품이 매우 저가의 제품들이다. 이런 구조에서 가전 브랜드로 성공하기 위해서는 소득의 61%를 차지하는 소위 부자들, VIP 고객들을 반드시 공략해야만 한다.

하여, LG전자는 매해 많은 비용을 투자하여 큰 규모의 거래선 케어 행사, 고객 초청 행사 등을 진행하고 있다. 2016년 3월, 한국을 시작으로 기존 가전과는 차별화되는 최고의 성능과 고급스러운 디자인 철학을 담아, 프리미엄 가전 라인인 LG 시그니처로 각 지역의 VVIP를 공략하고 있다. 비록 초고가지만, 가격 이상의 가치를 주는 품질과 성능 및 디자인을 구현하여 LG전자 브랜드 가치와 이미지를 높이고 프리미엄 제품 판매 확대라는 시너지 효과를 노리는 전략이다.

LG전자는 LG SIGNATURE 제품군을 고소득 소비자군을 주 표적시장(main target market)으로 삼고 차별화된 마케팅을 진행하고 있다. 이러한 고객들은 가격할인 등의 가격적 마케팅 전략에는 관심이 없고, 실제로 얼마나 VIP로 대우를 받고 있는지, 구매 후에도 고객으로서 케어를 받고 있는지에 관심이 있으며, 무엇보다 자기가 얼마나 다른 사람들과 차별화된 제품을 사용하고 있는지에 관심이 많다. 특히 LG전자는 올 하반기에 사우디아라비아를 비롯해 이란, UAE 등 중동 지역에 시그니처를 선보였다. 또 LG전자는 중동 지역에서 프리미엄 브랜드 이미지를 확고히 하기 위해 이란(테헤란), 레바논(베이루트), 요르단(암만), UAE(두바이), 사우디(제다) 등에서 프리미엄 브랜드숍을 운영하고 있고 꾸준히 확대할 예정이다. 다른 제품군과는 차별화된 디자인으로 고급 기능들을 장착하고 In-Store에서의 차별화된 SIGNATURE Zone을 구성하여, 소위 부자 고객들의 눈길을 끌고 있다. POP 부착을 최소화하고 고급스러운 제품 자체의 디자인을 부각하며, 별도의 Zone을 구성하여 다른 제품과는 확실하게 차별화되는 제품임을 보여주고 있는 것이다.

LG전자는 이러한 차별화된 프리미엄 마케팅을 통해 중동 시장에 초프리미엄 'LG 시그니처'를 성공적으로 안착시킬 것으로 전망하고 있다. 실제로 LG는 시그니처라는 프리미엄 제품군을 런칭하고 적극 마케팅하면서 브랜드 인지도와 선호도가 제고되었고, 이러한 활동이 LG전자의 일반 가전 제품에도 긍정적인 낙수효과를 주고 있다. 소위 '큰 손'으로 불리는 갑부 고객들을 대상으로 한 이번 LG 시그니처 라인은 앞으로도 LG전자의 영업이익에 가장 크게 기여할 것으로 전망된다.

자료원: 이투데이(2017.11.24) 수정인용

(2) 사회계층의 결정요인 및 측정방법

1) 사회계층의 결정요인

앞서 살펴본 바와 같이 사회계층은 다차원적 특성을 가지기 때문에 한 개인이 속한 사회계층을 평가하기 위해서는 한 요소가 아닌 여러 가지 요소를 동시에 고려해야 한다. 사실상 사회계층의 구성 요소들은 서로 긴밀한 관계를 맺고 있으며, 각 요소들의 중요성에 따라 가중치를 부여한다면 보다 정확한 평가가 가능할 것이다. 아래에서 사회계층을 결정하는 요소들을 구체적으로 살펴보자.

① 소득과 재산

현대 사회에서 소득은 사회계층을 결정하는 중요한 요소이다. 소득은 다시 소득수준(income level)과 소득원천(income source)에 따라 구분하여 살펴볼 필요가 있다. 소득수준이 높을수록 상위계층에 속하기 때문에 소비수준 역시 높다. 그리고 소득원천은 본인의 노력으로 얻은 소득인지 상속이나 증여를 통해 얻은 소득인지를 구분하는 것으로 이러한 소득원천에 따라 개인의 소비패턴에 차이가 나타날 수 있다. 소득은 사회적 지위와도 밀접한 관계를 가지기 때문에 전통적으로 사회적 지위와 구매력을 측정하는 요소로 널리 활용되고 있다.

금융자산과 부동산을 포함하는 보유 재산 역시 자본주의 사회에서 사회계층을 구분하는 중요 요소이다. 재산의 보유 수준에 따라 제품이나 브랜드의 선택 기준이 달라지고, 사회적으로 인정받는 정도도 달라지게 된다. 또한 계층에 따라 주거 지역과 주거 형태에서 차이가 나타난다. 즉 특정지역에 어떤 형태의 주택에 거주하고 있다는 것으로 사회계층을 짐작할

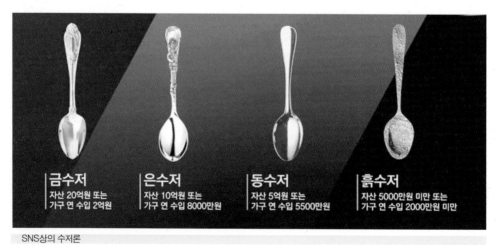

SNS상의 수저론

수 있다. 예를 들어, 같은 서울이라도 강남이나 압구정에 사는지 기타 지역에 사는지 혹은 다세대 주택에 사는지 혹은 브랜드 아파트에 사는지에 따라 그 사람이 속한 사회계층을 추론할 수 있다.

② 직업

개인은 직업을 통해 소득을 얻고 생계를 유지할 수 있다. 특정 직업을 가지기 위해서는 어느 정도의 교육을 받을 필요가 있기 때문에 그 사람의 교육수준을 파악할 수 있으며, 그 직업의 연봉을 통해 소득수준도 짐작할 수 있기 때문에 직업 역시 사회계층을 결정하는 중요한 구성요소가 될 수 있다. 앞서 살펴보았듯이 사회계층의 서열의 의미를 가지고 있기 때문에 직업 자체가 서열화될 수 있는가에 대해서는 사회적 합의가 필요할 것이다. '직업에는 귀천이 없다'라는 말은 각 직업이 가지는 기여도를 똑같이 인정해야 한다는 인식을 반영하고 있기 때문이다. 각 직업의 사회적 공헌에도 불구하고 특정 사회에서 보다 인정받는 직업은 그 사회의 가치관과 관습 및 특성에 따라 다를 수 있다. 일반적으로 한 사회에서 인정받는 직업은 그 직업을 갖기 위해 많은 교육이 요구되고, 자격이 까다로워 상대적으로 소수의 사람이 가질 수 있으며, 전문 지식과 경험을 보유한 것으로 인식될 뿐 아니라 연봉수준이 높은 직업일 것이다.

③ 학력

상대적으로 많은 기간 동안 교육을 받고, 이로 인해 학력 수준이 높은 사람일수록 사회에서 인정받는 직업을 가질 가능성이 높다. 특히 한국처럼 학벌이 매우 중시되는 사회에서는 교육수준과 사회계층은 더욱 밀접한 관계를 가지고 있으며, 교육 수준이 높을수록 상위계층에 속할 가능성이 높다. 이런 이유로 고등학교 수험생들은 명문으로 평가받는 대학교에 입학하기 위해 치열하게 경쟁하고, 첫 번째 기회에서 충분한 성과를 얻지 못했다고 생각하면 재수 혹은 삼수 이상을 해서라도 원하는 대학에 입학하려고 한다. 10대 학생들만이 학력을 위해 노력하는 것은 아니다. 예를 들어 경제적으로 성공했지만 충분히 공부를 하지 못했다고 후회하는 사람들은 뒤늦게라도 대학에 입학하여 학업을 계속하고자 하고, 특정 분야의 전문가로 활동하고 있는 사람이 자신의 전문성을 보다 인정받기 위해 석사나 박사학위를 취득하기도 한다.

최근 국내에 위치한 신규 대규모 고급휴양단지들은 리조트와 의료서비스를 접목하여 새로운 형태의 휴양단지를 조성하고 있다. 병원을 방불케 하는 전문 의료 장비는 물론이고, 불면증부터 디톡스, 스트레스 관리에 이르기까지 다양한 프로그램을 선택할 수 있어 리조트에 머무르는 동안 휴양은 물론 건강까지 챙길 수 있다.

호화 리조트와 의료서비스를 접목한 일례로 부산에 위치한 '아난티코브'를 들 수 있다. '아난티코브'는 6성급 호텔인 힐튼 부산, 아난티펜트하우스 해운대에 자리잡고 있는 프리미엄 리조트 단지다.

이 곳의 의료진은 환자가 가진 증상의 근본적인 원인을 알아보는 웰에이징 검사를 통해 스킨&바디 컨투어, 다이어트, 맞춤영양치료, 면역치료 프로그램을 운영하고 있으며 모든 처치와 시술은 1:1 프라이빗 룸에서 진행된다. 시설 내부에는 의료 서비스뿐 아니라, 천연 온천, 대형 서점, 골프 시설 등 고객이 리조트에서 휴양을 즐기며 다양한 서비스를 제공 받을 수 있도록 마련되어 있다.

특징적인 것은 리조트 내 시설들과 연계된 새로운 서비스를 시도하고 있다는 점이다. 일례로 리조트 내 위치한 피트니스 센터와는 운동 클리닉 프로그램을, 레스토랑과는 건강식이 포함된 메뉴 개발을 추진하고 있다.

자료원: 휴양과 건강까지 동시네 챙기는 세계 메디컬&웰니스리조트(헬스조선 / 2017.03.25); 호텔급리조트와 최고급 의료서비스 접목 '화제'(Dailymedi / 2017.12.09) 수정인용

2) 사회계층의 측정방법

사회계층은 시장세분화의 기준이 될 수 있는데 이는 특정 소비자가 속한 사회계층을 통해 가치관과 성격, 행동패턴을 예측할 수 있기 때문이다. 사회계층을 측정하기 위한 여러 방법이 개발되었으며, 일반적으로 주관적 방법, 평판이용법, 객관적 방법으로 분류할 수 있다.

① 주관적 방법

주관적 방법(subjective method)은 응답자가 자신이 속한 사회계층을 어떻게 인식하고 있는지를 스스로 평가하게 하는 방법이다. 즉 "당신은 스스로를 상류층, 중산층, 그리고 하류층 중 어느 계층에 속한다고 생각하십니까?"라는 질문에 대한 답을 통해 응답자 개인이 지각하는 계층의식(class consciousness)을 파악할 수 있다. 이런 방법은 언론에서 본인 스스로를

중산층에 속한다고 생각하는 사람의 비율을 공표할 때 종종 사용되는 방법이다. 이 방법은 응답자가 자신이 속한 사회의 계층구조 내에서의 위치를 정확하게 알고 있다는 전제하에서 유용하다고 볼 수 있다. 그러나 이 방법을 사용할 경우 자신이 중산층에 속한다고 응답하는 사람의 비율이 높아지는 반면, 상류층이나 하류층에 속한다고 응답하는 비율은 낮아지게 된다. 이는 실제 대부분의 사람들이 스스로를 양극단에 위치한 상위계층이나 하위계층에 속한다고 응답하기 싫어하기 때문에 발생하며 따라서 중간계층이 실제보다 과대평가되는 경향이 나타난다.

② 평판이용법

평판이용법(reputation method)은 응답자가 스스로 자신이 속한 사회계층을 평가하는 주관적 방법과 달리 응답자가 자신이 아닌 타인의 계층적 지위나 사회계층을 평가하도록 하는 방법이다. 이 방법은 소규모 혹은 지역사회의 사회계층을 파악할 때 유용한데, 특히 해당 사회에서 큰 영향력을 가진 인물을 알아내는 데 효과적이다. 평판이용법을 통해 사회 구성원의 계층적 지위를 파악하기 위해서는 각 사회 구성원들이 서로를 잘 알고 있어야 한다는 전제조건이 성립해야 하며, 따라서 이 방법은 소규모나 비교적 좁은 지역사회에서는 큰 효과를 거둘 수 있으나 사회의 범위가 넓어 구성원이 서로 알지 못할 경우에는 유용하게 사용될 수 없다. 만약 마케터가 특정 지역의 소비자 및 시장 특성을 이해하기 위해 사회계층을 정확하게 구분하고자 한다면, 자신이 속한 사회의 구성원들에 대해 잘 알고 있는 사람들에게 그 지역의 사회계층을 평가하도록 하여 도움을 얻는 것이 효과적일 것이다.

③ 객관적 평가법

객관적 방법(objective method)은 응답자로 하여금 자신과 관련된 다양한 객관적 요소에 답하도록 한 후, 이를 수치화하여 응답자의 사회계층을 보다 객관적으로 평가하는 방법이다. 사회계층을 평가하기 위해 자주 활용되는 변수로는 직업, 소득, 재산, 교육수준, 주거지역과 형태, 개인의 성취 정도 등이 있다. 이렇게 다양한 변수를 활용하지 않고 하나의 항목을 통해 사회계층을 평가하는 방법을 단일지표 방법(single index method)이라고 한다. 단일지표에서 사용되는 항목은 앞서 제시된 변수 중 하나가 될 수 있다. 반면, 여러 항목을 통해 종합적으로 평가하는 복합지표 방법(multiple index method)은 앞서 나열한 객관적 항목들에 점수를 부여하고, 각 변수의 중요도에 따라 가중치를 부여하여 점수를 산출한다. 사회계층을 객관적 방법을 통해 평가한다고 하더라도 어느 항목이 평가 요소에 포함되는지, 또한 각 항목에 대한 가중치가 어떻게 부여되는지에 따라 산출되는 점수가 달라질 수 있기 때문에 정확한 평가를 위해서는 각 사회에 특성에 따라 적절한 요소와 가중치를 결정하는 것이 중요할 것이다.

3) 사회계층과 소비자행동

사회계층에 따라 제품 구매 및 서비스의 이용행태에서 확연한 차이가 나타날 수 있으며, 이러한 특성 때문에 시장세분화의 기준이 될 수 있다. 대표적으로 고급 와인이나 럭셔리 자동차, 클래식 콘서트의 경우 상위 계층의 소비자들이 주로 관심을 가지는 제품 및 서비스라고 할 수 있다. 반면 맥주,

삼성전자의 초호화 스마트폰 W2018

중형 자동차, 소규모 공연 등은 중산층이 주로 구매하거나 소비하며, 이와 관련된 기업은 중산층을 대상으로 적절한 마케팅 커뮤니케이션을 수행해야 한다. 또한 같은 제품이라도 사회계층에 따라 추구하는 편익이 다를 수 있다. 상류층에게 손목시계는 단순히 시간을 확인하기 위한 도구라기보다는 자신의 사회적 지위와 소득 정도를 표현할 수 있는 수단으로 인식되기 때문에 정확성과 견고함보다는 희소성이 높아 구매가 어렵거나 디자인 자체가 고급스러운 제품이 훨씬 가치 있게 여겨질 것이다. 반면 중하층 소비자에게는 손목시계의 성능과 고장이 났을 경우 AS 서비스의 품질이 더욱 중요한 기준이 될 수 있다. 하지만 자기가 현재 속한 사회계층보다 높은 계층을 열망집단으로 삼는 소비자들은 현재 소득 수준에 비해 더 비싼 제품 및 서비스를 구매할 수도 있다. 예를 들어, 현재 자신의 위치가 중산층이지만 상류층에 편입하고 싶어하는 소비자의 경우 수백만원을 호가하는 고급 브랜드의 시계를 구매할 수도 있을 것이다. 따라서 제품 및 서비스에 따라 사회계층을 기준으로 시장을 세분화한 후, 그 계층에 소구할 수 있는 마케팅 프로그램을 개발할 필요가 있다.

또한 사회계층은 제품 자체의 구매뿐 아니라 저축이나 투자, 결제 수단의 선택에도 큰 영향을 미친다. 상류층은 재산이 충분하고 재무적 자신감이 높기 때문에 주식이나 부동산 등 위험이 보다 큰 자산에 투자할 여력이 있다. 하지만 상대적으로 경제적 여유가 부족한 중하층 사람들은 투자 실패에 대한 부담이 크기 때문에, 기대 수익률이 높더라도 변동성이 높은 자산에 투자하는 것을 주저할 수 있으며 대신 안전한 저축을 선택하거나 위험이 낮은 편

드에 가입할 가능성이 높을 것이다. 또한 결제 방식 역시 사회계층에 따라 달라질 수 있다. 하류층 소비자의 경우 당장의 구매대금을 지불할 수 없기 때문에 이 금액을 나누어 할부구매를 하기 위해 신용카드를 사용할 것이다. 하지만 상류층의 경우에는 구매력이 충분하기 때문에 신용카드에 의존하지 않더라도 현금으로 제품가격을 한 번에 지불할 수 있을 것이다. 따라서 다양한 할인점에서 구매가 가능하며, 포인트할인 혹은 청구할인의 폭이 높은 카드는 상위계층 소비자보다는 중하층 소비자에게 훨씬 매력적인 상품이 될 수 있다

표 9-2   계층별 소비취향

	소비 취향의 특성	상류층 품격 지향	중산층 상승 지향	하류층 실용 지향
의생활	선호하는 옷 / 옷의 구입방법	유명 브랜드 옷 선호, 자신만의 선호하는 특정 브랜드가 있음	유명 브랜드의 옷을 선호 하지만, 세일 기간이나 할인을 통해 구입	반드시 유명 브랜드 옷을 선호하지 않으며, 저렴한 옷을 여러 벌 구입
	좋아하는 옷	유행에 뒤지지 않으면서 심플하고 단정한 옷	자기 개성에 어울리는 옷	입어서 편한 옷
식생활	좋아하는 육류	한우 소고기	한우 소고기/돼지고기 혼용	돼지고기/닭고기
	특성	무공해 식품, 자연식품, 건강식품 선호, 담백하고 소화가 잘되는 가벼운 음식	맛있는 음식을 찾아다니는 것을 즐김	아침식사는 가급적 밥으로, 먹어서 든든한 음식, 양념 맛 이 강하고 자극적 음식
	외식 시 선호하는 음식점 스타일	고급스런 분위기의 음식점과 이국적 음식 선호	가격과 분위기를 동시에 고려하여 패밀리 레스토랑도 애용	저렴한 가격으로 거리와 교통 편의를 우선적으로 고려
수생활	집 선택 시 고려사항	자연환경을 우선적으로 고려	자연환경과 교통 편의를 모두 고려하지만 특히 교육 환경을 중시	직장으로부터의 거리와 교통 편의를 우선적으로 고려
	내 집 마련 기간	2.4년	4.1년	6.2년
	주택 마련 방법	부모의 전적 내지는 반 이상의 도움	전적으로 본인의 힘으로 하면서, 약간 부모의 보조를 받기도 한다.	
	선호하는 인테리어 스타일	고풍적이고 우아한 스타일	산뜻하고 심플한 스타일	기능적으로 저렴한 스타일
	집의 크기 / 소유 형태	50평 이상의 자신의 집을 소유	30평 대의 자신의 집을 소유	20평 미만의 주택 (자가 주택, 전세, 월세가 혼합)

자료원: 함인희 외(2001), 중산층의 정체성과 소비문화, p.110

💬 토론사례: 욜로족(YOLO : You Only Live Once)

최근 들어 소비 행태를 꿰뚫는 한 단어가 있다면 바로 "셀프 (Self)"다. '나 자신', '스스로 한다'는 뜻으로 급격히 늘어나는 1인 가구와 싱글족, 고독한 현대인의 초상을 반영하기도 한다. 어느 때보다 현재 자신의 행복을 가장 중시하고 소비를 즐기는 '욜로(YOLO)'문화가 확산되며, 명품 소비를 비롯해 여행, 레저 스포츠 등의 여가활동을 즐기는 현대인들이 많아졌다.

언뜻 보면 이해하기 힘든 모습들이 있다. 노후 준비할 돈은 없다고 하는데 명절 연휴 때마다 해외여행을 가는 사람들로 공항은 북새통을 이룬다. 연봉이 오르지 않아 돈 쓰기가 겁난다고 하면서도 1만원이 넘는 고급 커피나 1만 3,000원짜리 수제 햄버거에는 아낌없이 지갑을 연다. 돈을 쓸 곳과 안 쓸 곳을 철저하게 나눈다는 얘기다. 돈을 쓰는 곳은 어디일까, 이 지향점을 설명하는 말이 '욜로'다. 자신의 생활에 기쁨을 주는 소비, 남들은 이해 못하더라도 나를 나답게 하는 소비가 각광받고 있는 것이다.

한국에서는 최근 몇 년에 걸쳐 가성비(가격 대비 성능) 소비 트렌드가 이어지고 있는데, 이제는 '나에게 주는 가치'가 보다 중요한 소비 기준으로 떠올랐다. 철저히 미래에 들어갈 돈을 고려해 이뤄지던 소비의 시점도 '현재'로 이동하고 있다는 의미다.

경기 불황 속에서도 해외 명품 소비는 멈출 줄을 모른다. 젊은 층 사이에 '욜로족'이 퍼져 스스로에게 명품을 선물하는 분위기가 확산된 것이 주된 원인 가운데 하나인데, 명품 소비가 백화점 전체 매출을 떠받칠 정도다.

신세계백화점 센텀시티점에 따르면 2017년 해외 명품 매출이 전년 대비 9%가 올랐다. 같은 기간 백화점 전체 매출은 1% 증가하는 데 그쳤다. 롯데백화점 부산본점 사정도 크게 다르지 않다. 동일 기간에 해외 명품 매출은 전년 대비 7% 올랐지만, 전체 매출은 2% 신장했다. 해외 명품 매출이 백화점 전체 매출의 20%나 차지할 만큼 비중이 높다는 점을 고려하면, 명품 소비 증가가 마이너스가 될 뻔한 매출을 떠받쳤다는 분석이 나온다.

40~50대를 대상으로 한 해외 명품 매출 신장률은 감소하는 반면, 20~30대 고객과 관련된 제품 매출은 20% 넘게 상승한 것으로 알려졌다. 업계에서는 이러한 현상을 최근의 '욜로족' 급증에 힘입은 것으로 분석했다. 이런 측면에서 핸드백이나 패션 등에 집중되던 명품 수요가 소모품인 구두·부츠와 같은 신발류로 이동한다는 점도 주목할 만한 현상이다. 이들 대부분은 명품을 선물용이 아니라 소비용으로 사들인다는 점도 한 특징이다

"예전엔 여자친구나 아내 분 옷을 사러 오는 경우가 대부분이었는데, 요즘은 본인 옷을 사러 오는 남성고객이 많아졌어요."(신세계 강남점 남성의류 매장 직원).

'욜로족' 트렌드가 확산되면서 남성 고객이 백화점의 '큰손'

으로 부상했다. 백화점 업계에 따르면, 최근 30대 남성들이 명품가방과 의류 등을 구매하기 위해 과감하게 지갑을 열고 있다.

신세계 백화점이 남성 고객만을 겨냥해 출시한 '신세계 멘즈라이프 삼성카드'의 한 달간 사용 실적을 보면 (2018.02), 1인당 월 평균 사용 실적은 300만원에 이른다. 이는 기존 백화점 제휴카드의 한달 평균 실적(40만~50만 원대)의 7배에 가깝다. 기존 카드 고객 중 여성이 70%인 점을 감안하면, 남성 전용 카드 사용자들의 씀씀이가 여성을 압도하는 셈이다.

박순민 신세계 영업전략담당 상무는 "업계 최초로 출시한 남성들만을 위한 카드 실적이 호조를 보이는 등 여성 못지 않은 패션감각으로 자기 주도적인 소비를 하는 남성 욜로족들이 백화점에서 매우 중요해지고 있다"고 말했다. 하지만 이렇게 YOLO 문화가 뜨거운 열풍을 일으키는 만큼, 충동 소비를 조장한다는 비판의 말도 끊이지 않는다. YOLO 문화를 즐기는 것도 좋지만, 적당하게 자신의 소득 능력을 파악하며 소비를 조절하는 태도도 필요한 듯 보인다.

자료원: YOLO... '한 번뿐인 인생' 즐기는데 지갑을 열다(중앙일보 / 2016.12.15); 욜로(YOLO) 문화의 완성, 안양~성남 제2경인연결 고속도로가 열렸다(스포츠서울 / 2017.11.22); 욜로족 명품소비, 백화점 마이너스 매출 막았다(국제신문 / 2017.11.30); 백화점 소비 'MEN 파워' 커졌다… 그루밍족·욜로족 영향(아주경제 / 2018.04.12) 수정 인용

💬 토론문제

① 욜로족(YOLO)을 표적으로 한 시장의 성장가능성에 대해 토의해보자.

② 욜로족(YOLO)을 대상으로 한 마케팅 전략을 구체적으로 제시해보자.

준거집단과 가족

CHAPTER 10 | 준거집단과 가족

🏁 도입사례: 이효리, 일반인의 롤모델이 되다.

제주라이프, 채식, 유기견 보호 등 그녀가 입고 먹고 말하는 것이 곧 화제의 중심이 된다. 그녀의 여유로운 일상을 닮은 '킨포크(Kinfolk) 라이프스타일이 각광받았을 뿐만 아니라 "효리가 쓰는", "효리가 추천한"이라는 수식어가 붙은 제품을 따라 소비하는 일도 빈번하다. 또한 이러한 변화의 기점이 그녀의 결혼이었던 만큼 이상순, 이효리 부부에 대한 관심도 뜨겁다. 화려한 연예계를 잠시 뒤로하고 제주를 택했지만 제주도 집을 배경으로 한 TV프로그램, 일상을 소개하는 SNS 등을 통해 대중과 소통하며 셀러브리티를 넘어 소셜테이너로서 그 영향력을 발휘하고 있는 것이다.

'소소한 행복'을 즐기다

대중에게 '워너비 라이프'를 보여주던 그녀는 이제 명상으로 아침을 맞이하고 입양한 유기견과 하루도 빠짐없이 동네를 산책한다. 직접 낚시한 해산물로 요리를 해먹고 집 앞 텃밭에서 호박, 토마토, 오이 등 각종 채소를 재배해 먹는다. 이효리가 제주도에서 소길댁으로서 보여준 라이프스타일을 '킨포크'(kinfolk)라고 부른다. 킨포크 라이프스타일은 건강하고 자연친화적으로 생활하는 삶의 방식이다. 현대사회의 빠르고 자극적인 삶의 방식에서 벗어나 몸과 마음의 힐링을 추구한다.

킨포크는 원래 친척이나 친족처럼 가까운 사람이라는 뜻이다. 미국 북서부 중소도시 포틀랜드의 한 부부가 2011년 잡지 〈킨포크〉를 발간한 것을 계기로 자연친화적 라이프스타일의 대명사가 됐다. 잡지에서 이 부부는 친척이나 지인들과 음식을 나눠 먹고 소소한 행복을 함께 즐기는 삶을 보여줬다. 국내에서는 2013년 9월 결혼한 이효리의 제주도 삶이 이슈로 떠오르면서 킨포크 라이프와 결합돼 대중들에게 각인됐다. 이때부터 국내에서도 여유와 느림의 미학이 강조되고 가치 중심의 소비가 주목받았다. 킨포크 라이프는 몇 가지 대표적인 흐름이 있다. 우선 유기농 음식에 대한 수요가 커졌고 채식주의자도 늘어났다. 호화로운 결혼식보다 소박하고 자연스러운 스몰웨딩을 추구하는 사람이 많아졌다. 집도 비싼 돈을 들여 꾸미기보다는 조금 서툴고 시간이 걸리더라도 직접 인테리어하는 사람이 늘었다. 아예 효리네 부부처럼 제주도로 집을 옮겨 자연친화적인 킨포크 라이프를 즐기는 사람도 매년 증가하고 있다.

'효리네' 스며든 소확행

JTBC '효리네 민박'이 시즌2로 돌아왔다. 지난해 6월 촬영한 시즌1과 달리 추운 겨울이 배경인데도 반응은 한층 뜨겁다. 4일 첫 방송부터 시즌1 첫회를 크게 앞질러 시청률 8%(닐슨 코리아 기준)를 기록했다. 지난달 8일부터 열흘간 모집한 민박 투숙객 신청은 21만 건이 넘었다. 지난 시즌(2만 건)보다 10배 넘는 사람들이 효리네 머물며 이효리·이상순 부부와 시간을 보내길 원한 것이다. 이제는 제주도에 사는 유명 가수의 집을 보고 싶은 마음을 넘어 이들의 라이프스타일을 공유하고 싶어하는 마음이 반영된 결과로 보인다.

　프로그램 자체도 제주도 풍광보다 이들의 삶을 보여주는 데 집중한다. 민박객은 궂은 날씨로 집 안에 있는 시간이 길어졌고, 방송도 몽골식 텐트인 게르나 실내에 설치된 벽난로 앞에 모여앉아 대화하는 장면이 많아졌다. 하여 이들의 일상은 더욱 별일 없이 흘러간다. 아침에 일어나면 차를 마시고, 날이 좋으면 귤을 따러 나가고, 흐리면 스케치북을 펴고 그림을 그리는 식이다. 더 빨리, 더 많이 보는 것과 거리가 멀다. '장작불이 탁탁 타오르는 소리를 들으며 따뜻한 차 한 잔을 마시는' 덴마크식 휘게(Hygge) 라이프나 무라카미 하루키가 언급한 대로 '갓 구운 빵을 손으로 찢어 먹는 것'처럼 작지만 확실한 행복을 추구하는 소확행(小確幸)과 맞닿아 있다. 새로운 직원 윤아가 민박집 아침 준비용으로 들고 온 와플 제조기는 방송 직후 완판되는 등 뜨거운 관심을 받기도 했다.

　　자료원: "일상은 여행처럼, 여행은 일상처럼"…'효리네' 스며든 소확행(중앙일보/2018.2.13); [시시콜콜] 이효리라 쓰고 '킨포크'라 읽는다 (머니S/2016.9.2), 수정 인용

준거집단

(1) 준거집단의 의미 및 유형

1) 준거집단의 의미

준거집단(reference group)은 개인의 행동에 직접적 혹은 간접적으로 영향을 끼치는 집단이며, 개인의 판단과 행동에 대한 기준 및 가치를 제공한다. 소비자들은 타인과 자신을 비교하기 때문에 제품 및 점포를 선택하는 과정에서 가족이나 친구 등 준거집단의 영향을 많이 받게 된다. 소비자가 한 준거집단의 구성원이 될 가능성은 크게 세 가지 요인에 의해 결정된다. 우선, 근접성(propinquity)이 높아 개인과 구성원 간 물리적 거리가 가깝고 이로 인해 상호작용의 기회가 늘어나면 그 사람이 준거집단의 구성원이 될 가능성이 높아질 것이다. 또한 의도치 않은 접촉빈도 즉, 단순노출(mere exposure)이 많을수록 그 사람은 준거집단의 구성원이 될 가능성이 높아질 것이다. 마지막으로 집단의 구성원이 해당집단의 멤버십에 대해 가치 있게 여기는 집단응집성(cohesiveness)이 강할수록 그 사람이 준거집단의 구성원이 될 가능성이 높아진다. 준거집단이 소비자 의사결정에 미치는 영향력은 제품 구매에 대해 개인이 지각하는 위험이 높을 경우 강해지며, 우리나라와 같이 집단주의 의식이 강한 문화권에서는 준거집단의 영향력이 특히 클 수 있다.

2) 준거집단의 유형

① 공식집단과 비공식집단

공식집단(formal group)은 복표 및 구성원의 자격요건이 명확하게 정의되어 있는 인위적인 조직으로, 구성원의 명단이 있으며 조직구조가 문서화되어 있는 학교, 기업 및 정당 등이 포함된다. 반면, 비공식 집단(informal group)은 자연스럽게 형성된 조직으로 상호간의 우정이나 친교에 기반하며, 공식집단과는 달리 조직구조가 명확하지 않고 규범이 엄격하더라도 해당 내용이 문서로 정리되어 있지 않은 것이 보통이다.

② 1차 집단과 2차 집단

1차 집단(primary group)은 서로 친밀하며 빈번한 교류로 인해 형성되는 집단으로 가족, 친구 등이 대표적이다. 구성원들의 신념 및 행동 측면에서 유사성이 높기 때문에 응집력이 강하다. 반면, 2차 집단(secondary group)은 구성원 간 교류가 빈번하지 않고 친밀감이 낮은 집단으로 서로의 생각이나 행동에 미치는 영향력이 작은 편이며, 지역단체 및 협회 등이 포함된다.

③ 열망집단과 회피집단

사람들은 주로 가족 및 직장과 같은 본인이 속해 있는 집단의 영향을 받지만, 현재 소속되지 않은 집단의 영향을 받기도 한다. 열망집단(aspirational group)은 자신이 속해 있지 않지만 소속되기를 원하는 집단으로 개인은 해당집단 구성원의 가치, 규범 및 행동을 본받고자 한다. 열망집단은 기대열망집단(anticipatory aspirational group)과 상징열망집단(symbolic aspirational group)으로 나눌 수 있는데, 전자는 개인이 장래의 특정 시점에는 소속될 것으로 기대되는 집단이며 후자는 개인이 소속되기가 어려운 집단이지만 그 집단의 신념 및 가치관은 개인에게 큰 영향을 끼친다. 개인은 현재에도 기대열망집단과 빈번하게 교류하고 있는 경우가 많으며, 회사의 상사나 임원이 대표적인 예가 될 수 있다. 반면 상징열망집단과 개인간 교류는 거의 없는 경우가 많으며 유명 연예인이나 운동 선수가 대표적인 예가 될 수 있다.

회피집단(dissociative group)은 개인이 소속되기를 회피하는 그룹으로, 그 사람은 해당 집단 구성원의 가치, 규범을 인정하지 않고, 그 구성원들과 유사한 행동을 하지 않으려고 하기 때문에 역시 개인의 행동에 영향을 미치게 된다. 예를 들어, 공동체의 화합과 같은 보수적인 사고를 가진 누군가는 타인을 의식하지 않고 자유분방하게 행동하는 특정 연예인들의 가치관을 부정하며, 그들의 행동을 따르지 않도록 노력할 수 있다.

(2) 준거집단의 영향

준거집단이 소비자행동에 미치는 영향은 다양하게 나타날 수 있는데, 이러한 영향은 크게 규범적 영향, 정보제공적 영향, 가치표현적 영향 등의 세 가지로 구분된다.

1) 규범적 영향(normative influence)

소비자들은 집단으로부터 보상을 얻거나 처벌을 피하기 위해 준거집단의 규범과 기대에 순응(compliance)하고자 하며, 이를 통해 구성원의 일원으로서 인정받고 따돌림을 피하려고 한다. 이를 준거집단의 규범적 영향이라고 하며 실용적 영향(utilitarian influence)이라고 부르기도 한다. 보상이

규범적 영향을 강조한 광고

나 강압이 이러한 영향력의 원천이며, 집단으로부터 보상을 얻고 싶어하는 개인의 욕망은 동조(conformity) 및 순응(compliance)과 같은 행동으로 나타나게 된다. 소비자들은 다음과 같은 경우 준거집단의 규범이나 행동에 동조하고자 한다. 첫째, 개인이 순응했을 때 준거집단이 보상을 해줄 수 있는 반면, 순응을 하지 않을 때에는 처벌을 할 수 있는 것으로 지각될 경우다. 둘째, 자신의 행동이 집단구성원에게 쉽게 관찰될 수 있는 경우다. 전자제품, 의류 및 가구 등은 타인이 쉽게 관찰할 수 있는 가시적 제품이기 때문에 규범적 영향이 강하게 나타날 수 있다. 마지막으로 개인이 준거집단에 속하는 것에 스스로 가치를 부여하며, 해당 준거집단에 몰입할 경우이다. 예를 들어, 한 개인이 특정 가수의 팬클럽에 몰입할수록 그 집단의 규범에 순응하고자 하며, 또한 그 팬클럽에 소속되는 것을 가치 있게 지각할수록 팬클럽이 미치는 규범적 영향은 더 커질 것이다.

🔮 사례: 할랄식품, 그리고 준거집단의 충돌

종교는 아마도 가장 강력한 준거집단 중 하나일 것이다. 세포이의 항쟁(1857~1858)의 발단 역시 영국의 동인도회사가 고용한 인도인 병사인 세포이들에게 지급된 새로운 총에 돼지기름과 소기름이 사용되었기 때문이었다. 돼지기름은 이슬람교인들에게 금지된 물질이고, 소기름은 힌두교인들에게 금지된 물질이었다. 세포이들의 대부분이 이슬람교와 힌두교로 구성된 상황에서 동인도회사의 행위는 신성모독으로 느껴졌을 것이다. 그리고, 반발은 당연한 것이었다.

현대에서도 종교적 준거집단이 생활을 지배하고 있는 모습을 찾아볼 수 있다. 현대의 이슬람교도들은 할랄식품(Halal food)만을 식용한다. 할랄은 이슬람교도인 무슬림이 쓸 수 있는 모든 제품을 총칭하는 말로, 이슬람의 율법 "샤리아"에 의해 "허용된 것"이라는 뜻이다. 2015년 현재 재한 무슬림의 수는 한국국적 신도를 포함하여 약 20만명 정도로 집계되고 있으며, 이는 국내 총인구 대비 0.4% 정도를 차지하고 있다.

한국에 그다지 높지 않은 비중의 무슬림이 존재함에도 불구하고, 할랄식품에 대한 관심은 높아지고 있는 상황이다. 2013년 풀무원(주)은 국내 최초로 할랄인증을 받은 제품을 생산, 이슬람지역에 수출하고 있으며, 널리 알려진 (주)농심의 신라면 역시 할랄 처리 후 40여 개의 이슬람 국가에 수출되고 있고, CJ제일제당(주)도 식품뿐만 아니라 음료에까지 할랄의 적용을 넓혀 새로운 시장을 창출하고 있다.

국내의 비무슬림에게는 할랄식품이나 일반식품이나 식품으로서의 가치에는 큰

차이가 없는 반면, 무슬림에게는 할랄여부가 자신의 준거집단인 종교적 가치에 강력하게 연결되어 있다. 무슬림에게 비할랄식품을 제공하는 것은 세포이들에게 소, 돼지기름을 제공하는 것과 마찬가지의 효과를 가져올 것이다. 그런데, 한국사회에서의 할랄은 또 다른 문제를 가져오고 있다. 바로 준거집단간의 충돌이다. 2015년 현재 한국의 기독교인구는 전체 인구의 20%수준인 967.6만명(통계청)에 이르고 있다. 이들 기독교계 측에서는 오랜 역사를 두고 이슬람교와 반목해 왔다. 그리고, 어쩌면 당연하게도 할랄문화의 확산을 이슬람 문화의 확산의 기회로 보고 이를 반대하고 있다. 전북 익산지역에 할랄단지설립에 관련하여 여러 기독교 단체들의 반대성명과 반대집회가 있어 왔다. 비기독교인들에게도 최근 자행된 일부 이슬람 근본주의자들에 의한 테러리즘에 대한 반발감으로 이슬람 문화의 확산을 달가워하지 않는 분위기도 존재하고 있다. 일부 종교인들은 자신들의 준거집단과 맞지 않는 사업체의 물품을 아예 구매하지 않기도 한다. 이러한 상황에서 할랄사업을 강력하게 진행하는 것은 기존 소비자를 잃게 될 염려가 있어 부담스러울 수 있으며, 진행을 안하는 것도 기업의 성장기회를 놓치게 되어 주주들의 원망을 사기 쉽다. 이와 같은 배경에서 기업의 마케팅을 담당하고 있는 사람이라면, 어떠한 전략을 취하는 것이 옳을까?

자료원: 불편한 시선, 불안한 공존… 한국에 무슬림 20만(한국일보/2015.01.24); '5천억 들여 할랄 식품 단지 설립' 소문 확인해보니 (한겨레신문/2016.01.11); 한국 이슬람 중앙회 인증기관, 말레이시아 JAKIM 인증기관, 미국 IFANCA 인증기관 수정 인용

2) 정보적 영향(informational influence)

소비자들은 의사결정 시 다양한 원천으로부터 정보를 수집하며, 특히 준거집단의 구성원으로부터 얻는 의견을 신뢰성 있는 정보로 받아들인다. 제품 구매에 따른 사회적, 기능적, 재무적 위험이 높을수록 이러한 정보적 영향이 강해진다. 예를 들어, 대학을 졸업하고 처음으로 자동차를 구매하는 상황에서 소비자는 자동차에 대한 식견이 높은 친구나 친척, 또는 판매사원으로부터 정보를 얻고자 할 것이다. 자동차는 다른 사람이 쉽게 관찰될 수 있고, 상당한 고가이며, 성능상 결함이 있는 경우 큰 위험이 닥칠 수 있기 때문이다. 준거집단으로부터 얻는 정보의 신뢰도는 구성원의 전문성이 높은 것으로 지각될 때 더욱 믿을 만한 것으로 인식된다. 예를 들어, 한 소비자가 고급카메라를 구매할 때, 친한 친구가 해당 제품 카테고리에 대한 전문성이 높다고 인정받는 파워 블로거라면 그 친구로부터 얻는 정보를 더욱 신뢰할 수밖에 없을 것이다.

정보적 영향을 강조한 광고

3) 가치표현적 영향(value-expressive influence)

소비자가 자기가 중요하게 여기는 특정집단에 소속된 것을 표현하고 싶어하고 심리적으로 긴밀한 연관관계를 맺고자 할 때 그 집단의 규범과 가치 및 행동 등을 수용하게 되며, 이러한 행동으로 인해 소비자 개인의 가치관이 나타나기 때문에, 이를 준거집단의 가치표현적 영향이라고 한다. 소비자는 이러한 수용행동

가치표현적 영향을 강조한 광고

을 통해 자신이 선망하는 사람과 자신을 동일시하여 일체감을 느낄 수도 있고, 이를 통해 자아 이미지를 유지하거나 강화할 수 있다. 이 과정에서 소비자는 자신을 타인과 비교하면서 스스로의 자아이미지를 강화시킬 수 있는 집단의 주장과 행동을 따르게 되기 때문에 비교기준적(comparative influence) 영향이라고 부르기도 한다.

가치표현적 영향은 소비자 즉, 영향을 받는 사람이 영향을 미치는 준거집단의 구성원과 유사할수록 강하게 나타나게 된다. 바꿔 말하면, 소비자들은 자신과 비슷하다고 생각하는 타인으로부터 얻는 정보를 더욱 신뢰할 수 있다고 생각한다. 광고에서 일반인 모델을 등장시키는 것도 이러한 영향력을 극대화하기 위한 것으로 판단할 수 있다.

(3) 준거집단과 소비자행동

1) 준거집단과 구매의사결정

준거집단은 소비자의 의사결정에 많은 영향을 미치며, 특히 제품구매에 대한 지각된 위험이 높고 제품이 타인에게 관찰되기가 쉬우며 사회적인 관여도가 높을수록 이러한 영향력이 더욱 강해진다. 이와 관련하여 Bearden and Etzel은 준거집단이 소비자 행동에 미치는 영향을 언급하면서 두 가지 기준을 제시하였다. 첫 번째 기준은 제품이 소수의 소비자가 구매하는 사치품(luxuries)인지 혹은 대다수의 소비자가 구매하는 필수품(necessities)인지의 여부이다. 이 기준은 제품 자체에 대한 구매여부를 결정하는 데 영향을 미치며, 필수품에 비해 사치품에서 준거집단의 영향력이 크게 나타난다. 예를 들어, 손목시계는 누

구나 사용하는 제품이기 때문에 손목시계 자체를 구매할지 말지를 결정하는 데 준거집단이 거의 영향을 미치지 않지만, 요트와 같이 소수의 사람만이 구매할 수 있는 제품의 경우 요트라는 제품 자체의 구매여부를 결정할 때 준거집단이 큰 영향을 미칠 수 있다.

두 번째 기준은 제품이 공공장소에서 사용되거나 관찰되기 쉬운지 혹은 개인적으로 사용되는지의 여부이다. 이 기준에 따르면 제품은 개인적으로 사용되는 개인제품(private goods)과 공공장소에서 사용되는 공공제품(public goods)으로 구분된다. 이 기준은 소비자가 브랜드를 선택하는 데 영향을 미치며, 개인제품의 경우에는 준거집단이 브랜드 결정에 미치는 영향력이 약한 반면, 공공제품의 경우에는 그 영향력이 강하게 나타난다. 예를 들어 똑같이 필수품으로 분류되는 양복과 침대 매트리스라고 하더라도, 양복의 경우에는 타인이 쉽게 관찰할 수 있는 제품군에 해당되기 때문에 준거집단이 브랜드 선택에 강한 영향을 미치지만 침대 매트리스는 타인이 쉽게 관찰할 수 없는 개인적 제품이기 때문에 준거집단의 영향력이 미약하다.

이 두 기준에 따라 제품은 총 네 개 유형으로 분류될 수 있는데, 각 유형에 따라 준거집단이 소비자의 구매의사결정에 미치는 영향은 상이하게 나타난다. <표 10-1>은 각 기준에 따라 준거집단이 제품과 브랜드 선택에 미치는 영향을 제시하고 있다. 즉, 이 두 기준을 모두 고려할 때 준거집단이 소비자의 구매의사결정에 미치는 영향을 보다 명확하게 이해할 수 있다. 예를 들어 손목시계의 경우, 손목시계의 구매여부 자체는 준거집단의 영향을 받지 않으나 손목시계를 구매하기로 결정한 다음 어떤 브랜드를 선택할지를 결정할 때에는 준거집단이 미치는 영향이 클 수 있다. 따라서 마케터들은 판매하고자 하는 제품이 네 개 유형 중 어디에 분류되는지를 파악하고, 그 특징에 따라 준거집단을 활용한 커뮤니케이션 전략을 수립할 필요가 있다.

표 10-1   준거집단이 제품과 브랜드 선택에 미치는 영향

	필수품(necessities) 제품 선택에 집단영향 弱	사치품(luxuries) 제품 선택에 집단영향 强
공공적(public) 브랜드 선택에 집단영향 强	공공 필수품(public necessities) 손목시계, 자동차, 양복	공공 사치품(public luxuries) 골프클럽, 스키, 요트
개인적(private) 브랜드 선택에 집단영향 弱	개인 필수품(private necessities) 침대 매트리스, 냉장고	개인 사치품(private luxuries) 비디오 게임기, 제빙기

자료원: Bearden, William O. and Michael J. Etzel(1982), "Reference Group Influence on Product and Brand Purchase Decisions," *Journal of Consumer Research*, 9(2), p.185.

🔍 사례: 사람들은 왜 굿즈에 열광하나 ●━━━━━━━━━━━

평창동계올림픽 기념품 판매 순위

구분	품목	판매량	실적
1	인형 기프트 세트	11만개	40억원
2	가방걸이 인형	36만개	36억원
3	30cm 수호랑·반다비 인형	13만개	31억원
4	평창동계올림픽 배지	31만개	19억원

* 2018년 2월 9~25일 판매 기준.   자료=롯데백화점

2018년 평창 올림픽, 국가대표에 대한 응원만큼 뜨거웠던 열풍이 하나 있다. 이른바 '평창 굿즈'가 그것이다. 평창 올림픽의 마스코트 '수호랑'과 '반다비' 인형뿐만 아니라 '평창 롱패딩' 등 올림픽과 관련된 상품들이 품절대란까지 일으켰고 중고시장에서는 몇배 더 높은 가격으로 재판매될 정도이다.

주로 연예인의 팬덤문화에서 한정적으로 사용되던 '굿즈'란 단어는 보다 사용범위가 넓어져 특정 행사 및 이벤트와 결합된 상품에도 널리 사용되고 있는 추세이다. 대선 후보 당시 구매력이 높은 젊은 유권자들의 인기를 얻은 문재인 대통령의 경우 관련 용품들이 '이니굿즈'라는 네이밍으로 판매될 정도로 '굿즈'에 대한 구매 열풍은 거세지고 있는 상황이다.

일반적으로 "OOO의 '굿즈'를 구매했다"는 의미는 해당대상에 대한 로열티가 상당하며 구매력이 높은 소비자임을 의미한다. 그렇다면 '굿즈'를 구매하는 사람들은 어떤 심리로 '굿즈'를 구매하는 것일까? 먼저 이들은 그들이 응원하고 지지하는 대상을 준거집단으로 삼고 그 관심을 굿즈를 구매함으로써 표출한다. 단순히 기능적 측면에서 상품을 구매하는 것이 아닌, 열망하는 대상에 대한 가치를 나타내는 수단으로써 굿즈를 구매하며 상징성을 부여하는 것이다.

나아가, 굿즈 구매자들은 자기 자신이 느끼는 가치를 알리는 것뿐 아니라 이른바 열망집단(Aspirational Group)에 대한 동일한 소속감과 공감대를 형성하기를 원한다. 이들은 닮고 싶은 대상에 대한 관심과 정보를 상호 교환하면서 집단 유대감을 느낀다. 준거집단에 대한 공통의 선호 표출을 통해 소속애를 다지며 만족감을 느끼는 감정이 관련 물품을 소유하고자 하는 욕구로까지 이어진다고 볼 수 있는 것이다.

굿즈 마케팅이 가장 효과를 발휘하는 곳은 아이돌 시장이다. 아이돌은 선망의 대상이자 우상으로, 팬들은 콘서트와 미디어 등의 다양한 방법으로 그들을 소비하고자 한다. 그러나 결국 아이돌도, 그들의 음악도 개개인은 끝내 독점하고 소유할 수 없는, 형체없는 대상이다. 그렇기에 아이돌의 팬들은 더욱 아이돌의 굿즈를 구매함으로써 소유욕을 충족시키고 대리만족하는 경향이 강하다. 이러한 심리를 활용하여 엔터테인먼트업계에서는 오프라인 굿즈 전용 매장을 만드는 등 팬들의 지갑을 여는 데 주력하고 있다

생활에 반드시 필요한 물건이 아니더라도 가치가 있으면 지갑을 여는, 이른바 가치소비를 하는 젊은 세대들을 필두로 굿즈 마케팅은 앞으로도 더욱 다각화된 방법과 전략을 통해 다양한 시장에 활발한 영향을 미칠 것으로 보인다.

자료원: 평창 올림픽 대박 난 이유는 (매일경제/2018.03.24); 나만의 가치'에 아낌없이 지갑 연다…굿즈 열풍 (중앙일보/2017.12.11); [아이돌부터 올림픽까지 거센 '굿즈 열풍'] 소통·공감·유대 형성에 기꺼이 지갑 열어 (중앙시사매거진/2018.01.15) 수정 인용.

2) 준거집단을 활용한 마케팅 전략

기업은 준거집단을 활용하여 자사 제품에 대한 이미지를 제고하고 구매를 촉진하는 마케팅 전략을 실행하고자 한다. 마케터는 준거집단의 라이프스타일과 제품사용행동을 제시함으로써 소비자들이 자사 제품을 긍정적으로 지각하게 하고, 제품구매와 같은 순응행동을 유도할 수 있다. 우선, 기업은 유명인(celebrity)을 자사의 마케팅 커뮤니케이션의 핵심 모델로 활용하여 소비자들의 제품구매를 독려할 수 있다. 유명인이란 탤런트, 모델, 스포츠 선수 등을 지칭하며, 이들은 대중에게 인지도가 높을 뿐 아니라 인기 역시 높은 경우가 대부분이다. 일반적으로 유명인이 등장하는 광고에 대해 소비자들이 긍정적·호의적으로 평가하며, 이러한 이유로 광고주들은 막대한 예산을 투입하여 유명인을 자사의 모델로 위촉한다. 유명인을 자사의 모델로 내세울 경우 다양하게 활용할 수 있다. 우선, 유명인이 자사 제품 및 서비스를 사용한 후 그 품질에 대해 사용소감(testimonial)을 말하거나 자사 제품을 보증(endorsement)하도록 할 수 있다. 또한 유명인을 오랜 기간 동안 제품의 대변인(representative)으로 내세워 자사의 제품이나 브랜드와 동일시하도록 유도할 수 있으며, 유명인이 드라마나 영화에서 자사 제품을 사용하는 모습을 자연스럽게 노출하는 PPL(Product Placement)을 통해 해당 제품에 대한 관심을 제고하고 매출 또한 증대시킬 수 있다. 유명인을 활용한 마케팅 커뮤니케이션이 성공하기 위해서는 그 유명인이 공신력을 가지고 있어야 한다. 소비자가 광고모델을 믿기 위해서는 그 인물이 관련된 제품에 대한 지식 및 경험이 풍부하다고 지각되는 전문성(expertise)이 높아야 하고, 해당 유명인이 제품 및 서비스에 대해 정직하게 이야기할 것이라고 생각하는 진실성(trustworthiness) 역시 높아야 한다. 이러한 이유 때문에 유명인사뿐 아니라 전문가를 광고 모델로 활용하기도 한다. 전문가는 자신의 직업과 축적된 경험으로 인해 전문적 능력을 인정받는 사람을 뜻한다. 예를 들어, 치약이나 칫솔 광고에 치과 의사가 등장하거나 유명 요리사가 라면이 맛있다는 것을 강조할 때, 소비자들은 해당 제품의 품질을 보다 신

유명인을 모델로 내세운 아웃도어 광고

일반인을 모델로 내세운 여행사 광고

뢰할 수 있을 것이다.

하지만 꼭 유명인사만을 자사의 모델로 사용하는 것은 아니며, 주위에서 흔히 볼 수 있는 일반인을 모델로 활용할 수도 있다. 예를 들어, 어린 자녀들로 인해 더럽혀진 거실 바닥을 자신과 유사하다고 지각되는 일반인이 평소 일상처럼 청소기로 깨끗하게 만드는 모습을 보여줌으로써 소비자들이 광고에 나온 인물과 동일시하도록 유도할 수 있으며, 이로 인해 해당 제품이 더욱 진실하다고 느낄 수 있다. 유명인 혹은 일반인이 일률적으로 효과적인 경우는 거의 없으며, 따라서 기업은 자사 제품의 특징에 따라 적절한 준거집단을 선정하여 마케팅 커뮤니케이션에 효과적으로 활용할 필요가 있을 것이다.

가족

(1) 가족 및 가구의 의미

가족(family)은 혈연과 결혼, 혹은 입양 등으로 형성된 운명공동체라 할 수 있으며, 소규모 집단으로서 함께 살아가며 개인의 삶에 큰 영향을 미친다. 개인은 가족을 통해 언어와 사회 규범, 관습 등을 학습하게 되며, 사회 구성원으로서의 역할을 수행할 수 있게 된다. 가족은 전통적으로 핵가족(nuclear family)과 확대가족(extended family)으로 구분된다. 핵가족은 부부와 자녀로 구성되며, 확대가족은 핵가족에서 더 나아가 여러 세대가 함께 사는 가족을 말한다. 이 외의 가족 형태 중 하나인 홀부모(single-parent family) 가족은 이혼 및 혼외 출산 등에 의해 형성되며, 부모 중 한 명과 그 자녀로 구성된다. 전통적인 농경사회에서는 노동력을 확보하기 위한 확대가족이 보편적이었으나 산업화 이후로는 핵가족이 일반적인 형태가 되었으며, 최근에는 홀부모 가정 또한 증가하고 있다.

가족과 연관되지만 이와는 구별되는 개념으로 가구(household)가 있다. 가구는 주거를 함께하는 집단을 의미하며, 공간적 개념을 내포하고 있기 때문에 꼭 가족이 아닌 구성원이라도 가구에는 포함될 수 있다. 한 가족이 한 가구를 이루는 것이 가장 보편적이지만, 한 집에 혈연과 결혼, 입양과 관계없는 여러 명의 자취생들이 함께 생활한다면 이들은 모두 같은 가구에 속한다고 할 수 있다. 본 장에서는 가족 구성원들간의 영향관계와 집단 소비자로서의 가족의 구매의사결정을 다루고 있지만, 여기서 가족의 의미는 법적 의미의 가족이라기보다는 오히려 가구에 가깝다. 기업에서 특정 지역의 구매력이나 시장 잠재력을 평가할 때에는 서로

떨어져 있는 가족이 아니라 공동구매 및 공동소비 등이 가능한 가구를 기준으로 하는 것이
더욱 정확하기 때문이다.

(2) 가족생활주기

가족생활주기(family life cycle)는 시간의 흐름에 따른 가족구조와 가족구성원의 역할 변화
를 설명하는 사회학적 개념이다. 가족생활주기는 결혼으로 인한 가정의 형성, 출산으로 인한 가
정의 성장, 자녀의 출가 및 배우자의 사망 등 가족 내에서 발생하는 중대 사건을 중심으로 하여
단계를 구분한다. <표 10-2>는 Wells and Gubar의 모델을 변형 및 수정한 것으로, 가족의
형성 및 성장, 해체의 과정을 중심으로 가족생활주기단계를 나누고 있다. 가족생활주기가 중요
한 이유는 생활주기의 각 단계에 따라 소득수준이 다를 뿐 아니라 주로 구매하는 제품 및 서비
스의 종류와 소비 패턴이 확연하게 달라지기 때문이다. 이러한 가족모델을 우리나라에 그대로
적용하기에는 한계가 있다. 일단 결혼 및 자녀출산 시기, 정년퇴직 시기 등에서 차이가 날 뿐 아
니라 현재에도 급격하게 변화하고 있으며, 무엇보다 다른 국가와는 달리 자녀의 군입대가 가족
에게 차지하는 비중이 매우 큰 편이기 때문이다. 따라서 기존모델을 그대로 적용하기보다는 우
리나라의 현실과 상황에 맞게 이를 수정하여 적용하는 것이 훨씬 효과적일 것이다.

표 10-2	전통적 가족생활주기	
가족생활주기단계	재정적 상태	구매패턴
독신기	재정적 부담이 거의 없음 오락지향적, 패션 의견선도자	주방용품, 가구, 자동차 레저용품 구입
신혼부부: 자녀 無	재정상태가 좋음 내구재의 구매가 가장 높음	자동차, 냉장고, 에어컨, 가구, 여행용품
보금자리 1기: 자녀 6세 미만	유동자산과 저축 금액이 적음 가족구매가 절정. 신제품에 관심	세탁기, 건조기, TV, 아기용품
보금자리 2기: 자녀 6세 이상	재정적 상태 호전, 주부취업 흥정구매, 큰 포장단위 구입	다양한 식품, 세제, 자전거 피아노, 학원비 지출
보금자리 3기: 부양자녀가 있는 장년부부	재정적 상태 더욱 호전, 자녀의 취직, 주부취업 증가	고가의 가구, 자동차여행, 치과치료
노부부 1기: 부양자녀 없는 취업가장	안정적인 재정상태, 주택소유비율 최고	휴가, 사치품, 집수리
노부부 2기: 부양자녀 없는 퇴직가장	주택보유, 소득감소	의료기기, 건강, 수면 및 소화관련 약품
고독한 생존기: 배우자 사별	주택처분, 소득감소 보호 및 애정, 안정의 욕구 높음	

자료원: Peter, J. Paul and Jerry Olson, Consumer Behavior, 1987, p.459 수정인용

그림 10-1   현대적 가족생활주기

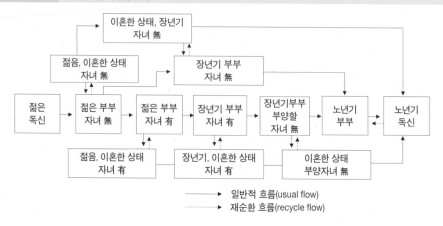

자료원: Murphy, Patrick E. and William A. Staples(1979), " A Modernized Family Life Cycle," *Journal of Consumer Research*, 6(1), p.17.

하지만 현대 사회에서는 다양한 요인들에 의해 가족구조가 변화하고 있다. 결혼연령이 높아지는 추세에 만혼 및 독신자가 증가하고 있으며, 결혼을 하지 않고 동거를 하는 경우도 많아지고 있다. 또한 예전보다 결혼에 얽매이지 않기 때문에 이혼 역시 증가하고 있다. 이러한 요인 때문에 전통적인 가족구조가 해체되고 있으며, <그림 10-1>은 이러한 변화요인을 반영한 가족생활주기모델로 현 상황에 더욱 적합하다고 판단된다.

(3) 가족구매의사결정

1) 가족구성원의 역할 분담

가족구성원들은 의사결정에서 각자 다양한 역할을 수행하며, 구성원 간 상호작용방식은 그 가족이 구입하는 제품 및 소비행태에 영향을 미친다. 가족구성원의 역할은 크게 정보수집자(information gatherer), 영향력행사자(influencer), 의사결정자(decision maker), 구매자(purchaser), 그리고 소비자(consumer)로 분류될 수 있으며, 한 구성원이 한 가지 이상의 역할을 수행할 수도 있다.

정보수집자는 구매가 가능하며 가족구성원에게 가장 적합한 제품에 대한 정보를 다양한 원천으로부터 수집하며, 해당 제품군에 대한 전문성 및 관심이 높다. 영향력행사자는 제품 구매와 관련하여 다른 구성원에게 영향을 미치는 사람으로 특히 대안 평가를 통해 영향

그림 10-2   가족구매의사결정 모형

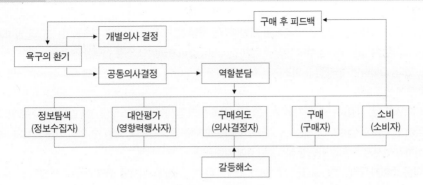

자료원: Asael, Henry (2004), Consumer Behavior, p. 441.

력을 행사한다. 의사결정자는 구매를 결정하는 사람으로 제품의 구매물품, 구매여부, 구매시기 등을 결정한다. 가족구성원의 결정에는 여러 가지 요소들이 영향을 미치며, 특히 구성원 간 상대적인 파워가 주요요인이 될 수 있다. 구매자는 실제의 제품 구매를 담당하는 사람이며, 점포 및 제품 브랜드 선택에 재량권을 가질 수도 있다. 소비자는 직접 제품을 사용하는 사람으로 제품에 따라 가족구성원 모두가 될 수도 있고, 개인구성원이 될 수도 있다.

또한 가족의 구매의사결정은 1명, 여러 명 혹은 전체구성원에 의해 이루어질 수 있으며 소비 또한 마찬가지이다. 따라서 가족의 구매결정은 의사결정과 관련된 구성원의 수, 구매자인지 혹은 소비자인지에 따라 다양한 상황에 직면하게 된다. 예를 들어 어린이날을 맞이하여 부모와 자녀가 어떤 장난감을 살지를 고민하는 상황이라고 가정해보자. 이 경우에는 가족 전체 구성원이 아이를 위해 구매에 참여하나 실제 장난감을 이용하는 사람은 자녀에 국한된다. 이 밖에도 여러 상황이 제시될 수 있으며, 따라서 기업은 자사의 제품 및 서비스가 어디에 해당하는지를 명확히 파악한 후, 가장 효과적인 마케팅커뮤니케이션 전략을 수립하여 실행할 필요가 있다.

사례: 노키즈존, 차별인가 선택인가?

2018년 현재 노키즈존(No Kids Zone)에 대한 논란이 한창이다. 노키즈존이란 영유아 또는 초등학생을 동반한 사람은 시설에 대한 사용을 제한하는 영업주의 방침을 의미한다. 사실 사업주 입장에서 보면, 소비자를 제한하는 것은 쉽게 내리기 어려운 결정이다. 사업의 본질이 이익의 추구라는 것을 고려해보면, 노키즈존이 점차 확대되고 있는 상황은 상당히 아이러니한 면이 있다. 그렇다면, 노키즈존이 확대되고 있는 현상은 결과적으로 사업주에게 이득이 되는 면이 있기 때문이라고 생각해 볼 수 있다.

경제학에서는 사업주의 개별취향에 의한 차별행위는 경쟁력의 저하를 불러와 지속될 수 없다고 말하고 있다. 그리고, 그러한 차별은 오직 정부의 방침에 의한 것이거나 소비자들이 스스로 선택한 경우에만 지속가능하다고 말하고 있다. 그렇다면, 현재의 노키즈존의 확산을 어떻게 보아야 할까? 노키즈존의 대상이 되는 사업장의 소비자 어떻게 반응할까?

어느 특별한 날, 사랑하는 배우자와 아이를 동반하고 미리 점찍어 둔 레스토랑 A에 방문하게 된 P씨, 그리고, 그는 가게 입구에 매정하게 서 있는 "노키즈존"이라는 안내문을 발견한다. 어쩔 수 없이 그는 근처의 노키즈존을 실시하고 있지 않은 A와 비슷한 레스토랑 B에 방문한다.

또 다른 소비자 Q씨, 그는 장성한 자녀들과 함께 조용하고 오붓한 식사를 즐기고 싶다. 특별한 날 즐겨 찾던 레스토랑 B에 가보니 아이들을 동반한 가족들이 상당수를 차지하고 있다. 그리고, 그는 근처의 노키즈존을 실시하고 있는 A레스토랑에 방문한다.

위의 예에서 보면, 소비자집단 중 P의 비율이 많을수록 A레스토랑의 수익은 노키즈존을 실시하고 있지 않을 때에 비해 더욱 떨어질 것이며, Q의 비율이 많을수록 더욱 오를 것이다. 그리고, B레스토랑의 수익은 A레스토랑의 수익구조와는 반대가 된다. 그러므로, 노키즈존을 선택하고 있는 사업주의 수가 늘고 있다는 것은 노키즈존을 선택하는 것이 사업주에게 이득이 된다는 것을 의미하며, 한걸음 더 나아가, Q와 같은 소비자가 증가하고 있음 또는 P와 같은 소비자가 감소하고 있음을 의미한다. 현재의 한국은 저출산현상이 고착화되어 가고 있다. 어쩌면 전체 소비자 집단에서 P의 비중이 감소하고 있는 추세라고 볼 수 있다. 그리고, 이러한 현상과 노키즈존의 등장은 무관하지 않을 것이다.

2) 공동의사결정

가족구매의사결정은 개별 구성원에 의해 이루어질 때도 있고 공동으로 이루어질 때도 있다. 일반적으로 제품구매에 내한 위험이 높고 그 결정이 가족구성원 모두에게 중요할 때에는 공동으로 의사결정을 하게 된다. 한 가족이 새로운 자동차를 구매하고자 할 때, 적절한 모델을 선택하지 못한다면 이 결정은 자동차를 사용하는 모든 가족 구성원에게 영향을 미치게 되고 비용도 높기 때문에 공동으로 의사결정을 할 가능성이 높다. 또한 구매와 관련된 시간적 압박이 높을 경우에는 일부 구성원이 결정을 할 가능성이 높지만, 시간적 여유가 낳다면 모든 가족 구성원이 구매에 관여하기가 용이하다. 또한 인구통계학적 특성에 따라 공동의사결정의 정도가 달라질 수 있다. 젊은 부부일수록 공동으로 의사결정을 많이 하는데, 시간이 지나면서 서로를 잘 알게 되면서 상대방의 선호 역시 잘 파악하게 되어 오히려 가족생활주기의 후반기에는 공동의사결정이 감소하게 된다.

(4) 가족구성원 간 영향력

1) 남편과 아내

제품에 따라 구매의사결정 과정에서 남편이 주도적인 품목이 있고, 아내의 영향력이 큰 품목이 있다. 또한 남편과 아내가 서로의 영향을 받지 않고 독자적으로 결정하는 제품이 있는 반면, 공동으로 의사결정을 해야 하는 제품도 있을 것이다. 전통적으로 자동차나 투자, 술 등은 남편이 주도적으로 결정하고, 음식 및 화장품, 주방용 제품의 경우에는 아내가 주도적으로 결정하는 것으로 인식되었다. 하지만 여성의 지위가 높아지고 남성과 여성의 역할이 변화됨에 따라, 가정 내에서 부부의 의사결정패턴 또한 달라지고 있다. 국내의 조사데이터를 바탕으로 1998년도의 남편과 아내의 역할을 2007년의 남편과 아내의 역할과 비교해본다면 그 변화양상을 파악할 수 있다. 구체적으로 과거 남편과 아내의 역할과 현재 남편과 아내의 역할을 비교해 본다면 이와 같은 변화를 실감할 수 있을 것이다.

1990년대에는 아내가 골라주는 양복과 아내가 사온 넥타이를 매는 남편, 아내가 쇼핑

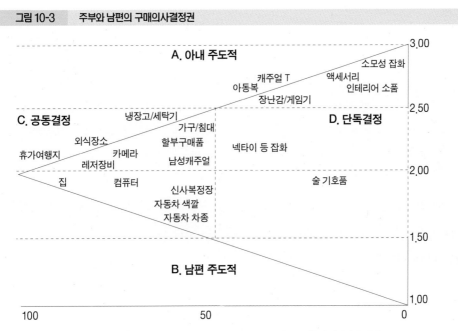

그림 10-3   주부와 남편의 구매의사결정권

세로축: 주부와 남편의 상대적 영향력을 나타내며, 위쪽으로 갈수록 주부의 결정권이 커짐.

자료원: 대홍 커뮤니케이션스(2008), 데이터 한국인/매니형 남편과 패밀리 파트너 아내

하는 동안 쇼핑몰 소파에서 꾸벅꾸벅 졸고 있거나, 부엌이 아내의 성역이라고 생각하는 남편이 일반적이었다. 하지만 2007년형 남편은 아내가 골라주는 옷을 입고 넥타이를 매기보다는 보다 주체적으로 자신을 위한 패션용품인 캐주얼 청바지나, 넥타이 등을 구입하고자 하며, 이는 남성의 패션에 대한 관심도 증가를 잘 나타내준다. 한편, 여성의 구매주도권이 절대적이라고 여겨지던 냉장고나 세탁기 등 가전 제품만 하더라도, 부부간 공동 구매 결정 비율이 1998년 49.6%에서 2007년 58.9%로 무려 10% 가까이 증가하였다. 또한 가사 및 육아를 돌보는 남편이 2003년 대비 2007년에는 42.5% 증가한 15만 1,000명에 이르렀다. 이는 여성의 사회적 참여가 늘어남에 따라, 생활패턴이 다양해짐을 보여주는 사례이며, 전통적으로 여성의 영역이라고 생각한 제품군에 남성의 영향력이 커지고 있음을 추론할 수 있다. 기업은 이렇게 변화된 생활패턴에 적합한 새로운 제품과 서비스를 새로운 목표 소비자에게 제공해야 할 것이다.

　　또한 여성의 사회적 지위가 향상되고 경제력이 강화됨에 따라, 부부가 함께 구매를 결정하는 품목이라 하더라도 아내의 입김이 매우 커지는 추세다. 특히, 1998년에 비해 2007년에는 자녀를 위한 아동복이나 아동 문구, 장난감, 유아용품의 경우 아내가 주도적으로 구매 결정을 하고 있음을 알 수 있다. 또, 남편이 주로 구매의사결정을 하던 고가 자동차의 차종과 색깔에 있어서도 공동의사결정이 비율이 훨씬 높아졌다. 이를 통해 상대적으로 수직적이고 가부장적인 권력구조가 수평적인 파트너십으로 변화되고 있음을 파악할 수 있다. 전통적으로 주부는 한 가정의 소비주체이자, 가족의 구매 대리인 역할을 수행해왔다. 하지만 바빠진 현대 라이프스타일에 맞게 주부의 역할이 자녀 양육뿐 아니라 다양한 영역으로 확장되면서, 한 쪽으로 치우친 부부권력 관계가 점차 약화되고, 함께 상의하는 동료의 관계로 변화하고 있다. 이러한 현상에 대응하여 전통적으로 남성을 주요 고객으로 설정했던 자동차나 스포츠용품 등의 제품군에서도 여성 소비자를 대상으로 한 새로운 마케팅을 도입할 필요가 있다.

2) 부모와 자녀

　　부부와 자녀로 이루어진 핵가족에서는 부모 뿐 아니라 자녀들도 다양한 제품군의 구매의사결정에 상당한 영향력을 행사하기 때문에 부모와 자녀간 상호작용 및 역할 분담이 중요하다. 자녀가 어릴수록 부모가 제품 및 서비스의 구매와 소비에 미치는 영향을 크지만, 성장과 교류를 통해 사회적으로 성숙해지고 부모뿐 아니라 친구 및 다른 준거집단으로부터 지식 및 가치관을 학습하면서 부모의 영향력은 점차 감소하게 된다. 자녀는 소비자로서의 역할을 수행하는 데 적합한 지식, 스킬, 태도 등을 습득하는 소비자사회화(consumer socialization) 과정을 거치게 되며, 일반적으로 부모의 행동을 관찰함으로써 구매와 소비, 그리고 효율적 예산 사용과 같은 지식과 행동 패턴을 배우게 된다. Carlson and Grossbart(1988)는 자녀들의 소비자사회화에서 부모의 역할을 연구하고 가족 유형을 네 가지로 구분하였다.

① 권위주의적 부모(authoritarian parents): 자녀에 대한 통제 수준이 높고, 절대적인 복종을 요구하며, 외부 영향력으로부터 자녀를 보호하려고 한다.

② 태만한 부모(neglecting parents): 자녀들에게 심리적인 거리를 두고 그들에 대한 통제를 하지 않으려 하며, 아이들의 능력을 계발하거나 용기를 주려고 노력하지 않는다.

③ 민주적 부모(democratic parents): 부모와 자녀간 권리 사이에서 균형을 추구하고, 자녀의 자주성과 자기표현을 존중한다. 이들은 자녀들을 따스하게 대하고 위하는 마음도 크지만 자녀들에게 성숙한 행동을 기대하기 때문에 바람직하지 않은 행동에 대해서는 처벌을 하기도 한다.

④ 관용적 부모(permissive parents): 가급적 자녀들을 구속하려고 하지 않으며, 자녀들 역시 성인으로서 부모와 같은 권리를 갖고 있지만 책임은 없다고 생각한다.

민주적 부모는 자녀들의 소비자사회화에 가장 적극적이며, 이러한 특징은 관용적 부모에게도 나타난다. 반면, 권위적 부모들은 자녀들의 소비행동에 가장 많은 제약을 가한다.

소비자사회화를 마친 자녀들은 취업을 통해 구매력을 확보하게 되고, 신제품에 대한 전문지식을 더 많이 가지게 되면서 가족구매의사결정 시 그들이 행사하는 영향력이 강해지게 된다. 예를 들어, 인공지능 스피커와 같은 첨단제품을 구매할 때, 아버지와 어머니 사이에 의견충돌이 생긴다면 자녀가 이를 해결하는 결정적 역할을 수행할 수 있다.

제품군에 따라서도 부모와 자녀간 주도권에 차이가 나타날 수 있다. 운동화 및 학용품의 경우에는 자녀가 혼자 결정할 수 있으며, 캐주얼 의류의 경우에는 부모가 가격을 지불하더라도 색상 및 디자인은 자녀가 결정할 가능성이 높다. 그리고 외식을 위한 식당이나 휴가 장소 역시 공동으로 결정해야 가족 구성원 간 갈등이 적을 것이다. 또한 신생아 수의 감소와 맞물려 가족구매의사결정에서 어린이의 영향력이 매우 커지고 있다. 어린이는 자신의 제품 가격을 지불하지 않더라도 자신만 사용하는 제품의 소비자가 된다. 요즘 장난감 가게에서 조부모 및 부모가 결제만 대신하고, 실질적으로 어린이가 장난감 자체를 선택하는 것을 흔히 볼 수 있다. 자신이 사용할 제품에 대한 어린 자녀의 주도권이 더욱 강해질 것으로 예상되기 때문에, 기업은 이전보다 어린이의 욕구를 충족시키고 만족을 제공하기 위한 마케팅 프로그램에 더욱 집중해야 할 것이다.

사례: 키덜트족(Kids+Adult), 프레디족(Friend+Daddy)

서울 근교 대형 쇼핑복합시설 내 위치한 장난감 매장, 많은 인파로 북적이고 있는 가게에서 가장 신난 사람을 찾으라고 한다면 으레 영유아라고 생각하겠지만 뜻밖에도 아이보다 신나게 피규어를 살펴보고 있는 '아빠'들을 볼 수 있을 것이다.

기존의 가부장적이며 수직적인 존재로 대변되던 아버지의 역할이 수평적이고 동등한 위치로 변화하고 있다. 더 이상 멀리 있는 존재가 아닌, 자녀와 눈높이를 맞추고 함께 인생을 즐기는 아버지들이 급부상하고 있는 것이다. 이른바 '프레디족', '키덜트족'으로 대변되는 이들이 바로 대표적인 사례이다. 어린 시절의 감성을 온전히 간직하고 있는 '키덜트족'(Kid와 Adult의 합성어) 그리고 자녀와 친구같이 지내는 아빠를 뜻하는 '프레디족'(Friend와 Daddy의 합성어)은 '아이'의 상징으로 여겨지는 상품에 대해 관심과 정보를 공유한다.

유아층의 전유물이었던 캐릭터/완구업계의 대상이 어른으로 확산된 셈으로, 키덜트족을 겨냥한 시장은 2016년 1조원을 넘어선 것으로 추산된다.

이들의 구매파워에 따라 완구업계의 마케팅 전략 역시 변화하고 있다. '키덜트족'은 이전과 달리 장난감의 구매 결정을 경제 주권자에게 맡길 필요가 없어졌다. 이들은 어린 시절과 달리 경제력을 갖게 되었기에 자녀의 장난감으로 소비하기에는 다소 부담될 수 있는 고가의 장난감도 거침없이 구매할 수 있다. 따라서 일반적으로 '키덜트족'의 취향을 충족시키기 위해 제작된 장난감은 고도의 완성도와 세밀함을 갖추게 되며 수백만 원 상당의 고가품으로 출시된다. 또한 '프레디족' 아빠들은 아이와 함께 추억을 공유하면서 다음 세대로 물려줄 수도 있는 가치 있는 유산으로써 비싼 상품도 선뜻 구매하기도 한다.

'키덜트', '프레디' 아빠들의 마음을 사로잡기 위해 유통업계 역시 활발한 마케팅을 펼치는 중이다. 복합쇼핑시설의 남성의류매장은 한편에 장난감을 비롯한 가족이 함께 즐길 수 있는 잡화들을 비치하여 가족 쇼핑객의 발길을 붙잡기도 한다. 체류시간을 늘리게 되어 의류 구매로 이어지는, 점진적인 매출증대의 연결 효과를 노린 것이다. 또한 가전업계 역시 친숙한 캐릭터 상품들을 결합한 신제품들을 속속 출시하는 등 가족 구성원 모두의 취향을 맞추는 상품을 통해 소비자에게 친숙하게 다가가고자 노력하고 있다. 디지털 놀잇감이 풍부해지면서 주춤했던 장난감 입계뿐 아니라 다양한 상품 시장에 그야말로 없어서는 안 될 손님인 셈이다. 앞으로도 이들의 구매파워가 지속되는 동안 마음을 사로잡기 위한 다양한 노력은 계속될 것으로 보인다.

자료원: [이슈+] 키덜트·마니아·프레디족까지…장난감 재미보는 유통가 (한경헬스/2017..07..12); "아임 유어 청소기"…키덜트족 겨냥 '캐릭터 가전기기' 잇단 출시 (서울신문/2017.12.21); 키덜트족, 지갑 통 크게 연다 (남도일보/2018.03.20) 수정 인용

(5) 가족과 마케팅전략

가족은 광고에서 가장 흔히 등장하는 소재 중 하나다. 기업은 광고에서 가족의 모습을 보여줌으로써 소비자에게 따뜻한 이미지를 심고자 하며, 이를 통해 해당 브랜드에 대한 호의적인 태도를 형성하고 결론적으로는 매출을 증대시키고자 한다.

가족의사결정은 상황에 따라 한 구성원이 주도할 수도 있고, 전체 구성원이 모두 관여할 수도 있다. 이런 특징 때문에 경우에 따라 효과적인 광고메시지가 달라질 수 있다. 예를 들어, 아내가 주로 결정하는 제품군의 경우에는 아내가 중요하다고 생각하는 부분을 강조하고, 이에 대한 니즈를 충족시켜야 할 것이다. 반면 공동의사결정이 이루어지는 제품 및 서비스의 경우에는 전체 구성원이 공통적으로 중요시하는 니즈를 알아채고 이를 해결해줄 수 있다는 메시지를 전달할 필요가 있다. 또한 요즘에는 어린 자녀의 영향력이 더욱 증가하고 있기 때문에 이를 고려한 광고 제작이 요구된다. 어린이들은 정보처리 및 제품 활용 능력이 상대적으로 부족하기 때문에 보다 직관적으로 이해될 수 있는 메시지를 개발해야 할 것이다.

주요 구매결정자가 누구인지에 따라 효과적인 광고 매체 역시 달라질 수 있다. 예를 들어, 남편이 주도적으로 결정하는 제품의 경우에는 남성이 주로 보는 잡지에 광고를 싣거나 방송국에서 프로야구 등을 중계하는 동안 TV 광고를 내보낼 수 있을 것이다.

제품 개발 역시 가족의 구매의사결정 상황을 고려할 필요가 있다. 가족을 대상으로 했을 때, 이 제품과 서비스가 한 구성원을 위한 것인지, 전체 구성원을 위한 것인지에 따라 제품이 제공하는 편익과 가격이 달라질 수 있다. 예를 들어, 남편이나 아내만을 위한 실손보험을 설계하는 것이 좋을지, 온 가족이 적용을 받을 수 있는 보험을 설계할지에 따라 보장내용 및 보험료가 상이할 것이다.

가족구매의사결정에는 다양한 요인이 영향을 미치기 때문에 뛰어난 마케터라면 이러한 요인과 가족구매의사결정의 특수성을 완전히 이해한 후, 자사의 제품 및 서비스에 가장 적합한 마케팅 전략을 수립해야 할 것이다.

엄마와 딸의 사랑을 주제로 한 광고 - 아로나민C '엄마는 거짓말쟁이'

💬 토론사례: 소비자 삼키는 '갓플루언서'

최근 수십만 명의 팔로워 수를 가진 소셜네트워크서비스 사용자, 혹은 1인 방송 진행자들이 뭇 연예인 못지 않은 인기를 거느리고 있다. 이처럼 SNS나 포털사이트에서 트렌드를 선도하고 영향력을 행사하는 이들을 '인 플루언서(Influencer)'라고 부른다. 때문에 기업들 사이에서는 인플루언서들을 내세워 제품이나 서비스 마케팅 을 벌이는 일명 '인플루언서 마케팅'이 활성화되고 있다.

일례로 심야에 방송된 예능프로그램 '인생술집'에 가수 홍진영·김영철 편이 방영되자 홍씨의 소셜미디어엔 "도대체 파운데이션이 어디 거냐", "화장법이 궁금하다"와 같은 질문이 쏟아졌다. 술을 못하는 홍씨는 프로그 램 컨셉트에 따라 맥주를 몇 모금을 마셨다가 온몸이 새빨개졌지만 화장한 얼굴은 전혀 변화가 없었기 때문이 다. 화장 비법에 대한 문의가 끊이지 않았고 홍씨는 자신의 유튜브 채널 '쌈바홍'에서 아예 사용 제품을 생방송 으로 공개했다. 소개한 제품 8종은 거의 동시에 동이 났다. 이 중 가장 큰 수혜를 받은 제품은 국내 중소 화장품 회사인 미바의 BB크림이다. 이로 인해 무명 브랜드의 제품은 돌연 뷰티 업계의 신데렐라가 됐다. 하루에 1~2개 팔리던 제품이 각종 검색어 순위에 올랐고 재고 5,000개가 금세 소진됐다. 종업원 수 30명, 연 매출액 30억원 남짓한 중소기업이 창사 이래 처음 호재를 경험하게 된 것이다.

'홍진영 파데 대란'으로 불리는 이 사건은 인플루언서 마케팅의 전형적인 성공 사례로 볼 수 있다. 인플루언 서 마케팅은 주변 사람들의 소비나 생활에 영향력을 미치는 사람, 즉 인플루언서의 마음을 얻어 이들이 소문을 내게 유도하고 그 주변을 장악하는 방식이다. 이와 관련하여 최근 전 세계 패션 & 뷰티 브랜드들이 인플루언서 마케팅에 이전보다 훨씬 더 많은 투자를 하고 있는 실정이다. 소셜미디어의 확장과 SNS로 인해 소비자들의 매 출에 영향력을 미치는 온라인 스타들의 중요성이 날로 증가하고 있기 때문이다.

일례로 미국 10대 소녀들이 가장 닮고 싶어 하는 카일리 제너(Kylie Jenner)는 8,000만 명이 넘는 팔로워를 보유하고 있다. 그녀가 아침 조깅을 위해 입은 트레이닝복 사진을 인스타그램에 올리면 적어도 8,000만 명 이 상의 사람들이 보게 된다. 이는 프라임 타임 TV 프로그램이나 광고에서도 쉽게 기록하기 힘든 수치이다. 사진 을 본 사람 중 적지 않은 수가 그녀가 입은 트레이닝복 브랜드와 가격을 검색하고 구매함으로써 카일리 제너의 영향 아래 놓이게 된다. SNS 팔로워(혹은 구독자)들은 '인플루언서가 추천하는 제품'이라는 이유만으로도 관심 을 갖고 구매를 결정하게 되는 것이다.

또 다른 예로 인도네시아 인플루언서 '라이자 안드리아나(Raisa Andriana)'는 인스타그램에서 560만 명 의 팔로워를 거느리고 있어 한 번 콘텐츠를 올리면 적어도 560만 명 이상의 사람들에게 도달한다. 황금시간 대 TV 프로그램도 기록하기 힘든 수치다. 라이자 같은 인플루언서들은 자신의 전문 분야가 아닌 곳에서도 고정 팬을 이용해 엄청난 바이럴을 일으키고 있으며, 인플루언서 마케팅 대행사로부터 수익을 챙긴다.

인플루언서가 대중들에게 미치는 영향력이 커지면서 국내 기업들은 인플루언서를 적극 활용하거나 육성하 는 데 나서고 있다. 아모레퍼시픽의 아리따움은 작년 고밤비와 '크림투샤인 틴트' 패키지를 출시했고, LG생활건 강은 '반도의 흔한 애견샵 알바생'이라는 닉네임을 쓰는 허지혜 씨에게 세탁세제 '피지' 광고를 의뢰한 바 있다. 또한, 중국인 매출 비중이 높은 면세점 업계에서는 중국 인플루언서 '왕훙'을 직접 초청해 일일 체험 행사를 진행하거나 전용 스튜디오를 오픈하기도 한다. 화장품 업종은 직접 시연이 가능해 인플루언서와의 시너지가 큰 편이다. 화장품 브랜드 론칭 행사에도 유명 인플루언서들이 빠짐없이 등장하곤 한다

과거 온라인 마케팅으로 키워드 채우기, 링크 구축, QR 코드 등이 성행했지만 오래 가지 못하고 일시적 유행으로 끝이 났다. 그러나 인플루언서 마케팅은 규모와 콘텐츠면에서 진화를 거듭해가고 있다. 또한 페이스북, 인스타그램 등 SNS가 발달함에 따라 인플루언서의 영향력은 꾸준히 커질 것으로 전망된다.

자료원: '홍진영 파데' 효과 … 인플루언서에 사활 건 화장품 업계(중앙일보/ 2018. 04.07); 평범한 사람들이 미치는 영향력, 인플루언서 마케팅 [지식용어](시선뉴스, 2018.04.29); 소비자 삼키는 '갓플루언서'…3주만에 반기 물량 '완판'(한국경제/2018.04.20); 세계가 주목하는 '인플루언서 마케팅' (이롭게/ 2017.05.22) 수정 인용

💬 토론문제

① 사람들이 인플루언서들에게 열광하게 된 원인과 인플루언서 마케팅과 기존 마케팅전략의 차이점에 대해 토의해보자.

② 패션, 뷰티 브랜드 외의 다른 분야에서 인플루언서 마케팅을 활용할 방안을 구체적으로 제시해보자.

③ '홍진영 파데' 와 같이 인플루언서 마케팅으로 성공을 거둔 사례를 찾아보자.

소비자행동 분석과 예측

CHAPTER 11 | 소비자행동 분석과 예측 ●────

🐚 도입사례 : 소비자조사는 필요한가?

애플은 변변한 소비자조사 없이도 세상을 바꾼 아이폰을 비롯 굴지의 히트상품들을 출시하고 산업생태계와 개인의 삶까지 완전히 바꿔놓았다. 반면 코카콜라는 "뉴코크" 출시를 앞두고 소비자대상 수용도 조사에 400만 달러나 지출했지만 출시 후 소비자의 거센 저항에 시달리며 3개월 만에 "뉴코크"를 시장에서 철수시켜야 했다. 그렇다면 과연 소비자들을 대상으로 하는 조사가 필요한 것인가? 소비자조사와 관련된 이러한 극단적 사례가 아니더라도 마케팅현장의 일부 전문가들은 시장조사 무용론을 주장하고 있다. 하지만 과학적이고 체계적인 시장조사를 통해 엄청난 위험을 피했거나 혁신의 기회를 찾아 큰 성공을 거둔 사례들도 있는 만큼 소비자조사, 시장조사가 무의미하다고는 할 수 없다.

조사의 성과가 달라지는 이유는 조사대상인 소비자를 얼마나 입체적이고 정확하게 분석했는가에 달려 있다. 여기서 입체적이라는 것은 소비자 욕구의 다양한 측면을 이해해야 한다는 뜻이다. 즉 소비자를 특정 제품의 기능적 소비자로서만 보는 것이 아니라 현실에서 살아 숨쉬고, 느끼고, 활동하고, 욕구를 가진 존재 그 자체로 봐야 한다는 것을 의미한다. 따라서 제품의 기능뿐 아니라 제품의 정체성, 문화적 가치, 브랜드 등에 대한 소비자의 관심과 애착을 중요하게 고려할 수 있어야 한다. 코카콜라가 대규모 시장조사에도 불구하고 실패한 이유는 코카콜라의 전통과 브랜드에 대한 소비자의 정서적 애착을 간과한 채 소비자를 단지 단편적인 콜라 맛의 음미자로만 바라보기 때문이다. 한편 정확성이라는 것은 소비자의 요구수준을 정밀하게 측정할 수 있어야 함을 의미한다. 소비자가 어떤 기능을 얼마에 어떤 방식으로 원하느냐는 개별 소비자에 따라 천차만별이다. 많은 조사에서는 소비자가 신기술, 신제품을 원한다는 사실에만 지나치게 주목한 나머지 이를 얼마나 원하고 얼마에 어떤 방식으로 원하는지를 간과하나 낭패를 본 경우가 많다. 조사의 정확성을 높이기 위해서는 기본적으로 정밀한 측정도구를 사용해야 한다. 또한 소비자가 말하지 않는 잠재욕구까지 파악하기 위해 노력해야 한다. 하지만 한두 번의 간헐적인 소비자조사 결과를 가지고 소비자들의 의중을 제대로 파악했는지를 따지기보다는 "기업이 소비자를 입체적으로 정확하게 이해하기 위한 효과적인 탐색체계를 가지고 있는가? 각각의 개별 시장조사는 그 체계하에서 올바르게 작동하고 있는가?"라는 질문을 통해 소비자를 제대로 분석하고 이해히고 있는시 판단할 수 있어야 한다.

자료원 : 동아비지니스리뷰(2010), 55(2)에서 수정인용

소비자를 분석하는 목적은 소비자를 잘 이해해서 소비자가 가진 문제를 해결할 수 있는 대안을 도출하고 자사에 유리한 의사결정을 하도록 소비자 행동에 영향을 미치기 위함이다. 출발점은 소비자에 대한 정확한 이해이다. 소비자 이해를 위해서는 소비자의 구매의사결정과 정과 정보처리과정에 대한 이해가 선행되어야 한다. chapter 11에서는 지금까지 학습한 소비자의 구매의사결정과정과 정보처리과정에 대한 이해를 바탕으로 소비자를 이해하는 데 필요한 효과적인 자료수집방법을 살펴보고자 한다.

소비자를 대상으로 자료를 수집하는 다양한 활동들을 통칭하여 소비자조사라 한다. 전통적으로 많이 실시해온 소비자조사는 대규모 설문조사 방식을 통해 소비자들이 가진 제품 사용상의 문제점이나 새로운 제품에 대한 욕구 등을 조사하고 이를 바탕으로 제품개선이나 신제품개발에 활용하는 조사였다. 고객만족도 조사, 제품이용행태조사, 신제품 수용도 조사, 광고효과조사, 브랜드이미지 조사 등이 대규모 설문조사의 대표적 주제들이다.

하지만 이러한 설문조사 기반의 소비자조사에서 빈번히 발생하는 문제는 조사에서 파악한 소비자의 욕구, 인식, 태도, 행동의향 등이 실제 나타나는 행동과 차이를 보인다는 점이다. 이유는 크게 두 가지 관점에서 찾을 수 있다.

첫째는 조사설계와 조사현장의 문제이다. 구조화된 설문지를 이용하는 대부분의 소비자 조사는 설문항목을 어떤 단어와 뉘앙스로 작성하는지, 설문항목의 순서를 어떻게 배치하는지, 응답척도로 어떤 척도를 사용하는지, 조사대상자를 어떻게 표본추출하는지, 대면조사인지 전화, 이메일 조사인지 등에 따라 조사결과가 달라질 가능성이 매우 높다. 과학적인 조사설계와 조사현장에 대한 엄격한 품질관리가 이루어지지 않는다면, 전체 조사과정의 매 단계마다 오류발생 가능성이 높아 자칫 오류덩어리 조사보고서만 만들어 낼 위험이 있다. 이는 대규모 표본을 대상으로 조사함으로써 모집단 대표성을 높이고 계량화된 응답을 확보할 수 있다는 대규모 설문조사의 장점을 무색하게 하는 단점들이다. 이로 인해 전문 조사업체의 대규모 설문조사는 매우 정교한 조사설계와 조사현장의 철저한 관리감독을 시행하고 있다.

둘째는 조사에 응하는 소비자의 문제이다. 조사설계, 조사현장의 문제는 일정 정도 통제가 가능하지만 소비자의 문제는 통제, 관리가 매우 어려운 근본적인 조사의 어려움이다. 조사에서 응답한 말과 실제 행동 간에 차이가 나타나는 가장 큰 이유는 조사응답시 소비자의 의도적 왜곡이나 자신의 생각, 감정 등을 충분히 표현하지 못하기 때문이다. 특히 소비자의 의도적 응답왜곡은 설문문항의 설계나 조사현장에서의 관리로 일정수준 극복할 수 있는 문제이지만, 표현하고 싶어도 표현하지 못하는 소비자의 욕구나 의향, 소비자 자신도 모르는 문제나 욕구, 잠재의식 속에 있는 경험이나 인식 등은 설문조사에서는 파악하기 힘든 정보들이다. 관찰, FGI, 래더링, ZMET, 에스노그래피 등 다양한 질적 조사방법의 사용이 확산되고 있는 이유에 해당한다.

아래에서는 이들 조사방법을 포함 소비자의 구매의사결정과정을 이해하고 기업의 마케팅전략 수립시 유용하게 사용될 수 있는 다양한 소비자 조사방법들을 살펴보겠다.

▌구매의사결정과 소비자분석

소비자조사, 특히 잘 구조화된 설문지를 이용하는 대규모 설문조사는 응답자들이 설문내용을 제대로 이해하고 솔직한 응답을 한다는 가정하에 이루어진다. 하지만 앞서 살펴본 바와 같이 설문조사에 응하는 소비자들은 자신의 욕구를 왜곡하거나 자신의 의도와 무관하게 자신의 생각이나 느낌, 욕구 등을 정확하게 표현하지 못하는 경우가 많다. 이 같은 현상이 나타나는 가장 큰 원인은 사람들이 표현할 수 있는 것은 자신이 의식할 수 있는 영역에 국한된 것일 뿐 잠재의식 영역에 저장된 대부분의 정보는 제대로 표현하지 못한다는 데 있다. 설문조사는 누군가에게 질문을 함으로써 그 사람의 의식 속에 질문을 집어넣어 그 사람의 의식적 반응을 기대하는 행위이기 때문에 사람들의 무의식, 잠재의식 속에 있는 그 무엇인가를 끄집어내는 데는 한계가 있다. 무의식, 잠재의식 속 단서는 소비자의 특정 행동을 발생시키는 중요한 원인 중 하나가 될 수 있다. 따라서 소비자를 정확하게 이해하기 위해서는 소비자의 구매의사결정과정 전체에서 작동하는 소비자들의 의식 영역뿐 아니라 잠재의식 영역도 함께 살펴볼 필요가 있다.

(1) 문제인식 단계의 소비자분석

소비자의 의식 속에 있는 문제, 또는 소비자가 인식조차 못하고 있는 문제를 발견하고 이를 이해하기 위해서는 소비자에게 묻고 듣는 것뿐 아니라 소비자 행동 특성과 그 행동을 하게 된 진짜 이유를 알아내기 위해 소비자 행동을 잘 관찰하는 것도 매우 중요하다. 소비자 행동은 주변 사람이나 소비상황, 구매상황 등 외적요인의 영향을 많이 받음을 앞서 학습하였다. 주변 상황과 타인의 존재가 소비자 행동에 어떻게 영향을 미치는지도 행동이 일어나고 있는 바로 그 시점에서의 행동반응 관찰을 통해 파악이 가능하다.

아래에서는 문제인식 단계의 소비자를 이해할 수 있는 효과적 조사방법인 관찰중심의 타운와칭(Town Watching)과 쉐도우잉 인터뷰(Shadowing Interview), 심층인터뷰 중심의 ZMET 등을 살펴보겠다.

1) 소비자행동 관찰을 통한 문제발견

타운와칭법은 유동인구가 많은 장소에서 사람들을 관찰하는 방법으로 무심코 행동하는 소비자들을 관찰하여 행동특성을 찾아내고 필요한 경우 인터뷰도 실시하여 행동의 원인도 파악하는 조사방법이다. 주로 신제품 아이디어를 찾을 때 많이 활용되는 방법으로, 스티브 잡스는 뉴욕의 매디슨 거리를 걸어 다니는 사람들을 관찰하면서 아이팟의 다양한 버전에 관한 아이디어를 얻을 수 있었다고 한다. 어떤 사람들이 걸어 다니면서 음악을 듣는지, 그런 사람들의 패션 스타일은 어떤지를 잘 관찰하면 걸으면서 음악을 듣지 않는 사람들의 경우 그 이유는 무엇인지, 이런 사람들에게 어떤 제품을 제시하면 새로운 사용자가 될지 생각해 볼 수 있다. 이런 방식으로 소비자의 행동을 관찰해보면 소비자에게 직접 질문을 하지 않고도 제품을 사용할 때 소비자가 겪는 어려움이나 부딪히는 문제를 파악할 수 있다. 고객의 행동에 대한 스티브 잡스의 이러한 관찰과 통찰력은 애플이 직관적인 인터페이스와 쉬운 사용법의 더 좋은 제품들을 만드는 원동력이 될 수 있었다.

2) 소비자와의 동행을 통한 문제발견

쉐도우잉 인터뷰란 말 그대로 특정대상을 그림자처럼 따라다니며 그가 하는 행동을 지속적으로 관찰하고 필요한 인터뷰를 병행하는 조사방식인데, 쉐도우잉(shadowing) 또는 쉐도우 트래킹(shadow tracking)이라고도 한다. 주로 소비자의 실외활동을 관찰하는 경우에 효과적이며 조사대상 제품의 사용행태, 사용맥락(context)상에서 소비자 행동특성 등을 이해하는데 효과적인 방법이다. 이는 특정 시점이나 장소에서의 단속적인 관찰과 달리 비교적 장시간 또는 장기간 조사대상자를 관찰함으로써 특정행동이 발생하는 맥락을 이해할 수 있고, 필요한 인터뷰를 해당 시점에 즉각적으로 진행할 수 있어 소비자의 문제를 매우 구체적으로 또한 포괄적인 영역에서 찾아낼 수 있다는 장점이 있다. 한편 쉐도우잉의 대상이 되는 소비자가 관찰자를 의식해서 이상행동을 할 수 있기 때문에 실제 쉐도우잉시에는 대상자의 의식적인 반응을 최소화할 수 있는 적응 단계를 가질 필요가 있다. 의식적 반응을 방지하기 위해 비공개적인 쉐도우잉을 할 수도 있지만 윤리적인 문제가 있는데다 행동발생 맥락에서 행동반응을 이해하기 위해서는 긴 시간 또는 여러 장소에서의 지속적 관찰과 인터뷰가 병행되어야 하는 만큼 비공개로 진행하는 데 어려움은 있다.

🔆 사례: "아이디어 말랐는가?… 그렇다면 거리로 나서라"

촛불을 아무리 들여다봐도 전구를 발명할 수는 없다. 같은 이치로 휴대폰을 아무리 들여다봐도 아이폰을 생각해낼 수 없다. 새로운 아이디어는 형태(form)에서가 아니라 새로운 시각(sight)에서 비롯된다. 그렇다면 어떻게 새로운 시각을 가질 수 있는가? 우선 '배회 탐색(free-range exploring)'이 좋은 출발점이 될 수 있다. 시대의 변화에 동참하고 소비자의 심리를 파악하기 위해서는 거리의 동향에 주목해야 한다. 그저 배낭을 메고 대중 속에 휩쓸리거나 가로수길, 홍대 앞 등 유행의 정점을 서성거려 보는 것도 좋은 방법이다. 거리는 이동의 통로일 뿐만 아니라 다양한 생활 요소들로 구성되어 있어 조금만 눈여겨보면 많은 정보를 얻을 수 있다. 이때 눈에 보이는 모습을 단편적으로 묘사하거나 나열하는 것은 큰 의미가 없다. '변화'에 주목해야 한다. 사실(fact)을 파악하려 애쓰기보다 특이한 성향(idiosyncrasy)을 눈여겨보는 것이 아이디어 창출에 훨씬 더 유용하다.

환경의 변화는 소비자가 그 변화를 수용했기 때문에 발생한다. 기업이 강압적으로 변화를 주도한다 해도 소비자가 이를 받아들이지 않으면 변화는 일어나지 않는다. 즉 관찰된 변화란 드러난 '결과'일 뿐이다. 그러한 변화가 발생하게 된 '원인'인 고객의 심리를 유추해볼 필요가 있다. 다시 말해 '소비자가 왜 이런 변화를 받아들일까'를 곰곰이 생각해 봐야 한다. 고객과의 접점지내에 있는 매장 점원들과 이런 저런 얘기를 나눠 보는 것도 좋다. 사람들이 "어떤 것을 좋아하는지"보다는 "왜 좋아하는지"를 물어야 할 것이다.

사람들의 반응을 관찰하는 것도 중요하다. 그들이 깜짝 놀라는지, 미소 짓는지, 찌푸리는지, 더 다가서는지, 고개를 젓는지 등 다양한 반응을 유심히 관찰해 보라. 이러한 타운 와칭(town watching)에 익숙해지면 생각지도 못한 정보를 얻을 수 있고, 소비자에 대한 눈도 뜨게 된다. 세계적인 명성을 지닌 마운트 시나이 병원(Mount Sinai Hospital)의 응급실은 다른 병원들의 벤치마킹 대상이 되고 있다. 그 설계를 맡은 디자인 회사 아이디오(IDEO)는 디자이너들로 하여금 환자 체험을 해보게 했다. 디자이너들은 앰불런스에 실려가 간이침대에 누워 복도에서 응급 처치를 기다리는 과정을 체험했다. 그런 체험의 결과가 그 유명한 응급실이다. 진정한 아이디어란 고객의 감정까지 체험한 후에야 비로소 떠오르는 것이다. 주방 그릇을 만드는 코렐(Corelle)은 '고객 가정 방문(Follow Me Home)' 프로그램을 운영한다. 고객의 가정에까지 따라가서 제품 사용의 순간을 관찰하는 것이다. 세탁·청소용품을 만드는 클로락스(Clorox)는 고객의 화장실까지 쫓아다니며 그들이 어떻게 변기를 청소하는지 관찰했다. 일회용 머리 솔이 달린 브러시 '토일렛 웬드(Toilet Wand)'가 그 결과이다.

오늘날 세상을 앞서가는 힘은 IQ나 EQ가 아니라 CQ(Curiosity Quotient·호기심 지수)이다. 아인슈타인은 "나에게 특별한 재능은 없다. 다만 넘쳐나는 호기심이 있을 뿐"이라고 말하곤 했다. 이제 우리도 호기심 가득한 눈으로 거리에 나서 아이디어 스팟터(spotter)가 되어보자. '회사의 일거리'에만 매달리다 보면 세상으로부터 배어 나오는 영감을 흘려버리게 될 것이다. 날이 바뀌면 새로운 아이디어가 주변에 쏟아져 나온다. "매일 매일을 비슷한 것으로 여긴다면 장님이 될 수 있다"는 파울루 코엘류의 말을 귀담아 새겨야 할 것이다.

자료원 : 조선일보, 2010. 5.29, 김재일 외(2008) 수정인용

3) 잠재의식 파악을 통한 문제발견

앞서 언급한 바와 같이 소비자들은 자신의 의도와 무관하게 자신의 생각이나 느낌, 욕구 등을 정확하게 표현하지 못하는 경우가 많다. 왜 그런 것일까? 사람들이 말이나 글로 표현할 수 있는 것은 자신이 의식할 수 있는 영역에 국한된 것일 뿐 잠재의식 영역에 저장된 것들은 제대로 표현하지 못한다는 것이 가장 큰 원인이다. 이는 인지장벽(cognitive barrier)으로 설명할 수 있는데 인지장벽은 크게 의도적인 거부와 비의도적인 거부로 구성된다. 의도적인 거부는 자신의 개인적인 경험을 의도적으로 공개하지 않는 것인 반면, 비의도적 거부는 조사대상자가 자신의 사적 경험을 글이나 말로 표현하는 데 장애가 있는 것을 의미한다. 그런 의미에서 바로 이 비의도적 거부가 조사에서 답한 말과 실제 행동 사이에 차이를 발생시키는 가장 큰 원인으로 볼 수 있다. 따라서 비의도적 거부를 극복할 수 있다면 소비자의 잠재의식 속에 있는 보다 본질적인 소비자 욕구를 발견하는 데 크게 도움을 받을 수 있다. 소비자들이 표현하지 못하는 잠재의식 속 욕구를 파악하기 위해서는 조사대상자 친화적인 도구들 즉, 이미지나 그림 등을 활용해 소비자들이 가진 은유(Metaphor)를 확인하고 해석할 필요가 있다. 여기서 은유란 특정 대상(사물, 사람, 개념 등)을 다른 대상으로 지각하는 현상을 의미하는 것으로, '직장'을 '전쟁터'로, '유명인'을 '스타' 등으로 표현하는 것이 좋은 예이다. 이 같은 은유는 소비자들이 자신의 생각이나 느낌을 표현하는 핵심적인 수단이기 때문에 소비자 욕구나 문제를 이해하는 데 있어 매우 중요한 단서를 제공한다. 즉 그림, 이미지 등으로 표출된 은유는 문자로 표현하지 못하는 소비자들의 사고와 감정을 제대로 반영하여 나타낼 수 있기 때문에, 다른 방법으로는 파악하기 어려운 잠재의식 속 깊은 정보를 파악하고 이해하는데 효과적 수단이 될 수 있다.

이와 같이 소비자들의 잠재의식, 무의식 영역 속 이야기, 정보를 은유라는 수단을 이용해

의식적 차원으로 이끌어 내는 조사방법을 은유추출기법이라고 하며, 하버드대 Gerald Zaltman 교수가 개발한 ZMET(Zaltman Metaphor Elicitation Technique)이 대표적이다.

ZMET의 핵심수단은 인터뷰이며, 준비단계, 실행단계, 분석단계 등 3단계로 진행된다. 준비단계에서는 주제선정, 조사대상자 섭외, 인터뷰 준비 등이 이루어지고, 실행단계에서는 실제 인터뷰를 진행하게 된다. 마지막 분석단계에서는 인터뷰 내용(스크립트)에 대한 분석과 분석결과에 근거한 공유개념도를 도출하고 조사보고서를 작성한다. 공유개념도란 조사대상, 조사주제에 대해 조사대상자들이 공유하고 있는 생각이나 느낌의 집합, 공유하고 있는 심리 구조 등을 도표로 나타낸 것으로 소비자의 마음을 훔칠 수 있는 지도에 비유된다.

사례: ZMET을 이용한 고객욕구 분석

팬티스타킹용 섬유를 생산하는 듀퐁은 기존의 시장조사 기법을 활용한 결과 대부분의 여성들이 팬티스타킹 착용을 싫어한다는 결과를 얻었다. 그러나 이 회사의 마케팅 담당자들은 여성의 잠재의식 속에 숨겨진 욕구가 있을 것이라는 의구심을 갖고, 팬티스타킹을 착용한 여성 20명을 선발하여 ZMET을 실시했다. 인터뷰 주제로 "당신은 팬티스타킹을 구매하여 착용하는 것에 대해 어떤 생각을 하며, 또 어떤 느낌을 가지는가?"라는 질문을 선정하였다. 조사에 참여한 여성들은 나무에 매달린 스틸밴드, 배배꼬인 전화기 코드, 단단한 플라스틱 포장에 들어있는 울타리 말뚝 등 상상하기 그리 어렵지 않은 이미지들을 선택했다. 그들은 또한 빈 벽에 걸린 두 개의 아프리카 마스크, 땅에 쏟아진 아이스크림, 고급 승용차, 꽃이 화병에 평화스럽게 꽂혀있는 사진들도 선택했다.

전문 ZMET 인터뷰어가 두 시간에 걸친 집중적인 인터뷰를 통해 각각의 그림 속에 숨겨진 여성들의 잠재니즈를 분석한 결과 여성들이 팬티스타킹 착용을 싫어한다는 점 외에 또 다른 심리를 발견할 수 있었다. 즉, 여성들은 나일론에 대하여 좋아함과 싫어함이라는 양면적 감정을 가지고 있었다. 또한 듀퐁 담당자들은 다른 연구들에서는 결코 얻을 수 없었던 통찰력을 획득할 수 있었는데, 일례로 플라스틱 포장에 들어있는 울타리 말뚝 이미지에서는 팬티스타킹이 사용자를 날씬하고 키가 큰 느낌이 들게 한다는 것을, 아이스크림은 스타킹의 올이 나가는 것 때문에 발생되는 난처함을, 비싼 자동차는 사치스러운 느낌을 나타냄을 파악할 수 있었다. 한 여성의 합성 이미지는 정원용 호스에 둘러싸인 쿠키 자르는 칼이 실크 드레스를 배경으로 놓여있는 장면이었는데 우아함에 대한 동경과 불편함을 동시에 보여주는 것이었다. 특히 그림에 나타난 소비자의 마음을 래더링을 통해 확인해 본 결과 여성들은 남성들에게 섹시하게 보이고 싶어한다는 심리를 읽어낼 수 있었다. 이런 발견을 통해 팬티스타킹 메이커들과 소매업자들이 직장여성의 이미지를 수퍼우먼으로 표현하던 당시의 광고패턴에 변화를 주어 '섹시함과 유혹적인 이미지'도 포함시키기 시작했다. 이러한 광고컨셉의 변경은 상당한 성과를 거둘 수 있었다.

자료원 : 정효명(2004), 김재일 외(2008) 수정인용

(2) 대안평가 단계의 소비자 분석

앞선 장에서 학습한 수단목적사슬(Means-End Chain) 이론의 핵심은 소비자들이 제품을 구매할 때 제품의 물리적 속성 자체보다 해당 속성을 통해 획득하는 혜택이나 가치를 더 중요한 구매기준으로 삼는다는 것이다. 소비자가 구매의사결정 과정에서 제품의 속성을 자신이 지향하는 신념이나 가치와 어떻게 연결시키고 해석하는지를 수단목적사슬 이론에 근거하여 파악하는 대표적인 조사방법으로 래더링(Laddering) 기법이 있다.

래더링 기법은 사람, 브랜드, 광고 등 특정 대상에 대해 사람들이 인식하고 있는 속성, 편익, 가치들이 계층적으로 어떻게 연결되어 있는지 파악해서 해당 대상에 대한 소비자 태도와 행동을 구조적으로 이해하는 데 도움을 주는 방법이다. 예를 들어 왜 아이폰을 구매하는지(속성), 그 이유가 구매자에게 왜 중요한지(편익), 그 편익이 구매자에게 제공하는 궁극적인 가치(가치)는 무엇인지, 나아가 이러한 요인들이 어떤 계층적 구조를 이루는지를 1:1 인터뷰를 통해 단계적(속성→편익→가치)으로 찾아 나가는 조사방법이다. 이를 통해 특정 제품이나 브랜드에 대한 소비자들의 인식을 계층적으로 파악함으로써 소비자들이 문제해결 대안을 평가하고, 특정 제품이나 브랜드를 선택하는 구조와 과정을 이해할 수 있으며, 브랜드 전략이나 커뮤니케이션 전략을 수립하는 데도 효과적으로 활용할 수 있다. 특정 브랜드를 대상으로 하는 래더링 조사의 경우 먼저 특정 브랜드를 구매하는 이유 또는 대안 평가 시 중요하게 고려하는 기준이 무엇인지 질문하여 소비자가 특정 브랜드에 대해 특징적으로 인식하는 속성(attribute)을 파악한다. 다음으로 파악한 여러 속성들이 응답자 자신에게 왜 중요한지 다시 질문함으로써 각 속성이 소비자에게 제공하는 구체적인 편익(benefit) 또는 결과(consequence)를 발견한다. 마지막으로 이러한 편익이 또 왜 중요한가를 질문하여 해당 브랜드가 소비자에게 주는 가치(value) 또는 소비자가 해당 브랜드를 구매하며 기대하는 궁극적인 가치가 무엇인지 발견한다. 녹차에 대한 래더링 조사의 절차를 예로 들면 다음과 같다.

① 조사자: 왜 녹차를 구매하시나요?
② 응답자 : 깔끔한 맛과 맑은 향이 좋아서요.
③ 조사자 : 그런 맛과 향이 어떤 도움을 주나요?
④ 응답자 : 몸과 마음이 건강해지는 것 같아 좋습니다.
⑤ 조사자: 몸과 마음이 건강해지면 어떤 점이 도움이 됩니까?
⑥ 응답자: 마음에 여유를 주고 편안함을 느끼게 해주는 것 같습니다.

그림 11-1 　 래더링 단계

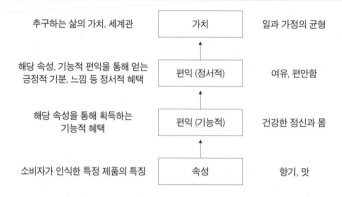

추구하는 삶의 가치, 세계관 　 가치 　 일과 가정의 균형

해당 속성, 기능적 편익을 통해 얻는
긍정적 기분, 느낌 등 정서적 혜택 　 편익 (정서적) 　 여유, 편안함

해당 속성을 통해 획득하는
기능적 혜택 　 편익 (기능적) 　 건강한 정신과 몸

소비자가 인식한 특정 제품의 특징 　 속성 　 향기, 맛

⑦ 조사자: 여유나 편안함이 왜 중요한가요?

⑧ 응답자: 과속하지 않는 삶을 살 수 있으면서도 집중해서 일을 할 수 있으니까요.

⑨ 조사자 : 왜 과속하지 않는 삶을 사시려고 하나요?

⑩ 응답자 : 나와 내 가족이 아닌 일을 위해 바쁘게 사는 일중독자가 될 수 있으니까요.
일과 가정이 균형을 이루는 삶이 저는 아주 중요하다고 생각합니다.

따라서 응답자가 녹차를 선택하는 표면적 기준은 녹차의 맛이나 향기인 것으로 나타나
지만, 이는 심신의 건강과 여유로움을 통해 일과 가정의 균형이라는 궁극적 목적을 달성하려
는 욕구가 잠재되어 있다고 해석할 수 있다.

(3) 태도형성 단계의 소비자 분석

소비자들이 특정 제품이나 브랜드에 대해 어떤 태도를 갖고 있는지 확인할 수 있다면,
앞으로 그 소비자가 어떤 행동을 하게 될지 예측하는데 큰 도움이 된다. 하지만 소비자태도
는 비교적 장기간에 걸쳐 여러 영향요인들에 의해 형성되는 특징이 있기 때문에 특정 시점에
서 파악한 소비자의 응답내용만으로 그 태도의 방향이나 강도를 정확하게 이해하는 데는 한
계가 있다. 뿐만 아니라 태도가 행동의 중요한 선행요인이긴 하지만 태도의 방향대로 행동이
일어나지 않는 경우도 많다. 따라서 소비자행동을 제대로 예측하기 위해서는 우선 태도가 형
성되는 전반적인 과정을 다양한 관점에서 심도 깊게 조사할 필요가 있다.

1) 소비자 삶의 맥락에서 태도형성요인 분석

에스노그라피(Ethnography)란 연구자가 비교적 장기간 동안 사람들의 생활 현장 속에 들어가 그곳에서 발생하는 일들을 관찰하고, 그들이 말하는 것을 듣고 질문함으로써 문화적 맥락 속에서 특정 집단에 속한 사람들의 가치, 관습, 신념, 행동, 그리고 내면의 사고방식에 대한 이해를 목적으로 하는 연구방법이다. 따라서 에스노그라피를 통하면 소비자의 습관, 언어, 문화를 포함하는 삶의 맥락에서, 제품이나 브랜드와 관련된 소비자의 가치, 신념, 의미, 사회적 애착 등을 이해할 수 있기 때문에 소비자 태도와 행동 간의 관계를 구체적으로 파악할 수 있다. 주로 관찰과 집단인터뷰 방식을 비롯 문헌이나 사진, 영상자료 등의 다양한 도구들을 사용한다.

에스노그라피 연구자들은 소비자들의 일상에서 이들이 제품이나 서비스를 구매하고 사용하는 모습을 관찰하고, 어떻게 일상생활을 영위하며, 이들이 누구이고 어떤 가치관을 갖고 있는지를 보고 들으며 모든 것을 기록한다. 이 과정에서 제품이 독특한 방법으로 사용되는 방식, 소비자가 제품 사용시 저지르는 실수, 제품이 소비자들의 삶에 미치는 영향, 문화가 제품의 선택이나 소비자—제품 간 관계에 미치는 영향들을 구체적으로 파악하게 된다. 예를 들어, 일반 가정에서의 생활을 관찰한다면 아침에 일어나서 양치질을 하는 모습, 오후에 자녀들이 귀가하여 스낵을 먹는 모습, 저녁에 가족들이 자유시간을 보내는 모습, 취침 전에 여성이 스킨케어를 하는 모습 등을 모두 파악하게 된다. 때로는 부부가 나란히 쇼핑을 하는 곳에서나, 젊은이들이 즐기는 바(bar)에서도 관찰을 할 수 있다. 따라서 에스노그라피는 다른 유형의 조사방법보다 훨씬 시간이 많이 소요된다. 소비자의 특정 문화를 이해하고, 소비자가 제품과 더불어 살아가는 모습을 탐색하며, 소비자가 제품에 대해 가지는 정서적 유대감을 조사하거나, 제품 사용 상황을 이해하기 위해 몇 시간 혹은 며칠을 관찰해야 하기 때문이다. 뿐만 아니라 소비자의 행동특성을 예민하게 파악해 내고, 심층인터뷰를 수행할 수 있는 전문적 역량이 필요한 조사방법이기도 하다.

2) 소비자환경에서의 이용행태 분석

기업경영분야 특히 마케팅 영역에서 많이 활용하는 에스노그라피의 한 방법으로 홈비지트 조사가 있다. 소비자의 가정을 직접 방문해서 제품 사용환경 및 사용자와 제품, 환경 간의 상호작용을 파악하고 소비자의 라이프스타일 전반에 대한 이해를 통해 소비자와의 커뮤니케이션 방법 설계, 신제품 개발아이디어 도출 등이 가능한 조사방법이다. P&G는 직원이 소비자들과 며칠 동안 함께 생활하는 'Living it' 제도를 통해, 소비자 가정을 직접 방문하여 생활패턴을 관찰하고 쇼핑도 같이 하면서 제품에 대한 의견을 나누기도 한다. P&G가 2004년 멕시코에서 출시한 섬유 유연제 다우니 싱글 린스는 이 조사방법을 이용하여 얻은 성과 중 하나다. 멕시코 소비자들의 집을 방문해 관찰한 결과, 멕시코의 저소득층 소비자들은 여러 벌의 의복을 살 만한 경제력이 없기 때문에 세탁을 중시하고, 세탁 시 물을 많이 쓰는 것에 대해 부담을 느낀다는 것을 발견했다. 이러한 조사결과를 바탕으로 여러 번 헹구지 않아도 되는 섬유 유연제를 출시하여 세탁 시 물 사용량을 3분의 2까지 줄일 수 있도록 하였는데, 출시 6개월 후 인지도가 80% 상승했고, 재구매율이 85%에 이를 만큼 시장에서 좋은 반응을 얻었다.

💡 사례: 가구공룡 이케아, 한국의 인테리어를 진단하다 ●━━━━━━━━━

세계 최대의 가구 브랜드 이케아(IKEA)가 2014년 경기도 광명에 국내 첫 매장을 열었을 때 방문자가 많아서 매장 안에 들어갈 수 없을 정도로 소비자의 큰 호응을 얻었다. 이케아는 해외시장에 진출할 때 해당 국가에 대한 시장조사를 철저하게 하여 현지화 전략을 펼치기로 유명하다. 이케아의 경영철학을 살펴보면 단순히 가구를 파는 곳이 아니라 컨설팅 회사에 가깝다. 소비자에게 제품을 판매하는 것이 아니라 소비자 가정의 인테리어 문제를 발견하고 해결하는 대안을 제시하기 때문이다. 이를 위해 이케아가 첫 번째로 사용하는 방법이 홈비지트 조사이다. 예를 들어 이케아는 한국인이 많이 사용하는 제품을 조사하지 않고 한국인이 사용하고 있는 제품과 공간의 불편함을 조사한다. 그리고 그 해결대안을 이케아의 제품으로 제시하려고 노력한다. 즉 각 가정에서 부모와 아이의 관계, 생활 패턴, 공간이나 인테리어상의 불편함 등 한국의 인테리어 문화를 이해하고자 노력하는 것이다. 한국인이 가구 완제품에 익숙하다는 점을 파악하여 조립과 배송 서비스를 제공하기로 하였고, 미국이나 유럽과 비교했을 때, 주거공간이 좁으며 아파트에는 붙박이장과 같은 가구가 배치되어 있다는 것을 알고, 가구보다 소품 판매의 비중을 늘리기도 했다. 또한 수납의 필요성을 많이 느낀다는 것을 발견하고, 수납공간을 보이는 수납과 보이지 않는 수납으로 나누는 아이디어를 개발하기도 하였다. 이케아 매장의 쇼룸을 만들 때도 한국 소비자의 선호도에 맞춰 거실은 밝은 톤, 침실은 어두운 톤으로 꾸미고, 한국 소비자가 자주 사용하는 제품과 취향에 맞는 소품들을 전시한 바 있다.

자료원 : 이코노믹리뷰, 2015. 2. 4.에서 수정 인용

(4) 구매행동 단계의 소비자 분석

구매가 이루어지는 시점의 소비자행동 분석은 자사 제품이나 브랜드가 소비자로부터 선택받는 데 도움이 되는 요인들을 도출해 준다. 대표적으로 구매시점광고(point of purchase)전략, 매장내 소비자동선 설계, 상품진열전략 수립 등에 필요한 정보수집에 유용하게 활용할 수 있다.

1) 동반쇼핑을 통한 구매행동 분석

쉐도우잉 인터뷰와 유사한 방식으로 실제 구매시점의 소비자 행동에 초점을 맞춘 관찰조사방식이다. 소비자들의 실제 구매행동이 진행되는 과정을 살펴보고 이해함으로써 소비자들의 제품선택 시 고려 요인을 비롯 구매 시 판매원이나 광고물의 영향, 특정 매장 내 동선, 관심 있는 제품군이나 브랜드 등과 관련한 소비자행동 특성을 분석할 수 있다. 아모레 퍼시픽은 2007년부터 DCC(Direct Consumer Contact) 프로그램을 통해, 마케터가 쇼핑하는 고객을 따라다니며 구매패턴이나 자주 다니는 장소들을 관찰하고 고객의 경험을 공유하며 구매상황이나 사용 상황에서 진실의 순간(Moment of Truth)을 포착하고자 노력하였다. 이에 따라 2008년 출시된 마스카라에는 기능, 성분, 용기 디자인, 컬러, 브러시에 대해 180여 명의 고객을 대상으로 실시한 조사 결과가 반영될 수 있었다.

2) 소비자 시선추적을 통한 행동반응 분석

시선추적(Eye-tracking)은 소비자 동공의 움직임을 추적하여 소비자의 행동반응을 계량화하는 조사방법이다. 시선추적기를 활용하여 소비자의 시선이 거쳐 간 곳들을 파악한다고 해서 어떤 정보처리과정이 진행되었고 어떤 인식과 감정을 가졌는지까지 정확하게 알 수는 없다. 하지만 시선이 머문 시간의 길이나 횟수 등을 활용하면 유용한 정보를 파악할 수 있다. KT는 자사의 영업매장을 고객밀착형 유통매장으로 바꾸기 위해 시선추적기를 활용했다. 20~40세 남녀 소비자 18명을 대상으로 조사한 결과, 소비자들이 별다른 관심을 보이지 않은 매장 내 공간이 곳곳에서 발견되었고, 시

시선추적(Eye-tracking)

선도 분산되어 나타났다. 시선추적기 조사가 끝난 후 수행한 인터뷰에서 소비자들은 '제품이 구역별로 나누어져 있지 않아 산만하고 매장 구조가 복잡하다'는 등의 불편함을 지적하기도 했다. 이에 따라 KT는 시선이 가장 많이 머문 곳, 제일 먼저 시선이 멈춘 곳에 신제품을 진열하고, 광고 메시지를 노출하는 등 새로운 매장 디스플레이 전략을 추진한 바 있다. 소비자들의 시선을 추적하면 소비자가 주의를 기울이고 정보를 처리하는 전반적인 과정을 살펴볼 수 있어서 광고효과 분석이나 웹사이트 평가, 프로그램에 대한 사용자 관심도, 사용자 상호작용(user interaction), 제품 진열효과 분석 등에도 활용할 수 있다. 가전제품 제조업체는 구매시점의 소비자가 제품의 어느 부분을 가장 먼저 바라보는지, 시선이 어떠한 경로로 움직이는지, 시선이 가장 오래 머무는 부분은 어디인지를 분석하여 소비자 시선을 사로잡을 수 있도록 가전제품을 설계할 수 있다. 유통업체는 매장 내에서 소비자 시선분석을 통해 수익성 높은 제품과 회전율 높은 제품으로의 소비자 이동경로설계, 진열제품의 최대 노출이 가능한 동선설계, 집중도 높은 진열전략과 구매시점 광고전략 등을 수립할 수 있다. 웹사이트 화면에서 네티즌의 시선을 끄는 것이 중요한 온라인 광고나 온라인쇼핑몰 기업들도 네티즌의 시선을 추적함으로써 홈페이지와 광고의 인터페이스를 최적화할 수 있다.

💡 사례: 마트매장에 시계가 없는 이유는... '뉴로 마케팅'

인간의 모든 행동이 의식의 지배를 받는 것은 아니다. 이를테면 특정 브랜드에 무의식적으로 손이 간다든지, 혹은 길거리에서 호감이 가는 이성을 보면 저절로 눈길이 가는 등의 현상들이 있다. 뉴로 마케팅은 뇌신경을 의미하는 영단어 'Neuro'와 마케팅이 결합한 개념이다. 주로 뇌 영상 촬영, 뇌파 측정, 시선 추적 등을 통해 소비자들의 뇌세포 활성이나 자율신경계 변화를 측정해 마케팅에 활용하는 시도다. 2005년 〈포춘〉지는 뉴로 마케팅을 미래 10대 기술로 선정했고, 〈뉴욕타임스〉는 식품, 화장품, 패션, IT, 영화 등 다양한 산업에서 뉴로 마케팅이 활용되고 있다고 전하기도 했다. 공개적으로 자사의 브랜드 운영에 뉴로 마케팅을 적용했던 기업들로는 코카콜라, 아모레퍼시픽, 피엔지, 유니레버, 로레알, 나이키, 기아자동차, 20세기 폭스 등이 있다.

글로벌 콘텐츠 제작업체인 디즈니는 뉴로 마케팅 광고에 대한 소비자들의 반응을 파악하기 위해 '디즈니 미디어광고 연구실(Disney Media & Advertising Lab)'을 개설해 어떤 광고가 소비자의 주목을 끄는지 분석했다. 실험 참가자의 시선 변화를 측정하는 고글 형태의 추적기부터 얼굴 근육에 붙이는 장치로 표정 변화를 분석하는 컴퓨터, 심장박동 측정기 등으로 실험자들의 뇌파 반응을 측정했다. 실험을 통해 디즈니는 성별이나 연령에 따라 긍정적으로 반응하는 광고의 색상, 패턴 등이 다르다는 결론을 내리고 이를 자사의 영상 콘텐츠에 적용하기 시작했다.

기아자동차의 'K7은 눈동자 움직임이나 뇌파를 측정해 자극에 대한 소비자의 반응을 알아보는 '암시적 측정'을 브랜드 네이밍에 적용시켰다. K7을 출시하기에 앞서, 국내외의 소비자 200여 명을 대상으로 설문조사를 실시한 후, 별도로 소비자의 시선 추적과 fMRI(기능적 자기공명영상)를 활용한 측정을 바탕으로 신차 이름을 결정하고자 했다. 그 결과 K라는 알파벳과 7이라는 숫자의 조합에 대해 고급스러운 이미지를 느끼는 것으로 소비자들의 무의식적 반응이 나타났으며, 그렇게 기아차의 신차 이름은 K7으로 정해졌다.

뉴로 마케팅은 오프라인 매장의 상품 배치에도 활용되고 있다. 대형마트나 백화점의 경우 매장을 방문하는 소비자들의 시선이 어디에 머무를지 가늠하고, 소비자들의 동선을 고려한 인테리어나 상품 구성을 결정한다. 마트나 백화점들은 쇼핑 카트에도 뉴로 마케팅을 적용한다. 쇼핑카트의 크기가 점점 커지는 것은 소비자들이 무의식적으로 물건을 담아 가득 채우게 하는 판매 전략이다. 또한 매장에 오래 머무는 소비자일수록 무의식적으로 구매할 가능성이 높다는 사실도 뉴로 마케팅의 암시적 측정법으로 밝혀졌는데, 이것이 백화점이나 마트 매장 내에서 시계를 찾아볼 수 없는 이유이다.

온라인 마켓에서도 뉴로 마케팅이 적용된 사례가 있으니, 바로 오픈마켓 11번가다. 11번가는 한국과학기술원(KAIST)과의 제휴를 통해 쇼핑몰을 이용하는 소비자들의 무의식적 뇌 반응을 측정했다. 그 결과를 바탕으로 온라인 쇼핑몰의 상품 배치나 홈페이지의 메뉴를 구성했다. 이러한 구성 외에도 11번가는 전략적 뉴로 마케팅에 따라 수시로 디스플레이나 홈페이지의 유저 인터페이스를 개선하고 있다.

뉴로 마케팅의 연구는 향후 마케팅 기법이나 브랜드 전략에 적지 않은 변화를 가져올 것으로 기대되면서 많은 기업들의 관심을 받고 있다. 그러나 안타깝게도 뉴로 마케팅은 물건을 많이 팔리도록 하는 '마법의 주문'은 아니다. 뇌신경과학 영역은 연구의 성과보다 아직까지도 규명되지 못한 부분이 훨씬 더 많아 일부 소비자들에게서 나타난 구매 행동패턴을 일반화시키는 것은 다소 무리가 있기 때문이다.

자료원 : 이코노믹리뷰, 2017.3.10.에서 수정인용

(5) 구매 후 행동단계의 소비자 분석

구매 이후 소비자들은 자연스럽게 제품에 대한 기대수준과 실제 성과를 비교하고, 이를 바탕으로 제품에 대한 만족정도를 경험하게 된다. 소비자의 만족수준은 해당 제품에 대한 태도, 반복구매 의향, 구전(Word of Mouth)에 영향을 준다. 따라서 구매 이후에도 소비자와 지속적인 관계를 유지하기 위해 소비자의 만족수준을 파악해서 관리할 필요가 있다. 구매후 부조화 역시 구매 이후 소비자들이 겪을 수 있는 중요한 인지과정인데, 이에 대한 적절한 관리가 이루어지지 않을 경우 소비자 만족에 부정적인 영향을 주고 반품 등으로 기업에 직접적인 비용부담을 안길 수 있다. 따라서 구매 후 부조화 역시 면밀히 분석하여 소비자들의 부정적 경

험을 최소화 할 수 있는 대안을 마련할 수 있어야 한다.

1) 설문조사를 통한 소비자 만족도 분석

소비자 만족도는 많은 기업과 조직에서 경영목표나 성과평가 지표로 사용되고 있고 마케팅 전략 수립시 기초자료로 활용되는 중요한 지표이다. 자사가 보유한 브랜드별 만족도, 광고 만족도, 매장 만족도 등 만족도 측정대상에 따라 다양한 소비자만족도가 파악되겠지만 이러한 대상별, 영역별 만족도 점수가 모두 합쳐져 기업차원의 성과평가에 반영되고 경영전략, 마케팅전략 수립에 중요한 정보를 제공한다는 점에서 소비자 만족도 조사는 필수적인 경영활동이라 할 수 있다. 그런 만큼 소비자만족도는 계량화된 만족도 점수로의 산출이 필요해 주로 대규모 설문조사 방식을 이용하고 있다. 정확한 만족도 측정을 위해서는 무엇보다도 만족도조사 대상자 선발과 만족도 측정항목 설계에 주의할 필요가 있다. 대부분 만족도 조사의 경우 전수조사가 가능한 여건이 아닌 만큼 조사대상자로 추출되는 표본이 모집단 대표성을 가질 수 있도록 조사목적에 맞는 과학적인 표본추출방법을 적용할 수 있어야 한다.

만족도를 측정하는 설문항목들 역시 응답자들이 충분히 이해할 수 있는 용어와 내용으로 설계하여 조사자와 응답자간 소통이 동일한 개념과 내용으로 정확하게 이루어질 수 있어야 한다. 구체적인 만족도 측정항목은 만족도조사 발주부서 등과의 충분한 협의를 통해 만족도 점수 활용목적(예. 성과평가, 불만사항 개선, 마케팅계획수립, 추이분석 등)에 적합한 개별항목들로 설계하여, 만족도 측정의 신뢰성과 타당성을 확보할 수 있어야 한다. 또한 설문응답자들의 솔직한 응답을 유도할 수 있고 응답자들이 최대한 자신의 의견을 표현할 수 있는 질문 내용과 응답보기들이 제시되어야 하며, 긍정적 만족도 점수 산출을 위한 유도성 질문이나 왜곡된 정보제공 등의 비윤리적 행위는 엄격히 차단되어야 한다.

2) 자유토론을 이용한 구매후 부조화 분석

설문조사 방식을 통해 구매후 부조화의 유형이나 구체적 원인 등을 파악하는 데는 한계가 있다. 부조화를 경험하는 내용들이나 강도, 지속기간이 매우 나양할 수 있기 때문이다. 소비자들의 다양한 구매후 부조화 경험을 전반적으로 파악하기 위해서는 FGI(Focus Group Interview)가 효과적이다. FGI는 보통 6~8명이 한 자리에 모여 특정 주제에 대해 진행자(moderator) 사회로 자유롭게 토론하는 방식인데, 자유토론 과정에서 주제와 관련된 다양한 의견과 새롭고 혁신적인 아이디어를 도출할 수 있다. 특히 다양한 배경을 가진 참여자들의 의

건이 표면화될 수 있도록 자유로운 토론환경을 제공하고 참여자들간 활발한 상호작용을 유도하면 조사주제와 관련된 참가자들의 생각, 감정, 경험을 비교적 폭넓게 파악할 수 있다. 따라서 구매후 부조화를 주제로 FGI를 실시하면, 참가자 저마다의 부조화 경험이 공유되면서 상호작용을 일으켜, 소비자 관점에서 구매후 부조화가 발생할 수 있는 다양한 상황, 부조화의 유형, 발생원인, 해결방식, 성과 등에 대해 폭넓으면서도 구체적인 수준으로 확인할 수 있다.

▌마케팅전략 수립과 소비자분석

마케팅활동의 목적은 소비자에게 경쟁사보다 더 나은 가치를 제공함으로써 소비자의 선택을 받고 소비자와의 긍정적 관계를 오랫동안 유지하는데 있다. 여기서 가치란 소비자가 가진 문제를 해결해주는 정도로 마케팅활동의 출발점이 소비자이고, 소비자가 가진 문제를 해결하는 것이 마케팅의 목적이어야 함을 의미한다. 따라서 성공적인 마케팅활동을 위해서는 누가 우리의 소비자인지를 정확하게 규명하는 작업이 우선적으로 필요하며, 다음으로 그들을 대상으로 어떤 마케팅활동을 수행할지 계획하고 실행하는 활동들이 이어져야 한다. 소비자조사는 이와 같은 일련의 마케팅활동 전 과정에서 필요로 하는 자료를 수집하고 제공하는 역할을 수행한다.

(1) 표적고객 설정을 위한 소비자분석

글로벌 생활용품기업인 P사는 세제 브랜드에 대한 시장세분화를 위하여 단어연상법을 사용했다. 조사자가 제시한 주제어와 관련하여 응답자의 머리에 가장 먼저 떠오르는 단어를 말하게 하는 방식이다. 이때 머리에 가장 먼저 떠오르는 내용이 응답자의 태도와 가장 강하게 연결되어 있는 연상으로 볼 수 있다. 조사는 연령과 가족 배경이 유사한 주부들을 대상으로 실시되었다. 사용한 주제어는 '세탁하는 날', '신선', '순수', '문지르다', '더러움', '거품', '가족', '수건'과 같은 단어들이었다. 조사결과 한 그룹의 주부층에서는 더러움은 당연한 것으로 보고 더러움을 극복하기 위해 그다지 큰 노력을 기울이려 하지 않는 성향을 보였다. 반면 다른 주부그룹에서는 더러움을 당연한 것으로 본다는 점에서는 동일하지만 상대적으로 활기차고, 사실적이었으며 비누와 물을 사용하여 더 적극적으로 먼지를 제거하고자 하였다. 이를 통해 P사는 세제시장이 세탁에 대한 소비자 태도에 따라 세분화될 수 있음을 발견했다. P사는 시장 선도기업으로서 다양한 세제 브랜드를 보유하고 있었는데 이 같은 소비자조사를 통해 각각의 세제 브랜드별로 적합한 세분시장을 도출하고 표적시장에 대한 마케팅전략을 수립할 수 있었다. 연상법은 참여자들에게 특정한 자극물(예. 브랜드명, 로고, 인물 등)을 주고 이 자극물과 관련하여 제일 먼저 떠오르는 단어, 이미지, 생각들을 말하게 하는 투사기법이다. 이때 소비자의 반응, 특정 반응의 소요시간, 반응의 빈도를 가지고 브랜드 인지도나 선호도, 브랜드 이미지 등을 측정하고 광고나 판매촉진의 효과도 검증할 수 있다. 연상법의 종류로는 단어 연상법, 문장 완성법, 의인화법, 그림 그리기 등이 있다.

문장완성법은 응답자들에게 미완성의 문장, 이야기, 대화 등을 제시하고 이를 완성하게 함으로써 응답자들의 인식을 분석하는 조사방법이다. 대개는 각 문장이 응답자가 어떤 입장을 취하거나 태도를 나타내도록 하는 서술문으로 시작한다. 예를 들어 "백화점을 이용하는 소비자들은_____한 사람들이다"라는 문장을 제시하고 밑줄 친 부분의 답변을 분석하면 백화점에 대한 소비자들의 인식을 파악할 수 있다. 파악된 주요 내용이 "화려한", "유능한", "여유로운" 등이 많이 언급되고, 한편으로는 "다양한" "신선한", "믿을 만한"이라는 내용들도 다수 언급되었다면 조사내용을 근거로 백화점 시장을 "고급스러움"을 지향하는 시장과 "실용성"을 지향하는 시장으로 크게 나누고 각각의 시장에 적합한 제품구색과 가격전략, 매장전략 등을 수립할 수 있다.

(2) 포지셔닝을 위한 소비자분석

소비자들의 마음속에 경쟁사와는 차별적인 내용과 이미지로 자사 브랜드나 기업을 각인시키는 여러 가지 노력과 활동이 포지셔닝이다. 포지셔닝이 얼마나 강력하고 차별적이며 소비자에게 가치 있는 것인가에 따라 해당 브랜드의 경쟁력은 크게 달라질 수 있다. 따라서 많은 기업들은 소비자들이 가진 제품, 브랜드, 기업 등에 대한 인식을 파악하고 경쟁력 있는 차별적 위치를 정확하게 찾아내기 위해 다양한 노력을 기울이고 있다.

1) 기호를 이용한 포지셔닝

기호학(Semiotics)적 조사는 소비자를 정확하게 이해하는 수단임과 동시에 차별적인 포지셔닝전략 수립에 효과적인 도구이다. 기호학적 조사방법은 소비자의 외부에 있는 것이 소비자의 마음속으로 어떻게 들어가게 되었는지 조사하고, 이를 통해 사람들이 의식적, 무의식적으로 소통하는 방식을 파악하는 방법인데 이를 이용하면 제품포장, 광고, 신제품개발 등에 활용할 수 있는 정보들을 효과적으로 수집할 수 있다. 인간은 매일 기호(sign) 속에서 살아가며, 기호를 통하여 의미를 전달하고 전달받는 커뮤니케이션을 한다. 따라서 기호는 커뮤니케이션 참여자의 마음속에 있는 어떤 것을 대신하는 요소이며, 수용되면 다른 참여자의 마음속에 있는 어떤 것을 대신하게 되는 요소가 되기도 하다. 나아가 인간의 삶 자체가 기호라고 할 수 있으며, 인간의 감정과 사고는 모두 기호현상으로 나타난다고도 할 수 있다. 따라서 기호학적 조사를 실시하면 소비자와 메시지 간의 관계, 메시지가 어떻게 해석되며 어떻게 처리되고 제품에 어떤 영향을 미치는가를 이해할 수 있다.

구체적으로 살펴보면 첫째, 자사 광고에 대한 기호학적 분석을 통해 기업이 전달하고자 했던 메시지가 의도했던 대로 잘 전달되고 있는지 파악할 수 있다. 즉 광고를 통해 전달하려고 했던 가치와 개념이 소비자 기억 속 원하는 위치에 각인 되고 있는지 확인할 수 있다. 둘째, 경쟁사 광고에 대한 기호학적 분석을 통해 경쟁사 광고가 제품에 부여하는 의미작용을 파악하고 소비자에게 명시적·비명시적으로 전달되는 개념과 가치를 파악할 수 있다. 이러한 조사는 경쟁사와 차별화되는 커뮤니케이션 전략 수립과 새로운 광고 캠페인을 정교화하는 데 유용하다. 셋째, 사회적 담론에 대한 기호학적 분석을 통해 소비자 인식 속에서 진행되는 특정 제품에 대한 의미작용을 파악할 수 있다. 소비자가 이 제품에 대해 무엇을 알며, 어떤 상상을 하며, 어떤 결과를 기대하고, 어떤 환경에서 사용하고, 어떤 욕구가 충족되기를 기대하는지에 대한 정보를 파악할 수 있다. 넷째, 이상의 기호학적 분석을 통합하면 포지셔닝 전략 수립에 필요한 지각도(perceptual map)를 작성할 수 있다. 이는 제품이나 커뮤니케이션 메시지가 효과적으로 소비자에게 수용될 수 있는 차별적인 소비자 인식 공간을 파악할 수 있게 해준다.

기호학적 조사는 크게 두 단계를 거친다. 1단계에서는 브레인 스토밍을 통해 조사주제와 관련된 다양한 아이디어들을 추출하고 이 아이디어들을 공통점에 따라 몇 개의 주제로 묶는다. 그 후 이 주제들이 연구팀에 국한된 것인지 또는 문화의 한 부분인지 파악하기 위해서 다양한 텍스트와 이미지들을 방송, 신문, 인터넷 등을 통하여 수집한다. 이 과정을 통해 어떤 주제가 문화적으로 현저하고 내용이 풍부한지, 다른 주제들은 문화적으로 두드러지지 않고 빈약한지 판별한다. 2단계는 분석단계로, 수집된 자료들을 분해하여 의미를 파악하는 과정이다. 이 단계에서 기호학의 여러 가지 분석기법들을 사용할 수 있다. 예를 들어 기호(시각적, 언어적, 청각적 코드)와 기호들이 어떻게 작용하는지 분석하는 것이다. 교통신호등의 적색이 무엇을 의미하는지는 신호등 코드에 따라 판단할 수 있는 것처럼 어떤 기호의 의미를 파악하기 위해 이미 확립된 코드를 참조할 수 있다. 그런데 기존의 코드가 없거나 불완전한 형태로 존재한다면 일반적 관례에 따라 해석하게 된다.

🔮 사례: 기호학을 이용한 레드불의 포지셔닝 ●───────────────────────────

레드불은 기호를 포지셔닝에 잘 활용한 대표적 예이다. 레드 불은 주로 젊은 남성을 표적으로 삼아 공격적, 적대적, 경쟁적 느낌을 담은 에너지 드링크로 포지셔닝하고 있다. 포지셔닝의 수단으로 등장하는 황소(Bull)는 야수, 정력, 남성성, 분노 등을 상징한다. 불같은 성미를 가지고 있으며, 앞뒤 가리지 않고 달려드는 느낌이 강하다. 황소 앞에 붙는 레드(Red), 빨간색은 열정, 흥분, 강렬함 등을 의미한다. 빨간색은 사랑을 의미하기도 하는데, 때로는 증오와 분노를 의미하기도 한다. 이러한 의미를 결합한 레드 불, 붉은 황소는 분노에 찬, 흥분에 찬 황소를 상징하기도 하고, 활동적이고도 폭력적인 황소, 피투성이 황소, 전쟁에 미친 황소 등으로 해석될 수 있다. 이러한 이미지는 에너지 드링크에 완벽하게 들어맞다고 할 수 있다. 두 마리의 붉은 황소가 머리를 맞대고 경쟁하고 있다. 한 마리의 황소가 아닌 두 마리의 황소가 경쟁하는 구도를 만든 것은 공격적이고 경쟁적인 성격을 극대화하여 보여주기 위한 의도가 담겨 있다. 특히 이 황소들은 모두 수컷 황소들로, 암컷 황소를 차지하기 위하여 경쟁하는 모습이다. 이는 여성에게 매력적인 남성을 표방하며, 남성성을 강조하는 효과를 가져다준다. 그림을 살펴보면, 선을 최소한으로 사용하여 단순하고 만화적으로 표현한 것을 알 수 있다. 다소 공격적이고 폭력적으로 보일 수 있는 경쟁구도를 사회에서 용인할 수 있는 수준으로 조정하기 위하여 최대한 단순하고 절제된 느낌으로 표현한 것이다. 레드 불은 패키징에도 기호학적 의미를 담았다. 캔의 규격은 250ml로 다소 작은 사이즈이다. 이는 자그마한 크기에도 강한 효력을 지니고 있다는 의미를 함축하고 있다. 다시 말해, 효력을 위하여 크기가 중요한 것은 아니라는 것이다. 은색과 푸른색을 배열한 패키징은 메탈 느낌이 나도록 디자인되었다. 이는 기다란 원형으로 생긴 총알(full metal jacket)을 본떠 디자인된 것으로, 파괴력이 강한 총알을 연상시킨다. 레드 불은 브랜드 로고와 패키징을 통해 나타난 공격적, 경쟁적 남성성과 강한 효력이라는 의미를 일관되게 잘 제시하고 있다. 이러한 일관된 이미지가 소비자에게 잘 소구되어, 출시된 이후 꾸준히 높은 성장률을 보이며 시장을 선점해 나갔다. 현재 164개국에서 레드 불 제품을 만날 수 있으며, 2015년 전 세계 에너지드링크 시장에서 26% 점유율을 달성하며 1위 자리를 굳건히 지키고 있다.

자료원: 김재일 외(2008)

●──●

2) 투사적 기법을 이용한 포지셔닝

포지셔닝전략을 수립할 때 대규모 서베이를 통해 자사 브랜드나 제품에 대한 인지도, 이미지 등을 파악하지만, 보다 심층적인 소비자 인식을 파악하거나 대규모 서베이를 보완하는 방법으로 투사적 기법도 많이 사용된다. 그중 의인화법이란 응답자들에게 조사대상 브랜드나 제품을 특정 사람이나 개성과 연계시키도록 해서 해당 브랜드나 제품에 대한 소비자들의 인식을 파악하는 조사방법이다. SUV차량에 대한 소비자들의 인식을 파악하기 위한 조사에서 "RV차량과 SUV차량이 사람이라면 각각 어떤 사람일까요?"라고 묻는 방식이다. 이때 응답자들이 RV차량에 대해서는 3,40대 중산층의 영업직, 도심에서 떨어져 사는 샐러리맨 등으로 설명하면서 평범한 성격을 가지고 주로 출퇴근 목적으로 자동차를 많이 이용하는 사람으로 묘사를 한 반면, SUV차량에 대해서는 3,40대의 사업가나 전문가로 묘사하고, 거친 성격을 가지면서 골프, 낚시 등의 여가생활에 돈과 시간을 아낌없이 투자하는 사람으로 설명했다면 SUV차량과 RV차량 각각은 상호 차별화된 컨셉과 메시지로 포지셔닝할 수 있다. 다이어트 식품인 '슬림 패스트'는 표적시장의 고객들이 경쟁 브랜드인 '제니 크레이그'와 '웨이트 왓처스'에 대해 어떻게 생각하는지 의인화법을 이용해 조사를 하였다. 응답자들은 '제니 크레이그'를 옷을 아주 잘 입은 세련된 중년 여성으로 묘사하고 '웨이트 왓처스'는 '제니 크레이그'보다 덜 세련되고 좀 더 뚱뚱한 중년 여성으로 묘사하였다. 반면 '슬림 패스트'는 다른 브랜드보다 더욱 날씬하고 활동적이면서도 가장 젊은 여성으로 표현하였다. '슬림 패스트'는 이러한 소비자 인식을 바탕으로 목표소비자층을 선별하고 이들 경쟁 브랜드와는 차별화된 포지셔닝전략을 수립할 수 있었다.

3) 다차원척도법을 이용한 포지셔닝

다차원척도법은 제품이나 브랜드 등 분석 대상들 간에 다양한 속성들의 유사성(근접성)이나 선호도를 측정하여 소비자 인식 속에 있는 이들 대상들간 구조적 관계를 소수의 차원(대개는 2차원의 4개 분면)에 나타내는 방법이다. 자료를 수집하는 방법이기보다는 수집한 자료를 분석해서 표현하는 방법에 가깝다. 이러한 다차원 척도법은 크게 유사성을 이용하는 방법과 선호도를 이용하는 방법으로 나눌 수 있다. 유사성을 이용하는 방법은 소비자가 인식하고 있는 조사대상들 간의 유사성(혹은 비유사성) 자료를 수집하고 이를 바탕으로 소비자들이 조사대상들에 대해 인식하고 있는 차이 정도를 2차원 공간상에 거리 정도로 개념화해서 시각적으로 보여주는 방법이다. 선호도를 이용하는 방법 역시 조사대상 각각에 대한 선호도를 측정한 후 공간상의 거리로 나타낸다는 점에서 유사성 이용방법과 큰 차이가 없다. 다만 제품 선호도를 이용해서 소비자가 이상적으로 생각하는 위치(이상점)와 대상 제품들의 위치를 단일 공간상에 함께 표기하여 이상점과 대상 제품들간 차이를 시각적으로 나타낸다는 차이점이 있다. 즉 이상점과 가까이 있는 제품일수록 소비자가 선호하는 제품임을 알 수 있다. 따라서 2차원 공간상에 표기된 이들 대상들의 위치, 대상들간의 거리, 이상점과 대상들과의 거리 등을 이용해 특정 대상들간의 경쟁구조, 이상점과 자사 브랜드와의 차이 등을 파악할 수 있어서 포지셔닝 방향을 설정하고 추진전략을 수립하는 데 효과적인 분석방법으로 활용할 수 있다.

다차원척도법에 필요한 자료는 유사성 자료, 선호도 자료이기 때문에 주로 설문조사 방식을 통해 수집하는 경우가 많다. 다만 설문조사를 통해 복수의 여러 조사대상들간 유사성 정도나 선호도 정도를 파악하는 작업은 조사 참가자에게 부담을 줄 수 있기 때문에 설문을 설계하고 조사를 실시할 때는 이를 고려할 필요가 있다.

(3) 신제품개발을 위한 소비자분석

1) 참여관찰과 감정이입을 통한 신제품개발

신제품을 개발할 때 소비자 욕구 파악은 필수적이지만 표현하지 않은 소비자 내면의 깊숙한 욕구까지 파악하는 것은 쉽지 않다. 특히 이러한 욕구가 소비자 자신도 모르는 욕구이거나 현재가 아니라 미래에 발현될 혁신제품에 대한 욕구라면 더욱 파악하기 어렵다. 혁신제품이란 지금 당장의 소비자 욕구보다는 미래의 소비자 욕구 나아가 소비자도 알지 못하는 잠재적 욕구를 충족시켜주는 제품이라 할 수 있다. 따라서 혁신제품의 개발을 위해서는 소비자의 현재 욕구를 묻고 듣는 방식의 조사보다는 소비자들의 제품사용 환경에 참여하여 그들의 관점에서 제품사용 상황을 살펴보고 그들의 경험에 몰입하고 공감하는 감정적 이입(empathy)을 통해 혁신의 아이디어를 도출하는 접근법이 효과적이다. LG전자는 미국 가정의 빨래습관에 대한 참여관찰조사를 통해 유리덮개로 안을 들여다 볼 수 있는 대용량 트롬 세탁기를 출시해 큰 성공을 거둘 수 있었다. 이와 같이 조사자가 소비자의 제품이용 환경에 참여하면서 소비자의 감정을 이입하여 숨겨져 있는 소비자 욕구와 새로운 시장을 발견하는 조사를 감정이입 조사라 한다. 조사자가 소비자의 사용 환경에 직접 참여하여 소비자의 관점에서 보고 느끼면서 잠재욕구를 파악하는 자료수집 방법이다. 또한 현재 사용환경에 대한 심도 깊은 이해를 통해 미래의 모습을 예측하고, 미래 환경에서 부각될 소비자의 잠재욕구를 발견하는 조사방법이라고도 할 수 있다. 감정이입조사는 관찰 중에서도 참여관찰을 통해 정보를 수집한다. 소비자들이 제품을 사용하고 있는 자연스러운 환경에서 관찰을 실시함으로써 관찰이 갖고 있는 객관성이라는 장점을 극대화하고, 인위적인 관찰로는 포착할 수 없는 실제 정보를 얻을 수 있다. 또한 문자나 숫자 중심의 다른 소비자 조사와 달리 시각 정보(visual information)를 중심으로 한 감각 정보를 핵심적인 자료로 수집하게 된다.

이와 유사한 조사방법으로 선도사용자(lead user) 프로세스법이 있다. 선도사용자란 시장 트렌드보다 앞서 가며 평균적인 소비자보다 훨씬 높은 요구수준을 가진 소비자들을 의미하는데, 직접 제품을 개발, 개선하는 데 적극적으로 참여하는 소비자인 동시에 혁신가로 볼 수 있다. 특히 이들은 자신들의 욕구를 충족시켜줄 수 있는 신제품이 출시되기 전에 자신들 나름대로 해결책을 강구하는 특징도 가지고 있다. 레고는 선도사용자들의 이러한 특징을 잘 활용한 경험이 있다. 새로운 디자인 아이디어를 자유롭게 개진할 수 있는 홈페이지를 만들어 선도사용자들에게 제공하고 그곳에 올라온 여러 디자인들 중 다운로드 횟수가 많은 디자인을 새로운 레고모델로 상품화하여 시장에서의 지속적인 성공을 거둔 바 있다. 선도사용자들에게 혁신의 장을 제공하고 그 성과물은 레고가 거둔 것이다. 이와 같이 선도사용자들을 대상으로 주로 제품혁신의 아이디어를 얻기 위해 조사하는 방법을 선도사용자 프로세스법이라 한다. 다만 충분한 규모의 선도사용자를 확보하기가 쉽지 않기 때문에 스노우볼 샘플링(snowball sampling) 방식으로 필요한 규모만큼의 선도사용자를 확보해나갈 필요가 있다. 스노우볼 샘플링을 이용할 경우 다양한 분야의 사용자 환경을 직접 방문 관찰하여 선도 사용자를 다각적으로 탐색할 수 있다는 장점도 있다.

2) 온라인 소비자 관찰방식을 이용한 신제품 개발

온라인 공간에서의 소비자 활동이 급증하면서 온라인 환경을 활용한 소비자조사 방법들도 다양하게 등장하고 있다. 특히 온라인 공간이 제공하는 익명성과 접근 편의성은 온라인 공간에서의 소비자조사가 활성화되는데 중요한 요인으로 작용했다. 신제품개발을 위해 온라인 공간에서 실시하는 소비자 조사방법으로는 네트노그라피(netnography) 조사가 대표적이다. 이는 인터넷(Internet)과 에스노그라피(Ethnography)의 합성어로, 에스노그라피의 관점을 오프라인 공간이 아닌 온라인 공간에 적용시킨 방법이다. 조사자는 SNS 등의 다양한 온라인 공간상에서 이루어지는 소비자들의 의사소통 과정과 여러 상호작용 과정을 관찰하고 관련된 기록물과 직접적인 대화를 통해 조사자료를 수집한다. 니베아(Nivea)는 130년간 축적되어 온 기존의 제품개발방식으로는 혁신적인 제품 개발이 불가능하다고 판단하여, 네트노그라피 방식으로 소비자조사를 실시한 결과 피부자극이 적고, 옷감에 흔적이 남지 않는 데오도란트 아이디어를 얻을 수 있었고, 이 아이디어를 기반으로 신제품을 개발하여 큰 성공을 거둔바 있다. 네트노그라피 조사의 가장 큰 장점은 조사자에게 시간과 공간상의 편의를 제공한다는 데 있다. 언제 어디서든 네트워크에 접속할 수 있고 다양한 소비자들의 온라인 커뮤니케이션 활동을 관찰할 수 있기 때문이다. 또한 소비자들의 자연스러운 온라인 행동을 파악할 수 있는 비공개 관찰이 가능하며, 소비자들간 대화내용, 사용후기, 댓글 등 다양한 형태의 자료들도 확보할 수 있다는 장점이 있다. 특히 온라인공간의 익명성은 소비자들의 의사소통을 솔직하고 활발하게 이끌 수 있기 때문에 기존 제품들에 대한 평가, 제품개선 아이디어에 이르기 까지 실제적이고 솔직한 신제품 개발정보의 수집을 가능하게 해준다.

3) 신제품 수용도 분석

신제품의 성공 여부는 목표로 했던 사양의 제품개발 성공뿐 아니라 목표로 했던 매출액 등 재무적 성과를 기초로 판단한다. 얼마나 좋은 제품을 만들었나보다 얼마나 많은 소비자들이 제품을 구매했는가가 더 중요한 제품성공의 척도가 될 수 있다는 의미이다. 이런 의미에서 신제품개발기간은 제품개발 완료시점으로 끝나지 않고 성공적인 시장진입 시점까지로 볼 수 있다. 따라서 신제품 아이디어를 구하는 신제품 욕구조사도 중요하지만, 개발된 신제품의 출시전략 수립에 필요한 구매의향조사도 매우 중요하다. 구매의향조사는 대규모 설문조사를 통해 계량화된 구매의향 정도를 파악하는 방법이 일반적인 방법이다. 구체적으로는 신제품에 대한 구매의향정도, 구매확률, 구매시기, 구매량 등을 물어 신제품에 대한 전반적인 수용정도를 파악하게 된다. 다만 이러한 설문조사방식에서는 해당 신제품에 대한 긍정적 평가 경향이 높아 조사결과와 실제 시장반응 사이에 차이가 자주 발생해왔다. 이와 같은 문제점을 극복하기 위한 대안으로 소비자 대상의 설문조사와 인터뷰, 관찰 등의 방식을 모두 활용하는 CLT(Central Location Test) 기법이 있다.

CLT기법은 조사대상자가 많이 있는 장소로 나가 신제품이나 광고 등에 대한 소비자 반응을 직접 조사하는 방법이다. 이를 위해 천막 등의 간이 조사시설을 갖추고 오고가는 사람들 중 일부를 섭외하여 신제품의 사용, 시승, 시음이나 광고를 시연하고 이후 짧은 설문조사와 인터뷰 등으로 제품이나 광고에 대한 소비자 반응을 파악하는 조사방법이다. 펩시콜라가 광고소재로 많이 활용했던 블라인드 테스트도 일종의 CLT방식으로 볼 수 있다. CLT는 대규모 설문조사와 달리 조사대상자들이 실제 제품을 직접 경험하고 응답을 한다는 점에서, 또한 소비자들의 제품 사용과정과 반응을 조사자가 직접 관찰하고 관련된 추가 질문을 할 수 있다는 점에서 효과적인 신제품 수용도 조사방법이다. 다만 CLT로 신제품 조사를 하기 위해서는 조사장소가 실제 소비자의 제품 사용환경과 유사한 환경으로 준비될 필요가 있으며, 조사대상자 섭외의 어려움과 신제품정보의 누출위험 등을 감수해야 하는 단점도 있다.

(4) 광고효과 파악을 위한 소비자분석

많은 기업들이 여전히 광고의 제작과 실행에는 대규모 자원을 투입하지만, 해당 광고의 효과를 파악하는 데는 상대적으로 소극적이다. 광고의 목표 달성 정도를 파악하고 차기 광고를 다시 설계하는 데 있어 광고효과조사는 필수적인 활동이다. 일반적으로 광고효과 조사를 통해 산출할 수 있는 지표는 크게 커뮤니케이션 지표와 시장 지표가 있다. 커뮤니케이션 지표는 광고를 통해 해당 브랜드의 자산이 어느 정도 강화되었는지를 나타내는 지표이며, 시장 지표는 광고를 통해 나타난 매출액, 판매량 등의 성과를 나타내는 지표이다. 다만 매출액 등의 시장성과에 직접적인 영향을 미치는 요인들이 광고활동 외에도 매우 많다는 점에서 광고효과조사는 시장지표보다 커뮤니케이션 지표 산출에 더 초점을 맞추고 있다. 커뮤니케이션 지표 역시 광고목적에 따라 다양하지만 대표적인 지표로는 광고 인지도, 브랜드 인지도, 브랜드 선호도, 광고메시지 이해도, 광고 선호도, 광고 차별성, 구매의향 등이 있으며, 설문조사 방식을 통해 계량화된 값으로 산출하는 것이 일반적이다.

광고효과를 파악하는 전통적인 방법으로 TV 시청률을 이용하는 방법이 있다. 일반적으로 GRPs (Gross Rating Points)를 많이 이용하는데 TV광고에서는 주어진 기간 내 특정 프로그램의 시청율×노출빈도(누적된 광고횟수)로, 인쇄매체에서는 구독률×노출빈도(광고 게재횟수)로 산출하는 방식이다. 예를 들어 3% 시청률을 보인 프로그램에 10번의 광고를 송출하면 GRPs가 30이 되는 방식이다. 하지만 GRPs는 단순 노출 위주의 지표이기 때문에 그 수치가 가지는 의미, 특히 광고를 통해 전달하려고 했던 메시지가 제대로 전달되었는지, 그 외 광고를 통해 달성하려고 했던 목적들이 달성되는 데 어떤 도움이 되었는지와 같은 커뮤니케이션 지표로 활용하기에는 한계가 있다.

한편, 앞서 살펴본 바 있는 시선추적기(eye tracker)는 특히 인쇄광고물의 광고효과를 파악하는 데도 효과적이다. 뿐만 아니라 소비자가 어떤 책자나 신문을 고르고 어떤 위치의 광고에 어느 정도의 시간동안 머무는지 어떤 순서로 시선이 옮겨가는지 등을 파악하면 광고목적에 적합한 광고수단과 매체를 선정하고 광고를 게재할 위치 등을 결정하는 데도 유용하게 사용할 수 있다. 최근에는 빅데이터를 활용해서 광고효과를 실시간으로 측정하고 다양한 광고매체들간 최적의 조합을 만들어 광고효과를 극대화시키는 솔루션들도 개발되고 있다.

💡 사례: 광고효과조사 설문항목 예

1. 맥주광고하면 어떤 광고가 가장 먼저 생각나십니까? (최초상기)
2. 그 외 또 어떤 맥주광고를 접하신 경험이 있습니까? (비보조 상기)
3. 다음 중 귀하가 접한 적이 있는 맥주광고는 어떤 것입니까?(보조상기)
4. 모델 A가 등장하는 맥주광고를 보거나 들은 적이 있습니까?
5. 모델 A가 등장하는 맥주광고의 브랜드가 무엇인지 기억나십니까?
6. 모델 A가 등장하는 광고내용을 기억하십니까? (광고 메시지 전달력)
7. 모델 A가 등장하는 광고를 떠올리면 B맥주가 생각나십니까?(광고와 브랜드간 연계)
8. B맥주에 대한 이미지, 태도, 구매의향(광고전후 이미지, 태도, 구매의향 변화)
9. B맥주하면 가장 먼저 떠오르는 것이 무엇입니까? (브랜드 연상)
10. B맥주를 주로 구매하는 사람들의 나이는 어느 정도일 것 같습니까? (브랜드 연상)
11. B맥주를 마시는 사람들의 성격은 어떨 것 같습니까? (브랜드 연상)

"(중략) 고령화 시대를 맞아 암·심장·뇌와 관련한 중증질환자가 늘어날 것으로 전망되는 가운데 국가 차원의 중장기 혈액 수급대책이 마련돼야 한다는 주장이 제기됐다. 헌혈자의 약 73%를 차지하는 10~20대 인구는 감소하고, 수혈자의 약 73%를 차지하는 50대 이상 인구는 급속히 늘고 있기 때문이다. 대한환자혈액관리학회에서는 균형 있는 헌혈 및 수혈 관리를 위해 ▲ 헌혈 목표 관리제도 도입 ▲ 헌혈 교육 및 문화 확산 ▲ 헌혈자예우 향상 ▲ 헌혈 인프라 확충 ▲ 희귀혈액제제 안정적 공급 기반 마련 등 중장기 혈액 수급대책을 마련해야한다고 강조했다"

자료원: 헤럴드경제, 2017.11.13

💬 토론문제

위와 같은 상황으로 인해 대한적십자사에서는 헌혈에 대한 국민들의 인식과 헌혈 행태를 조사 분석하여 헌혈을 유도하고 헌혈량을 제고할 수 있는 방안을 마련하고자 한다.

① 위 조사에 적합한 구체적인 조사설계서를 작성해보자.
  (조사목적-주요 조사내용-조사방법-조사대상자 선정-분석방법 등)

② 조사설계서에 기술한 조사방법을 선택한 이유를 설명해보자.

③ 위 조사에서 가장 중요하게 관리해야 할 사항이나 조사단계는 무엇인지 논의해보자.

참고문헌

Chapter 01 소비자행동의 이해

김재일 · 김규배 · 김동태 · 김문섭 · 김용철 · 한웅희(2017), 마케팅, 박영사.

이학식 · 안광호 · 하영원(2015), 소비자행동, 6판, 집현재.

임종원 · 김재일 · 홍성태 · 이유재(2006), 소비자 행동론, 3판, 경문사.

Assael, Henr (2004), *Consumer Behavior: A Strategic Approach*, Boston: *Houghton Mifflin Company*.

Schiffman, Leon G. and Kanuk, Leslie L.(2010), *Consumer Behavior*, New Jersey: Prentice Hall.

Solomon, Michael R.(2015), *Consumer Behavior: Buying, Having, and Being*, 11th ed., *Boston:* PEARSON.

Chapter 02 구매의사결정1

김재일 · 김규배 · 김동태 · 김문섭 · 김용철 · 한웅희(2017), 마케팅, 박영사.

이학식 · 안광호 · 하영원(2015), 소비자행동, 6판, 집현재.

임종원 · 김재일 · 홍성태 · 이유재(2006), 소비자 행동론, 3판, 경문사.

Solomon, Michael R.(2015), *Consumer Behavior: Buying, Having, and Being*, 11th ed., *Boston:* PEARSON.

Chapter 03 구매의사결정2

박세범 · 박종호(2013), 소비자행동, 2판, 북넷.

이학식 · 안광호 · 하영원(2015), 소비자행동, 6판, 집현재.

황장선 · 이지은 · 전승우 · 최자영 역(2011), 소비자 행동론, 9판, 경문사.

Kotler, P. and K. L. Keller (2012), *Marketing Management*, 14th ed., PEARSON.

Solomon, Michael R.(2017), *Consumer Behavior: Buying, Having, and Being*, 12th ed., *Boston:* PEARSON.

http://www.sedaily.com/NewsView/1RYF266G4X

http://news.hankyung.com/article/201803192759i

http://www.edaily.co.kr/news/news_detail.asp?newsId=01485846619145944&mediaCodeNo=257&OutLnkChk=Y

http://news.chosun.com/site/data/html_dir/2018/05/02/2018050201638.html

http://www.asiatime.co.kr/news/articleView.html?idxno=172215

Allison, R. I. and Uhl, K. P.(1964), "Influences of Beer Brand Identification on Taste Perception," *Journal of Marketing*, 1(August), 36−39.

Bakalar N. If it says McDonald's, then it must be good. The New York Times. 2007.08.14.

Elder, R. S. and Krishna, A.(2010), "The Effects of Advertising Copy on Sensory Thoughts and Perceived Taste," *Journal of Consumer Research*, 36(5), 748−756.

Fitzsimons, G. M., Chartrand, T. L. and Fitzsimons, G. J.(2008), "Automatic Effects of Brand Exposure on Motivated Behavior: How Apple Makes You 'Think Different'," *Journal of Consumer Research*, 35(June), 21-35.

Gunasti, Kunter and William T. Ross(2010), "How and When Alphanumeric Brand Names Affect Consumer Preferences," *Journal of Marketing Research*, 47 (December),

Heimbach, J. T. and J. Jacoby. "The Zeigarnik Effect in Advertising," in M. Venkatesan, ed., Proceedings, 3rd *Annual Conference of the Association for Consumer Research*, 1972, 746−58.

Hoegg, J., and Alba, J. W.(2007), "Taste Perception: More than Meets the Tongue," *Journal of Consumer Research*, 33, 490-498.

Jacoby, Jacob and Wayne D. Hoyer(1990), "The Miscomprehen sion of Mass−Media Advertising Claims: A Re−analysis of Benchmark Data," *Journal of Advertising Research*, 29 (June/July), 9−1.

Kahneman, D. and Tversky, A.(1979), "Prospect Theory: An Analysis of Decision under Risk," *Econometrica*, 47, 263−291

Kilbourne, W. E., Painton, S., and Ridley, D.(1985), "The Effect of Sexual Embedding on Responses to Magazine Advertisements," *Journal of Advertising*, 14, 48−56.

Noel, H. and Vallen, B.(2009), 'The Spacing Effect in Marketing: A Review of Extant Findings and Directions for Future Research', *Psychology & Marketing*, 26(11), 951-969.

Pieters, R., and M. Wedel(2012), "Ad Gist: Ad Communication in a Single Eye Fixation," *Marketing Science*, 31(1), 59−73.

Raghunathan, R., Walker, R. E., Hoyer, W. D.(2006), "The Unhealthy = Tasty Intuition and Its Effects on Taste Inferences, Enjoyment, and Choice of Food Products," *Journal of Marketing*, 70(October), 170−84.

Siddarth, S., A. Chattopadhyay(1998), "To Zap or Not to Zap: A Study of the Determinants of Channel Switching during Commercials," *Marketing Science*, 17(2), 124−138.

Tsui, Enid(2011), "Samsonite Make Its Case for Japan," Financial Times, 2011.08.30.

Vance Pakard(1957), The Hiden Persuaders, New York, David McKay.

Waxman, Sharon, At an Industry Media Lab, Close Views of Multitasking, The New York Times, 2006.05.14

Wiens, S.(2006), "Subliminal Emotion Perception in Brain Imaging: Findings, Issues, and Recommendations," *Progress in Brain Research*, 156, 105-121.

Chapter 05 학습과 기억

이학식 · 안광호 · 하영원(2015), 소비자행동, 6판, 집현재.

Gorn, G. J.(1982), "The Effects of Music in Advertising on Choice Behavior: A Classical Conditioning Approach," *Journal of Marketing*, 46, 94−101.

Miller, G. A.(1956), "The Magical Number Seven, Plus or Minus Two: Some Limits on Our Capacity for Processing Information," *Psychological Review*, 63, 81−97.

Solomon, Michael R.(2017), *Consumer Behavior: Buying, Having, and Being*, 12th ed., *Boston: PEARSON*.

Chapter 06 태도

이학식 · 안광호 · 하영원(2016), 소비자행동, 6판, 집현재.

임종원 · 김재일 · 홍성태 · 이유재(2006), 소비자 행동론, 3판, 경문사.

Ajzen, Icek and Martin Fishbein(1980), *Understanding Attitudes and Predicting Social Behavior*. Englewood Cliffs, N.J.:Prentice−Hall.

Festinger, Leon(1957), *A Thoery of Cognitive Dissonance*, Stanford, CA: Standford University Press.

Heider, Fritz(1946), "Attitudes and Cognitive Organization," *Journal of Psychology*, 21, 136−141.

Krugman, Herbert E.(1965), "The Impact of Television Advertising: Learning Without Involvement," *Public Opinion Quarterly*, 29, 349−356.

Petty, Richard E. and Cacioppo, John T.(1981), *Attitudes and Persuasion: Classic and Contemporary Approach,* Dubuque, IA. Wm. C. Brown.

Petty, Richard E. and Cacioppo, John T.(1986), "The Elaboration Likelihood Model of Persuasion" In Advances in Experimental Social Psychology, Vol. 19, ed. L. Bickman, 123−205.

Sherif, Muzafer and Hovland, Carl I.(1961), *Social Judgment: Assimilation and Contrast Effects in Communication and Attitude Change*, New Haven, Yale University Press.

Zajonc, Robert(1980), "Feeling and Thinking: Preferences Need No Inferences," *American Psychologist*, 35(Feb), 151−175.

Chapter 07 동기와 감정

김난도 외(2018), 트렌드 코리아 2018, 미래의 창.

유병준(2016). 쿠키런! 쿠키들의 용감한 질주−데브시스터즈, 아산기업가정신리뷰, 2(3), 1−23.

이경미 · 김진명 · 김진우(2015). 성공적인 글로벌 콘텐츠: 데브시스터즈(Devsisters)의 쿠키런(Cookie Run) 모바일 게임 사례, 경영사례연구, 48(1), 51−70.

Berger, J. and Milkman, K. L.(2012), "What Makes Online Content Viral?" *Journal of Marketing Research*, 49(2), 192−205.

Boyer, P.(1996), "What Makes Anthropomorphism Natural: Intuitive Ontology and Cultural Representations," *Journal of the Royal Anthropological Institute*, 2(1), 83−97.

Cacioppo, J. T. and Petty, R. E.(1982), "The Need for Cognition," *Journal of Personality and Social Psychology*, 42(1), 116−131.

Cacioppo, J. T., Petty, R. E., Feinstein, J. A., and Jarvis, W. B. G.(1996), "Dispositional Differences in Cognitive Motivation: The Life and Times of Individuals Varying in Need for Cognition. *Psychological Bulletin*, 119(2), 197−253.

Cao, H., Jiang, J., Oh, L.−B., Li, H., Liao, X., and Chen, Z.(2013), "A Maslow's Hierarchy of Needs Analysis of Social Networking Services Continuance," *Journal of Service Management*, 24(2), 170−190.

Caporael, L. R. and Heyes, C. M.(1997), "Why Anthropomorphize? Folk Psychology and Other Stories," In R. W. Mitchell, N. S. Thompson, & H. L. Miles (Eds.), *Anthropomorphism, Anecdotes, and Animals* (pp. 59−73). Albany, NY: SUNY Press.

Feldman Barrett, L. and Russell, J. A.(1998), "Independence and bipolarity in the structure of current affect," *Journal of Personality and Social Psychology*, 74(4), 967−984.

Galinsky, A. D., Gruenfeld, D. H., and Magee, J. C.(2003), "From Power to Action," *Journal of Personality and Social Psychology*, 85(3), 453−466.

Higgins, E. T.(1997), "Beyond Pleasure and Pain," *American Psychologist*, 52(December), 1280−1300.

Inman, J. J., McAlister, L., and Hoyer, W. D.(1990), "Promotion Signal: Proxy for a Price Cut?" *Journal of Consumer Research*, 17(1), 74−81.

Kenrick, D.T., Griskevicius, V., Neuberg, S.L., and Schaller, M.(2010), "Renovating the Pyramid of Needs: Contemporary Extensions Built Upon Ancient Foundations," *Perspectives on Psychological Science*, 5(3), 292−314.

Klimmt, C., Hefner, D., and Vorderer, P.(2009), "The Video Game Experience as 'True' Identification: A Theory of Enjoyable Alterations of Players' Self-Perception," *Communication Theory*, 19(4), 351−373.

Kramer, A. D. I., Guillory, J. E., and Hancock, J. T.(2014), "Experimental Evidence of Massive−Scale Emotional Contagion through Social Networks," *Proceedings of the National Academy of Sciences*, 111(24), 8788−8790.

LaTour, M. S. and Rotfeld, H. J.(1997), "There are Threats and (Maybe) Fear−Caused Arousal: Theory and Confusions of Appeals to Fear and Fear Arousal Itself," *Journal of Advertising*, 26(3), 45−59.

Lazarus, R. S.(1991), "Progress on a Cognitive−Motivational−Relational Theory of Emotion," *American Psychologist*, 46(8), 819−834.

Martin, B. A., Sherrard, M. J., and Wentzel, D.(2005), "The Role of Sensation Seeking and Need for Cognition on Website Evaluations: A Resource-Matching Perspective," *Psychology & Marketing*, 22(2), 109−126.

Maslow, A. H.(1943), "A Theory of Human Motivation," *Psychological Review*, 50(4), 370−396.

Mead, N. L., Baumeister, R. F., Stillman, T. F., Rawn, C. D., and Vohs, K. D.(2010), "Social Exclusion Causes People to Spend and Consume Strategically in the Service of Affiliation," *Journal of Consumer Research*, 37(5), 902−919.

Neher, A.(1991), "Maslow's Theory of Motivation: A Critique," *Journal of Humanistic Psychology*, 31(3), 89−112.

Petty, R. E. and Cacioppo, J. T.(1986). "The Elaboration Likelihood Model of Persuasion," In *Communication and Persuasion*, New York, Springer.

Pham, M. T., Cohen, J. B., Pracejus, J. W., and Hughes, G. D.(2001), "Affect Monitoring and the Primacy of Feelings in Judgment," *Journal of Consumer Research*, 28(2), 167−188.

Ray, M. L. and Wilkie, W. L.(1970), "Fear: The Potential of an Appeal Neglected by Marketing," *Journal of Marketing*, 34(1), 54−62.

Rucker, D. D. and Galinsky, A. D.(2008), "Desire to Acquire: Powerlessness and Compensatory Consumption," *Journal of Consumer Research*, 35(2), 257−267.

──────────────(2017), "Social Power and Social Class: Conceptualization, Consequences, and Current Challenges," *Current Opinion in Psychology*, 18, 26−30.

Rucker, D. D., Galinsky, A. D., and Dubois D.(2012), "Power and Consumer Behavior: How Power Shapes Who and What Consumers Value," *Journal of Consumer Psychology*, 22(3), 352−368.

Rucker, D. D. and Petty, R. E.(2004), "Emotion Specificity and Consumer Behavior: Anger, Sadness, and Preference for Activity," *Motivation and Emotion*, 28(1), 3−21.

Sedikides, C., Wildschut, T., Arndt, J., and Routledge, C.(2008), "Nostalgia: Past, Present, and Future," *Current Directions in Psychological Science*, 17(5), 304−307.

Smahel, D., Blinka, L., and Ledabyl, O.(2008), "Playing MMORPGs: Connections between addiction and identifying with a character," *CyberPsychology & Behavior*, 11(6), 715−718.

Chapter 08 개성과 라이프스타일

김기옥·남수정·유현정(2006), 대인관계성향이 구매동기에 미치는 영향. 한국가정관리학회지, 24(3), 83−94.

양수진(2017), 중국과 한국 소비자의 중저가 패션브랜드 개성 인식과 효과(Doctoral dissertation, 서울대학교 대학원).

조선비즈(2017.3.22), "대기줄 1만 명 세운 똑똑한 여행 가방… USB 충전부터 무게 측정, 위치추적까지"

Aaker, J. L.(1997), Dimensions of brand personality. *Journal of marketing research*, 34(3), 347−356.

Aaker, J. L., Benet−Martinez, V., & Garolera, J.(2001), Consumption symbols as carriers of culture: A study of Japanese and Spanish brand personality constucts. *Journal of personality and social psychology*, 81(3), 492.

Adler, A., & Sullivan, H. S.(1985), Theories of personality. New Delhi: Wiley−Eastern.

Goldsmith, R. E., Flynn, L. R., & Kim, D.(2010), Status consumption and price sensitivity. *Journal of Marketing Theory and Practice*, 18(4), 323−338.

Gordon, L. V.(1953), Gordon Personal Profile.

Horney, K.(1937), The collected works of Karen Homey. Cohen, J. B.(1967), An interpersonal orientation to the study of consumer behavior. Journal of marketing research, 4(3),270−278.

Maslow, A. H.(1989), A theory of human motivation. *Readings in managerial psychology*, 20.

Piedmont, R. L., McCrae, R. R., & Costa Jr, P. T.(1992), An assessment of the Edwards Personal Preference Schedule from the perspective of the five−factor model. *Journal of Personality*

Assessment, 58(1), 67−78.

Reeves, R. A., Baker, G. A., & Truluck, C. S.(2012), Celebrity worship, materialism, compulsive buying, and the empty self. Psychology & Marketing, 29(9), 674−679.

Roehrich, G.(2004), Consumer innovativeness: Concepts and measurements. *Journal of business research*, 57(6), 671−677.

Rogers, E. M.(2002), Diffusion of preventive innovations. Addictive behaviors, 27(6), 989−993.

Shimp, T. A., & Sharma, S.(1987), Consumer ethnocentrism: construction and validation of the CETSCALE. *Journal of marketing research*, 24(3), 280−289.

Steenkamp, J. B. E., & Baumgartner, H.(1992), The role of optimum stimulation level in exploratory consumer behavior. *Journal of consumer research*, 19(3), 434−448.

Valette−Florence, P., & Jolibert, A.(1990), Social values, AIO, and consumption patterns: Exploratory findings. *Journal of Business Research*.

Wiggins, J. S.(Ed.).(1996), The five−factor model of personality: Theoretical perspectives. Guilford Press.

http://www.sisunnews.co.kr/news/articleView.html?idxno=75693

http://vip.mk.co.kr/newSt/news/news_view.php?p_page=&sCode=111&t_uid=20&c_uid=1518565&search=&topGubun=

http://www.strategicbusinessinsights.com/vals/presurvey.shtml

Chapter 09 문화와 사회계층

이학식 · 안광호 · 하영원(2015), 소비자행동. 집현재.

임종헌 · 김재일 · 홍성태 · 이유재(2006), 소비자행동론. 경문사.

김주호 · 정용길 · 한동철(2012), 소비자행동. 이프레스.

Aaker, J. L., and Maheswaran, D.(1997), "The effect of cultural orientation on persuasion," *Journal of consumer research*, 24(3), 315−328.

Coleman, R. P.(1983), "The continuing significance of social class to marketing," *Journal of consumer research*, 10(3), 265−280.

Grønhaug, K., and Trapp, P. S.(1988), "Perceived social class appeals of branded goods and services," *Journal of Services Marketing*, 2(3), 71−76.

Hall, Edward T.(1976), *Beyond Culture*, New York: Anchor Books.

Henry, P. C.(2005), "Social class, market situation, and consumers' metaphors of (dis) empowerment," *Journal of Consumer Research*, 31(4), 766−778.

Hofstede, Geert(2001), *Culture's Consequences*, Beverly Hills, CA: Sage Publications.

Linton, Ralph(1981), "The Concept of Culture", in Harold H. Kassarjian and Thomas S. Robertson (Eds). Perspectives in Consumer Behavior, Glenview, Ill.:scott, Foreman and Company, pp. 489−491.

Loudon, David, and Della Bitta, Albert J.(1988), *Consumer Behavior*, MaGraw−Hill.

McCracken, G.(1986), "Culture and consumption: A theoretical account of the structure and movement of the cultural meaning of consumer goods," *Journal of consumer research*, 13(1), 71−84.

Plummer, J. T.(1977), "Consumer focus in cross—national research," *Journal of Advertising*, 6(2), 5—15.

Rokeach, Milton(1973), *The Nature of Human Values*, New York: Free Press.

Rook, D. W.(1985), "The ritual dimension of consumer behavior," *Journal of Consumer Research*, 12(3), 251—264.

Roscoe Jr, A. M., LeClaireJr, A., and Schiffman, L. G.(1977), "Theory and Management Applications of Demographics in Buyer Behavior," *Consumer and industrial buying behavior*, 67—76.

Schein, Edgar H.(2011). *"What is Culture?",* in *Sociology of Organizations: Structures and Relationships* (Eds). Mary Godwyn and Jody Hoffer Gittell.

Schiffman, Leon G. and Kanuk, Leslie Lazar(2010), *Consumer Behavior*. New Jersey: Prentice Hall.

Sivadas, E.(1997), "A preliminary examination of the continuing significance of social class to marketing: a geodemographic replication," *Journal of Consumer Marketing*, 14(6), 463—479.

Steenkamp, J. B. E., and Baumgartner, H.(1998), "Assessing measurement invariance in cross—national consumer research," *Journal of consumer research*, 25(1),

Chapter 10 준거집단과 가족

김주호 · 정용길 · 한동철(2012), 소비자행동. 이프레스.

이학식 · 안광호 · 하영원(2015), 소비자행동. 집현재.

임종헌 · 김재일 · 홍성태 · 이유재(2006), 소비자행동론, 경문사.

Bearden, W. O., and Etzel, M. J.(1982), "Reference group influence on product and brand purchase decisions," *Journal of consumer research*, 9(2), 183—194.

Burnkrant, R. E., & Cousineau, A.(1975), "Informational and normative social influence in buyer behavior," *Journal of Consumer research*, 2(3), 206—215.

Carlson, L., and Grossbart, S.(1988), "Parental style and consumer socialization of children, *Journal of Consumer Research*, 15(1), 77—94.

Henry, A., Nigel, P., Linda, B., and Kevin, V.(2004), *Consumer Behavior: A Strategic Approach*. Boston, M. A.: Houghton Mifflin Company.

Moschis, G. P.(1985), "The role of family communication in consumer socialization of children and adolescents," *Journal of consumer research*, 11(4), 898—913.

Moschis, G. P., and Churchill Jr, G. A.(1978), "Consumer socialization: A theoretical and empirical analysis," *Journal of marketing research*, 599—609.

Mowen, J. C., and Brown, S. W.(1981), "On explaining and predicting the effectiveness of celebrity endorsers," ACR North American Advances.

Murphy, P. E., and Staples, W. A.(1979), "A modernized family life cycle, *Journal of Consumer Research*, 6(1), 12—22.

Park, C. W., and Lessig, V. P.(1977), "Students and housewives: Differences in susceptibility to reference group influence," *Journal of consumer Research*, 4(2), 102—110.

Putnam MAndy, and William R. Davidson(1987), *Family purchasing Behavior: Family Roles by*

Product Category, Management Horizon, Inc.

Schaninger, C. M., and Danko, W. D.(1993), "A conceptual and empirical comparison of alternative household life cycle models," *Journal of Consumer Research*, 19(4), 580−594.

Sheth, J. N.(1974), "A theory of family buying decisions," *Models of buyer behavior*, 17−33.

Skinner, S. J. and Dubinsky, A. J.(1984), "Purchasing insurance: Predictors of family decision−making responsibility, *Journal of risk and Insurance*, 513−523.

Ward, Scott(1980), "Consumer Socialization," in Harold H. Kassarjian and Thomas S. Robertson (Eds). Perspectives in Consumer Behavior. Ill.: Scott, Foresman.

Wells, W. D., and Gubar, G.(1966), "Life cycle concept in marketing research," *Journal of Marketing Research*, 355−363.

Wilkes, R. E.(1995), "Household life−cycle stages, transitions, and product expenditures," *Journal of Consumer Research*, 22(1), 27−42.

Witt, R. E., and Bruce, G. D.(1970), "Purchase decisions and group influence," *Journal of Marketing Research*, 7(4), 533−535.

Chapter 11 소비자행동 분석과 예측

김재일 외(2008), 소비자 질적조사방법, 경문사.

동아비지니스리뷰(2010), 55권 2호, "애플은 안 하지만… 시장조사는 경영 나침반"

마정미·천현숙(2012), "18대 대통령선거 후보 이미지에 대한 대학생 유권자의 공유개념도," 광고연구, 95, 398−432.

이코노믹리뷰(2015.2.4), "가구공룡 이케아, 한국 인테리어를 진단하다"

이코노믹리뷰(2017.3.10), "마트매장에 시계가 없는 이유는… 뉴로 마케팅"

정효명(2004), "새로운 고객니즈 이해수단: ZMET", Competitive Edge in Brand Marketing Strategy

조선일보, 2010.5.29., "아이디어 말랐는가?… 그렇다면 거리로 나서라"

조선일보, 2014.8.16., "뭘 좀 아는 '선도적 사용자' 그들이 혁신의 주인공 된다"

Catchings−Castello, G.(2000), "The ZMET alternative," *Marketing Research*, 12(2), 6.

Walker, Rob. (2009), "S.U.V. and Sympathy", *The New York Times Magazine*, March 16.

Gutman, J.(1982), "A Means−End Chain Model Based on Consumer Categorization Processes," *Journal of Marketing*, 46(2)(Spring, 1982), 60−72.

Malhotra, Naresh K.(2007), *Marketing Research: an applied orientation*, 5th ed., NJ: Pearson Prentice−Hall.

Morrison, Margaret, Eric, Haley, Kim, Sheehan, and Ronald, Taylor(2011), *Using Qualitative Research in Advertising: Strategies, Techniques, and Applications*, Los Angeles, CA: Sage.

Reynolds, T. J., and Gutman, J.(1988), "Laddering theory, method, analysis, and interpretation," *Journal of Advertising Research*, 28(1), 11−31.

찾아보기

저자약력

김규배
서울대학교 경영학과 졸업
서울대학교 대학원 경영학 석사
서울과학종합대학원 경영학 박사
삼일PwC컨설팅 수석컨설턴트
현재: 대전대학교 경영학과 부교수

김동태
성균관대학교 산업공학과 졸업
서강대학교 대학원 경영학 석사
서울대학교 대학원 경영학 박사
KT 마케팅연구소 책임연구원
현재: 한국기술교육대학교 산업경영학부 교수

김문섭
서울대학교 심리학과 졸업
서울대학교 대학원 경영학 석사, 박사
삼성전자 반도체총괄 기획팀
현재: 강원대학교 경영회계학부 부교수

김용철
서울대학교 경영학과 졸업
서울대학교 대학원 경영학 석사, 박사
정보통신정책연구원 IT경영연구팀장
현재: 가톨릭대학교 경영학부 교수

김한구
서울대학교 경영학과 졸업
서울대학교 대학원 경영학 석박사 통합과정 박사
삼성경제연구소 산업전략2실 선임연구원
현재: 경북대학교 경영학부 조교수

김혜주
이화여자대학교 심리학과 졸업
서울대학교 대학원 경영학 석사
캐나다 Toronto대학 경영학 박사
현재: 캐나다 Wilfrid Laurier대학교 경영대학 부교수

서준용
서강대학교 경영학과 졸업
서울대학교 대학원 경영학 석사
미국 University of Utah 경영학 박사
현재: State University of New York, Brockport 경영
　　　대학 부교수

양수진
서울대학교 의류학과 졸업
서울대학교 대학원 경영학 석사
미국 Purdue대학 Consumer Science & Retailing 박사
서울대학교 대학원 의류학 박사
삼성경제연구소 산업전략실 수석연구원, 삼성물산 패션
부문 빈폴사업부 전략팀장
현재: 성신여자대학교 소비자생활문화산업학과 조교수

이경미
서울대학교 경영학과 졸업
서울대학교 대학원 경영학 석사
미국 일리노이 주립대학 경영학 박사
미국 캔자스 주립대 교수, 연세대학교 경영대학 교수
현재: 서울대학교 경영대학 교수

한웅희
서울대학교 경영학과 졸업
서울대학교 대학원 경영학 석사, 박사
서울대경영연구소
현재: 명지대학교 경영학과 부교수

소비자행동론

초판발행   2019년 9월 10일
중판발행   2022년 10월 25일

지은이   김규배·김동태·김문섭·김용철·김한구·김혜주·서준용·양수진·이경미·한웅희
펴낸이   안종만·안상준

편 집   전채린
기획/마케팅 정성혁
표지디자인   이미연
제 작   고철민·조영환

펴낸곳   ㈜ 박영사
            서울특별시 금천구 가산디지털2로 53, 210호(가산동, 한라시그마밸리)
            등록 1959. 3. 11. 제300-1959-1호
전 화   02)733-6771
f a x   02)736-4818
e-mail   pys@pybook.co.kr
homepage   www.pybook.co.kr
ISBN   979-11-303-0590-5 93320

copyright©김규배 외 9인, 2019, Printed in Korea

정 가   20,000원